宗承灏 著

的 政治困局与人性解读

滴血的大朝代 1368—1398

陕西师范大学出版总社

图书代号：SK17N0860

图书在版编目（CIP）数据

滴血的大朝代 ：1368—1398 的政治困局与人性解读 /
宗承灏著 . — 西安 ：陕西师范大学出版总社有限公司，
2017.12
　ISBN 978-7-5613-9334-5

　Ⅰ．①滴…　Ⅱ．①宗…　Ⅲ．①中国历史—明代—通俗
读物　Ⅳ．① K248.09

中国版本图书馆 CIP 数据核字（2017）第 151981 号

滴血的大朝代：1368—1398 的政治困局与人性解读

DIXUE DE DA CHAODAI：1368—1398 DE ZHENGZHI KUNJU YU RENXING JIEDU

宗承灏　著

责任编辑	高　歌
特邀编辑	朱六鹏
封面设计	王　鑫
出版发行	陕西师范大学出版总社
	（西安市长安南路 199 号　邮编 710062）
网　　址	http://www.snupg.com
印　　刷	三河市祥达印刷包装有限公司
开　　本	787mm×1092mm　　1/16
印　　张	21
字　　数	260 千
版　　次	2017 年 12 月第 1 版
印　　次	2017 年 12 月第 1 次印刷
书　　号	ISBN 978-7-5613-9334-5
定　　价	45.00 元

自序：走出历史的迷局

狄更斯在他的《双城记》中如此开篇："这是最好的时代，也是最坏的时代；这是智慧的时代，这是愚蠢的时代；这是信仰的时期，这是怀疑的时期……"

这段看上去隐约有智者的思辨在其中闪烁的话，其实细究起来，是经不起任何推敲的。也就是说，你可以把这句话作为一顶帽子扣在任何一个过往时代的头上，都不会觉得言过其实。因为是过往，所以我们做任何推断性的报告都是可以达成谅解的。

夏日的暑气在渐凉的秋风中还未消失散尽，立于淮水岸畔翘首东望，凤阳近在咫尺。安徽凤阳是明朝开国皇帝朱元璋幼年、少年时期的成长之地，与我的故乡直线距离不足二十里。我曾经不止一次地深入凤阳腹地，漫步于村落、田野，驻足于明中都皇故城、皇陵、鼓楼、龙兴寺（皇觉寺）等遗址，那些被时光摩挲的雕梁画栋早已不复昔年神韵。白云苍狗，沧海桑田，故纸堆里翻翻拣拣，让不惑之年的我越发困惑。很多时候，对于历史表象背后的行为逻辑总是感到无从把握。难以计数的历史记载，使得那些历史事件及历史人物的命运如同一个个孤立的点，难以将它们捏合成型。就拿朱元璋来说，在封建王朝的绵延长河中，没有一个帝王能够像他和他所建立的王朝那样，展示出与这个民族如此契合的历史况味和人性的复杂与诡异。每一种解读，都像是在解读我们自己。

一

列车飞驰，城市从我们眼前像水一样向后洄去。很多时候，消失的又何止是我们眼睛所看见的。抬眼看时，我们眼睛所见的只是这一瞬，与下一秒钟无关。火车的位移让时间变得支离破碎，不堪一击。眼见不为实，耳听也不为虚。眼睛看见的，耳朵听来的，不过是时间大厦的碎片。我们不能因为自己的记忆模块占有了其中的零光片羽，就说这座大厦原来是这样的。

就像我们每天都在打量自己所生活的这座城市，怕一眨眼错过了什么。我们会惊叹于某条路上开满了花朵，惊叹那么多的庞然大物拔地而起。可直觉告诉我们，那是时间一寸一寸筑垒起来的，而恰好这一刻你路过。就像人的心病，是靠情绪的尘埃一粒一粒积攒起来的，与星座和家族病史没有太直接的关系。

历史是过去发生的事情，它在时间里消失了，如同水融入了水。你不能说，你写的是历史。你只能说，你写的是当下，是这一刻。风吹过的大地，卷走了在时间里凋零的花朵，也卷走了一代又一代人的无常命运。我曾经尝试着走进那个风云际会的大时代，想要更多层面地展示一个王朝的前行历程，一个民族的精神困惑。可最后发现所有的近距离，都无法抵近历史那秘而不宣的核心地带，这不免让人好生泄气。除了那些早已消失无影的当事者，其他任何人的视角都带有限制性。我们所面对的不过是一些支离破碎的时间，以及在时间里消失的人和事。望着暮色苍茫里的古战场，看着貌似庄严的旧宫殿，仿佛能听见久远的喧嚣在时间的深处魂不守舍。这是历史吸引我们的神秘力量，让人穷追不舍，又让人徒劳无功。

这让我想起自己第一次坐飞机时的感觉，俯瞰苍茫大地，突然发现我们所生活的这个星球布满了各种交集后又散开的曲线，像一盘无法掌控的棋局，所有人的命运都可能会因为一个偶然的机缘，来一场多米诺骨牌似的改变。

我不是一个爱拿历史随便开玩笑的人，一个连本民族历史都谈不上尊重的人，还能指望他对我们所生活的这个时代有所馈赠吗？泡在泛黄的古籍堆里已经有些年月，很多时候还是会被一些看上去简单得接近于弱智的问题深深困扰。比如说，自己会在文思泉涌的某个时刻突然停下来，向精神层面的另一个自己发问：什么是历史？你写的这些东西是真相吗？

另一个自己就会反诘，你生活于当下，连当下的万象百态都没有办法搞清楚，凭什么去向一个容易遗忘的民族，一群容易遗忘的人索取过往的真相？博尔赫斯说："我们无法阻挡时间的流逝，是我们永远处于焦虑不安之中的原因。"对于一个历史书写者来说，往事并不如烟，真相绝对不是书写的真正目的，人性才是。时间是拨弄人性的那只手，人性是吐纳时间碎片的机器。

与古人对话何其荣幸，我多么希望在自己的文字里，不只有袖手观棋的理性，更有扬眉阅世的感动，毕竟历史并非单纯的始于事，止于事。如果我们只是一味地将历史放在显微镜下做标本研究，倒也未必真能深入地了解那段历史。不如将那些人和事置入广阔的历史背景之下，围绕在他们身上的一些盲点也许就容易被衬托出来了。于是我便将自己探究的目光做了一些适当的放大，我深信，阳光之下确实并无新事。

历史是一个民族的往事，是一群人又一群人的集体往事，而在这往事的经纬度上曾经寄生过数以亿计的血肉灵魂。就好像我们每个人在回忆往事的时候，并没有感觉到往事与当下的自己无关联，反而会在我们沉湎往事的过程中，感觉到自己参与过的那些时间，在穿越大脑皮层的时候依然是鲜活的。一个人无论离开自己记忆的那段历史有多么久远，对于个体而言，自己的往事永远是经过冷冻保鲜处理的，而模糊和消失的过往只是相对于时间而言。对于一个历史书写者来说，就是通过我们的努力让已经消失的时间能够重现于眼前，这就是所谓的历史"复活"。

过去了的东西当然不可能昔日重来，更不可能搬进实验室进行解剖后，再去做防腐处理。所谓的历史"复活"，不过是历史与现实在某种程度上有着某种惊人的相似度，而这种相似又不是完全的契合。但有一点毋庸置疑，历史是可以复活的。历史就是时间轴上的一个又一个点，是一段又一段的往事，它是有生命力的。所谓的消失，只是时间层面上的消失。作为一个历史文本的写作者而言，他的使命就是带领自己的读者去实现那段历史的复活。记得在师范学校读书的时候，心理学老师曾经说过一个神秘的词语——"神入"。而这个"神入"就成了我试图复活历史的路径。何为"神入"？神入者，它的简单化的同义词是"换位思考"。其实它不仅限于思考，更是我们感受他人内心体验的一个过程。换句话说，就是让你置身于历史发展的环境中去观察历史，站在历史人物的立场上去研究历史，从而把握历史人物的情感、理想、信仰和意图等，并理解历史事件的演绎变化，即"主体进入客体之中去想象客体"的研究活动，从而感悟历史，让"历史"得以"死去活来"。

二

英国历史学家卡尔说："历史是现在与过去之间永无止境的问答交谈。"元朝末年，有那么多豪门贵族、英雄豪杰蜂拥而起，谁也没有想到笑到最后的那个人会是要饭出身的朱元璋。有人说，中国历史是个两段论，"得民心者得天下"与"得天下者得民心"。前者告诉当事人如何去实现得天下的理想，后者是说得了天下其他都不是问题，包括民心。

有人会问，皇帝，到底干什么？

或许朱元璋会告诉你，前半程是"得民心者得天下"，后半程是"得天下者得民心"，更何况没有人比朱元璋更懂"民心"究竟为何物？很多时候，他就是"民心"的代言人。

而我在这里告诉你的是，如果朱元璋没有最底层社会的生活经验，没有突破人生底线的黑心与辣手，他朱元璋就不是朱元璋。

天下攘攘，求生无门的百姓是最为可怜的一群，土地贫瘠，灾异频仍，沉重的税赋不减反增。总而言之，他们要承担天灾人祸带来的各种压榨。也正因为如此，只要那些投机的造反者开出不纳粮税这一项条件，便可挑动四方纷乱。可造反者终究是一群没有信仰的人，当年开出的"均田免粮"也不过是一句蛊惑人心的口号，是获取利益的手段，收敛人心的策略，而不是信仰。求生与信仰是完全不同的两个概念，前者是活自己，后者是为他人。

新的王朝需要旧王朝的血来祭奠，王朝鼎革之际，不同人的命运便会纠结其中。而在这大开大合的时代背景下，最能窥见人性。

一座金銮殿，成了无数造反者的终点，他们打倒皇帝，目的是把自己变成新的皇帝。每一次天崩地裂过后，世界变了，又像从未变过，因为它很快就与前朝完成了一次无缝对接。坐龙椅的坐龙椅，上断头台的上断头台，折腾完自己，又来折腾一个时代。

明朝之所以会成为研究中国历史的标志性时代有它的道理，很大程度上源于它的开国皇帝朱元璋的存在。从降生到这个世界上起至十七岁以前，朱元璋一步也没有离开过农村。世界在他眼里，就是从南岗到北坡之间熟悉的一草一木。他所接触过的人，不过是村子里那百十口老老少少。在社会最底层的摸爬滚打中，底层文化精神全方位地渗透进朱元璋的身心。而随着命运的风云突变，赤贫出身的朱元璋登上皇位，因此不可避免地将他性格中的贫困文化因素更为广泛深刻地传播到整个国家和民族精神里面。

朱元璋统治期间，严厉地打压了整个官僚阶级、地主阶级，恶整了文人、士大夫等，几乎清洗掉整个功臣集团。弄得朝堂内外一派血雨腥风，动辄获罪，社会的中上层每每生活于紧张与恐怖之中。

如此剧烈、反复的社会及政治震荡，这是在朱元璋之前的任何时代从未有过的。像刘邦，不过是杀掉了几个异姓王而已；武则天虽然将李唐宗室及其同情者几乎一网打尽，但她也同时提拔了相当一部分中小地主阶层出身的士子——在这里，历史就让人困惑了：朱元璋究竟代表谁的利益呢？不是说他已经完成由农民起义领袖到地主阶级利益代表者的蜕变了吗？但朱元璋时代地主大量获罪破产，且其治国刚猛，反贪的手段和决心又可谓旷古未有；如果说他代表农民，那为什么洪武年间还会有那么多的农民起义呢？朱元璋对农民、农村的管制又为什么会那么严苛……

这并不是一个单纯的是与非、好与坏、正与反的问题，单纯的歌颂与批判也是不适宜的，因此对于一个帝王的评价也就不能是千人一面。近年来，朱元璋被人反复拿出来评说，各种声音汇流成河。就好像面对一面白墙，我们的想象力仅限于这是一面白墙。如果有一天，突然闯进一群抽象派涂鸦者，他们将那面白墙涂抹得天马行空。那么同样是这面墙，我们在面对它的时候，我们的猜测，我们的推断，我们的想象，也随之活跃起来。这也是为什么，面对那些面目全非的文本记录，我们反而会更容易看清楚所谓的真相，因为我们的推断更多元，我们的猜测更繁杂，我们的想象也更开阔。

　　中国历史永远绕不开帝王话题，中国史在很大程度上是一部帝王史。有人说，中国皇帝的权势达到了人类所能达到的顶峰。不论是东方小国、非洲酋邦或者西方王国，其君主的声威都远远不能望中国皇帝之项背。与中国皇帝比起来，世界上其他君主都显得小气寒酸。可是，皇权又何尝不是一把双刃剑，在给予所有者荣耀和平台的同时，也会不知不觉地扭曲人性。绝对的、没有限制底线的权力，会毁掉一个专制帝王的人生，朱元璋就是典型案例。如果在中国历朝皇帝中间评选劳动标兵，朱元璋应该名列榜首。可是又有几个皇帝能有他那样的精力与毅力，他用一个中国式农民的狠劲儿来完成自己的职业使命，悲惨的童年经历像是一道符咒压在他的人生命数里，让他丝毫不敢懈怠。他怕一懈怠就大权旁落，就豪杰不服，就地方不稳，就天灾人祸、民不聊生。他对地主富豪的厌恶、对地方官员的不信任、对底层流动性的恐惧，这造成了他的猜忌多疑、残暴嗜血和追求不切实际的"稳定"。他甚至规定，后代子孙必须在皇宫门口和京城各处城门，时刻准备快马刀剑，以便遇险逃脱的急用。

　　朱元璋是创业之君，意味着他要经历一场冷冰冰的胜王败寇的王朝更替和暴力夺权的血腥游戏。历史告诉我们，每个投身其中的人，都要经受炼狱般的心理磨难，每个细节的背后都曾经摩擦产生出人性的火花。问题的关键是，我们该如何理解和看待朱元璋这一历史人物，又该如何理解和看待朱元璋费尽心机所建立的那种血腥的极权统治？也许我们不禁要问，为什么朱元璋拥有那般为所欲为的权威与能量？他的存在究竟给他的王朝，给这个国家带来了什么？他执政三十一年，"忧危积心，日勤不怠"，目的是为天下苍生缔造一个朗朗乾坤般的理想国。在艰难的前行过程中，始终有一股不为外人所道的潜在力量支撑着他，推动着他。或许还可以这么说，没有这股暗流涌动的力量，朱元璋就成不了朱元璋，那么这股暗流究竟是什么？有人说，基于乡村生活经验，朱元璋的治国理念中表现出强烈的静态取向。他治理国家的基本倾向就是把国家的运转方式固定化，使整个社会倒退到"小国寡民，老死不相往来"的原始状态。

在结束本书之前，我又一次从凤阳到南京，沿着朱元璋昔日的足迹重新走了一遍帝王成长路。亲手触摸那些在时光里陈旧了的遗迹，让我确信生活曾经在六百多年前来过这里，也让我情不自禁地坠入欲知往事的诱惑之中。在最好的时代行走，在最坏的时代思想。今人不见古时月，今月曾经照古人。在这块曾经风云际会、战火弥漫的大地上，我就像是一个痴迷的寻宝人在历史的瓦砾中寻寻觅觅，翻翻拣拣。在往事的蛛丝马迹中让久远的回响在心灵中震荡，在天地间复苏。对于生活在今天的我们，历史的价值就在于，它让我们从中读出人性的幽暗与光辉，读出现实问题之所在，引领我们走出一个时代的迷宫。

宗承灏

2016 年 6 月 14 日于北京东直门外

目 录

一、一个血色王朝的起点

吴元年（1367 年）十二月，整个应天府（南京）陷入欢乐的海洋，呈现在人们面前的是一派张灯结彩的盛世景象。庶民百姓的狂欢毕竟不同于宫廷礼仪的排场，它是整个城市的盛会。在所有的华彩喧闹背后，不光有这座城市的蠢蠢欲动，更有一种继往开来的意味。

对于此时的朱元璋来说，皇位近在咫尺，登基已进入倒计时。各项准备工作已经就绪：新的"皇历"《戊申（1368 年）岁大统历》、新的法律《律令》及《律令直解》业已颁行，皇帝即位的朝服、后妃官员朝贺的礼服都已准备齐当。皇帝即位册立皇后和皇太子等的各种仪礼早就起草完毕，包括皇帝登基大典仪仗的各种演习也相当精熟。

1. 南征：你的信任，我的背叛

皇位是如此近，又是那么远。近，是因为它不再是一场遥不可及的梦；远，是因为这触手可及的梦还没有成为现实。这些日子里，朱元璋想得最多的还是即将开门营业的朱姓王朝应该如何开局，如何破题。即将成为新朝开国之君的他，又该为他的朱氏天下定下怎样一种基调，体现出怎样一种继往开来的政治智慧和大局观。

宁愿我负天下人

至正二十四年（1364 年），岁在戊辰，属龙，真龙天子的龙。

中国人历来相信属相与命运有一种内在的牵连与呼应，就连平民社会里的男女姻缘，也要看属相是不是相克，龙虎配是断然不可的，虎羊配也是不行的，鸡狗配往往预示着将来的生活鸡飞狗跳。凡事到了一个伟大人物这里就变得更加让人难以接受，一个属猪的帝王曾下令全国禁止吃猪肉，一个属狗的帝王也将狗视为自己的同类，屠狗也是要砍头的。

朱元璋这时候虽然还没有当上皇帝，但是他的属相却是龙，于是各种附会也在悄然酝酿之中。等到朕即国家，再小的事也要变成天大的事。

进入正月，南京城的大街小巷挂满了各种以龙为造型的灯彩，预示着真龙即将再现，人间从此安泰。就在几天前，朱元璋继吴王位，也就此完成了一个农民向王侯的身份转变（之前他一直没有封王）。为了将自己与张士诚的吴区分开来，朱元璋特地将自己的政权称之为西吴，而张士诚则为东吴。一路走来，朱元璋深深地体会到，如果一个人要想在权力之路上得到更大的回报，那么就要敢于让自己登上更大的舞台。

当此社稷摇晃、山河破碎的年月，想要成为真龙的又岂止他朱元璋一个人。早在他渡江的同时，苏北的张士诚和湖广的陈友谅也已渡过长江向南发展，大有因时成事的意思。在拓展领土的过程中，朱元璋不仅要面对元军，更要直面这两支军队的前后包夹。

当时的陈友谅，无论是军事实力还是战略地位都处于绝对优势。朱元璋的绝大多数将领对凶悍的陈友谅心怀畏惧，他们都希望朱元璋能够先拿下张士诚，然后再动陈友谅。这种拣好日子先过的心理，也是人性弱点的常态。可是朱元璋在权衡之下，还是采纳了谋臣刘基的意见——"决计先伐陈氏"，集中一切优势兵力，击败陈友谅，对张士诚造成强大的军事威慑，使其不敢轻举妄动。如此一来，东面威胁自然而解。

朱元璋的这一决定让很多人感到无法理解，就连李善长在听到朱元璋要诱使陈友谅速来时，也十分不解地问：对方实力如此强大，我们唯恐躲之不及，为什么还要将其引上门来？

朱元璋说，你有什么不明白的，可以到刘基那里去问个究竟，我已决定先伐陈友谅。

而刘基给出的答案只有一句话："吾以逸待劳，何患不克。莫若倾府库，开至诚，以固士心，伏兵伺隙击之。取威制胜，以成王业，在此举也。"

为了统一战线，刘基甚至向朱元璋谏言"主降及奔者，可斩也"。

这种生死存亡间的选择，既考验一个领导者在复杂形势下驾驭全局的能力，同时又能让部下领会他的识人用人之术，更为重要的是，一个将领敢于亮剑的大无畏精神也会在这时候得到全方位的展现，以此达到激励将士的目的。无论怎样，朱元璋在关键之处选择了最为恰当的战略决策。

陈友谅就这样不出意外地走进了朱元璋为他布下的战局，准确地说，这场局更像是朱元璋专门为他挖好的一个大坑，只等其跳进来。陈友谅是湖北沔阳府玉沙县人，此人渔家出身。他少时读书，略通文义。有一卜者在察看过其祖先的墓地之后说："日后定会富贵。"或许是这句话冥冥之中给了陈友谅某种暗示，又或许是"富贵"二字的诱惑力太大了。宁可信其有不可信其无，哪怕只有万分之一的机会也要搏上一搏。陈友谅曾任县里的小吏，但这并非他的人生终极目标。

种种情形表明，陈友谅算得上是一个有胆色出手也足够狠辣的角色，但可惜的是胸襟不够，好搬弄权术。《明史》对他的评价是"性雄猜，好以权术驭下"。

元末天下大乱之后，陈友谅投奔到了徐寿辉领导的农民军中，在丞相倪文俊部下做簿书掾，也就是文书一类的小官。后来的历史证明，陈友谅在关键时刻所表现出的不择手段和该出手时就出手的狠辣，都超过了他的诸多对手。明代史学家高岱评价此人："友谅之勇略，虽或未及项羽，而剽性狡悍，出没飘忽，大困而不馁，屡踬而复振。"

在一个天崩地裂的纷乱世道，成王败寇，最重要的无非是"胆色"二字，陈友谅所表现出的人性特质让丞相倪文俊像动物般嗅到了同类的凶悍气息。有人赏识，又加上自己的勇猛作风，陈友谅很快就升任为元帅。当时，天完国皇帝徐寿辉与丞相倪文俊联手将太师邹普胜排挤出决策层。等到倪文俊大权独揽后，根本没将天完国皇帝徐寿辉放在眼里。在这种情况下，徐寿辉又重新起用邹普胜来制约倪文俊。

倪文俊只好逃奔黄州，投奔自己一手栽培起来的陈友谅。他希望能够说服陈友谅和自己合作，联手除掉徐寿辉，由自己取而代之。权衡之下，陈友谅临阵倒戈杀了倪文俊，吞并了他的军队，自称宣慰使，随即又称平章政事，就此成为天完国第一重臣。

陈友谅先是追随倪文俊，现在又将其杀害，这是集团内部分裂的一个强烈信号。

倪文俊在集团中频频制造矛盾，陈友谅将其除掉，在一定程度上安抚了人心，使得军队在抗元理念上能够暂时保持一致。如果从这一点上来说，陈友谅算是为徐寿辉集团办了一件大好事，这也是为什么他在杀了倪文俊后，军队能够迅速恢复元气的主要原因。由此可见陈友谅身上所具有的枭雄本色和特质。

无限江山，见时容易别时难。至正二十年（1360 年）五月的一个傍晚，陈友谅再次置集团的整体利益于不顾，以汇报军情的名义，安排一个卫士用铁锤击碎徐寿辉的脑袋，随后自立为帝，改国号为大汉。尽管徐寿辉早就将大完国的权力交到陈友谅的手上，自己徒留一个虚名。可是从某种意义上说，徐寿辉仍然是天完国君权的象征，对红巾军起着号召和团结的作用。陈友谅不停地干着坏事，却堂而皇之地将自己的年号定为"大义"。就在所有人还没做出任何反应时，他又将各个派别的各路人马整合到自己麾下。

天完国，一个近乎荒唐的"天赐的完美之国"就这样在内部的血腥纷争中消失了。这时候的陈友谅已经膨胀得找不到方向，他没有想到的是，自己纵然黄袍加身，也挡不住手下将士离心离德。

五月的江南，正值令人缠绵销魂的梅雨季节。在一个农耕社会里，物候的变化是人们生活中最重要的参照系。地里的各色杂草欢快地疯长，这是它们最好的季节，无论温度还是湿度都恰到好处。踌躇满志的朱元璋根本无暇顾及眼前的景象，虽然农家的收获和播种都集中在这个雨季里，但他的心思却放在了陈友谅身上。

在经过湖南永州地界时，有些日子没有作诗的他突然诗兴大发，提笔写下"马渡江头苜蓿香，片云片雨渡潇湘。东风吹醒英雄梦，不是咸阳是洛阳"。

这时候的朱元璋将陈友谅作为第一攻击目标，借以打破吴、汉建立军事联盟的可能性，从而也使自己摆脱了东西两线同时开战的战略危机。谋略者，往往谋的是人，而不是事。人不同，则事有变。在对付陈友谅的战事中，朱元璋首先遇到的是陈友谅的部将赵普胜。此人本是巢湖水军主帅，后来又投降了徐寿辉。骁勇异常，善施双刀，江湖人称"双刀赵"。为陈友谅攻城略地，立下无数战功。对朱元璋来说，赵普胜的存在已经成为他前进道路上的一块绊脚石。

既然是绊脚石，那就要想办法剔除。本着对陈友谅的了解，朱元璋为生性多疑的他量身定制了离间之计。朱元璋放出口风，谎称赵普胜意欲投靠他。陈友谅不出意料地中了对方的圈套，在没做任何调查取证的情况下将赵普胜草率地处死。赵普胜的军队在反元战场上是一支劲旅，也是陈友谅的左膀右臂。赵普胜的死成为陈友谅与朱元璋争锋的胜负手，一边元气大损，一边实力大增。

朱元璋将陈友谅视为自己的头号劲敌，将四分之三的兵力用于西线战事，连克衢州、处州等地。迫使内部还没有统一的陈友谅不得不全力与之应战。陈友谅昔日恶行所结出来的恶果，在战争过程中也不断显现出来。

先是除去倪文俊，并将赵普胜、徐寿辉先后杀死。一支队伍最怕的是人心散了，人心散了，队伍也就离散不远了。还没等陈友谅进一步整合人心，徐寿辉手下几员相当厉害的大将如丁普朗、傅友德等人陆续叛投朱元璋。

历史是一个势利鬼，辜负它的人，也终将被它所辜负。不去尽人事，何来天命听？傅友德后来成为朱元璋麾下独当一面、战功极为显赫的将军。丁普朗与邹普胜、赵普胜等人同是白莲教中"普"字辈的、极为重义的兄弟。尤其是丁普朗，他对陈友谅背信弃义的做法极为痛恨，发誓要让对方血债血偿。后来他在面对陈友谅的军队时，所采用的都是一种不要命的打法。《明史》记载："普郎身披十余创，首脱犹直立，执兵作斗状，敌惊为神。"也就是说，在鄱阳湖大战中，此人身受十几处伤，仍然大呼杀贼而不退。他血战到最后一刻，就算是脑袋已经与身体分离，仍保持着手持兵刃，一副要冲上去与人搏命的姿态。

短兵相接的冷兵器时代，一方前敌大将用如此搏命的战法，极大地影响了交战双方的士气。敌人大为惊骇，以为是战神重回人间。

朱元璋刚攻下集庆（南京）时，因为考虑到江左、浙右各郡有可能会被张士诚、徐寿辉的军队占领，所以急令徐达为大将军，率诸将攻下镇江。随后，他又派常遇春、廖永安等人自铜陵进取池州。

由于各方军事力量之间的博弈呈现一种交织状态，而朱元璋又很好地利用了他们之间的矛盾。随着实力的不断增长，张士诚、陈友谅、方国珍等军事集团日渐式微。他们不仅没有实力与朱元璋一较高下，也无法做到抱团作战。这几支力量呈品字形将朱元璋包围，方国珍、陈友定占有浙闽交界地区，陈友谅占据与浙东接壤的江西州郡，而张士诚则占据浙西一带。

拿下太平后，陈友谅完全被暂时的胜利冲昏了头脑，对眼前的形势和下一步的战略部署缺乏清醒的认识。他过高地估计了自己的实力，同时也看低了对手的竞争力，以至于军事部署频频失误。

一方的失误往往是另一方的机会，作为他的对手，这时候的朱元璋比任何时候都要来得清醒。朱元璋又一次听从了谋士刘基所言："贼骄矣，待其深入，伏兵邀取之，易耳。"

白日煌煌，人心茫茫。朱元璋在纷繁复杂的环境中，在无数的建议中，听从了自己内心的召唤，坚持选择了刘基给出的建议。也正因为自己的这份坚持，才让不可能实现的命运转机成为一种可能。

战争毕竟不是沙盘上没有血腥的各种假设和推演，这时候的朱元璋正满心希望地等待着陈友谅的到来。而此时的陈友谅也同样沉浸于巨大的喜悦中，现在的他已经是大汉的皇帝，所有的文武百官都在他面前执君臣之礼。他的舰队已经兵临城下，应天指日可克，这片苍茫大地以及这里的子民都将是他的附属之物。

战争的最高境界是你中有我，我中有你。朱元璋为生性多疑的陈友谅量身定制了一款游戏，名叫"双面间谍"，主人公是一个叫康茂才的人。此人原是陈友谅手下大将，后来投奔朱元璋，但他仍在朱元璋的指示下与陈友谅有着秘密接触。

康茂才派人送信给陈友谅，说他将倒戈，建议陈友谅采取水路进攻，他将会在江东桥与陈友谅会合，并将这座唯一阻挡水军前进的桥梁拆除，让陈友谅的水军经过秦淮河直抵南京城墙之下。

陈友谅大喜过望，表示一定会在胜利后重赏康茂才。与此同时，朱元璋命人连夜重造了一座石桥。当陈友谅依计行事，发现木桥变成石桥，本就不够坚固的内心发生了剧烈的动摇，他很快就放弃了从江东桥登陆的计划。

而他的弟弟陈友仁已经统率一万人马在新河口之北的龙湾登陆，并击败了驻守在那里的朱元璋军队。陈友谅命令船队加快速度，于当日下午到达了龙湾，之后他组织士兵上岸，一切都很顺利。就在所有的士兵都进入伏击圈后，朱元璋发出了进攻的信号。

当隐藏于石灰山后、应天南城、大胜关的五路军队突然出现在眼前，尽管没有摇旗呐喊，但那种比死亡更可怕的宁静还是让人为之胆寒。陈友谅这才发现自己落入一个巨大的包围圈中，敌人就在面前，用一种诡异的眼神死死地盯着他们，就像是拎着刀的屠户看着自家圈里的猪羊，令人毛骨悚然。

五路军队在徐达、常遇春、冯胜的率领下对陈友谅的军队展开了轮番冲击，骑兵来往纵横。兵败如山倒，陈友谅狼狈地挤上一条能够开动的小船逃命，一路逃到九江。陈友谅由此失去太平、安庆，手下不少将领将所占地盘也拱手献给了朱元璋。

陈友谅虽然收复了一些城池，但是这种复得复失的恶性循环，让他的实力大打折扣。陈友谅是一个特别有韧性的人，不到最后一刻都不会轻易放弃对胜利的渴望。当朱元璋赶往安丰营救小明王时，陈友谅乘机向南昌城发起了进攻。在这段时间里，朱元璋与刘基始终处于焦虑之中，生怕张士诚的大军从背后杀将出来，导致腹背受敌。

两面夹击朱元璋，这不光是朱元璋最为担心的事，也是陈友谅做梦都想办到的事。可是真有这样的机会摆在面前，他又表现得视而不见。他的这种心理放在今天的商场或者官场也是司空见惯的，当自己的竞争对手主动提出联合起来做某一件事，这件事对人对己都有好处，那他宁愿不要这个好处，也不愿意联合起来，让另一方得到好处。

陈友谅不是没有机会，也不是只有一次机会。可他都没有抓住，准确地说，他没有意识到那是一次机会。远的不说，这一年（1363 年）的二月初二，安丰被围。

三月初一，朱元璋出兵救出小明王韩林儿。

三月十四日，被救出的小明王韩林儿下达制书表彰朱元璋祖孙三代。

在这一个半月的时间里，陈友谅坐等机会接二连三地丧失。从安丰撤军途中，朱元璋又犯下一个致命的错误，他突然下达命令，让麾下两大主将徐达、常遇春围攻庐州（安徽合肥）的张士诚部。结果久攻不下，主力部队陷入进退两难的境地。令人感到不解的是，陈友谅对此毫无反应。如此挥霍良机，上天又岂能眷顾于他。

一直等到四月，陈友谅好像才从一场无边的大梦里翻个身醒过来。他率领着自己引以为傲的庞大舰队浩浩荡荡地出发了，在这期间，朱元璋始终处于焦虑状态，生怕陈友谅的主力部队从背后杀将出来，令他腹背受敌。

陈友谅像是生怕给对方添麻烦似的，居然这时做出一个愚不可及的决定，他要将八十万大军带往另一个方向，北纬三十度的洪都（江西南昌）。

他就这样主动放弃了置敌于死地的机会，在洪都与朱元璋的侄儿朱文正展开了一场旷日持久的大战。陈友谅显然低估了洪都守军的战斗力，令他没有想到的是，朱文正会像一头恶狼将他死死地咬住不放。陈友谅将整个洪都铁桶似的围困了八十五天，漫长的胶着状态足以将一支战斗力强大的军队消耗得士气全无，也足以将上天有可能赋予的无数机会付之东流。在这八十五天时间里，朱元璋从从容容地纠正了自己战略上的失误，将自己的主力部队从庐州城下撤回南京；然后又大张旗鼓地搞了一次出征的誓师大会后，才扬帆直入鄱阳湖。

等到朱元璋率援兵赶到，陈友谅才东出鄱阳湖与其交战。其实陈友谅早就做好了近乎孤注一掷的战争准备——征集了六十万的庞大兵力，制造了一千艘以上的庞大战舰，筹集了充足的粮草军需。

两个赌徒，一个带了六十万，一个带了二十万，去进行一场危险的赌局。他们使用的筹码是无数人的生命，赌注是自己的生命、财富及所有的一切。而胜利者得到的将是这苍茫大地的主宰权，失败者或将就此退出历史舞台，成王败寇的游戏千古亦然。

奔腾不休的鄱阳湖水见证了无数英雄的生灭无常，一个是只为不再受人冷眼的渔民，一个是只为能够填饱肚子的和尚。而今对他们来说，一边是天下，一边是死神，再没有第三条路可供选择，特别是退路。不知道他们在决战前夜是否回望过他们走过的路，回顾他们所经历的常人不能忍受的磨难和痛苦，回想那些曾经平凡的生活……能够在阴谋和背叛中生存下来，并且发展壮大，才有了今天这样的机会。能够为胜利而死，在他们心里一样的高贵。

如果说朱元璋走的是一步险棋，那么陈友谅走的就是一步臭棋。如果陈友谅这时候能够乘着南京城里只剩下老弱病残的现实，出鄱阳湖口，沿长江顺流而下，直抵南京城下。那么朱元璋的军队将会没有任何选择，他们将直接面对前有强敌后有追兵的严峻现实。

陈友谅没有选择那么做，朱元璋也就不用再做最坏的打算。作为反元势力中的重要力量，朱元璋和陈友谅虽然都是打着红巾军的旗号，但并没有联手对抗蒙元。你死我活的局面，虽然让人扼腕叹息，但是成王败寇的游戏规则早已注定一切。

在南方的几支武装力量中，具有举足轻重地位的是正统的红巾军陈友谅和打着红巾军旗号实行兼并扩张的朱元璋，当然朱元璋也是正统的。张士诚和方国珍先后反复投降蒙元朝廷，并且接受蒙元朝廷授予的官职。从这一点上说，已不能单纯地将他们称之为反元武装。

朱元璋虽然没有公开降元，但为形势所迫，在元军占据上风之际，也曾经试图与其通好。

与元"通好"对朱元璋来说，既不是攻势，也不能算是一种守势。只能说是作为领军者，朱元璋在这里根据己方的实际情况，做出的权宜之计，一种称之为"缓势"的选择。为了能够纠集重兵向陈友谅发起致命的攻击，他需要缓和与元王朝的对立之势。他的联元反陈策略也确实收到了奇效，陈友谅的战略重镇安庆就这样成了朱元璋手中的一件战利品。安庆是扼守长江天险的门户，历来是兵家必争之地。

在这几个武装集团中，唯独陈友谅和元政府没有任何瓜葛，他在反元斗争中的立场是最为坚定的。在和朱元璋正面交锋之前，他的军队一直冲锋于反元第一线，称雄江南。直到1360年遇上了朱元璋，才被牵扯进兼并战争的旋涡之中。

陈友谅本来想要联合张士诚共同对付朱元璋，可张士诚心不在此，他压根儿就没有吞并别人的野心，只想着如何保存自己的实力。没有办法，陈友谅只好孤军深入，结果招致大败。

陈友谅有一颗强大的心脏，可以算是打不败的"小强"。无论是与朱元璋斗争，还是与蒙元朝廷周旋，虽一败再败，但依然能够做到愈挫愈勇。可是打仗有时候不能光靠一个"勇"字，更多时候靠的是使诈耍阴谋。直到败亡前夕，他还能做到"至倾国六十万尝试江流，牧野、昆阳、赤壁、淝水，古帝王豪杰能用其众者，未之有闻"。不得不让人佩服，与其他对手相比，陈友谅不愧是一世枭雄。

至正二十三年（1363 年）七月，火星撞地球似的鄱阳湖大战在这片浩大的国土上全面爆发。

陈友谅手中最可依仗的便是水师势力，战舰分大、中、小三等，大者可载三千人，中者可载两千五百人，小者亦能载两千人。黑压压的六十万大军从天边压将下来，文武百官的家属也全部出动，倾国而出，可见陈友谅从一开始就抱着决一死战的心态与架势，与朱元璋做一锤定音的较量。

这场战事持续了三十六天，打得昏天黑地，场面极为酷烈。整个鄱阳湖上，漂浮着数不胜数的尸体，愁云惨雾之间，天地为之色变。敌我双方实力悬殊，这本应是一场毫无悬念的战事，可结局却有了另外一种走向。

幸运女神在历史的转角处会将手中的绣球抛向谁？她并非是不长眼睛的。就连朱元璋自己也无法断定，他就一定比陈友谅强大，但有一点是可以肯定的，那就是时势可以造人，人也同样可以造时势。比如这时候的朱元璋，比如这时候的陈友谅。

也就在鄱阳湖大战爆发的前几个月，徐寿辉帐下的另一个重要将领明玉珍称帝，国号夏，建元天统，与陈友谅成为利益竞争对手。陈友谅也由此失去天完红巾军的绝对控制权，走上众叛亲离的败亡之路。

陈友谅虽然兵多将广，号称六十万。其实值得一提，忠诚捍卫于他的将领只有两三员大将。那些被他强力整合进来的将领，似乎并没有什么特别出色的表现。

鄱阳湖之战中，朱元璋的军队与其人数相差悬殊，这本应是一场压倒性的歼灭战，结果却弄成了一场你死我活的胶着战。

如果有人拿陈友谅对待自己上司的手段，与朱元璋对待小明王所采取的手法相比较，他就会很容易发现，胜王败寇的结局其实早就注定。从表面上看，朱元璋对待小明王的态度随着个人势力的不断增强而发生着变化。势力越强，他给予小明王的尊重也就越强，尽管这种尊重来自表面。

朱元璋之所以会冒险亲征，是因为这时候的他有着强烈的危机意识。患得患失的少年经历对他的性格养成尤为深刻，就算是握在手中的利益，也时刻担心被别人抢夺。这时候的朱元璋所担心的是，其他军事集团将小明王这块金字招牌从他手里抢走。

朱元璋将小明王软禁于滁州，有些挟小明王以令天下红巾军的自私想法在里面。尽管小明王早已形同虚设，可他的存在却能够证明朱元璋的清白和他所领导的这支军队的合法性。

在小明王沉水溺亡之后，朱元璋还会在一些公开场合抬出这位早已不复存在的偶像来说服人心。与朱元璋形成鲜明对照的是，陈友谅过早地杀了自己的主子徐寿辉，从而将自己置于天下仁义的对立面，这在无形之中削弱了己方的正能量。他的节节败退，也遮掩不了内心的迷茫与空虚。失去道义，失去方向。就算是六十万大军也无法带给他想要的力量感，此时的他已经不奢望吃下整个天下，只想保住自己的小朝廷。

人的命运其实早已注定。那些身陷生死关头的所谓英雄人物，对此感受应该比我们这些普通人更为深刻。而历史就像是一次次的潮涨潮落，带来带走一些泥沙和鱼虾。而这一次带走的是陈友谅，还是朱元璋？

经过一个多月的对峙，陈友谅的六十万大军被活活困死于湖中，粮食殆尽，伤亡惨重。他决定孤注一掷，冒死突围。很不幸的是，他在激战中被飞箭"贯睛及颅而死"。主帅阵亡，军队顷刻间分崩离析，残部五万余人全部投降了朱元璋。陈友谅虽然战败身亡，但是朱元璋并没有看轻这个对手，他的败亡是抗元大业的巨大损失。正因为如此，朱元璋才会由衷地发出感叹："友谅亡，天下不足定也。"

朱元璋之所以会如此肯定陈友谅的存在价值，是因为"自元人失驭，群雄蜂起，逐鹿之夫，所在都有"。也就是说，陈友谅一直是活跃于抗元第一线的生力军。而张士诚、明玉珍和方国珍等其他几支红巾军队伍考虑更多的则是如何谋取一己私利，将自己的势力做大、做强。

陈友谅是个不容忽视的对手，是朱元璋前进道路上必须要翻越的一座大山。如果不在他发展之初就将其消灭，那么自己将来肯定会败于此人之手。

陈友谅的败亡除了忤逆弑主导致人心涣散外，另一个重要因素就是，他这个人过于迷信武力，认为只要有了枪杆子，老子就可以所向披靡，征服天下。乱世求生存，没有人会怀疑枪杆子的重要性。殊不知征服人心才是真正的王道所在，在这一点上，朱元璋显然要比他看得更加高远通透。

陈友谅纵然拥有让任何对手都为之胆寒的武力，人心不齐也枉然。作为一个军事集团的主帅，不爱惜兵将，四处用兵，又不能做到战之能胜，时长日久只会让人心像流沙一样散失。他生性多疑，善于用权术控制下属。就是这样一个善于玩弄权术之人，却败给了朱元璋这样一个更加善于掌控权力的人。

陈友谅在事前做梦也没有想到自己会这么快就败给朱元璋，其实在他的内心深处，并没有将朱元璋视为最强劲的对手。尤其是在鄱阳湖大战进入白热化阶段，他的自信心一度膨胀得如同一只随时要爆裂的氢气球。或许正是源于心态上的变化，让他变得更加刚愎自用，根本听不进去任何人的意见。手下将官往往会因为一个反对意见，而惹来杀身之祸。时间久了，谁也不敢进谏。军队的凝聚力也由此降至最低点，很多将领阵前倒戈，带着军队直接归降了朱元璋。

与陈友谅相比，朱元璋胜在三个字"不折腾"。他明白人心向背的重要性，懂得积蓄力量，待时而战，战则必胜，永葆士气旺盛的战法诀窍。

朱元璋身上所具备的性格特质，恰恰是陈友谅的软肋所在。陈友谅虽然有着打不垮的精神，关键是他总是打不赢，这种久拖未决的疲劳战术，严重影响了士气。虽然他拥兵数十万，但关键时刻攻不破，冲不上。故谓，善用兵者以一当十，不善用兵者以十当一。打仗是这样，人生中的好多事情又何尝不是如此。

鄱阳湖大战历时四十天，朱元璋面对兵力三倍于自己的陈友谅却能够做到从容解套，以漂亮的弯道超车将陈友谅甩在身后，并能够将其逼至死路，让元政府和天下群雄为之震惊。透过战争的全过程，朱元璋让自己的对手和手下将领看到了他在应对突发事件时，所展现出来的凛凛局气。让他们打心里服他，也只有服他，才能为他所用。

让朱元璋感到可笑的是，张士诚坐拥几十万大军竟然坐山观虎斗。倘若张士诚或他手下有一批人多谋善断，避开南昌攻坚，以迅雷不及掩耳之势，直捣南京，最后鹿死谁手还真是难以预测。由此可见，朱元璋和刘基当时对时局进程的判断是何等准确，对陈、张二人个性的把握又是何等到位。

陈友谅是个尚武之人，但绝对不是一个善于用兵之人。他与朱元璋的这场战争，从一开始就陷入错误的泥沼，难以自拔。作为一个军事指挥官妄自托大，不能因势而进，等待他的也只有败亡一条路。

背叛者的第一滴血

早在至正十五年（1355年）秋天，江阴农民军首领为仇敌所逼投靠张士诚，请他发兵南下，攻占富庶的江苏南部地区。这一事件使井底之蛙的张士诚有了拓疆扩土的愿望，于是派他的二弟张士德带兵渡过长江，试探性地向江南地区拓展。

张士德是个能力超强的将领，只领了三四千人就实现了横渡长江的壮举。攻城略地对于一个猛将来说，如同农民下地捡白菜一样容易，东南富庶之区在不到两个月的时间里就成了张士诚的囊中之物，这真是一个令人胆寒的对手。

至正二十五年（1365年），也就是朱元璋称王的第二年，他做出了一项重要的决定——挥师东征，扫平称霸之路上的另一个重要对手——张士诚。朱元璋是在八月份出的兵，在不到半年的时间里，便势如破竹攻取了徐州、盐城、泰州等大片地区，其中包括张士诚原先的根据地高邮。

眼看着朱元璋就要踢开奔向皇权之路的最后一块拦路石，走到与蒙元朝廷生死对决的最后关头。谁也不会料到，这时候在朱元璋的身边会发生一场突然事故。

就在朱元璋征战江苏的关键时刻，有密探来报，他的亲侄子朱文正暗地里勾结张士诚，准备倒戈讨伐他。

消息传来，震动朝野。没有人想到会是朱文正站出来背叛了他，连朱元璋自己也始料未及。难道在皇权的巨大诱惑面前，连牢不可破的亲情纽带也要被撕扯得支离破碎不成？中国人向来喜欢看热闹，所谓看热闹，也就是看别人的好看。这时候的朱元璋根本不允许在自己的世界里有热闹给别人看，就是看，也要看他位尊威重成就霸业。他不能因为朱文正一人，毁了自己辛辛苦苦创下的基业。官天下，家天下，万物皆备于我。

如果换作他人，朱元璋也就没有那么多顾虑。找个机会手起刀落，整个世界也就随之清静了。可朱文正毕竟不同于旁人，他是大哥朱重四的第二个孩子。朱元璋在攻占滁州后，因为思念失散的亲人，便派人四处寻访。这个小名叫作驴儿的少年在得知叔父的消息后，便带着他的母亲、妹妹一道投奔而来。

朱元璋共有三位兄长，也就只留下驴儿这么一条朱家的"根"。正因为如此，朱元璋在心里将驴儿看得极为重要，长年将其带在身边，视同己出，并取名朱文正。试想，如果这条"根"今天被他亲手斩断，那么百年之后他有何颜面去见九泉之下的父兄？

在一个宗法社会里，辈分是最让人马虎不得的事。二人虽有叔侄关系，但朱元璋仅仅比侄儿大五六岁，叔侄二人甚至是少年时的玩伴。谁都知道少年时的朱元璋喜欢玩当皇帝的游戏，当年在他面前纳头便拜的孩子们中间应该有他的侄子朱文正。

至正四年（1344 年）对于漂泊无根的朱家来说，是大难之年，同时也是一个家族命运的转折点。这一年，瘟疫、蝗灾，各种天灾人祸接踵而至，在短短的二十多天时间里，朱元璋的父母、大哥朱重四、大侄儿圣保（朱文正的哥哥）相继离世。大嫂王氏因公婆、丈夫均已过世，也不愿意再与已经"出幼"（元朝规定十五岁出幼）的小叔子朱元璋一起生活，便带着一子一女返回娘家度日。朱元璋成了一个无人疼爱、无人过问的孤儿。

那一年，朱元璋十七岁，朱文正也只有十一二岁。叔侄二人在苦难岁月中共同生活了十多个春秋。那段难忘的记忆，让他们成为最熟悉的人，对方的性格、脾性和气度都相互烙印在对方的心中。也正是源于这份亲情和了解，让他们结下了很深的感情，但同时也埋下了恩怨难了的种子。一旦条件成熟，那种子便会破土而出。

俗话说："打仗亲兄弟，上阵父子兵。"亲兄弟早就亡于纷乱的世道，而亲生子们还是不懂事的娃娃。对于朱元璋来说，既无兄弟可依，也无亲子上阵。为了组建"朱家军"，他开始大肆收养义子。先是将二姐夫李贞带来的外甥取名朱文忠，又将在濠州城收养的沐英取名为朱文英，另外还有朱文逊、朱文辉等人。这些养子均以"文"字辈作为他们的官名，从而形成以"文"字辈作为养子们共同的朱氏"辈分字"。

朱文正是朱元璋诸多养子中的带头大哥，也是"朱家军"的一员猛将。朱元璋夫妇抚育文正、文忠及沐英等数人，"爱如己出，太子诸王生，恩无替焉"。话虽说得漂亮，但亲生子与义子怎么可能做到一视同仁呢？

至正十五年六月渡江时，朱文正也正是二十出头的大好年华。人们都说，他的性格和长相与其叔父非常相近。或许正因为如此，朱元璋对这个侄儿总是另眼相看。

其实在朱元璋的建军体系里，他是一直想将自己最亲近之人安排在最为关键的位置。让朱文正执掌大都督府，就是想要利用这种直系亲属关系，在自己的权力版图扎起一道朱姓藩篱，使其成为"朱家军"的核心人物。此时围绕在朱元璋身边的男性亲属，除了还没有成年的儿子们，还有养子、自己的侄子和外甥。

而在这其中，作为亲侄儿的朱文正是年龄最长，血缘最近，职务也是最高的将领。如果朱元璋要从中选择一个朱家军的领军人物，朱文正无疑是最佳人选。朱元璋实在无法理解，自己将来当了皇帝，他朱文正就是正儿八经的皇室宗亲，一荣俱荣也在情理之中，为何偏偏选择在这时候横生枝节。在以"家天下"为背景的王朝时代，家与国的联系最为紧密直接的，莫过于宗室。所谓天潢贵胄，凭借着皇帝的亲侄儿兼养子的身份，朱文正根本就不用担心自己的锦绣前程。

当初为了能够稳固朱文正在大都督府中的地位，朱元璋也是煞费苦心。他将原任于枢密院，职务高于朱文正的邵荣、徐达以及平级的常遇春等武将先后调到中书省任职，使这几位军中主帅直接受朱元璋的节制。如此一来，新改设的大都督府成了一个独立的衙门，朱元璋授予自己侄儿大都督一职，品级定为从一品。这样一来，军权等于全部都被划拉到叔侄二人的口袋中。

朱文正是朱元璋军事集团中获利最大的暴发户，他凭借着自己身体里流淌着朱家的血液，又加上自己的勇猛善战，职务升迁之快，级别之高，都是其他人无法望其项背的。当初朱元璋让他与年龄比他长、资历比他深、经验也比他丰富的徐达共统一军，也是为了能够提升他的军事实力和在军中的话语权。由于徐达所参加的战役几乎都以全胜告终，如此一来，胜利的果实也就顺其自然地落到了朱文正的身上。

朱元璋为其搭建的平台，以及与生俱来的军事天赋成就了朱文正。从一个乡野村夫到军事衙门的一把手，朱文正只用了短短七年时间，便步入自己人生岁月最辉煌的阶段。血统固然重要，但能力也是不可或缺的因素。在朱元璋的手下，有着太多的天才将领，而在这些精英人物中，朱文正便是其中的佼佼者。客观地说，朱文正的军事才能和功绩不逊色于大明开国的任何一员名将。他最为光彩的时刻，都集中展现于那场艰苦卓绝的战役——洪都保卫战。

至正二十三年春天，张士诚派兵围攻小明王的最后据点安丰。

安丰是应天的一道屏障，若安丰失守，应天（南京）将会门户大开，朱明政权的根据地将会陷入险境。在这种情况下，朱元璋只有率兵渡江救援安丰。如此一来，也无形之中给了长江中游地区的陈友谅一个偷袭的机会。

陈友谅对朱元璋一直虎视眈眈，想要找个机会将其一口吞并，但几度东征都铩羽而归。

朱元璋的主力部队救援安丰，江南由此陷入空虚之境，这是一个天赐良机。陈友谅决定夺取洪都，然后兵锋直指应天，趁机将朱元璋的势力从帝国版图上抹去。怀揣着这样一个梦想，陈友谅上路了。当他率领着号称六十万人的军队抵达洪都城下时，等待他的不是别人，正是朱文正。洪都的军事地位极为重要，它地处赣北平原，又位于赣江的下游，由赣江向北经鄱阳湖与长江相连。

谁也没有料到，朱元璋会将镇守洪都的重任交到朱文正的手上，在此之前，大家对朱文正的评价并不高。朱元璋之所以会置流言汹汹于不顾，除了看中朱文正的能力，更多是源于"信任"二字。

有人说，朱文正压根儿就没把镇守洪都当成一件大事，接手洪都之后，不思固城练兵，却整日流连于烟花之所，沉湎于酒色之中。甚至学人家附庸风雅，在自己的官邸排练起歌舞。此等做派根本不像是来打硬仗之人，倒像是上面派下来调研文化娱乐事业的。就连最基本的军事布防，朱文正也要把它交给下属去操办。洪都城内的官兵心中虽有怨言，但却无人敢吭声。当他们听说陈友谅领着六十万大军即将杀奔而来，也只能听天由命，随他去了。

当陈友谅的数十万水军，数百艘巨舰，遮天蔽日杀将而来。朱文正也在这时候接到了朱元璋下达的死命令：要不惜一切代价，誓死保卫洪都，等待援军到来！

在临战前的动员会上，平时看上去玩世不恭的朱文正像是突然变了一个人，慷慨陈词地说出了一番血性之语。他说："我知道你们都不怎么喜欢我朱文正，甚至有人在背后还骂我。这都没有关系，当然我也不喜欢你们这帮毫无生活情趣之人。如今，陈友谅六十万大军已兵临城下。想要投降保命者现在就可以出城，我并不阻拦。愿意留下来的，我朱文正陪你们战至城破人亡，一死方休。诸位珍重，望来日以富贵相见！"

陈友谅在南中国的崛起，靠的是他有一支强大的水军。不过此人有着典型的偏执狂倾向，发挥长项固然没错，但是过分依赖就没必要了。如果真能在江河湖海上做到无敌，也能说得过去，让人无法理解的是他居然最后还是败在鄱阳湖。

朱文正能打仗，这是不用说的，但是究竟能打到什么程度？还是一个大大的问号。洪都是一个坚固的城池，但它有一个致命的缺陷，那就是城门太多。前后左右共有抚州、宫步、土步、桥步、章江、新城、琉璃、澹台八个门，此外还有水道门。城门多是一个城市繁华的象征，但当这座城市面对六十万大军压境的时候，这样的繁华也就变成了一场醒不了的噩梦。

由于人多，攻城的军队可以同时攻打各门，防守一方往往会顾此失彼。这又一次雄辩地证明，越是困难和险境，就越能考验一个领军者的能力。朱文正确实是一个不世出的军事天才，城里可用的兵力用来防守本来就捉襟见肘，但他却能将其调配得井井有条。

到底是朱文正守住了洪都，还是洪都这座城池成就了朱文正。总之，依凭着朱文正的军事天才和钢铁般的意志力，明军以有限的兵力和破败不堪的防御工事将陈友谅的几十万军队死死咬住不放。最后以战死十四名将领的代价挡住了陈友谅数十万人马长达八十五天的围攻，也由此造就了朱文正人生的高光时刻，就此将他推上了元末明初传奇将领的神坛。

在这场旷日持久的拉锯战中，连陈友谅也不得不发出感慨："朱元璋座下猛将如云，竟还有朱文正此等军事奇才，若能效力于我，势必如虎添翼！"朱文正守南昌城时，只有两万人，陈友谅六十万。朱文正之所以能守住洪都，一是他有着非常强大的军事调度能力；二是陈友谅的地面攻击能力的确一般。

在接下来的鄱阳湖大战中，朱文正再立新功，派人烧毁陈友谅的粮船，致使陈友谅的汉军军心大乱。因屡立战功，朱文正被擢升为枢密院同佥，朱元璋事前征求他的意见，问他想当什么级别的官。他的回答是："叔父大业，何患不富贵。先给亲戚封官赏赐，何以服众！"

再强悍的人也有自己的梦，如果说国是他的大梦，那么家是他的小梦。对于一个帝王来说，家国一体，可家毕竟连着血脉。朱文正的这句话让朱元璋很是满意，深为侄子高人一筹的见解感到欣慰。要知道，雄心与野心有时候只有一纸之隔，一捅即破。也许今天你怀揣着雄心，明天成了一番气候就变成了野心；也可能原本揣着的是一颗野心，只不过用端正朴素的外衣遮掩着罢了。朱文正的这句话，并不是说他不需要封赏，而是他想要得到更大的封赏。

洪都之战，也确定了朱元璋的王霸之业，天下格局就此成型。就算他不是朱元璋的侄子，凭借如此军功也足以在大明开国功臣中排名前列，何况他手里还握着亲情这张王牌。

在人性的复杂层面上，朱元璋最为讨厌的是什么？那就是贪婪与背叛。至正二十二年（1362年），大将绍荣和赵继祖密谋杀害朱元璋，结果被人告发，他毫不留情地将他们处死。至正二十三年，在与陈友谅决战的关键时刻，大将谢再兴又起叛乱，同样被他以强力手段剿杀。谢再兴有一个特殊身份，那就是朱文正的岳父。朱文正与张士诚勾结一处，很有可能受其岳父的影响。

　　谢再兴是濠州旧将，因他与朱文正是翁婿关系，所以朱元璋也称他为"亲家"。攀上皇亲，却没有享受到相应的待遇，这让谢再兴很是郁闷。他觉得自己不但没有受到重用，甚至有些时候他觉得朱元璋是在故意排挤他。谢再兴负责守卫的诸暨，是朱元璋与张士诚接壤的前沿阵地，军事守卫的压力很大。至正二十二年，张士诚乘金华、处州苗军反叛朱元璋的机会，派弟弟张士信率大军进攻诸暨，谢再兴身先士卒苦战二十多天，大败张士信。

　　战事结束后，谢再兴派其心腹潜入张士诚的占领区杭州贩卖物品，被朱元璋查获。这本不是什么大事，但是朱元璋却将这两个人都杀了，并将他们的头颅悬于谢再兴的官邸之外，以示警告。后来，朱元璋又做主将谢再兴的次女嫁给了徐达，事前并未与谢再兴商量。

　　与此同时，朱元璋又派参军李梦庚去节制诸暨兵马，降谢再兴为副将。谢再兴在听说这件事后，很是生气，他抱怨道："嫁女也不告诉我一声，就像是犯官亲属配给将领一样，还让我听从别人节制。"于是捉了李梦庚到绍兴去投降了张士诚。

　　朱文正所辖地区远离张士诚，也与后者没有任何交情，如果李饮冰的揭发属实，那么只能是谢再兴对他施加了影响。外人有异心，尚可理解。如今连自己的亲侄子也要加入叛将之列，这使朱元璋陷入巨大的愤怒与痛苦之中。一个宗室，本就处于权力要害，如果再与手握兵权的将领抱成一团，将来对皇权的威胁将是灾难性的。要处置本是亲侄、如今又是养子的朱文正，朱元璋心里不是滋味。朱文正不出事则已，出事就是轰动朝野上下的大事，谁不知他是自己的亲侄子，又成了他膝下养子？如在他身上枉法，那后果是什么，可想而知。

　　他在得知消息的第一时间，就将此事告知夫人马秀英。马秀英也是忧心忡忡，别人她都不挂念，文正、文忠，还有沐英，虽不是自己亲生的，因为从小在她跟前长大，她总是担心几个孩子会出事。

　　朱元璋在给外甥李文忠的亲笔信中提到了意图谋反的朱文正给自己带来的内心伤害，他说，老舅家书付保儿（李文忠），叫尔知道驴马（驴儿朱文正）做的人。当自从（朱文正）守住江西，好生的行事不依法度……在那里奸人家妻女，多端不仁。我禁人休去张士诚家盐场买盐，他从江西自立批文，直至张士诚家买盐，江上把截不得，尽他往来。南台城里仓与库四处俱各有物，其余多等不仁不孝的勾当，我心里闷，说不得许多。

皇帝本来就是一个赤裸裸的实利主义者，等到江山稳固、皇权在手，和维护自己家天下的利益相比，所谓"亲情""仁孝"都要绝对服从并服务于自己的皇权。皇氏宗亲既是一块躺在上面吃几辈子吃不完的福利，又是一把悬在脖颈子上的双刃剑。

专制政治奉行严格的血统传承，人的 DNA 高于一切。曾经有一个不信命的农民就喊出："王侯将相，宁有种乎？"这话乍听上去很有煽动性，但他并不完全正确。人生在世，所求者无非荣华富贵，而要享世代无穷之富贵，只有当皇帝。可当了皇帝也难以做到无穷，所以说富贵人生各有时。君子之泽，五世而斩，一个权力世系能维持五世就算是人间奇迹了，往往都不会有好下场。所以一个人的官当得再大，也不能算是有"种"了，但当了皇帝就可以有"种"，可以传至久远。即便是天下大乱、黄钟毁弃，也只有皇氏宗亲才有资格出头收拾残局，其他人做了就是"僭越"。在朱元璋看来，身为第一代皇室宗亲的朱文正更不能心怀二志。如果自己念及亲情放他一马，他就有可能会让自己的子孙后代吃苦头。

洪武十二年（1379 年），朱元璋又在给靖江王朱守谦（朱文正儿子）的敕谕中如此说道，朕与尔父（朱文正）同寒微，平日所受艰辛，有不可言之苦……后因尔父（朱文正）长成，拨军护卫，教练威武，威武既成，令守江西，恣意放纵，视人如草木，作孽无休，其不仁者甚，夺人之妻，杀人之夫，灭人之子，害人之父，强取人财，事觉，教之不听，未几，谋奔敌国。

这时候已在皇帝宝座上待了十二个年头的朱元璋，已经站上了礼法的制高点，有了凌驾一切的话语权。从他事后留下的文字可以知晓，他给自己的侄子朱文正定下的罪行大致有三条：一是阻挠朱元璋在江西开设专门监察百官的"按察司衙门"；二是违反禁令，自立批文，派人到张士诚处走私买盐；三是夺人之妻，杀人之夫，灭人之子，害人之父，强取人财，有敢向官府告其状的，他就灭人全家。

他需要朱文正给他一个交代，念兹在兹者，亲也。人啊！三十年河东三十年河西，只要你翅膀硬了，连自己都有可能会忘了屁股上的胎记在左边还是右边。别人固然可以不管不问，可是自己不能忘本啊！

清晨，满江大雾罩着两岸如烟的屋舍树影。浓雾深处隐隐透出桨声和船头犁水发出的哗哗声。渐渐的，一只庞大的船队从雾中现出轮廓，朱元璋在刘基、宋濂的陪同下正在前往洪都的路上。此时的朱元璋立于船头之上，透过渐渐散去变得稀薄的雾气，眺望着朦朦胧胧的浩荡长江和两岸青山、田畴。

朱元璋已经几天几夜没有合眼，他内心的愤怒和纠结可以用"煎熬"二字来形容，有时想着想着其他事，心绪便散漫了。他实在弄不明白，那只变得陌生的雄鹰是他一手调教和放飞的吗？是人固有的劣根性让他走到今天这一步，还是他训导无方？他最担心的就是有一日自己坐得江山，却失去更多。就像今日，就算是枕着百万两银子的玉枕也让他无法睡上一个安稳觉。他宁愿战场之上快意恩仇，也不愿面对亲人的背叛。

朱元璋亲自坐船抵达城下，招来朱文正当面质问。朱文正仓皇出迎，朱元璋在见到他的那一刻，一直用眼神逼视着他。朱文正的眼神中透着难以名状的苦楚与恐惧，这让朱元璋不由得想起了自己的父亲，也想起了他那死去的穷鬼大哥。

在兄弟几人中，朱元璋最不喜欢的就是他那个稍显刻薄的大哥——朱文正的父亲。在朱元璋的记忆深处，他那个大哥经常有顶撞父母的不孝言行。正因为如此，等到朱文正死后，朱元璋将他的一切罪恶源头都归结于他的父亲，也就是自己的长兄朱重四。他说："孝顺还生孝顺子，忤逆还生忤逆儿。"正因为老子是忤逆之人，所以生出的儿子也是忤逆之子。

朱元璋拿过鞭子狠狠地抽在朱文正的身上，一声紧似一声地逼问他。你这忘恩负义的畜生，到底想要干什么？虽然朱元璋的愤怒之火足以震慑在场所有的人，却无法征服朱文正那颗反叛执拗的心。

让朱元璋万万没有想到的是，朱文正会摆出那样一副桀骜不驯的姿态，让他当场下不了台。他是打给身边那些人看的，使得"桀骜者懔懔知畏"。他要告诉他们，何谓主宰？他才是那个左手掂着刀的宰夫，而他们则是案板上的肉，他想切谁就切谁。人性底下的这点儿东西，他比谁都拎得清。要让别人听话，最有效的两个办法，第一是让他处于恐怖之中，第二是给他足够的利益。当这两个办法都失去效力的时候，只有一种可能，他要的不是利益本身，而是利益的掌控权。

一个合格的利益主宰者，通常是第一流的社会心理学家。当朱元璋拿出按察使李饮冰的证词，质问他为何要背叛自己，投入敌人的怀抱时，朱文正非但没有丝毫的悔过之意，反而当面指责朱元璋。他振振有词道，叔父为了扫除自己当皇帝的阻碍，不惜一切代价剿灭小明王韩林儿及其部下，根本不顾洪都城内上万名将士和侄儿的安危。如果不是我朱文正死守洪都八十五天，就不会有安丰、鄱阳湖两大战役的胜利，也就不会有叔父今日的荣耀。

朱文正在这里说的每一句话都像是一把刀子戳在朱元璋的心窝上，让他无言以答。朱文正的小名真是不愧叫驴儿，真是活脱脱的一头死犟死犟的驴。一系列事件证明，朱文正是一个看似混沌但内心极其强大的男人，他那种骄纵狂放的性格和该出手就出手的果决，都超过了同时期的诸多将领。在一个天崩地裂的乱世，成王败寇，最重要的是胆识。

朱元璋下令以"不谏阻"之罪，将朱文正身边的郭子章、刘仲服、卫达可等元帅杀掉，又将其部下随从头目五十余人挑断脚筋，然后将他带回应天。

马夫人得知朱元璋要处死朱文正，出面劝说："文正虽骄纵，自渡江以来，克太平，破陈野先，营取应天，多有战功，坚守江西，使陈氏强军不能克，皆其智勇也。况且是骨肉亲侄儿，就饶了他吧！"

一些大臣也前来说情，宋濂说："文正之罪固当死，陛下应体谅他是自己唯一的亲侄儿，还是将他贬往外地为好。"

在众人的劝说之下，朱元璋也考虑到他毕竟是兄长留下的唯一血脉，如果真是按律将其处决，未免显得太过绝情绝义。害怕有一天死后到了地府，也没办法向自己的父母兄长交代。朱元璋虽然免去朱文正的死罪，但还是剥夺了他的军权，将其安置于桐城居住。

贬往外地的朱文正，无论如何也接受不了昨天还是身居高位的大都督，如今就从权力的高台跌落为庶人的残酷现实。在朱文正看来，这一切都是因为朱元璋太过绝情。丧失理性的他，偷偷地命道士用红笔书写叔父的生辰八字，"钉地压之"，这就是阴毒的诅咒魇压之法。只要朱元璋死了，自己就可以一呼百应，另立山头。

历朝历代，针对皇家的巫蛊之术都是一项仅次于谋反的大罪。此事被告发后，朱元璋将朱文正囚禁于应天城内苑，可是朱文正仍每日口出不逊之言，扬言上天如果能够再给他一次机会，他就会重新改写自己的命运。这样的话一再传到朱元璋的耳朵里，他无法做到充耳未闻，他认为朱文正这时候已经与他离心离德，再也不是他所信任的侄儿。

在朱元璋看来，将朱文正留在身边，只能是留下一个祸患。云在青天水在瓶，凡事问心不问天，不是他朱元璋要向自己的亲侄儿举起屠刀，实在是自作孽不可活。这时候，又是马夫人站出来劝阻夫君。她说，文正这孩子本性不坏，只是性子刚烈，他根本没有背叛你的心思。何况他的母亲还健在，当念其母子之情，且见亲亲之义。

马夫人的话在朱元璋这里还是很有作用的，他又一次放过了朱文正。等到至正二十六年（1366年）四月收复濠州后，朱元璋将朱文正解送回老家看守先人坟冢。希望他能在先人的坟冢前，好好地反思己过。

让人无法理解的是，即使落到这步田地，朱文正也没有收敛自己的言行。他不能忍受寂寞，不甘心失去已得到的东西。在濠州期间，他非但没有对朱元璋做出妥协和让步，甚至一天到晚都在琢磨谋逆之事。身边人将情况秘密告发于朱元璋，朱元璋再也坐不住了。朱文正一而再再而三地这么做，分明是在故意挑战自己的容忍底线。他再一次提审朱文正，他实在不明白这孩子为什么会如此痛恨自己。先是"心有异志"，接着用巫术咒他，然后"谋奔敌国"。不要说是自己的亲侄儿，就是自己厚待三分的外人，也会懂得知恩图报。

当朱元璋面对这个曾经无比宠爱的侄儿时，他内心的悲愤可想而知。他多么希望朱文正能够给出一个还算过得去的解释，谁料这反而更加激怒了朱文正，却指着他的鼻子破口大骂，一口一声"荒淫之主"。朱文正太了解朱元璋这个人，他在惊骇的同时，内心也充满了怨恨：朱元璋看重的不过是即将到手的皇位，何曾想过亲人的死活。所谓叔侄、父子之情不过是这场权力游戏的筹码。

朱文正的态度是朱元璋想不到的，又措手不及。朱元璋在自己撰写的《御制纪非录》中记载了当时的情形，他愤恨道："其应之辞，虽在神人亦所不容，其逆凶之谋愈推愈广，由是鞭后而故。"

在朱元璋看来，他的一忍再忍不但没有换来朱文正的迷途知返，反而在某种程度上助长了对方的嚣张气焰。他夺过鞭子，狠狠地抽打在朱文正的身上。他要亲手打死这个不孝逆子，与敌国勾连，为非作歹，这些他都可以大事化小。唯独这"逆天之罪"，是他不能原谅的，因为这是涉及大明纲常礼法的大事。

命运，仿佛一张冲不出去的网。这时候的朱元璋不光是朱文正的叔父，更是堂堂的一国之君。朱文正虽然是皇帝的亲侄儿，但更是大明的臣子。君臣间应该以敬为主，敬为礼之本。纲常礼法是治国之本，朱文正当着外臣的面将朱元璋个人及政权最见不得人的隐秘撕得粉碎，这完全触及了朱元璋的容忍底线，死亡也就成了一种必然的结局。

朱文正的罪行从诬陷、奸淫、杀人、违法，到僭越、叛逆、"逆天之罪""神人亦所不容"——凡是人间丑行恶事，朱文正好像占全了。这种死后定罪的套数在洪武年间，被朱元璋反复用于那些被他处死的罪臣逆党。

我本有心向明月，怎奈明月照沟渠。朱元璋本想自己亲掌中书省，让朱文正执掌大都督府——以朱氏家族来掌控大明政权。他的这一执政思路，随着朱文正的获罪被杀，被生生地撕裂。自朱文正获罪后，朱元璋就不再设立"大都督"一职。朱文正的死成为朱元璋的政治布局中长期无法解决的难题，如果找不到信任的人替代朱文正的职务，那也就意味着无人手握大都督府之权柄。

这时候的朱元璋对军事大权极为敏感，他最信任的儿子们还没有成人。他只能将侄儿朱文正、外甥李文忠视为心腹之人，而朱文正的变故，给朱元璋上了惨痛的一课，连自己的亲生侄儿都会背叛自己。在这个世界上除了相信自己，还能相信谁？

今年花落颜色改，明年花开复谁在？从个人情感上来说，朱元璋实在不应该杀死自己的亲侄儿。但既然选择成为一国之君，搞了政治，也就不应该再感情用事。朱文正最后的结局有着不同的版本，《明史》和《明太祖实录》里只用了"文正卒"三个字就交代了过去，并没有说明原因。但他的率性而为，已经使他与朱元璋之间裂开了一道巨大的血口子。

按照《国初事迹》《罪惟录》的记载，朱元璋是在马皇后劝阻之下，饶过了朱文正，后来命他前往濠州祭祀，有人告发朱文正有怨言，有异志，所以"太祖废之"。

改变时局的大事件

至正二十七年（1367年）十二月十二日，季节步履蹒跚地走向冬天，落日静静地沉没于天际。对于此时置身于滁州的小明王来说，正满心欢喜地等待着朱元璋派来的大将廖永忠来接自己去南京。他一夜未眠，临近天亮才迷迷糊糊地做了一个囫囵梦。

在梦里，他冠冕堂皇，高高在上，心安理得地接受所有的欢呼和朝拜。身为吴王的朱元璋领着一帮文武官员一脸肃穆，踩着庄严的宫廷鼓乐，手持朝笏鱼贯而入。一个始终缺乏阳刚之气的君王，有着别样的困顿与悲情。虽然小明王被奉为王，但是他这个王是名不副实的招牌。

梦里呈现的祥瑞景象让小明王笑醒了，醒来后的他觉得意犹未尽，又端坐在椅子上愣了半天神。直到有人来报，吴王接他的船已经停靠在滁河岸边，他才生生地掐断了自己的白日梦，用手整了整绣有龙纹的服装和帽子。他取过一面铜镜，仔细地端详着镜子里的自己。平日里柔和有余硬朗不足的五官，隐然间生出几分不怒自威的王者之气和顾盼生风的华彩，这让他内心愉悦不已。

滁河的码头比往日冷清许多，有很多官兵在周围持戟而立。小明王在廖永忠的引领下，进入一艘并不起眼的官船。不知是否因为还沉浸于黎明前的那场梦境，小明王走得慢条斯理，揉着眼睛四下观望像是在寻找什么。有时候现实与梦境就隔着一层窗户纸，捅一捅或许就真的能够看见梦想照进现实。

有些不起眼的小人物，之所以会在历史上留下痕迹，完全是因为某种偶然的际遇。小明王从称帝以后，就成了一个名副其实的傀儡皇帝，凡事都由丞相刘福通当家做主。他在坐享无边荣华富贵的时候，一天到晚会想些什么，内心深处有没有一丝忧惧？将一个小人物的信念放在波诡云谲的历史幕布上，看上去略显单纯，甚至透着几分白痴。他或许还来不及搞清楚什么是政治与权谋，但严酷的现实已经告诉他，什么是谎言与暴力。

多年征战，红巾军虽然打出了气势，也扩张了地盘，但给人的总体感觉，始终处于一种无组织、无纪律的涣散状态。几方势力各自为政，没有统一的号令，又加上天生狭隘的小农意识，军纪不振，难以形成强大的战斗力。

可以说，这时的红巾军主力已经被元军打散了，只剩下山东地区的一部分军力翼护着小明王的帝都安丰。当益都被扩廓帖木儿包围，刘福通前往救援，结果也是惨败而回。益都陷落，安丰也就成了军事意义上的一座孤城。

我们且回到历史的现场，至正二十三年二月，张士诚的大将吕珍围困安丰达数月之久。城内粮尽弹绝，外面的援助也运不进去，城里甚至出现了人吃人，甚至吃腐尸和人油炸泥丸子的人间惨景。面对如此困局，小明王韩林儿心中是万分惊惧，多日来一直躲在行宫内哀叹不止。

军情紧急，生死事大，刘福通不得不派人向朱元璋发出救援的请求。在救与不救之间，朱元璋与他的那些谋士们也存在着严重的分歧。谋略大师刘基认为，小明王是名义上的"君"，朱元璋是"臣"，过去朱元璋与小明王各处大江两侧，相安无事。若朱元璋此番救出小明王，又该将其置于何处？今日正好可借他人之手将其除掉，免得将来再背个弑君篡位的罪名。

而朱元璋的顾虑之处在于如果自己发兵，陈友谅在背后乘虚进攻，那么他将会陷入进退无据的境地；如若不救，万一安丰失守，应天就将失去一面坚固的屏障。是进亦忧退亦忧，可这世间哪里会有两全其美的事？

元顺帝不会允许另外一个与他并行的皇帝安安稳稳地存在下去，这时候的小明王成了一个烫手的山芋，捧不得，也丢不掉。如果朱元璋将其接手，那么他的军队将会成为元军的主攻方向。对于朱元璋来说，这实在是一桩赔本的买卖。经过一番内心挣扎，朱元璋还是决定亲自领兵前往救援。

朱元璋的援军迟迟未到，如果再这么困守下去，一旦城破，只有死路一条。

刘福通簇拥着小明王趁月黑风高突围而出，刘福通在突围中被杀。朱元璋摆设金銮玉扇，将小明王接到滁州暂住，并将其临时皇宫里的人全部都换成自己的人，防护极为严格。破城之后的吕珍能够杀死刘福通，为什么会偏偏放走韩林儿？显然不合逻辑。在龙凤政权中，韩林儿是皇帝，刘福通是他的丞相，韩林儿的地位在名义上比刘福通要高。当吕珍向安丰发起总攻时，韩林儿、刘福通二人这时候都被困于城中。

吕珍若能破城杀死刘福通，他绝对不会轻易放过韩林儿，即使不将其杀死，至少也会将其带回去请功。然而结果却是韩林儿既未被杀，也未被吕珍所俘，反而被迟到的朱元璋带回了滁州。在这里只有一种可能，刘福通死于朱元璋之手。

刘福通在元末红巾军中是一个响当当的人物，对于这样一位重要人物，明朝洪武年间修的《元史》中理应对其结局有所交代。然而《元史》记刘福通，只记录到至正十九年（1359 年）元军攻占沛梁，从此便消失不见。

那些参与修史的史官都是文人中的精英分子，按说他们不应该犯如此低级的错误。倘若刘福通之死与朱元璋没有任何关系，朱元璋只是因为来不及救他，让他身首异处。大明史官根本就用不着遮遮掩掩，就算他们秉笔直书也不会对朱元璋的声誉造成任何影响，反而能凸显他的仁义。有此等好事，朱元璋君臣又何乐而不为呢？

这时候的小明王名为皇帝，实则是朱元璋的俘虏，完全受其控制。由于救驾有功，小明王内降制书，封赠朱元璋祖上三代。这让朱元璋感到无限荣耀，连夜撰写了一篇《朱氏世德碑》，记叙自己贫寒的家世和小明王对朱家先人的封赠。

在这兵荒马乱的年月中，做人能够做到小明王这个份儿上，天天享受生活，然后再以个人名义发出"圣旨"到处传布，似乎是一件幸运的事。然而不幸的是，从这个年轻人被当作宋宗室后裔供奉之日起，也就注定了他一生的悲剧，他要为这短暂而虚幻的风光付出更为真实和惨痛的代价。

从本质上说，朱元璋与龙凤政权之间的关系，其实是一种利益的纠葛。当龙凤政权强大时，朱元璋在其中所扮演的是一个依附者的角色；随着龙凤政权在北方战场上接连失利并败退安丰，与此相对应的是，朱元璋的地盘不断扩张，在红巾军中的威望也在不断提升。依附与被依附者的关系这时候就会发生根本性的逆转。

在这纷乱的世道里做一个默默无闻的小老百姓，或许可以苟活世间，要是一旦被人发掘身上具有某种奇异的价值，而发掘这种价值的又偏偏是野心家或不安于现状的枭雄，那么也就意味着，你的命运已完全掌握在别人的手中。

小明王不论是在刘福通的手里，还是在朱元璋的手里，对他本人来说并没有多大的区别。

表面尊贵的小明王，实际上是一个被他人圈养、操纵的"超级玩偶"。像他这样一个活在权力世界中的玩偶，在中国历史上并不少见，他不是第一个，也肯定不会是最后一个。小明王看上去比当年的朱重八还显得庸劣不堪，但是当年的朱重八早已修炼为今日的朱元璋。若论资质，小明王根本就没有资格登上历史舞台。可就是这样一拨人，却因缘际会，被人发掘了他活在这个世界上的奇异价值，最终成为大时代演进过程中绕不开的一种人物。毫无疑问这并不是他们的幸运，只是那些不能掌控自己命运的玩偶的个体悲哀。

小明王一直率领红巾军主力在北线顽强地抗击着元军的进攻，而朱元璋隶属其下，对他一直是毕恭毕敬。可是随着小明王与元军间的相互消耗及朱元璋实力的不断壮大，此消彼长，生生打破了原先的君臣秩序。

朱元璋不能一直做依附者，身为一个王者，他早已将自己的目光放得更加长远，放眼整个天下，而不是一城一池的得失。相对于历史来说，无论是纸上的荣辱还是刻在石碑上的审判，都经不起时间的打磨，甚至是不值一提的。

在人前，朱元璋毕恭毕敬地向小明王执君臣礼，为他建造宫殿。小明王就这样被朱元璋像个宠物似的圈养起来，就连身边伺候他的侍宦都是朱元璋为他安排好的。小明王的一举一动，这时候都处于朱元璋的监控之下。

这时候的小明王已经徒有虚名，手下将领几乎伤亡殆尽，他成了真正意义上的"孤家寡人"。尽管如此，朱元璋对小明王仍然心存疑忌。朱元璋的吴王身份并不是小明王封的，而是自立为王。在别人看来，只要小明王还活在这个世界上一天，朱元璋的头上就会套着一道无法摆脱的"紧箍咒"。

这时候的朱元璋已经无法心甘情愿地居于人下，哪怕只是形式上的，也让他无法接受。

在小明王的龙凤政权里，权力的游戏规则并没有发生根本性的转变，依然是谁有兵权谁当家，可是小明王系宋宗室后裔的名声早已传播在外。不要小看了这无中生有的名头，在蒙元统治不得民心的时候，这个名头就能够起到凝聚人心的作用。正因为如此，各路红巾军还是愿意打着小明王的旗号从纷乱的世道里捞取利益。

朱元璋也明白，为小明王扛着这面大旗，并不需要付出太大的成本。只要将他圈养在自己身边，让他好吃好喝，自己该干什么还干什么，势力并没有因此受到制衡与限制。

以小明王为号召的红巾军成为反元的主要势力，在当时，几乎所有反元势力都是打着红巾军的旗号在江湖上闯名堂。红巾军的主力席卷了大半个中国，蒙元政权被铺天盖地的红巾军折腾得疲于应付。正因为红巾军的分支众多，让元政府军左支右绌，根本忙不过来，这也为朱元璋在江淮地区赢得了发展的良机。

一句话，红巾军之所以能够发展起来，就是打着小明王的旗号。朱元璋心里比谁都清楚，龙凤政权和小明王的存在对自己有多么重要。正因为如此，当张士诚的部队围困小明王所居的安丰时，朱元璋才会亲自领兵前去救援。

军师刘基劝朱元璋静观其变，不要轻举妄动，恐怕到时候请神容易，送神难，将来不好安置小明王。而刘基的失误在于，他还是过高地估计了朱元璋的觉悟，或者说，过高地估计了朱元璋的德行，以为对方解救小明王是出于"道义""君臣""迎圣"这些神圣堂皇的志向，还会把小明王的君权当回事。对于这样的高估，朱元璋显然并不领情，他只是一个赤裸裸的利益主义者。在他看来，维护自己即将到手的皇权才是硬道理，那些平日喊在嘴上写在纸上的所谓的神圣和堂皇，全是糊弄世人的伪命题。如果自己袖手旁观，等到安丰城破，张士诚的实力会变得更加强大。一旦小明王落入张士诚的手里，对方就可以学曹操当年，走"挟天子以令诸侯"的路线，这是朱元璋不愿意看到的一幕。

正是基于综合考量，朱元璋才会亲自领兵救出小明王。在这件事上，朱元璋看透了事物的本质，而刘基却只看到了表象。小明王拥有号令群雄的帝王名号，这让他成了一个烫手的山芋，同时也成了野心家们借壳上市的一个法宝。刘基所担心的，显然是前一种可能。他不希望朱元璋在这件事受到掣肘，也不希望朱元璋将来因为小明王一事处理不当给外界留下口实，失去人心。

刘基考虑问题如有神助，总是先人好几步。这既是他的长处，也是他的短板。乱世求生存，所有问题的归属都是基于利益上的考量或政治上的便宜。没有绝对的对与错，只有你敢不敢去做。

随着朱元璋势力不断做大，元朝皇帝想用笼络张士诚的那一套怀柔术稳住他。他们派遣使者主动向朱元璋招安，朱元璋并没有给以明确的答复。与其他同时期的政治对手相比，朱元璋认为，自己的做法更合乎生存游戏所遵循的规则。比如说陈友谅，在生存圈子里的人看来，他应该算是徐寿辉的部下。可是等到徐寿辉兵败来投，他不但没有向自己的主子伸出援助之手，反而杀了对方。另外像张士诚、方国珍这些人，他们在革命的彻底性方面做得还远远不够，对待蒙元的态度也是摇摆不定。

虽然蒙元政权曾经将他们分别封为太尉和行省左丞相，但是时局一变，他们便会翻脸无情。这种反复无常的禀性，从他们使用的年号上也可见一斑。韩林儿称"龙凤"（宋），徐寿辉号"天完"，张士诚建"天佑"（大周），陈友谅立"大义"（汉）。

和他们的反复无常相比，朱元璋算是一个有始有终的人。尽管这时候的他手里已拥有足够的资本，可是基于政治上的考量，朱元璋还是把"龙凤"这个空头招牌在自己的肩上一扛就是十二年。不是他不想撕掉"龙凤政权"的标签，建立自己的政权，打造属于自己的政治品牌。他是在等待机会，等待一个可以让自己一锤定音的机会。

黑云滚过，天光渐渐被静寂无声的江水吞没，江面的能见度也随之变得越来越低，远处的景致影影绰绰，一切如在梦中。几只战船护卫着一艘飘扬着巨大"宋"字旗的官船，船头甲板上竖立着曲柄黄金伞，显示着翠华摇摇的威仪。船队即将抵达六合县境的瓜步山水域，一直站在御舟甲板上的廖永忠却在这时候进入底舱。

他一个人躲在底舱的黑暗角落里蜷缩起身子，在橹桨发出的沉闷而又单调的声音里，昏昏沉沉的他像是进入了一场梦境。或许只有他自己明白，此时的他比任何时候都要来得更加清醒。他用眼神的余光透过舷窗恰好能够锁定那艘承载着小明王的官船。

自从领着小明王上路，他就没有睡过一天安稳觉。在每天的计算中，目的地离自己越来越近。他在心里发出一声叹息，又慢慢地合上了自己的双眼，这一次他真的睡着了。

直到有人在他耳边炸雷似的一声吼："将军，大事不好，龙凤皇帝的船翻了！"关于这件事，《明史》中记载如是：太祖遣永忠迎归应天，至瓜步覆其舟死，帝以咎永忠。短短的一行字，简略至极，波澜不惊。但事情本身并不像史书记载的那样平淡。如果一定要说平淡，也只能这样说，正是因为有了此前意犹未尽的不平淡，才有了1366年这一天的平淡。

对中国历史稍有了解的人都明白，小明王的死在意料之中，也在情理之外。假如你是这时候的朱元璋，会有其他更好的选择吗？除非你真的愿意将小明王送上那个光灿灿的帝王宝座。

话又说回来，刘福通败亡之后，韩林儿不过是一个普通人，只会慢慢被人淡忘。既无政治上的影响力，也谈不上军事上的号召力。战乱之后，教众各奔东西，或各有所归属，也已丧失了宗教上的凝聚力。而留在史册中的韩林儿是一个扶不起来的阿斗，"无大志，又听命福通，徒拥虚名"。这样的龙凤皇帝，随时可以让他"禅让"。在这时候除掉他，既无必要，也毫无意义。方国珍投降后，朱元璋都能让他享受一个"授广西行省左丞，食禄不之官"的待遇。

后人观史之所以会不自主地将其分为A、B两面，也是人性使然。作为"沉船事件"的在场者，廖永忠究竟是怎样一番面目？廖永忠是安徽巢州人，他和兄长廖永安在渡江前随巢湖水师投奔朱元璋，成为朱元璋的水军将领，廖永安在征讨张士诚时阵亡。随后，朱元璋和陈友谅在鄱阳湖上掀起滔天巨浪。廖永忠又与俞通海等人用七条船载着芦荻，趁着风势放火，烧毁敌军几百艘大船。又率领六条船深入敌阵搏杀，再冲杀一圈出来，敌军惊呼他为神人。

第二天，廖永忠又在泾江口拦击陈友谅，陈友谅战死。战争毕竟不是沙盘上没有血腥的推演，而是勇气与勇气的搏击，生命与生命的碰撞。也正是在这场生死大决战中，廖永忠一跃成为朱元璋水军的领军人物。回到京城，朱元璋用漆牌写了"功超群将，智迈雄师"八个字赐给廖永忠。

这时候的廖永忠在巢湖水师将领中年纪最轻，朱元璋曾经问过他一个问题，问他为什么来投奔自己，是想要大富大贵吗？廖永忠的回答是："跟随明主，扫除寇乱，垂名竹帛，是我所愿。"

一个人能够在箭矢如雨、杀声震天的战场上做到凛然无惧，从容应对，还有什么事是他办不到的。朱元璋显然是在一番权衡之后，将迎接小明王这一重要任务交到廖永忠的手里。临行前，他特地将廖永忠召进自己的吴王宫，屏退了身边的所有从人。密室内只剩下他们二人，如此诡异的气氛，似乎要酝酿一场倾国倾城的阴谋。朱元璋故意压低声音，简单交代了一番此行的任务，其余什么话也没有多说。什么是历史的玄机？也就是说的和没说的都在话里了。烛影摇晃，廖永忠退去时的眼神里散发着阴鸷的光芒。那一刻，朱元璋或许已经意识到此人心中已有了自己的打算。

在外界和后人看来，廖永忠杀死小明王，无非两种可能性：一是出自朱元璋的授意，二是他自己拿定的主意。

有一点是肯定的，那就是小明王的人间蒸发，最大的受益者不是别人，正是朱元璋。正因为如此，朱元璋不应该对所谓的"小明王沉江"事件抱有任何不满。

朱元璋肯定不愿意将快要到手的皇位让给小明王，既然如此，小明王的存在也就成了朱元璋奔向皇权之路的最大包袱。他宁愿小明王是自己在正面战场上狭路相逢的对手，那样的话，处理起来就没有那么复杂。除掉小明王，是一件既简单又复杂的事。简单是因为这时候的小明王已经没有任何抵抗力量，复杂是因为贴在朱元璋身上的道义标签还没到完全撕去的时候，他还需要一个能够说服天下人心的理由。

朱元璋和他的那些文臣武将们都清楚，他们都是韩林儿的臣属，韩林儿才是他们名义上的皇帝。如今王霸之业已定，一国难容二主，韩林儿又该作何处置呢？时至今日，朱元璋才意识到，当初刘基不让他出兵救韩林儿是多么有先见之明。此一时，彼一时，当时有当时的道理，朱元璋并没在这件事上表现出太多的懊悔之意。

既生韩林儿，何生朱元璋？要让朱元璋这时候突然翻脸将自己的主子杀掉，这显然违背了一个王者治国平天下的基本准则。独立领军之后，朱元璋一直以来向天下人所展示的都是仁义忠孝的一面。除非这时候他认为天下尽在掌控，自己可以完全抛弃先前的理念，撕掉儒家的伪善外衣，将王道直接化为霸道。

如果朱元璋还想让天下人相信，自己得天下是天命所归的事。那么他在处理韩林儿这个问题上，就不得不谨慎从事。在内心深处，朱元璋迫切希望天下人都能将他视为一个吊民伐罪、天命所归的英主。正因为如此，他宁愿选择与自己的对手在战场上刺刀见红，也不愿意冒天下之大不韪。

这个有点棘手的难题很快就随着一艘船的沉没而沉没。一个能够为自己排忧解难的人，朱元璋应该给予更多的恩宠。廖永忠不是一个傻子，很多时候他显得比一只猴还要精明。他自作聪明地认为，已经看透了主子的心思。就算一个眼神，他也能揣摩其中深意。

廖永忠内心清楚，自己所要去做的，就是要替自己的主子背上这个黑锅，他要把"不义""弑主"这些罪名全都一个人扛下来。廖永忠在临行之前，内心除了忐忑不安，更有着难以抑制的冲动与喜悦——自己是皇帝最信任的人，不然他又怎会将那么重要的一项任务交到他的手上，这完全是基于一份信任。在这个世界上，还有什么比君臣之间的信任来得更加实惠？有了信任，其他一切也就迎刃而解。

不管是廖永忠自作主张杀了小明王，还是朱元璋在事前向他传递了某种不可言说的信号，总之，小明王从这个世界彻底消失了。尽管事后朱元璋还要在人前表现出一种群龙无首的慌乱与痛苦，但内心的轻松只有他自己最清楚。对于小明王的死，朱元璋没有理由不暗自兴奋。

洪武八年（1375年）注定是朱明王朝的多事之秋，朱元璋后来每当回忆起这一年，心中都不免有些百感交集。也就是在这一年，他的治国策略发生了根本性的转变，由建国前期的对外转向了对内。身为开国之君，他不得不为朱家江山传之久远考虑。

从年初，朱元璋就病倒了，还不到五十岁的他须发白了大半。谋划国事之用心，可谓深远且细密，不累皇帝又累谁。马夫人和李善长等人都劝他好好养身子，不必过分操劳，可是忧心忡忡的朱元璋又怎能放下国事。处于愁病中的人往往会陷入悲观和不安之中，朱元璋常常会在梦中被一幅画面惊醒。梦中有一位将军，手持利剑，向他发出要挟。

梦中之人，轮廓模糊，朱元璋醒来后细细回想，总觉得梦中之人是廖永忠！

只要稍微有点儿脑子的人都应该清楚，小明王的生死，绝不是一个将领可以擅作决定的。对于朱元璋来说，他要以"擅杀小明王"的罪名处决廖永忠，也不用再等上十年的时间。

廖永忠并不完全是因为沉舟之罪而被诛杀，错就错在他经常以此为邀功条件向朱元璋提出一些非分的要求。那时候已经身为九五之尊的朱元璋，又岂能随随便便就让人要挟。

由于廖永忠此时已经成为太子名义上的辅佐，所以他常常跑到太子那里履行职责，并常常说出类似于"太子必成太平之主"的话。要知道，这可是犯了皇家大忌。因为现任皇帝活得好好的，他说的这些话太过于超前，也就是大逆之言。廖永忠所表现出的积极插手朝廷事务的态度和他本身所具有的大明开国功臣的身份，都让这样的话成为压在朱元璋心头的一块大石。如果不能将它搬开，朱元璋会坐卧难安。

可是要搬开这块大石也不是一件容易的事，做得太过直接，必然会引起功臣集团的恐慌和不满。可是要做得不露痕迹，以廖永忠的为人和行事，实在难以找到足以将其治罪的把柄。

正当朱元璋苦于无计可施之时，他想到了自己几年前无意中为功臣们挖下的那个坑——当年廖永忠在接小明王来应天的时候，也一同运送来了大量的龙凤朝廷的御用器物；小明王死后，这些东西有一部分被朱元璋留下了，剩下的则让他分赐给了廖永忠等人。

既然是皇帝所赐的东西，自然不会让它们闲置着，所以廖永忠便开始使用这些器物，其中包括了卧床器用、鞍辔靴镫等物。谁也没料到，朱元璋早已在廖永忠家中安下了眼线，搜集到了一些私密的情报。为了栽赃，有些僭拟御用之物是朱元璋后来派人偷偷放到廖永忠家里去的。

当时使用这些器物的将领并不在少数，就算朱元璋追究下来，也是法不责众。凡是能摆到桌面上的问题都不是大问题，这只能算是一个敏感问题。它的微妙之处在于不能摆到桌面上明说，即使摆到桌面上来说，说的也是另外一回事。政治上的影射和暗示，最能考验一个政治家的嗅觉和心机。或许连廖永忠也不认为这是一个大问题，依然将那些看上去花里胡哨的碗碟摆在自家餐桌上。也就在这时，有廖府仆人密奏，廖永忠在家里偷偷"僭用龙凤诸不法事"。由于此前廖永忠身上已经背负溺死小明王、勾结杨宪等罪名，数罪并罚，就看朱元璋的态度了，可一个帝王的心事谁又能体察呢？那些大臣们也在观望中。

朱元璋派出专人前往廖家收集罪证，并将廖永忠绑了来。当床帐、器皿、鞍辔、靴、雕金钑花、龙凤文祥僭用御物等说不清的罪证摆放于廖永忠眼前时，他的内心世界瞬间坍塌。

朱元璋强撑着病体，厉声喝问道："廖永忠，你知罪吗？""臣已知罪！"廖永忠还想为自己多辩护几句，可是话到嘴边又被他生生咽下，他明白一切早已注定。人活在这个世界能够体会到的悲哀有许多种，但只有无法开口道出的悲哀才是大悲哀。廖永忠虽然不认同附着于自己身上的那些莫须有的罪名，但是他却认同时势逼人的道理。他并不后悔当初所做的一切，即使昨天的一切都没有发生，今天的一切也会发生。不是他朱元璋太过绝情，而是时势使然，人又能奈何？

朱元璋听到这样回答，以为会有什么意外的发现，于是紧追不舍："你知何罪？""天下已定，臣又岂能无罪？"说完这句话，平日里从不敢近距离直视朱元璋的廖永忠将目光紧紧地锁定于前方这个人，再不好好看看这位主子的真面目就没有机会了。朱元璋苍老了许多，皇冠已经掩盖不住满头的白发。廖永忠不禁叹了一口气，看来当皇帝并不比他这个当臣子的轻松。眼前这个成熟的男人一直在把自己强大的心智和能量用于建立和维护个人的权威，他真的做到了吗？

朱元璋想在气势上压一压廖永忠，他说："你以为朕是汉高祖，你是韩信吗？""臣是不是韩信，不是臣说了算，而是天下人说了算；陛下是不是汉高祖，陛下心里比谁都清楚。"廖永忠这句话显然找准了朱元璋的软肋，对方不待他说出下面的话，就命人将其押了下去。命运，真不是说不清道不明的东西。从接小明王渡江那一刻起，他就已经成了朱元璋砧板上的鱼肉。

为了堵住天下臣民的悠悠之口，朱元璋命刑部将那些从廖家搜罗出的所有物品条列出来，榜示天下。纸醉金迷、裘马轻狂，对一个功臣来说算不得什么罪过。而放着美人在侧，说自己性冷淡的功臣才是最可怕的。

朱元璋将一个相对安全的开国元勋除掉了，用了一个算不上多大罪过的借口——"僭用龙凤不法"。这要人命的六个字，几乎将一个臣子的狼子野心彰显无遗。私下里穿了绣有龙凤图案的衣服，以逾制为由将其除掉。说得过去，又好像说不过去。等到了洪武末年，晚年的朱元璋又再次将廖永忠之死归罪于擅杀韩林儿"不义"。

一个王朝，一件事，让一个人如此反复，他到底图的是什么呢？

有人说，廖永忠是在狱中被折磨而死的；也有人说，廖永忠是被打了四十廷杖后，暴死于家中。一代名将廖永忠死亡事件，就这样成了大明王朝开国后发生的首例杀戮外姓功臣的事件，他也因此成为被朱元璋第一个推出来祭旗的开国功臣。在遭到诛杀的大批功臣宿将中，廖永忠根本算不上一个重量级的人物。论功勋，他与李善长、刘伯温这些人无法相比；论殒命，他不如蓝玉一案株连得那么深广。

天日照尔不照我

解决了朱文正与小明王后，朱元璋近来的心情难得轻松，国事、家事、天下事，事事合他的意。坐在集庆府，他现在可以定下心来考虑自己的最后一个对手——张士诚。虽然说蒙元政权还是块难啃的骨头，但那毕竟只是块骨头了，血肉和魂魄早就不复存在。

张士诚属于非红巾军系，红巾军系与非红巾军系最大的区别是对待蒙元朝廷的态度。红巾军具有明确的政治目标和民族思想,与元廷势同水火;非红巾军系则以个人利益得失为进退,对元廷朝三暮四,态度十分暧昧,张士诚更是此中好手。

早在至正十三年(1353年),他就主动请降,担任蒙元政府的淮南、江北行省平章知事,没干多长时间就造了人家的反;随后挑出大旗自称诚王,没当几天王,他又向元政府投去降书,人家也嫌弃他,又授其太尉。就像是一个水性杨花的姑娘傍上了痴情汉,当然痴情汉也不是傻子。蒙元朝廷之所以一再姑息,一心想要招降张士诚,是为了解决大都运粮问题。

摇摆就摇摆吧,只有内心虚弱的人才会在迎风而起的时候摇摆。张士诚一而再再而三地和蒙元政权玩这种小孩子过家家的游戏,谁又能说他不是为了生存。他的西线进攻受阻于朱元璋,而东边又与苗族将领杨完者不和,可谓两面受敌。张士诚所盘踞的地区是江浙沪的富庶之地,鱼盐丰聚;他的另一盟友方国珍拥兵海上,水路通达。两人由此结成了一种利益共同体,由张士诚出粮,方国珍出船,运济元大都。

这世间看得最多的是,合作归合作,但又各怀心思,互相拆台。一个怕贪没了粮食,一个怕乘虚进攻,两人的结合基于一种利益关系,并不牢固。在这期间,他们每年都要向元大都运载十几万石粮食。这种局面一直维持到至正二十三年九月,张士诚自立为吴王,拥兵自重,不再听从元朝节制。

从至正十六年(1356年)起,张士诚与朱元璋的领地有了大面积的接壤,双方在边界时起战端,双方可谓互有胜负。这种局面直到九年后才有了根本性的逆转,而那时候的朱元璋已经两线得手,无所忌惮。等到进剿武昌后,朱元璋才决定集中优势兵力向张士诚发起进攻。

张士诚出生于泰州(江苏省大丰区)白驹场一个盐民之家。泰州这个地方,自古以来是东南沿海主要的盐产地之一。当时的泰州滨海共有三十六处盐场,隶属于两淮盐运使司,而张士诚所在的白驹场就是其中之一。

蒙元时期,权力集团为了填补不断扩大的政府开销和军费支出,大量增发盐引,不断提高盐价,解盐(山西解池出产的盐)所办盐课在政府财政收入中占去相当大比重。从元至元十三年（1276年）到元仁宗延祐二年（1315年）四十年间，蒙元帝国的盐价足足上涨了十六倍。盐价虽然不断翻番，但是真正的盐民并没有从中得到实惠，他们依然过着穷困潦倒的生活。

泰州地处东南沿海，每年夏季这里都要遭到台风的侵袭。等到海水退去，那一块块被海水浸泡过的良田就变成了盐碱地，庄稼也就没法种了。中国有句老话，靠山吃山，靠海吃海。这句话不仅是一种因地制宜的变通，更是顺应自然的中国式生存之道。

地是死的，而人却是活的。那些生活在盐场附近的农民只好离开土地另谋出路，他们撑船运盐，在官府运盐的纲船上寻找生活的出路。生于斯长于斯的张士诚早就投身于此，为个人的生存而努力打拼。

少年时期的张士诚具备了一个江湖人的所有性格特质，算是一个讲义气、敢于担当的奇男子。虽然家里早已穷得揭不开锅，但在别人遇到困难的时候，他总是会站出来慷慨相助。时间久了，在当地盐民中树立了很高的威信。

这样一个游走于江湖之人，你让他安分守己做个替官府运盐的盐民，是万万不可能的。那份撑不着饿不死的收入，根本无法满足他的生活需求。他需要面子，更需要经营自己的圈子。一个男人如果不活在圈子里，就觉得浑身难受，找不到自己生存的坐标。

在这种情况下，张士诚就拉了几个意气相投的朋友干起了贩卖私盐的营生。在运输官盐的过程中，夹带一部分私盐，偷偷卖给当地的富户。从周代开始，食盐的生产和经营就一直是由官府垄断经营。由于食盐专卖事关国家安全，所以历代统治者都要对贩卖私盐的行为进行严厉打击，元朝也不例外。元朝的惩罚措施是"杖七十，徒二年，财产一半没官，于没物内一半付告人充赏"。

贩卖私盐本来就是一项风险性极高的营生，这时候蒙元朝廷在全国各地的盐场都设置了盐官和盐吏，专门稽查私盐贩子。那些私盐贩子既要面对官府的严查，同时还要面临购盐者的欺辱。而购盐的富户为了能够拖欠盐钱，常常以举报官府相要挟，对他们也是百般凌辱。

本来就是违法行为，又加上低微的身份，让张士诚这样的私盐贩子的日子并不好过。很多时候，他们也只能打掉牙齿往肚子里咽。这一行当让他们尝尽了炎凉世态和冷暖人情，也激发了他们超乎常人的奋斗精神和忍辱负重的心性。

元顺帝至正十三年正月，阳气上行，白昼渐长；但是从气候来说，依然处于交冬数九，中国南方地区的冷天还没到完全结束的时候。或许是年关在即，做了一年买卖的盐贩子们比任何时候都要显得焦躁不安。辛苦了一年，他们不但没有收到半毛钱的利润，就连投进去的本钱也打了水漂。

也不知怎么了，一个叫丘义的弓箭手就盯上了张士诚，没事就上门找碴儿，动辄抓他的人，扣押他的货物。既然你不让我活下去，我也就索性豁出去了。张士诚对此十分愤怒，于是就在一个月黑风高杀人夜带领他的弟弟及壮士李伯升等十八人杀死了丘义。一不做二不休，大不了是个死。一帮人又冲进当地富户家中，砸开了仓库的大门，把粮食和钱财分发给当地的老百姓，接着又点起一把火将房屋烧了个干干净净。

后来的事情就简单多了，扯出一面造反的旗帜。在不到一个月的时间里，张士诚领导的盐民军队就达到了上万人的规模，成为反元队伍中的一支生力军。或许是一切来得太过容易，张士诚没想到庞大的蒙元政权不过是一只看上去吓人的纸老虎，一戳便穿，没费多大力气。他的军队很快就占领了家乡泰州与邻近的兴化、高邮等地。运气一旦来了，真是挡也挡不住的。

朱元璋太了解张士诚这个人了，因为他们都是为这个沸腾的大时代而生的，又都来自喝人血的江湖。天高地阔，他们都不会安分守己地守着一亩三分地，一个勉强糊口的职业。他们深邃的骨子里都有着难以梳理的复杂性，精明之中透着沉稳和干练，狡诈之中又有着江湖人的重信守义与慷慨大度。

作为乱世群雄中的一员，张士诚身上的优点和缺点同样突出。对于那些底层民众来说，像张士诚这样的人具有强烈的吸引力。他们来到这个世界，无所依凭，谁也不会在乎他们的生死。有一天，有人给他们钱花，给他们酒喝，带他们领略另一个世界的罪与罚。这种感觉如同江湖上的草莽英雄只要听闻一声"及时雨宋江"，纳头便拜他的公明哥哥。有一天，他呼啦啦竖起一面"义"字大旗，那些地痞流氓、小商小贩和失意的文人都卷着铺盖赶了过来。这也是张士诚能够在短短一个月时间就拉起一支上万人队伍的主要原因。

苏州是张士诚的根据地，他在建立起一方政权之后，对于那些拎着脑袋和自己一同创业的兄弟还是很够义气的，使他们每个人都成了手握重兵或重权的高官大吏。同时，他对那些投奔而来的文人士大夫也抱着友善的态度，对辖地老百姓也能够做到轻徭薄赋。正因为如此，张士诚在底层民众中具有一定的美誉度，也赢得了相当广泛的支持。

如果能够将陈友谅与张士诚合为一体，那将是一个较为完美的造反者形象。天意使然，朱元璋的出现可以说是二者的结合体。这也是为什么朱元璋能够笑到最后，而他们却要半途离席的主要原因。

至正十四年（1354年）正月，张士诚在高邮建立起临时政权，国号大周，改元"天祐"，又自称"诚王"。高邮政权刚刚建立起来，蒙元朝廷就派来重兵讨伐，想要将张士诚刚刚建立起来的新政权扼杀于摇篮之中。结果遭到张士诚部的奋力反抗，元军以失败而告终。

张士诚借机扩张自己在江苏地界的领地，并由此牢牢掌控运河。如此一来，等于是掐断了元朝运粮和赋税北运元大都的通道。为张士诚冲锋陷阵、统治领地的是他几个亲兄弟——张士义、张士德、张士信。除了张士信是一个贪图享受之人，张士义和张士德还算是比较厉害的角色。

至正十九年九月，蒙元朝廷派人给张士诚送来了御酒，还给张士诚量身定制了一套看上去很美的龙衣。在对待张士诚这件事上，蒙元朝廷采用胡萝卜加大棒的手法。蒙元朝廷这么做的目的很明确，那就是要张士诚给他们供粮。与此同时，蒙元朝廷又传诏至杭州，要方国珍出船，将张士诚的粮食从海路运往大都。

张士诚和方国珍之间缺乏合作精神，蒙元朝廷的分工，并不能促成张士诚和方国珍之间的信任。外力越起作用，他们之间就会越相互猜疑。张士诚怕方国珍吞没了他的粮食，让他赔了粮食而无功劳；而方国珍又怕张士诚趁机扣押了他的船只，并乘虚向他发起进攻，在背后捅他一刀。

秋色宜人，好风好水，到元大都的顺风船也不过半个月的行程。经过元朝廷江浙行中书省左丞相达识帖睦迩从中斡旋，张士诚交出了大批粮食。送佛送到西，帮人帮到底。张士诚索性出兵帮助元廷攻占了大宋政权的最后一个据点安丰，也由此成为红巾军的头号死敌。

张士诚这么做自然有他自己的一套生存理念，那就是借助蒙元的势力来提高自己的地位。比如说，他在叛降蒙元朝廷之前，"始要王爵"，后又"请爵为三公"，一步步地抬高自己的身价。凡是你渴望得到的东西，带给你的总是痛苦大于快乐，元廷最后也不过封了张士诚一个大尉，据守杭州。

一个政治家往往在艰难绝境的磨炼中走向成熟，他在与蒙元官家打交道的过程中，亲身体验到对方的骄横与跋扈。靠谁都不如靠自己，张士诚在降元后，虽然脑袋上还顶着元廷的名爵，但是他根本不听对方调度。无论是城池、府库、甲兵还是钱谷，统统被自己收入囊中。他甚至还趁元军在苏北、鲁南地区兵力空虚之机，积极抢占地盘，将自己的势力范围扩展到济宁。他仗着自己手中的兵力和地盘，一直在与蒙元讨价还价，希望能够捞到更多的好处。

张士诚集团占领浙西地区后，很快就发生质的变化。攻占平江后，他开始设学士员，开弘文馆，大量搜罗、重用元朝官吏和儒士，他的这一做法与朱元璋不谋而合。在蒙元政权的高压态势之下，文人的生存空间受到极大的挤压。说什么致君尧舜上，兼济天下，没有舞台如何施展？没有舞台就连吃饭都困难。纵使你有盖世才华，也只能一辈子沉沦下僚，或者沉默到死，遭遇一个时代的白眼。

天下衮衮，一个时代的气象，从文风也大致可以看出端倪。元曲固然是中华文化艺术园地里的瑰宝，但也是文人群体无法回避的适应性变异，是一个时代的悲鸣之声。朱元璋也好，张士诚也罢，他们为知识分子提供了重新出发的某种可能性。不少儒士和官吏在蒙元朝廷混得如同讨饭的乞丐，其中很多人在这时候选择了投奔他们。

手下人才济济，军队和领地也在不断扩张中。这种上升的势头，让张士诚在这时候产生了一种暴发户的心态。他以为自己在红巾军中的势力最大，又博取了蒙元的信任，谁也不敢小瞧了他。正是这种心态的变化，又加上身边围绕着一帮享乐型人才，张士诚陷入一种虚妄的精神幻觉。

于是，不断有人来向朱元璋报告张士诚此时的动向。说他开始大造宫殿王府，修建了富丽堂皇的景云楼、齐云楼、香桐馆、芳惠馆作为自己寻欢作乐的场所，日夜歌舞升平；又说他的那些手下将领们也纷纷跟着效仿，忙着享受生活，根本无心打仗。即使那些将领们吃了败仗，张士诚也不会追究他们的责任。

很多时候打败自己的不是你的对手，而是自己。张士诚的弟弟张士信和女婿潘元绍，是张士诚集团内部最大的腐败分子。张士信拥有妻妾数百人，生活极其奢靡。就连后花园里那艘巧夺天工的采莲舟，都是用沉香木打造的。前方战事吃紧，可他举行一场宴会，动则耗用上千石米。连行军打仗，他也不忘带着四处搜罗来的绝色女子，每日莺歌燕舞，其乐陶陶。

在朱元璋的印象中，张士诚不应该是这样的人。他应该是一个话不多、有器量的男人。可是从他现实的所作所为来看，他又是一个缺乏远见卓识的人。在分析这个人的时候，朱元璋和他的谋士李善长、刘基等人一致认为，张士诚是一个懒得过问政事、性格固执、过于武断之人。这样的人往往眼界并不高，只要能够保住眼前的富贵对他来说就已经满足了。正因为如此，往往难以成就大事。

让人想不通的是，天下纷扰，硝烟弥漫，张士诚这时候却整天躲在宫里做起了正儿八经的皇帝，和一帮文人学士、官僚政客舞文弄墨，不知今夕是何年。在利益的收买下，那些文人士大夫忘记了自己当初为什么出发，他们很快在歌功颂德中营建了新的话语系统。

张士诚认为自己已经吃定天下，富贵在手跑不掉了，在这种鼓噪声中获得了前所未有的满足和信心，将军政大事全部交给他的另一个弟弟张士德。这种排除其他选择的单向推理，简直是掩耳盗铃的升级版。

朱元璋在这时候写了一封信给张士诚，在这封信里，朱元璋对他是有所警示的。他说："昔隗嚣称雄于天水，今足下亦擅号于姑苏，事势相等，吾深为足下喜。睦邻守境，古人所贵，窃甚慕焉。自今信使往来，毋惑谗言，以生边衅。"

在这封信里，朱元璋虽然表达了"睦邻守境"的愿望，但是将张士诚比作隗嚣，并说他"擅号于姑苏"。隗嚣是汉代割据陇西的一个将军，起初依附于农民军更始帝刘玄，不久又投靠光武帝刘秀，随之即叛，投降了割据四川的蜀王公孙述。

张士诚显然读出了朱元璋这封信的言外之意，他没有回信，并且扣压了朱元璋派去的信使杨宪。

张士德在张士诚诸弟中最有谋略，最为强悍，功劳也是最大的。张士诚在淮东站稳脚跟后，又命他率军队由南通渡江，开辟江东地盘。至正十六年七月，朱元璋在攻打张士诚部所盘踞的常州时，张士德率数万军队前往增援。结果中了徐达在常州附近设下的埋伏，张士德被俘。为除后患，朱元璋还是将他杀了。

张士德的死对张士诚的影响巨大，如失左右手。这件事也进一步恶化了朱元璋与张氏兄弟之间的关系。张士诚将政权交到其弟张士信的手中，以他为丞相。在张士诚的三个弟弟中，张士信最摆不上台面。如今其他两个弟弟都已经战死，他也只能将张士信推到前台。

用史书最常用的盖棺定论的写法，张士信是个贪腐无能、妒忌贤能之辈，是他将张士诚苦心经营的政权引向土崩瓦解。张士信在这一时期还重用了黄敬夫、叶德新、蔡彦文等不擅长谋国理政的文人，真是成也书生，败也书生。吴中的老百姓为此还专门编了一首传唱度颇高的民谣："丞相做事业，专用黄、蔡、叶，一朝西风起，干瘪！"

当无孔不入的情报人员将张士诚的情况报告于朱元璋，只听得他哭笑不得，不免为张士诚感到惋惜。他说："我诸事无不经心，法不轻恕，尚且人瞒我。张九四终岁不出门，不理政事，岂不着人瞒！"也就是说，天下最可信之人是自己，而不是别人。

在通向权力巅峰的道路上，已经没有什么能够阻挡朱元璋前进的步伐。这让他体验到从未有过的力量感，一想到这繁花似锦的江山就要落到自己的手上，他立刻感到一阵眩晕。从来都是别人主宰自己的命运，哪里会想到有一天自己也会主宰这个世界，主宰别人的命运。

朱元璋在等待一个最佳时机，一个将自己长期积压于心头的痛苦与仇恨一股脑地宣泄出去的机会。这种可怕的念头像是一头凶猛的怪兽，是他始终无法控制的。

为了树立新政权代言人的形象，朱元璋要将过往岁月里，自己所经受的那些苦难与屈辱全部抹去。他要让后人明白，自己生来就是皇权的化身，是一切正义力量的代表，顺我者昌逆我者亡。

既然如此，张士诚又是如何败在朱元璋手下的呢？在这其中，肯定有比江湖义气之类更为重要的东西牵引着事态的发展。作为私盐贩子出身的张士诚，对未知的明天并没有多么长远的规划。他出身底层，对农业社会小富即安的心理有着与生俱来的亲近感。

张士诚是一个容易满足的人，能够占据中国最为繁华富裕的鱼米之乡，已经让他感到心满意足。他并没有放眼天下的雄心大志，能够偏安一隅对他来说已经是最好的选择。但是他忘了一点，狼顾虎视之下，他想要保存自己的一方基业，几乎是一项不可能完成的任务。

至正二十五年下半年，朱元璋的军队将张士诚赶出了长江以北，使得东吴军队龟缩于苏杭地区。按照中国人的成王败寇论，张士诚就是一个握有一手好牌，却输得底朝天的草包，其实并不是那么回事。光是一个苏州城，朱元璋就围攻了将近一年的时间。

张士诚虽然势力较弱，但也并非轻而易举就能攻取下来的。有人说，张士诚这几年只干了三件事，坐看陈友谅被朱元璋吃掉，坐看朱元璋蚕食地盘，坐看他的平江城一天天加固。一个始终缺乏阳刚之气的政权，总是有着别样的困顿与悲情。先前朱元璋并没有与其全面开战，是担心陈友谅会乘隙东下，使其陷入两线作战的境地。

对于朱元璋来说，这个世界没有不敢做，只有该不该做。至正二十六年三月，广袤的江南大地犹如一个嗷嗷待哺的弃婴，被久旱不雨的天空折磨得奄奄一息。这种日子对于朱元璋来说最熟悉不过，少年时的度荒经验，在他心里留下了难以抹去的阴影。

朱元璋以徐达、常遇春为主帅讨伐张士诚。既然张士诚缺乏战略眼光，那么朱元璋就用现实告诉他，什么叫作战略眼光。按照朱元璋的策略，"先取通、泰诸郡县，剪士诚肘翼，然后专取浙西"。如果先攻击杭州和其他地区，就可以剪除张士诚的羽翼，浙西也自然成为朱元璋的囊中之物。

在临出发前，朱元璋反复强调，在攻克城池之后不要随便杀戮，因为杀完了人，得到空空的地盘，也没有什么实际意义。

张士诚是一个意气用事的草莽英雄，在他的人生字典里有着中国传统江湖人的行为准则。如果用一句话来概括张士诚，完全可以用"江湖浪荡客的一生"来形容。同样来自江湖，朱元璋更懂得收放之道。在建立割据政权之后，他对跟随自己的人始终抱有一份特殊的感情。江湖在赋予他草莽人特质的同时，也剥夺了一个成大事者应该具备的器量与才略。

这场战争并没有出乎朱元璋的意料，他只用了半年时间，就将张士诚在长江以北的全部土地划拉到自己的名下。张士诚的残余部队退守苏杭一带，地盘虽然大不如从前，但是苏杭一带向来是帝国的富庶之区，能够割据一方对这时候的张士诚来说，显然也是不错的选择。

按照张士诚的性格，他应该相信，凭借他的实力，朱元璋不可能将其完全吃掉。

江浙富庶之地，方圆两千余里，甲士数十万。口袋里有钱粮，手里有刀枪，后面有骁勇之士，乱世生存的三件法宝，张士诚一样都不缺少。就连朱元璋手下那些谋略之士也看好张士诚的实力，李善长就说过："（张士诚）其势虽屡屈，而兵力未衰，土沃民富，多多积蓄，恐难猝拨。"

李善长说的一点儿没错，张士诚争霸天下的三大要素都具备了。可这种表面上的强大并没有吓退朱元璋，朱元璋早就看透了这个对手，不然也不会向他发起挑战。徐达深谙朱元璋的意图，向他进言："张氏骄横，暴殄奢侈，此天亡之时也！"

越姬风韵，吴娃柔美，张士诚是一个没有长远眼光的人，只是沉溺于生活的享受。这样的人在创业阶段布小局尚能勉强应付，如果将其放到争霸天下的大局之中，往往很难有所作为。在近十年的漫长岁月里，他将自己那副担重挑盐的身子骨泡进后宫的温柔富贵乡，酥软了自己本应勃发的精神意志。握有一把好牌的张士诚，却不能赢得一场好局，实在令人扼腕叹息。而对于朱元璋来说，对手痛失好局，也就意味着自己将迎来一场好局。

至正二十六年五月，朱元璋发布了那篇著名的《平周檄》。在这篇战斗檄文中，历数了张士诚的八条罪状：

> 为民则私贩盐货，行劫于江湖；兵兴则首聚凶徒，负固于海岛，其
> 罪一也；……诈降于元，坑其参政赵琏，囚其待制，二也；厥后掩袭浙西，
> 兵不满万数，地不足千里，僭号改元，三也；初寇我边，一战生擒亲弟，
> 再犯浙省，杨苗直捣其近郊，首尾畏缩，又诈降于元，四也；阳受元朝
> 之名，阴行假王之令，挟制达丞相，谋害杨左丞，五也；占据江浙钱，
> 十年不贡，六也；知元纲已坠，公然害其丞相（达）失贴木儿、南台大
> 夫普化贴木儿，七也；恃其地险食足，诱我叛将，掠我边民，八也……

有人说朱元璋这篇檄文写得过于吊诡，居然将自己从乱臣贼子的名单里摘除出来，与韩林儿、刘福通等人划出界线。其实说这句话的人未必就能猜中朱元璋的心思，他当初加入造反人群是为了能有下一顿饱饭，那时的他不会以造反为非、以做贼为讳，毕竟要团结全天下的劳苦大众，而他那时候所要扮演的角色就是苦难代言人……

此一时彼一时，现如今他做了吴王，富有四海，也同样需要用铁的法律与秩序对付那些倔强难制者，需要用君君臣臣、父父子子那一套来束缚自己的臣民。时移事易，这时候的朱元璋又摇身一变从苦难代言人转换为利益集团的代言人。不过是逐利者的表演秀，何必当真呢。

一张讨伐檄文，朱元璋还不便于当着天下人的面公开叫骂。在世人面前，特别是在蒙元权力集团和天下士子们的眼里，他的身份不过就是一个窃国的盗贼，一个犯上作乱的暴民。尽管如此，他还是希望能够与那些成不了气候，又被世人视为乱民的人划清界限。

在这里朱元璋没有骂张士诚如何对不起天下苍生，对不起追随他的那些文臣

将佐，对不起他自己，而是骂他犯上作乱，对不起蒙元朝廷。真是滑天下之大稽，这样一份讨张檄文让很多人读来，搞不清楚朱元璋的葫芦里装的是什么药。乍一看，还以为他是替蒙元政府发出的讨逆宣言。其实他这么做的道理很简单，也就是向世人证明，自己讨伐张士诚是顺天应人、光明正大的举动。自己既不同于那些草寇小贼，又不同于那些窃国大盗，自己是一个奉天讨罪、救世安民的大英雄，是该被歌颂的。

渔阳鼙鼓动地来，惊醒了张士诚高枕锦衾间的春梦。张士诚有三个弟弟，大弟士义已死，二弟士德有勇有谋，是张士诚最为得力的助手，他曾经把军国重任基本都交给了这位二弟。朱元璋部攻打张士诚部所盘踞下的常州，张士德率数万军队前往增援，结果遭到徐达的伏击，成了俘虏。他在监狱里带话给哥哥张士诚，宁愿投降元军，也想和朱元璋拼到最后。

张士德拒绝了朱元璋的劝降，最后绝食而亡。张士德的死让张士诚如失左右手，也彻底粉碎了张士诚与朱元璋合作的最后可能性。二弟死后，张士诚将他那个能力最低的三弟推向了丞相的宝座。当然除了对弟弟的宠溺，张士诚对追随自己多年的老兄弟也非常讲义气。以酒令为军令，以肉阵做军阵，让他们身心愉悦地进入一种飘飘然的状态。

张士诚与他的文武官员尽情享受着轻歌曼舞的生活，宫墙外的金戈铁马好像与他们没有任何关系。在不到三个月的时间里，朱元璋的军队陆续抵达平江城外，对张士诚形成了合围之势。在此之前，徐达已经相继攻占了湖州、杭州、绍兴等地。围平江后，朱元璋听取了谋士们的意见，采用锁城法。也就是将军队分驻各门，将张士诚死死困于城中，令其动弹不得。

由于围城的时间过于长久，城中已是弹尽粮绝。当时若能在城中捉住一只老鼠，就能卖上百文钱，皮靴马鞍等都被煮食充饥。张士诚实在不忍心城中百姓跟着自己走向死路，他流着泪要求百姓们自行散去。人之将死其言也善，他说："事已至此，我实无良策，只有自缚投降，以免你们城破时遭受屠戮。"

这句话不说还好，说了反而要了更多人的性命。百姓们听了张士诚的这番话语，当时就伏地号哭，愿与诚王固守平江池，同生共死。这是一场惨烈的战争，城中木石俱尽，以致拆寺庙民居制作飞炮之料。

城破之时，张士诚吩咐兵士点火烧了王府，但没有烧毁城中一户百姓的房屋。在很长时间里，每逢张士诚的生日七月三十日晚上，苏州的老百姓就烧九四香（张士诚原名九四），点地灯来纪念他。

张士诚不愿意做俘虏，他也不希望那些给自己带来无数欢愉时光的妻妾侍女遭人凌辱。于是，狠心将她们全部赶到齐云楼上，纵火焚毁。可怜那些娇俏如花的女子就这样做了权力的祭品，凄惨的哭喊声如同一把利刃划破了平江城的夜空。

取人性命是容易的，而要自己的命需要更大的勇气。张士诚上吊自杀不够决绝，反而被部将救起成了俘虏，押解至应天。朱元璋派自己的首席谋臣李善长审讯，张士诚的态度极其傲慢，由始至终不改自己的王者本色，根本不把李善长放在眼里。本来朱元璋安排李善长提审，也是故意羞辱于他。

张士诚显然不给李善长面子，没办法，朱元璋只好亲自出马。他问张士诚，如今兵败被俘，有何感想？朱元璋问这句话的目的很明显，就是想听到对方的臣服乞求之语。

张士诚的回答却是："天日照尔不照我而已。"这句话让朱元璋想起楚汉争霸，项羽败于乌江，也曾经说过类似的话——"亡我者，天也。"这句话让朱元璋恼恨不已，虽然自己可以武力征服对方，却无法令其低下那颗骄傲的头颅。既然你张士诚要做霸王别姬的项羽，那么我朱元璋就要做最后的赢家——刘邦。

朱元璋赏给他吃的，他也拒不进食。朱元璋本想借机羞辱张士诚一番，结果却讨了个无趣，命人将其扛到竺桥打了四十大棍，一代枭雄当场毙命。朱元璋同时下令，将他的三位宠臣黄敬夫、蔡文彦、叶德新腊制成肉干，悬挂于苏州城楼上。有人说，朱元璋这么做未免有失人道。他这么做的目的很简单，就是要让天下群雄都看一看，与他为敌会有怎样的下场。既然他的最后胜出是顺天应人的事，那么其他人的抵抗也就成了逆天而行。

这一年，朱元璋已经是一个四十七岁的人，一个即将知天命的人，终于天命在握。

2. 若天命在我，何必汲汲遑遑

吴元年的春旱并没有滞留季节前行的仓皇脚步，江南天空下的花红柳绿仍如往年那般绚烂。节气中的春天是从立春开始，而人们视觉里的春天却要等到春分才会姗姗而来。再过上几天，南京城外的桃花沾几点春雨，那就不光是春色满园的小景致了，而是漫山遍野的浩大春景。

如同这闹眼闹心的春色，人体内各种不安分的情绪也会在这样一个蓬勃的季节里呼之欲出。天下大势只一握，此时的万里江山已尽在朱元璋的掌控之中。那些一路追随着他南征北讨的文臣武将都盼望着他能够早日登基，就好像一个上市公司在创业阶段让员工们入了干股，如今只等着分红，上演一场一夜暴富的戏码。那些自认为"老子功劳天下第一"的功臣早就搬好了凳子坐在位置上，等着分享胜利的果实。

本是充满江湖烟火气的兄弟聚义，到了最后仍免不了走向军国大事的雅正，礼仪盛典的宏大，官场沉浮的挣扎。历史不会因为它的无趣而脱离既行的轨道，此时的南京城上空早已弥漫着一股欲望的铜臭味。虽然朱元璋的内心也颇不宁静，但他还是示意大家要少安毋躁，再等一等。

一路走来，无论是起家比他早的，还是晚的，只要手里有几个兵将，能够划拉一块地盘，就忙着称王道孤。他朱元璋倒好，整个中华大地已大半在手，仍是哼哼哈哈，不急不躁。那些早就心潮翻涌的大臣们面对此情此景，也只能无奈地发出一声接一声的悠长叹息。他们实在搞不明白，自己的主子怎么会如此沉得住气，连当皇帝这么美的差事都不急，这天下还有什么可急之事？栏杆拍遍，这君王的心思又有谁能解得了？且由他去，反正又不是自家的天下，一个打工的，操那份闲心干什么。

在各路军事集团中，朱元璋是最为稳重的一个，在攻防转换之间，他尤其擅长最佳时机的选择。其实朱元璋这时候称王的时机已经成熟，尽管中国北方的天空依然硝烟弥漫，但已遮掩不了大明既起的那道夺目曙光。

对于那些急吼吼想让他尽快登基的群臣，朱元璋这样告诉他们："若天命在我，何必汲汲遑遑？"在请求朱元璋登基的那些大臣们中间，只有一个人心里最清楚，那个人就是朱升。他曾经送给朱元璋一个九字箴言——"高筑墙，广积粮，缓称王"。让朱元璋打好基础，别忙着挑旗称王出风头。

朱升，徽州休宁人，早年师从陈栎、黄楚望等当世儒学名家，十九岁中秀才，四十六岁中举人。时人将其称为"休宁理学九贤"之一，"新安理学名儒"。在长达二十年的岁月里，朱升一直过着耕读于乡里的田园生活，常年在自己的家乡休宁、歙县一带开馆讲学。

至正九年（1349 年），五十岁的朱升被江南行省举荐为进士，随后出任池州路儒学学正。无论是披着布衣还是官袍，他枯瘦的身体里，都应该藏有一份不灭的信念，那就是对"道统"的坚守。中国历史上那些怀揣着理想的文人，他们身处于帝王的朝廷，但内心却守护着一座属于自己的江山，那就是传之久远的"道统"。

朱升在任池州学正时，政绩就表现得非常突出，大江南北的饱学之士闻风而至。由此可见，他在读书人中的号召力。这时候的他虽然勉强进入体制，但是他并不恋栈，也不愿意放弃安宁的耕读生活。等到任期满后，他又毅然决然地回归山林，在家乡石门山过起了闲云野鹤的隐居生活。

朱元璋亲率大军出征浙东，途经徽州。休宁这个地方人杰地灵，自古以来英杰辈出，被誉为中国第一状元县。来到此处，正值用人之际的朱元璋让那些文臣武将为自己推荐当地的文化精英。

三军总管、大将邓愈向朱元璋推荐了朱升，说此人是个饱学之士，在当地文人士子中颇具影响力，被人称为诸葛亮。刘基也知晓此人，说朱升与一般的儒士尤其是那些名声大噪的理学家有很大的不同。他治学非常务实，平日事师交友，不论对方身份高低贵贱。即便对方是一个乡野村妇，只要能够让他从中获益，他都会恭恭敬敬地向人家请教。正因为如此，朱升掌握了一整套超乎常人的经世致用的本领，可以说他在经济、地理、天文、历法乃至算命、占卦等各个领域都有所长，完全是一个复合型人才。

恨不得将天下英才尽入彀中的朱元璋决定登门拜访时为布衣的朱升。招揽人才这件事不仅考人才，也考求才之人。有时候就像是礼佛，重在"虔诚"二字。山河破碎，风雨飘摇，凭什么天下英才都入了你的彀，而不是其他人的彀，战场上的胜负其实早在战场之外就已经注定了。

朱元璋此行是为了打破战场上的胶着状态，并试探一下朱升是不是真像传闻中的那么厉害。虽然拿出了足够的诚意，但是朱元璋并没有见到这个人。尽管如此，朱升还是给他留下了一个锦囊计，劝他亲临指挥，这样必能收到奇效。

同时，朱升还向朱元璋提出一个忠告："杀降不祥，唯不嗜杀人者，天下无敌。"没有露面的朱升还是奉上了"仁义"这面镜子，以此试探朱元璋。朱元璋捧着朱升留给他的这个锦囊，脸上露出不易察觉的笑容。他手里已经不止一面"仁义"的镜子，先前投于帐下的读书人都会送给他这样一面镜子。至于让他亲临一线指挥作战，朱元璋也是依计而行。他亲率十万大军前往婺州，同时传令"城破不许妄杀"。至十二月，夺取婺州，一举获胜，这让朱元璋更加钦佩朱升，也坚定了要将其招入麾下的信念。

初次登门虽然没有见到朱升，但收到了朱升留给他的一条锦囊妙计。衡量之下，朱元璋决定再顾茅庐。一蓑烟雨任平生，像朱升这样甘于平淡生活的乡间知识精英，如果不是碰上这样一个新旧时代交错的年份，是很难被君王直接起用的。打破一个旧制度意味着什么？那就是让日渐固化的社会阶层来一次重新洗牌，让那些真正有实力的人，无论你居于社会金字塔的哪个位置，都会有向上流动的可能。

这一次，朱元璋率诸将亲征浙东道徽州，并将所率卫队伴装成商队，由江西绕过浙江，越过连岭，悄悄抵达朱升教馆所在地。在那些眼高手低者看来，朱元璋这么做未免显得有些夸张。朱元璋的突然出现，也让朱升很是为难，他不愿意成为权力者养在笼子里的金丝雀，可朱元璋的诚意还是打动了他。徽州地区宗法势力极强，聚族成风，历久不衰，而朱升在徽州同族中享有族长之类的崇高声望。二人见面，朱元璋不但收敛起自己的王者风范，更是一口一声"宗长"地称呼，这也算是对同姓长辈的尊称。他请求朱升能够出山帮助他这个晚辈，为他们老朱家打下百世基业。

在朱元璋糖衣炮弹的作用下，朱升愿意暂时放下自己所留恋的田园生活，等处理完家中事务就出山辅佐他。然而，此时在朱元璋的心里，没有任何事比得到朱升更加迫切。在某种程度上，主公与军师的关系很像情人关系，越得不到越想得到，茶饭不思。等待的每一天都是漫长的，朱元璋攻处州（浙江省丽水市）不下，再度遣书急召朱升前来军门效力，他在信中写道："允升宗长阁下：去冬伐婺州，宗长占得'贞屯悔豫卦'，道是'主公得天下之象'。从前晋文公得此卦而复国，今伐婺州果然便得。……此次商议进兵处州，宗长又占得复卦，二爻有变，说是要等到十一月阳生阴消，此城可得。遵照您的教诲，已经据守九个月了。……今特差人赍书诣请，快来议决大事，万勿迟误，幸甚！"

秧池水漫，白鹭乱飞，做一个耕读乡间的农夫是何等的逍遥自在。朱升愿意出山辅佐朱元璋，也有他自己的利益考量在其中。与其他人不同，朱升的出山并不是出于个人崇拜或政治上的投资分红心理，而是源自一种家国情怀。为了天下大局，他觉得需要一个稳定而权威的中央政府，更何况是他们朱家的天下，一笔写不出两个朱字。总之，驱使着朱升不管不顾投奔朱元璋的原动力，是从古至今文人士大夫所坚守的"风骨"二字，而不是一心想要依附一种政治体制的欲望。

这是发生在至正十七年（1357年）七月的事，朱升果然没有让朱元璋失望，二人初次见面，彼此就生出一见如故的知己感。朱升就当时的斗争形势和朱元璋"地狭粮少"的实际情况，简明扼要地为他献上三策九字："高筑墙，广积粮，缓称王。"这便是后来天下闻名的"九言策"。这九字方略就像是武林中绝顶高手打通了弟子的任、督二脉，为朱元璋指明了前进的方向。

"九言策"不但指引着朱元璋平定江南，统一天下。也为新王朝的建立起到了至关重要的作用，由此铸造了三百年王朝极度内敛的性格特质与政治特征。

如果说在此之前朱元璋所采取的是一种被动的生存方式，那么从"九言策"提出的这一刻起，他已有了更为深远的军事计划，更为内敛而膨胀的军事野心。对于朱元璋而言，能够与朱升彻夜长谈，无疑是一次政治视野的开拓与升华。茫茫九派，江天万里，这是指点江山的雄论和大气魄。

对于乱世求生存的各路霸主而言，他们生存发展的前提条件，就是要想尽一切办法提升自己的生存指数，不让自己在这场竞争中出局，只有那些不被对手踢出局的霸主，才能谈得上发展壮大。而在这个过程中，高筑墙是至关重要的一环。

真正的高手，不需要急着出招。在蒙元政权和其他争锋势力互相撕咬的时候，朱元璋却将自己关在屋里，和刘基一帮人研究那张被他画得乱七八糟的地图。或者督促各处将领修筑工事，巩固城防，用实际行动践行着朱升"高筑墙"的策略。他的军队绕开了各方主力，别人在大马金刀地打天下，而他却在认认真真地捡地盘。

我们再来看一看朱升送给朱元璋的最后三言——缓称王。朱升告诉朱元璋，你不要学那些草头王只要打下一块根据地，就急着要穿上龙袍，戴上平顶冠。你要懂得真正的王者，不会只称一时之王，而要称百世之王。

朱升这句话正好契合了朱元璋当时的心理，一直以来，朱元璋都将自己与那些只知道烧杀抢掠的农民军区别开来，他的军队已经深深打上了朱元璋的个人烙印。在指挥作战时，朱元璋并不像其他武装势力那样凭着一时的血气之勇。朱元璋是农民出身，在他的生存字典里，"谨慎"二字是立身之本。朱元璋历来行事，讲究一个稳字当头，积小胜为大胜。他的一切活动，尤其是重大的军事和政治行动都是经过精心筹划的。

在现实中摸爬滚打过来的朱元璋，在利益方面有着自己的取舍与算计。他有着极度理性的思维，喜怒不形于色，很少干冲动犯险之事。在起兵之初，别人信奉流寇主义，而他则埋头致力于根据地建设。虽然说"高筑墙，广积粮，缓称王"的九字方针是儒士朱升提出来的，殊不知这也是朱元璋的一贯思想，只不过朱升在无意中把准了朱元璋的脉而已。

朱元璋经常挂在嘴边的一句话是："吾平日为事，只要务实，不尚俘伪……不事虚诞。"从一个过河小卒，到坐进深宫宝座，什么事没经历过，什么人没领教过。朱元璋说他并不看重那些虚名小利，他所看重的是那些长远的利益。虽然早就有人在称王这件事上劝过他，可他迟迟没有采取行动。在各支反元力量中，他是最后一个称王的，也是笑到最后的那个人。

在夺取政权的过程中，朱元璋要直面战场上的三大劲敌：他们分别是陈友谅、张士诚和北元势力。而在与三大劲敌正面交锋中又包含了若干大小不等的战役，无论是通盘计划还是具体战役，都要做到轻重缓急，一步一步来。

上天在不经意间，赋予了朱元璋这个社会最底层的农民一副出色的大脑。而朱元璋所经历的艰难困苦，除了赋予他一副结实的身板，也同样给了他一颗勇敢而冷酷的心，给了他异于常人的自控力。

就算具备了这些特质，朱元璋也不过是一块值得打磨的生铁而已。要想将这块生铁锻造为一把削铁如泥的宝剑，最后还是离不开战场的淬炼。战场从来都是男人锻筋炼骨的大熔炉，古今中外，顶级的男子汉都是在战场上练就的。因为只有战场，才能为他们提供生命熔炉所必需的高温和高压。

朱元璋从二十五岁投军仅仅用了四年时间，就成长为一名可以独当一面的地方长官和指挥十万大军的统帅。攻占集庆，初步实现了天下蓝图中最重要的一步棋。

至正二十年，朱元璋决定以应天为中心地带向四面扩张。此时的他想要低调都难以做到，各路诸侯已经将其锁定为前进道路上的生死对手，尤其是居于应天两侧的陈友谅和张士诚。

雄踞长江上游的陈友谅占据天时、地利、人和，而下游的张士诚也是实力雄厚。朱元璋中居南京一带，处于东西两大强敌之间。在这两大王牌之间，又岂能容他人酣睡。这时候的朱元璋虽然已经有了一定的实力，但是对于自己到底该往哪个方向去，心里并没有一张清晰的地图。

当年为了能够混上一顿饱饭，朱元璋进庙当了一名游方和尚；等到云游四方回到庙里，本以为可以过上一段安稳的日子，可赖以栖身的庙宇又毁于战火。接着又被逼投军郭子兴的帐下，也同样是为了苟且活命。

朱元璋想尽一切办法去协调各方关系，只是为了更好地保护自己，搏命厮杀是为了获得军功以便能够得到提拔。而现在，自己已经不是当初那个一顿饱饭就容易满足的朱重八了。

虽然朱元璋的手里握有几万人马，却不知道究竟该去向何方。是像那些江湖草寇一样打家劫舍，还是像地方军阀一样占山为王？随着地盘的扩大，实力的增强，自己的心胸也在一步步放大，眼界一点点扩展。目标渐行渐近，前方有了一个大致的轮廓，天下蓝图正在徐徐展开。

对于朱元璋而言，最初遇到的问题是军事战略的选择。渡江之前，基本上是以自我保全为主。可是等到渡江之后，他的军事策略发生了根本性的转变，由保守型的发展变为进攻性的拓展。在战术的选择上，朱元璋对自己的对手有了更加精准的定位。

等到扫平中原各路诸侯，准备剿灭残元余部的时候，朱元璋却在前进的道路上遇到了一个大难题。这个难题就是下一步自己该往何处去。

经过一番权衡，朱元璋决定还是先攻陈友谅，再打张士诚。朱元璋并没有采取贸然行动，而是审时度势，不断缩小包围圈，慢慢将对手绞死，这是一个迂回渐进的策略。对于相对较弱的南方各派势力，则采取攻势，然后集中力量将它们逐一歼灭。

在消灭了陈友谅、张士诚等南方主要割据势力以后，朱元璋等于控制了中国最富庶、人口最稠密的地区，军事实力和经济实力得到了大幅度的提升。然后再进行大规模的南征北伐，将目标锁定元大都。

在战争的初期，朱元璋并没有形成自己的进攻与防御体系，通常是打到哪里算哪里。等到好不容易占领了一块根据地，却又强敌环伺，无法向外拓展。如果要让那时的朱元璋去和实力强大的对手争夺生存空间，付出的成本与风险要高出许多倍，而且失败的可能性要远远大于成功。作为一个实力偏弱的军事集团，朱元璋无法承受这种激进做法所带来的严重后果。对于他来说，最好的选择就是把自己的市场不断做大，而不能只追求眼前的利益。

蒙元朝廷刚开始并没有将朱元璋带领的这支红巾军放在眼里，他们将主要精力都用来对付张士诚、陈友谅这些实力强大的军事集团。这样就给了朱元璋很好的发展机会，他可以避开与元军正面交锋，埋头扩充地盘，大大降低了运营成本（打仗）和人事成本（军饷）。

地盘大往往并不代表实力强，只有把所有资源集中于一个地方，才能产生局部效应，从而扭转战局。朱元璋在刚刚走上反叛之路时，总是在不断谋划形势，策划战略。当条件不具备的时候，绝不贸然行动，而是不断等待或主动创造条件；等到条件成熟了，才会选择断然出手，将对手彻底解决掉。

3. 北伐：没有远，只有更远

那时盛夏已过，秋意渐浓，玄武湖的荷花早就收起了她的艳光。难得放松的朱元璋这一天和朱升、刘基在湖边坐了很久，他们谈话的主题只有一个——拿下元大都，结束这场旷日持久的战争。战场上的胶着状态这时候已经被朱元璋完全打破，南北大局基本趋于稳定。

尤其是在消灭陈友谅、张士诚之后，朱元璋已领有湖南、湖北、安徽、江西、浙江、江苏等地盘，这几个地方是当时中国最为富庶之地。朱元璋已成为各路军阀中实力最为强大的一支地方势力，兵多将广，钱多粮足。虽然南方还有一些不甘受他牵制的军事力量，北方还有所谓的蒙元政权，但已没有什么力量能够阻挡他前进的步伐。

对于朱元璋来说，这时候的南征已经失去意义了。消灭南方陈友定（陈友谅的弟弟）、方国珍、明升（明玉珍之子）等地方势力，已经不需要太多的军事力量。他现在所要做的，就是集中一切优势兵力向北挺进。

朱元璋在任命领军统帅时，刻意做了安排。他将自己最重要的两员将领徐达、常遇春派往北方，将实力相对逊色的汤和、吴针派往南方。

尽管形势如此之好，可朱元璋始终不敢掉以轻心，每前进一步，他都要经过周密策划。北伐中原之前，朱元璋曾经与刘基等人仔细商定作战计划。在讨论如何北伐时，朱元璋开始寻求新的解决模式。谋臣刘基和开平王常遇春提出，军队这时候应该长驱直入，直捣蒙元大都。而朱元璋并不这么认为，在他看来，将进攻的目标直接锁定元大都，风险实在太高。

北京是上百年的都城，防御工事坚固难摧，非一般豆腐渣城池可比。如果明军直抵城下，一时半会儿攻不下来，后边的军队补给又跟不上，那么等到元朝的援军赶到，朱元璋的军队将会陷入十分危险的境地。在离成功只有一步之遥的地方，朱元璋宁可多做十倍的努力，也不愿增加十分之一的风险，他在这时候选择的是一种更为稳妥的方式。

朱元璋提出的"稳扎稳打，渐次推进"的北伐战略分为三个阶段：第一阶段，首攻山东，继攻河南，占据潼关，撤大都之屏蔽；第二阶段，攻取河北及大都；第三阶段，由大都南下攻取山西，西掠陕甘，完成北方之一统。

按照朱元璋的战略部署，先夺取山东、河南，控制潼关，堵住甘陕方面元军自西向东的通道；等到中原形势明朗之后，元大都将会陷入孤立无援的境地。到那时候，再围而攻之是最好的时机。攻下元大都后不要再继续向北挺进，而是掉转进攻方向，一路向西，拿下关陇之地。

朱元璋的这条进攻路线并不是他的率性而为，而是沿着中华帝国的农业区展开。三军未动，粮草先行，就连最为拙劣的将领也懂得这个道理，朱元璋又怎能不晓。如果按照他所制定的稳扎稳打的作战方式，蒙元皇帝极有可能会放弃北京这座孤城，遁入茫茫的北方草原，从哪里来，再回到哪里去。

当时的元朝还保有相当的军事实力，不过他们并没有将剩下的军事实力用在朱元璋和其他小股叛乱之军身上。蒙元的领军者们正忙于争权夺利，自相残杀，他们没有联合起来对付北伐军。朱元璋的军事部署是为了能够将北伐的风险性降到最小，即使成本大大增加。

其实这时候元军的总兵力非但不弱，而且还很强大。可惜的是，蒙古铁骑的刀锋并没有架在朱元璋的脖子上。让人难以理解的是，他们这时候居然将仅剩的力气用在了权力内耗上，分属的几个军事集团互相看不上眼，相互拆台。如此一来，就给了朱元璋各个击破的机会。

朱元璋派徐达为征虏大将军，常遇春为副将军，率二十五万军队，由淮水直下运河，北取中原。徐达长于谋略，谋定而后动；常遇春冲锋陷阵，长于恶战大仗。从战略上来讲，徐达能够忠实地执行朱元璋的军事战略并将其付诸实施，然后再由常遇春、冯胜等将领攻城略地。

徐达、常遇春领军北进，一路之上，势如破竹。明军主力由连通江淮的京杭大运河北上，仅用四个多月的时间就攻下山东，为北伐创造了更为有利的形势。明军以济宁为进攻河南的基地，减小了后勤线的长度。元军是高度机动的骑兵，抄袭敌军的粮道是他们的惯常伎俩。而明军把运河作为后勤动脉是建立在水师的强大实力上的。

徐达的军队以摧枯拉朽之势，也仅仅用了两个月的时间，就拿下河南开封。接着在塔儿湾大败五万元军，然后分兵前去攻占潼关，夺取华州，然后乘势北上，直捣元大都（北京）。

洪武元年（1368年）初，朱元璋的军队又相继占领山东、河南，并开始着手进攻元大都。两个月后，朱元璋从应天（南京）出发，让李善长和刘基留守京师。经过二十六天的星夜赶路，抵达汴梁，并将汴梁改名为开封。

曾经是王朝都城的开封如今宫宇颓圮、铜驼荆棘，昔日的繁华早已淹没于荒烟蔓草之中。江山易主，又怎不让人生出黍离之悲？

朱元璋不敢耽误北伐的时机，刚到开封就召集徐达、常遇春和冯胜等将领商讨战略。冯胜也是安徽定远人，他在平定河南和潼关的战斗中是徐达和常遇春的助手。徐达陪着朱元璋花了三天时间研究北伐计划。可以说，作战计划完全是按照朱元璋的意思制订的。他在开封一直逗留了三个多月，不是他不相信那些将领，而是他希望能够用最小的牺牲换取利益的最大化。

在敲定北伐计划的同时，朱元璋又命令浙江、江西和江南诸城市备粮三百万担来支持北伐战争。他已经做了最坏的打算，万一与蒙古人处于战争的胶着状态，军粮的供给将直接决定成败。

安排完一切，当朱元璋准备返回南京时，徐达在开封又见了他最后一面。朱元璋对于大都城破之日如何对待大都百姓的问题做了指示。这时候，徐达向他请示，如果蒙元政权撤出大都向草原北遁，明军要继续追击，以免为将来留下祸端。随后，徐达离开开封，率军北上。

在当时的形势下，朱元璋认为必须乘势迅速攻取大都，以防止扩廓帖木儿（王保保）与李思齐联手向自己发起攻击。所以当徐达提出"进师之日，恐其（顺帝）

北奔"的意见时。朱元璋虽然同意了他的观点，但是并没有下达决战紫禁之巅的命令。他有意为元顺帝北遁留出一条去路，将其放逐塞外，以减少抵抗。

对于中华地区的人来说，攻占大都，便宣告了元朝的覆亡。等到新的政权稳定下来，然后再腾出手来扫灭各地残敌。如果元朝皇帝北遁一头扎进无边无际的草原，徐达所率领的军队将无法深入草原腹地将其剿灭，毕竟那里才是蒙古人的天堂。

朱元璋对战争结束后，元主北逃的结果已经有了一定的预见。他北伐的主要目的是夺取蒙元的统治区域，然后在长城沿线附近形成两个互相防范和敌对的政权。之所以他能接受这样一个结果，是因为他清楚，北遁的蒙元残余力量大势已去，想要卷土重来几乎是不可能的。他所能做的就是固守长城边塞，防止北元军队向南侵扰。

对于明军来说，将蒙古人赶出中原地区，赶回草原并不是纯粹意义上的放虎归山。在长城以南，明军暂时还没有能力消灭蒙元政权的残余势力。元朝皇帝遁回草原后，将有可能会组织军队与朱元璋开创的新政权展开长期对峙。虽然朱元璋觉得自己完全有能力一路向北，深入北元腹地，将对方的残余势力全部消灭，但是他并不希望自己的军队在地形不熟、作战方式不利的情况下与对手搏杀。他还是希望通过政治上招降和军事上积极防御的两手策略，来实现自家王朝的统一大业。

洪武元年七月二十八日，徐达率领的明军攻克通州，至此，元大都已经直接暴露在明军面前了。徐达派出的哨兵抵达燕都城下，连一个敌兵的影子也没有看见，城上亦无旗帜，疑有伏兵而回。明军在野外前后等了五天，并没有元军出大都城来接战，统帅徐达只好做出攻城的决定。

让人想不到的是：这次具有历史意义的进攻，最后却失去了目标。自八月二日清晨开始，大都城外响彻了一夜的炮声就零落下来，取而代之的是纷乱的马蹄声。苍茫的天地之间，这座孤悬北方的城池被攻破了。来不及逃奔的蒙元守军在做着最后的挣扎，无情的箭矢将他们从城墙上射落，他们的身体犹如秋风落叶一般纷纷坠落。曾经雄视天下的元朝皇帝知道孤城难守，早在徐达攻城的前一天便带着他的后妃、太子弃城而出，一路逃向漠北。

成吉思汗的子孙再也无法像他的先祖那样，将雪亮的蒙古刀插进欧亚大陆的腹地。城头变幻大王旗，他们将最后的马蹄声留在了元大都的上空。元朝皇帝明智地放弃了他们长达九十七年的中原统治，汉人失去近百年的政权终于又回来了。九重宫殿，以不变应万变的姿态，漠然注视着英雄们的匆匆过场，注视着世道的纷乱无常。

收到徐达的北伐军队向蒙元腹地挺进的消息时，朱元璋知道，自己登上权力巅峰的时机已经瓜熟蒂落。虽然这时元顺帝还没有退位，但决胜天下的最后时刻已经全面来临。

谁都清楚，军队对于一个政权、一个皇帝的重要性。如果朱元璋的军队这时候能够将长城以南的蒙元军队吃掉，那个所谓的"元顺帝"也就形同虚设。就在这时，朱元璋向徐达和常遇春发出指令：要不惜一切代价，消灭蒙元最后的有生力量。

当朱元璋和他的文武大臣们在策划新政权时，蒙元朝廷的"元顺帝"并没有走远。蒙古人继承的全国性政权这时候虽然已经告一段落，但他们还是为自己保留着最后的生存底线——做一个地方皇帝。撤出元大都的元顺帝一路狂奔到了内蒙古正蓝旗境内离大都仅几百里远的上都，继续做他的北元皇帝。

蒙元军队虽然一路惨败，但还远远没到咽下最后一口气的时候。虽然王朝只剩下一小块江山，但收拾好了也足够自己受用的。明军北伐到此终于要和元军的几大军事集团展开正面作战了，第一个是扩廓帖木儿集团。扩廓帖木儿还有一个汉人的名字王保保。

扩廓帖木儿精通汉学，他曾经参加过元朝的科举考试，并且中过举人。元至正二十一年（1361年），他运送军粮至元大都，受到元惠宗妥欢贴睦尔的接见，并被赐予蒙古名字"扩廓帖木儿"，这是他以蒙古名字取代汉名"王保保"的开始。

王保保由显赫的乃蛮家族抚养长大，这时统带着军队，足以威胁大都的安全。由于他是蒙元勤王军中最有威势的军人，他的存亡将直接决定着北伐的成功与否。朱元璋对此人评价极高，在王保保死后多年，有一天他在与群臣谈话中还感慨不已。他问，谁是天下第一奇男子？群臣首推常遇春。朱元璋却摇头说："常遇春虽能，吾得而臣之，而王保保吾竟不能臣之，真天下奇男子也！"

就在朱元璋与徐达、常遇春等将领研究攻占上都的战略战术时，有探子来报：王保保已从太原引兵出雁门关，直奔元大都而来。这对朱元璋和他两位元帅来说，显然是个意外，他们怎么也不会想到，蒙元军队居然还有胆量主动发起进攻。

之所以如此，是因为元顺帝和他的丞相王保保（扩廓帖木儿）认为有翻盘的机会。在他们看来，蒙元铁骑之所以会败给朱元璋的军队，是因为兵力太过分散，更重要的是没有充分发挥王保保的指挥才能。大权在握的王保保，为了向元顺帝表达忠心，拟定了一个大胆的以攻为守的作战方案，决定亲率二十万精锐部队，突然南下，并让陕西守将李思齐前来接应，准备重新夺回元大都。

王保保的想法是，自己率领的这支元军可以避实就虚，绕道居庸关进攻大都。他料想明军主力轻易还打不到太原来。只要自己将大都围困，奔向太原的明军肯定会回援大都，到时再迎战明军，蒙元朝廷必大发援兵支持自己，如此胜算又多了几成。

王保保便率主力出雁门关，准备由保安州经居庸关攻取大都。元大都的意义对双方来说，都是至关重要。从战略上来说，一城得失或许不是致命影响；只是在政治上，元大都的得失却显得非常重要，影响人心甚巨。徐达当然不想北京有什么闪失，哪怕他可以轻而易举地再把它夺回来。

在占领大都以后，徐达便遣薛显、傅友德、陆聚等将领兵略山西大同，由于大同地近塞北草原，所以在取得一些战果后傅友德等人又不得不退了回来。

傅友德等人在这里是一次试探性的进攻，王保保的山西元兵与他地不可同日而语，所以徐达没敢贸然突进。大都地区这时候虽然已经成为明军占领区，但是军队补给并不丰足。在这种情况下，徐达也不敢有太大的动作。

朱元璋抵达开封后，随即命留守开封的冯胜率兵由河南北上，以配合徐达的主力军进取山西。徐达并不害怕王保保攻打大都，因为他在那里留下了孙兴祖防守。换言之，如果徐达向对方的老巢太原发起攻击，王保保一定会反身来救。太原一旦沦陷，王保保则进不得战，退无所依。如果他再回师救太原，肯定为自己所牵制，进退失利，最后也只能束手就擒。

这是一场与时间赛跑的死亡游戏，虽然已至北方的严冬酷寒之日，但是徐达的军队仍如一把利剑直插太原。还没等王保保的军队抵达北京城下，徐达的军队已抵达太原城下，直接点中了王保保的死穴。仓皇之间，王保保只能退兵保卫太原。

狭路相逢，双方只能来一场遭遇战。战役进行得并没有想象中的那么酷烈，史称王保保在帐中读《春秋》，郭英率明军骑兵夜袭元军大营，常遇春紧随其后，元军全面溃败。但是却让王保保逃了，据说他连鞋都没来得及穿，可见明军来时有多么迅猛。

太原战役的胜利及王保保集团的有生力量被歼灭，让朱元璋的军队腾出手来对付元军的另一个军事集团李思齐、张良臣集团。陕甘方面还被蒙元的十万军队所占领：李思齐驻凤翔，张良臣驻鹿台（今陕西高陵西南）以拱卫奉元（今陕西西安），扩廓帖木儿则驻扎于塞外。徐达以常遇春为先遣部队渡黄河，然后根据李思齐和张良臣的不同兵力，本着先易后难的进攻套路，先攻临洮而后进取庆阳。陕西战役一路顺风顺水，只是在庆阳碰到了一点儿麻烦，张良臣在庆阳守到弹尽粮绝，尔后城破。

元顺帝认为自己的皇帝梦还远远未到破碎的时候，他关起门来盘算：王保保率领十余万军队占据着山西、甘肃；丞相纳哈出还有二十余万军队镇守在辽东；此外，云南也有十余万军队。这些，似乎都是他可以在上都继续做皇帝的本钱。

既然对手认为自己还没到末日，朱元璋就更没有理由过于轻敌，继续部署军队：由徐达正面迎战扩廓帖木儿，常遇春迎战李思齐然后夺开平。

徐达所率领的这支军队，在多年的战争中已被打磨得异常强悍，而昔日纵横欧亚大陆的蒙古铁骑，也早就失去了近百年前所向披靡的那种威力。一战下来，元军死伤过万，有四万多被俘。陕西守将李思齐见大势已去，由凤翔逃往临洮，根本不敢迎敌。

4. 墓碑上的罪与罚

洪武二年(1369年)七月七日,正午的骄阳无情地炙烤着这片斑驳的北方大地,这片曾经见证过无数悲欢离合生老病死的大地。从柳河川(今河北赤城县西)到南京,这中间的信息传递大致需要六天的时间差。也就是说,当常遇春七月七日暴亡时,身居南京奉天殿的朱元璋才刚刚接到开平大捷的消息。

如果说北伐对于朱元璋而言,有什么惨痛的损失,那无疑是常遇春的突然暴亡。常遇春是一个天生的将才,他的马蹄过处没有踏不平的高墙壕沟,这一次同样没费多少周折就夺取了开平。怀揣着满满的豪情壮志踏上了返京的旅途,身后拖着几万俘虏和大量缴获得来的财物,一路浩浩荡荡。当队伍行至柳河川时,他感觉浑身燥热,便下马卸去身上铠甲,准备歇息片刻再继续赶路。

这一歇下来不要紧,竟然全身疼痛难忍。随军郎中在一番诊断之下,也不明病因。匆忙之中,只能临时杜撰一个病名,曰:卸甲风。顾名思义,常遇春是在卸甲时中风得病。既然无法探明病因,一时之间也就难以找到对症的良药。更令人心惊的是,随着病情的不断加剧,他身上痊愈已久的箭疮旧伤也无端溃裂,血流不止。

突降暴病,或许是预感到自己大限将至,常遇春急召副将李文忠进帐交代军队事宜。

北方边地的夜晚,风从塞外高原横扫下来,发出呜呜咽咽的声音,像是千军万马发出的凄厉嘶鸣。也就在这白昼与夜晚的冷热交替中,常遇春走完了自己酷烈而又壮美的一生,年仅四十。常遇春一生忠于朱元璋,他与徐达二人犹如朱元璋身边的哼哈二将,为创建大明基业立下了不世功勋。徐达以谋略持重著称,而常遇春以勇猛果敢闻名,正因为他们之间的默契配合,才让朱元璋的军队成为元末各路豪强中的最后赢家。也正因为如此,世人才会有"一时名将称徐与常"的说法。

常遇春暴亡的消息传至南京,刚刚登上帝位的朱元璋瞬间惊倒在那张在他看来尚不稳固的龙椅上。他疲惫地合上双眼,仿佛能够看到年轻的常遇春骑着他的那匹高头大马迎面而来,刚毅果决的表情如石头般坚硬。那个金戈铁马、气吞万里的将军从他身边风驰电掣般地驰过,他想拦住去路,却无法做到。只能目送像一面旗帜般飞扬的征袍消失于马踏黄沙的梦境。

接到消息的朱元璋半天缓不过神，一个那么彪悍的人怎么说没就没了。

朱元璋永远不会忘记至正二十三年八月里发生的那场疯狂战事，陈友谅以号称六十万的大军倾巢来攻。在那场决定生死存亡，耗时三十六天的鄱阳湖大决战中，如果没有常遇春的出现，也就没有他朱元璋披着光鲜华丽的外衣坐在这里，享受着四方臣服、君临天下的快感。那一日双方攻防进入白热化，朱元璋的座船突然发生搁浅，进退不得。陈友谅的大将张定边率船队来围攻，情况万分紧急。常遇春像是从天而降，射伤张定边，又用自己的战船撞击朱元璋的座船，使其脱离浅滩。

这场决战扭转了双方力量的对比，陈友谅覆灭，朱元璋由此成为群雄中之强者。常遇春因功受赏，得金帛田地甚厚。不久，朱元璋又将其擢升为平章政事。朱元璋曾经当着满朝文武的面夸赞："当百万众，摧锋陷坚，莫如副将军（常遇春）。"

一切就像是在昨天。朱元璋忍住内心的巨大悲痛，招来刘基、李善长、宋濂等人商量安排常遇春后事。死后的常遇春享受到一个武将应得的最高荣誉。朱元璋将其追认为"翊运推诚，宣德靖远功臣"，开府仪同三司上柱国太保中书右丞相，并追封开平王，谥曰：忠武，配享太庙。

要知道在此之前的战将，死后被封鄂谥"忠武"的只有两个人：一个是唐太宗李世民的爱将尉迟恭，另一人则是死于"莫须有"的南宋名将岳飞，而常遇春是历史上的第三人。常遇春的死让洪武皇帝很是伤心，以致他在闻讯后为之辍朝三日。没有人听到，在这三天时间里，朱元璋在宫殿里深长地叹息。或许他会转念，江山大局已定，战争机器将会暂时收敛它的血盆大口，像常遇春这样的功臣悍将也将会失去他的用武之地。在这个节骨眼上，失去常遇春这样的忠诚之士未必不是一件好事。

当常遇春的遗体运回应天时，朱元璋亲自出城赶赴龙江送自己的爱将最后一程。与此同时，他还将这时候置身南北两条战线的徐达和汤和两位将军召回南京参加常遇春的葬礼，可见他对于这件事的重视程度。

灵柩运抵南京当天，朱元璋亲率文武百官前往祭奠。在宏大的哀乐声中，朱元璋手扶灵车泪流满面，并于棺前泣咏挽诗一首：

> 朕有千行铁液汁，平生不为儿女泣。
>
> 昨日忽闻常君薨，一洒乾坤草木湿。

常遇春是凤阳府怀远人（今安徽怀远人），也是穷苦人家的孩子，他不甘于像自己的父辈那样困死于田间，不安分的他少时随人习武。长大成人后，因不满底层生活困窘，更无法忍受饥饿的折磨，就投奔了在怀远、定远一带活动的绿林大盗刘聚。仅仅过了数月，他发现刘聚不过是一个打家劫舍、四处抢掠的普通盗贼，并没有什么打算或远图。既然人生走到这一步，常遇春已经决定将造反当作一项事业经营。不安分的他萌生了脱离盗群、另寻出路的念头。也就在这时，他遇上了率军攻打和州的朱元璋。

两人初次见面，朱元璋问："你能跟我打过长江去吗？"常遇春无比坚定地说："将军指到哪里，我愿打到哪里，渡江之日，愿为先锋。"

有人说，常遇春的表态是赤裸裸地在向自己的主子表达忠心。殊不知，他所臣服的并不是一个具体的人，而是臣服于自己内心的欲望。虽然这个世界没有所向无敌的神话，但是欲望所过之处，罕逢敌手。投靠了朱元璋，常遇春还是用自己的实际行动践行了自己最初的誓言。从二十五岁起追随朱元璋左右，为其南征北讨十五年。

平心而论，朱元璋对常遇春是相当器重的。每逢大战来临，朱元璋都要单独召见他。斯人已去，朱元璋悲不自禁，他命人打开棺木久久地凝视着自己的爱将，令旁观者为之动容。他甚至脱下身上的龙袍盖在常遇春的遗体上，后又亲自为常遇春选择墓地——南京钟山北麓，悲痛之情可见一斑。

我们在为常遇春壮年暴亡感到惋惜的同时，也同时为他感到庆幸。如果再多活上那么些年，他能躲过朱元璋在洪武年间掀起的一轮又一轮权力清洗吗？

在元末明初那个大时代背景下，凭借着宏大的战争舞台，常遇春演出了一幕有声有色的战争活剧。从最初的游击战、运动战到后来平原旷野之上的大兵团对决，常遇春能打仗这是事实，就算是给他戴上一顶战神的帽子也不为过。而最令世人诟病的是他曾经有过杀戮降将的耻辱经历，这也是战神和军事家的区别，二者输在了视野与格局。

至于常遇春到底是怎么死的，自明朝以来有着各种版本的演绎。今日看来，常遇春死于"过劳"二字是最为合理的解释。一个一天到晚忙于军务，打起仗来又不惜命，体力、脑力严重透支的武将，出现猝死的可能性极大。

尤其是在北伐期间，生于淮河流域的常遇春到了漠北极寒极燥之所，在饮食方面也有很大不同，无非是烈酒块肉，根本谈不上精粮蔬菜。身为武将，他们身上的装备也有不同，常遇春身上披的铠甲到了北方，在舒适度上根本无法跟蒙古人穿的皮甲长袍保湿恒温相比。

北方的七月份，日照时间长，阳光猛烈，护身的铠甲成了一副传热导体，一场恶仗打下来，大汗之后必然会导致全身脱水，又加上早晚温差大，冷风刺骨。按照现代中医的说法就是："邪气入侵，中风致病。"

随着天下既定，朱元璋在洪武年间大行杀戮之风，很多开国功臣成为大明英烈谱上的一个个血腥的符号，屈死的冤魂。于是，关于常遇春之死，民间也有各种不同的版本。明代王文禄就在他所著的《龙兴慈记》里记载：朱元璋奖赏屡立战功的常遇春两个貌美如花的侍姬。一天早晨，常遇春上朝之前，一位侍姬端洗脸水伺候他梳洗，睡眼蒙眬的常遇春忍不住在她手上抚摩了一把，说了句"好白的手"，然后就出门了。

等到晚上，常遇春刚进家门，他那个妒悍成性的夫人就派人奉上一个精美的礼品盒。常遇春还以为夫人是在和他玩浪漫，打开一看，吓得魂飞魄散，里面盛着他早上才称赞过的美女的双手。如此对待朱元璋赏赐的人，至少属于灭族的大不敬之罪。

第二天朝会，朱元璋见常遇春一副心不在焉的样子，就关切地询问他怎么了。君前不敢有戏言，常遇春不敢隐瞒就说出了实情。朱元璋淡淡一笑地表示，这算不了什么，我再送你两个便是。然后继续开会，在这期间，朱元璋向前来奉茶的侍卫耳语了几句。

朝会将散时，在场的高官都收到了一个御赐的匣子，上面贴了一张条子，写着四个大字："悍妇之肉。"里面装的是被肢解的常遇春妻子，让现场的官员惊得目瞪口呆。据说常遇春的癫痫病就是这时候落下的，他正值盛年便暴病而死，可能也与此颇有一些干系。

在各种演绎的版本里，有一个版本带着因果报应的"天谴论"色彩，那就是常遇春喜欢在战争过后，屠杀投诚过来的降将。从下面一组数据，我们可对常遇春这一血腥嗜好有一大概的了解。

元至正十八年（1358 年）九月，常遇春与陈友谅大战，活埋投降士兵三千多人。徐达阻拦未果，常遇春杀降将的理由是："此劲旅也，不杀为后患。"

洪武元年，常遇春率兵攻伐张士诚所占据的泰州，结果遭遇城中百姓的顽强抵抗。久攻不下，惹得常遇春对泰州军民十分痛恨，杀心即起。后来他用水陆两路夹击的方法攻破泰州。他进城后下的第一个命令就是大肆屠城，以泄心头之愤。同时朱元璋命人从高家堰放水淹淮扬，整个泰州随即成为一片汪洋泽国。一时间，泰州兵灾加水灾，百姓非死即逃，以致城空地荒。没办法，朱元璋下令迁移苏州部分百姓到泰州定居。

同样是在这一年，常遇春从苏北长驱直入山东境内，在东进青岛途中，他的军队突然包围了鲁中重镇潍县城。守城的蒙元士兵拼死抵抗，并强制不少当地青壮年男子上城保卫，使明军费了很多时日，付出重大牺牲才将县城攻下。恼羞成怒的常遇春在城破时下达了屠城的命令，残忍地将全部元兵及大部分城内居民杀死。

洪武二年，常遇春手下部将严广追讨陈友谅部将饶鼎臣于湘潭，同样做出了令人恶心的屠城把戏。明嘉靖刊《湘潭县志》称其屠城后，仅余"潭民七户"。这次屠城使湘潭人口剧减，湘潭城内土著仅存数户，包括乡村，全县仅存四千六百五十三户，两万零五十三人，可见当时杀戮之惨。因为经历这场浩劫，湘乡、湘潭从此由州降为县。

在中国战争史上，自古就有"杀降不祥"的说法。身为一代名将的常遇春却为何对"杀降屠城"情有独钟？难道他不怕遭遇天谴？究其缘由，一是对于那些放弃自己阵营转而投靠他的士卒，常遇春的心中始终存有一种疑虑，认为他们可能是诈降。为了免除后患，便将他们一杀了之。二是因为某些城池久攻不下，使他的军队蒙受了重大损失。这在一定程度上激怒了生性孤傲、冷血多疑的常遇春，破城之时便成了他泄愤之时。还有一种说法是，降兵也要大量粮草养活，且收服不易。为了不给对手留下翻盘的机会，出于战略上的考虑，常遇春也会选择将降兵杀掉，一了百了。

一个对自己声誉都不爱惜的武将，就算再能打，就算民间社会将其捧上战神的高位，他在政治上都不可能有多么远大的图谋，充其量不过是一部战争的机器而已。

5. 站在 1368 年的门槛回望

至正二十七年十二月的应天府（南京城），似乎在一夜之间，这里的坊巷庭院由最初的热闹走向平静，又似乎不是一般意义的平静，像是一场狂欢来临前的期盼与等待。从洪武门到承天门，在这条城市的中轴线上，大大小小的瓦舍勾栏粉刷一新，各家商铺也换了颜面。随着人流穿过御街（先借用这个名称），两侧是即将启用的大明中央机关府衙。过了承天门，就进入了即将启用的宫城。

十二月十一日，李善长率文武百官奉表劝进。表文大致内容如下：天下已经扫平，那些期盼过上好日子的老百姓需要一个圣明君主。只有你吴王殿下登基，才能顺乎天心民意。在李善长递交的这份表文中密密麻麻地签满了名字，有李善长、刘基、朱升、宋濂等一大批文人智士的名字，也有徐达、周德兴、汤和、常遇春等一大批带兵将领的名字。凡在朱元璋手下担任军政要职的人，都在这本奏折上写下了自己的名字。

朱元璋看罢表文报以哈哈一笑，然后将奏折还与李善长。他言道："当年我攻下徽州路的时候，三顾茅庐请自己的本家朱升出山，当时，朱升送我三句话：高筑墙，广积粮，缓称王。六年来，这三句话九个字，我始终不敢忘记。"

李善长好像料到朱元璋会有这么一说，赶忙接话道："吴王，所谓此一时彼一时也。朱先生六年前劝你暂缓称王称霸，是因为我们的实力当时还不够强大，如果称王称霸，则容易引起四面强敌的围攻。但是，现在形势不同了，放眼天下，唯吴王独尊。你现在称帝，而且可以归拢天下的民心。得民心者得天下。你现在已经贵为吴王，登基称帝之后，天下民心尽归焉！"

在听了这些溢美之词后，朱元璋自然会谦让一番。他说，自己功德浅薄，还不足以当此造福万民的皇帝重任。更何况朱家军也仅仅控制了半壁江山，还不到最后登位的时候。

朱元璋有他自己的利益考量：要想稳稳当当地君临天下，还有许多障碍需要自己去一一清除。地方军阀割据依然混战，蒙元政权如百足之虫死而未僵。

文武百官的话不可当真，而朱元璋所说的那些自谦之语也只是应景之词。既然这些都是政治舞台上必须要走完的程序，李善长等人只好继续配合，表演跪地叩头请求的戏码。台词无非是，当皇帝不是你一个人的事，而是为了天下百姓。如果你朱元璋不来当这个皇帝，那么就是辜负了天下臣民。正所谓天命不可违抗，如果你再不同意，我们这些做臣子的只能顺乎天意，以死相请。

朱元璋嘴上虽然没有答应他们的请求，但是心里还是很满意这一套君臣之间的双簧游戏。那帮急火流星催着自己当皇帝的文武大臣究竟图的是什么？无非是现实给他们带来的金帛之富、声色之娱以及操弄权力的快感。那些不明就里的人，还真以为他们是为天下生民计。

人生天地间，忽如远行客。这是人生大起大落后最为真切的感受。帝王的金銮殿是金银的窝，玉石的窖，是人间仙境。当百姓奔走呼号，流离失所，当皇帝却可以温香软玉，天上人间。金銮殿，这个让无数英雄既爱且恨的地方。

对朱元璋来说，做皇帝就像是做了一场春秋大梦，一切来得太过波折，也来得有些虚幻。不要说让天下人认可他这个平民皇帝，就是让他自己相信眼前所发生的一切，也需要一个情绪上的缓冲期。然而当群臣打着天下民意的旗号将他绑架于权力塔尖的时候，朱元璋的心理发生了微妙的变化。自己既然是来拯救万民的，为什么不能舍身取大义呢？

第二天，李善长等文武百官再次恳请："殿下谦让之德，已经著于四方，感于神明。愿为生民百姓的利益着想，答应群臣的要求。"

虽然朱元璋的面前没有摆放一面镜子，可是他的内心却如明镜一般。他仿佛能够看见，那个叫朱元璋的中年男人满脸写着无奈，眼神里似乎还透着一丝狡黠的无辜。既然是天下苍生的期望，那他还有选择的余地吗？看来只有顺天应人，被迫来当这个皇帝了。

朱元璋已经深深领略了至高权力的滋味，这种滋味妙不可言，让人尝了一口，就再也舍不得松口。朱元璋很是享受所有人在他面前毕恭毕敬诚惶诚恐的样子，渴望体验掌握千万人命运的强大感和改造山河建功立业的成就感。如果能够掌握无上的权力，他宁愿付出任何代价。

多年周旋于斗争的旋涡之中，他已经深谙生存的各种玄机。一个农民建立于现实基础上的理想主义丝毫没有动摇，但是他实现理想的方式却已经悄悄发生了变化。刚参加红巾军，他想的只是通过自己的努力立足于此，混口饭吃。

他的满足感在这一刻达到了巅峰状态，如果说，人生对他来说曾经是一场接一场的苦难，那么此时此刻就是一个接一个的奇迹，而创造这个奇迹的人是他自己。十年的奋斗生涯已经使他由一个挣扎于生存底线的游民即将变成至高无上的君主。

朱元璋深知，为了达到光明的目的，有时要用不光明的手段。这不是谁定的规则，而是活生生的现实。中国的老百姓是这个世界最伟大的群体之一，他们能够忍受命运在这块生存土地上的无情碾压。而那些踏着他们的尸骨走出来的英雄人物，又有谁不是一次又一次打着老百姓的旗号掀起滔天巨浪。

就像他即将登上权力巅峰，屁股底下的那个皇帝宝座也是为天下苍生计。在一个万方多难的乱世，这反倒成了野心家们最廉价的招牌。这块土地上的人们之所以延绵不绝，代代相传，大凡就因为托庇于这些皇帝老官、大人先生们的福荫。朱元璋生来不是反叛者，只不过他相信命运，也从不屈服于命运。

对于朱元璋来说，这个万象更新的大时代是属于他的，朕即天下，所有的想象都抵不上现实的美好。洪武，大明王朝的第一个年号就是他的意志体现。

有明一朝在年号的制定程序上，通常是由翰林儒臣预先拟定几个备选方案，而后呈奏新君从中选择其一作为正式的年号。唯独"洪武"是个例外，它是由朱元璋本人亲自创制的。国初兵事正盛，与众多开国君主所取的年号一样，洪武便有彰显武事之威的意思，从字面看亦不失淮右豪杰之气。

登基前的所有事宜都不用他太过费心，他考虑最多的是人事上的安排，另外就是奉天殿的建造和新制度的建立。

奉天殿无疑是南京宫城内最重要的建筑，它是一个政权的礼仪象征。朱元璋本就是一个心思细密之人，当他的新王朝已有眉目时，就着手谋划旧制度的兴废事宜，更重要的是要将自己心目中那一套对皇权的所有想象的礼仪恢复起来，因为那事关他朱家王朝的颜面。

至于人事安排，朱元璋虽然早已了然于胸，但一些关键位置还在考量之中。皇后非发妻马秀英莫属；多年征战，长子朱标受了不少苦，皇太子的位置也应当留给他。至于权力核心层人选的圈定，朱元璋想听一听朱升的意见，主要是征求他对李善长与刘伯温的看法，他俩究竟谁做丞相更合适。

朱升知道，其实朱元璋这时候心里已经有了自己的答案，别人的态度已经左右不了他内心的主张。从治理国家所需的德才学识来说，刘伯温或许更适合做丞相；但是要从朱元璋个人的好恶及其性格来看，李善长无疑是最佳人选。可是这些话，朱升又不好直言不讳地说出来，但是要让他欺骗朱元璋，他又做不到。

念及于此，朱升只好有话直说。他言道："若是让李善长当这个丞相，跟你一定很合得来；若是刘伯温为丞相，恐怕有时候会与你针锋相对，惹你伤神动气。"

登基对于新皇来说，是一件极为隆重的事，更何况中国人自古以来讲究的是开局顺，事事顺。十二月二十二日，应天皇城全面竣工。刘基参考了天地阴阳消长之规律，判断来年正月初四应该是一个大吉之日，于是将朱元璋的登基大典定在那一天举行。十二月份常常是雨雪连绵的阴天，如果到了即位那天仍然是这样的天气，就是一种不祥之兆。那一天到底能不能拨云见日？除了刘基，估计也没人敢打这个包票。

也就在这一天，朱元璋迁居新宫，同时祭告上苍，说："明年正月四日，于钟山之阳设坛备仪，昭告帝祇，惟简在帝心。如臣可为生民主，告祭之日，帝祇来临，天朗气清；如臣不可，至日，当烈风异景，使臣知之。"如果上天认为他朱元璋可以做天下苍生之主，登基之日就会天气晴朗；如果认为他不够这个资格，那么老天就会继续阴云笼罩。

朱元璋当然期盼自己即位时阳光普照，大地回春。可老天爷似乎就要给他这个新天子脸色看，从祭告这一天开始就一直雨雪霏霏，日月不开。皇帝再大，你也大不过天，也要口必称"天子"。老天爷摆出的一张臭脸也称为天表，或者天颜，大臣们有话要告诉他称为上奏天听，他制定的规矩称为天宪，他住的地方称为天阙。既然天老子要给他这个天子脸色看，他也只能无奈地接受。

时间一天天过去，一连十几天都是狂风暴雪。到了正月初一，上天好像是得到了神明的某种暗示，风雪骤停，朱元璋和他的文武官员们这才大大松了一口气。

四十岁的朱元璋就这样站在了 1368 年的时间门槛上，看上去踌躇满志，意气风发。1368 年对朱元璋来说是一个全新的起承转合的开始，历史由此翻开崭新的一页。正月初四，整个天空像是被风雪洗过般洁净湛蓝，南京城沉浸于喜庆祥和的新年气氛。

天朗气清预示着上天对朱元璋即位这件事是欣然接受的，也预示着大明王朝会有一个天朗地阔的未来。祝福的烟花远远近近地炸响，让这座千年古都散发出敦厚而蓬勃的生机。

在大队仪仗的簇拥之下，朱元璋率文武官员浩浩荡荡前往郊祀坛。郊祀坛是"天地合祀"之所，与后来的天坛、地坛、日坛、月坛有所不同，它不是分开的。到了郊祀坛，敬天拜地，中华帝国由此迎来新的君主。臣民们憧憬着朱元璋能够带领他们走进一个新的时代，他们为自己躬逢盛事而欢欣鼓舞。

仪式真是一个好东西，它用庄严的音乐、华丽的卤簿、繁缛的程序以及森严的等级宣示着至高无上的皇权。所有呈现的一切都营造出一种贯通天地的神秘气氛，置身于其中的所有人在这时候都不能算是纯粹意义上的人，包括要登基的那个人。所有的人都是背景，所有的物件都是道具，每个人一举一动拜舞的幅度和山呼的音调都像是一个模子刻出来的，有着严格的规范。每个人所站立的位置，身上所穿的衣服颜色和图案，帽子上有几道梁，装饰什么，手中朝笏的质地，都不能有丝毫的僭越。

这是一座权力的金字塔，金字塔的顶端只能有一个人，这个人就是朱元璋。在金銮殿上，除了皇帝本人，所有的身躯，都是卑微、软弱和不堪一击的。朱元璋穿戴衮冕，率领文武百官，在郊坛之南，面北行礼，向上天报告："定有天下之号曰大明，建元洪武。"

自古以来，仪轨和秩序的重建事关一个新王朝的颜面。在过去的岁月里，天地震荡，四海苍茫，君臣各为生死，虽然军纪也算是礼仪，但还是以感情笼络人心，嘻嘻哈哈也是平常之事。如今王朝既起，皇帝也要抓纲治国了。端坐于龙椅上的朱元璋耳听得大臣们高喊："万岁，万岁，万万岁！"有一天突然觉得哪儿有些不对劲儿，应来个新的喊法。经商议后，认为改作如："愿君有道""天下和平"之类的词句，好像比较有意义。最后经过与一些大臣几番讨论，决定改为："天辅有德，海宇咸宁，圣躬万福。"

可是几个月过去，大臣们在齐呼这十二个字时，听上去参差不齐，感觉十分不顺耳。其实要将这十二个字喊得好、喊得齐，又谈何容易。于是在这一年的八月，礼部尚书崔亮等人进言，山呼零乱不齐，有损朝贺之礼，乞请按照旧法赞呼。朱元璋也有同感，就应允了。最终"实验"了七个多月的新口号，自此又改回"万岁，万岁，万万岁"。

即位礼之后，朱元璋带领世子和诸子们前往太庙，追尊四代祖父母、父亲、母亲。一人得道，鸡犬升天。登上皇位之后，百官山呼万岁，朱元璋由此成为大明洪武皇帝，同时追封四代先祖，高祖父母、曾祖父母、祖父母、父母，都要追封为皇帝、追封为皇后。实际上，当权者及他所属的集团都有自己的利益诉求，而这种诉求往往与整个家族的利益诉求相呼应。

在这个仪式上，朱元璋的父亲——庙号仁祖——被尊为配享者。这在历史上还是第一次这样尊崇皇帝的父亲，因此这个礼仪实际上将朱氏家族抬高到了前所未有的高度。在这些传统的重要仪式之外，另给皇帝在坛的正南方建了一座特殊殿堂，使朱元璋在恶劣天气下能够躲避风雨。

当然，朱元璋在做这些时，并不是由着性子胡乱来，身后的智囊团们翻遍经书为他寻根溯源。礼部尚书崔亮就是其中之一，他是湖北中部人，曾经为蒙元政权服务过，后投奔朱元璋。此人援引了宋元时代的前例为证，虽然似有出典，但未必令人信服。

朱元璋还在皇城东边的宫门内专门建造了一座奉先殿，他曾经询问过那些读书人关于皇族奉祀的问题，同时指明已为此目的建立了太庙。对朱元璋来说，有一点是他非常不满意的，那就是太庙献祭得严格遵守前人的先例，这样他就不可能随性而为地举行家祭活动。

朱元璋询问，怎样才能在阴历每月朔望之际的晨昏行祭拜之礼。他要当时在礼部供职的临海（浙江）学者陶凯找出能做这种祭祀活动的古代先例。陶凯只能找到宋代有此先例，那时曾经修建了一个钦先孝思殿。

根据这些微不足道的出处，朱元璋兴建了奉先殿。这个新殿里供奉着他的四世祖考，他要在此处寄托自己的哀思。每日早晚烧香之外，他还会在每月朔望给祖先的神灵换上新鲜的祭品。祖先们的生日和忌日需要上供，一切"如家人礼"，有些礼仪也从太庙移到了奉先殿。

朱元璋甚至在祭祀之日实行斋戒，为了身体力行，他命令陶凯铸造一个铜人，手执竹笏，上面刻有"斋戒"二字。他告诉负责祭祀的礼部官员，这个铜像要在他斋戒之日在他面前展示，使之起到提示的作用。

当朱元璋闭上双目，跪于祖先的牌位前诵读册文时，父母的容颜会在那一瞬间浮现于眼前，他们灰头土脸的憔悴和他身上印有日月山龙图案的衮服形成了鲜明的反差。在登基前后的那段日子里，朱元璋经常会在梦里回到那个灌风漏雨的茅草屋，回到母亲陈二娘的怀抱里。

醒来后的巨大落差让他心痛难忍，头昏目眩，以至于情绪激动大失常态。宰相李善长对此的解释是，这是因为皇帝陛下的诚孝感通天地神灵所致，这也是人之常情。

朱元璋前半生的人生过于跌宕起伏，经历过于凄风冷雨，这难免会让他在登上人生巅峰的时候，倍加思念自己的亲人。一个人的成功，如果不能与至亲之人分享，那么由成功所带来的人生喜悦就会大打折扣。

虽然朱元璋这时候已经进城做了皇帝，可是他的内心深处永远藏着一个泥腿子，藏着一个比农民身份还要卑微的游民。对于那些成功者而言，最初的身份越低微，经过奋斗所获得的社会身份越高，卑微与显赫的落差就会成为他们炫耀的资本。

洪武元年，大明建国伊始，全国许多地方遭受旱灾。第二年春末，旱情仍在蔓延。这种可怕的情景，很容易让朱元璋联想到至正四年那场改变人生命运的灾情。那一年，自己的家乡也是同样的大旱，瘟疫肆虐，亲人一个个离他而去。

如今天道轮回，一元更始，自己刚刚登上帝位就迎来这样的考验，算不得好兆头。为了向天公有个交代，朱元璋赶紧率皇后、嫔妃及诸位皇子，前往奉先殿祭告父母亡灵，请他们保佑自己。

朱元璋在他的祭文里饱含深情地写道：儿虽有过错，但始终不敢忘记二老吃草根粗米的艰难岁月。今天，儿臣愿意率领妻妾在半月内吃草根野菜粗饭，和百姓共甘苦，以反省上天的谴责，并为百姓祈福。

在朱元璋看来，忘记那些苦不堪言的日子，就意味着背祖叛宗，是一种天大的罪过，是要遭受天谴的。少年时代的痛苦，父母一生的凄惨，在他的内心投下了浓重的阴影，挥之不去。对于朱元璋来说，此生以来最大的痛，不是经历过永恒的饥饿，也不是在血肉横飞的战场上丧失最亲密的战友，更不是在险象环生中的焦虑和恐惧，而是他父母死后连个像样的坟墓都没有。每次想到这件事，他的心就如刀绞，几乎滴出血来。

朱元璋登上帝位之后，每逢父母的忌辰，他都会感到巨大的压抑和悲痛。尤其是在面对那些山珍海味的皇家盛宴时，他都会想起父母病重时，自己想要端上一碗香汤热面都无法做到。如今虽然身为帝王，富有四海，但是却无法弥补他内心的巨大缺憾。

每念及此，朱元璋都会大放悲声。他这时候所能做的，也只能是在父母死忌之日，奉上最新鲜的食物和最完全的礼仪，聊以自慰。初登帝位那些年，他每日早晚两次亲率太子、诸王朝拜，皇后率后宫嫔妃按时进谱，对待早已离世的父母就像侍奉生者一样。

对于一个普通人而言，流年似水，庸常碌碌，生活就像闭合的跑道一样周而复始。日光之下，并无新事，只要你有足够的耐力，就可以永无休止。可是对于朱元璋来说，他的前半生却像是一场极致的表演。他生于阴历九月十八日这一天，因此这一天被称作万寿节。按照常理，百官要在正殿举行朝贺的礼仪，可朱元璋一直不同意这么做。他说：每到这一天，他都会想起父母一生的艰辛，心情十分痛苦，所以断然不允许自己在这一天接受百官朝贺。

四十年前的这一天，他生于濠州钟离太平乡孤庄村。此处本是中国大地无数村落中一个籍籍无名之所，就因为一个王朝的龙兴之地在此，而变得声名大噪。朱元璋在建立明王朝之后，出于乡土情结，在临濠府营建中都城，有在此定都之意。因中都城在凤凰山之南，故朱元璋在洪武七年（1374 年）给这里易名为"凤阳"，意思是凤凰山之阳面。

据袁文新《凤阳新书》卷三记载：国朝启运，肇建中都，营皇城宫阙……席凤凰山以为殿，势如凤凰，斯飞鸣而朝阳，故曰"凤阳"。

被誉为"龙兴之地"的凤阳，从明朝开始，由于得到朱明皇权的保护和青睐，一度曾获准免纳各种赋税、徭役；又加上大兴中都城，这里出现了昙花一现般的繁荣。为了提高中都的地位，朱元璋将临濠扩大为九州十八县。将临濠府改为中立府，随后又改中立府为凤阳府，并把临淮县的太平、清洛、广德、永丰四乡划出，设立了凤阳县。清代基本沿袭明代的建制，辛亥革命后，凤阳府取消，凤阳县直属安徽省。

牵强附会的历史记录者用他们不够诚实的笔墨记录了发生于 1328 年九月十八日的那一幕。说朱元璋诞生的那天夜里，朱五四家的房顶上一片红光，左邻右舍都以为失火了，纷纷跑来救火。朱元璋出生后，被母亲抱到河里洗浴时，从远处漂来一块红罗幛，母亲将其打捞起来为他裹身。

历史就是这样，胜者为王败者寇，而朱元璋从自己母亲陈二娘的口中得到的真相却远没有如此美好。母亲说他出生时先天营养不良，体弱多病，三四天了仍不会吸乳，肚子发胀，日夜不停啼哭。

朱元璋投胎于朱家，也就注定了自己从娘肚子里刚一出来，就成为当时社会最底层人群中的一员。朱元璋出生的时候，他的父亲朱五四已经是年过半百之人，也算是老来再得子。当然朱元璋的出生并没有表现出改变这个家庭窘境的任何迹象，反而在一串嗷嗷待哺的小生灵中又增加了一份负担。当然对于乱世中的社会底层人群来说，孩子又何尝不是一个家族、一个家庭在艰难世道这场轮盘赌中的一个筹码？

在朱元璋出生的时候，他的大姐已经嫁给了盱眙县太平乡段家庄的王七一。上天并没有眷顾这对贫贱夫妻，夫妻二人在婚后不久便相继而亡。朱元璋的上面还有三个哥哥，一个姐姐。大哥朱重四好不容易娶上一房媳妇，可是二哥、三哥想要成家立户，几乎成了不可能完成的任务。实在没有办法，他们只好都入赘女方家做了上门女婿。

朱元璋在做了皇帝以后，封二哥重六为"盱眙王"、三哥重七为"临淮王"。朱元璋是根据他们各自的入赘地，给了他们不同的封号。二哥入赘地是泗州盱眙，三哥是钟离县东乡。入赘，在民间通常被认为是一件不光彩的事。《汉书·贾谊传》有"家贫子壮则出赘"的话，也就是说朱家两兄弟的入赘虽然是一个家族的耻辱，但也是一条别无选择的活路。

对于父亲而言，让两个儿子入赘是没有办法的办法。这样做既可以让朱元璋的两个哥哥有了家室，也少了两个人的重税。二姐嫁给三哥入赘地钟离县东乡的一个渔户李贞，同样是一个穷得叮当响的家庭。虽然父母育有四子二女，但是和朱元璋在一起生活的只有大哥朱重四。大哥婚后育有二子一女：长子圣保，二子驴儿（朱文正），女儿就是后来的福成公主。这样算下来，朱元璋的大家庭这时候共有八口人。

元顺帝至元三年（1337年），在朱元璋年满十岁那一年，为了逃避沉重的赋役，父亲又举家迁往钟离县西乡，依然靠租地耕种，维持最基本的生活条件。西乡的土壤较差，又加上当地的灌溉条件也不行，一年忙到头，缴了租子就所剩无几，连最基本的生活都无法保障。父亲没办法，第二年只好带着全家再次搬迁。

这一次他们又搬到了太平乡的孤庄村，为一个叫刘德的地主做佃户。

上无片瓦，下无立锥，最基本的生活来源都要仰赖主人。刘德是那种与我们想象并无多大出入，为富不仁的地主，对佃户尤其苛刻。如果碰到大灾之年，即使皇恩浩荡，专门发下减免租税的诏书，所起的作用也是极其有限的。

地主刘德以减税不减租为由，逼着佃户缴全租。佃户们缴不出，他就放高利贷。通常是借别人一百，先扣出利息，实际上别人只能拿到八十，等到好年景，他会连本加利和租谷一起催缴。一家人辛辛苦苦忙碌一年，等于是为地主家忙活。不种地连活下去都难，种地反倒欠下不少债，这就是当时的社会现实。

元至正四年，一场突如其来的天灾，彻底摧毁了朱元璋相对宁静的贫寒岁月，也彻底改变了他的人生境遇。在那一年的春季，数月无雨，江淮大地千里赤旱；铺天盖地的蝗虫风卷残云般地将田地里残存的青苗吞噬得干干净净；接着，一场席卷而来的大瘟疫在蝗、旱灾害的双轮驱动之下，更是威力空前，使朱家这样的赤贫家庭顷刻之间陷入灭顶之灾。

朱元璋的父母和长兄都死于这场天灾人祸之中，他在《御制皇陵碑》中，痛苦地回忆了这段人生经历："俄而天灾流行，眷属罹殃。皇考终于六十有四，皇妣五十有九而亡。孟兄先死，合家守丧。"从四月初六到四月二十二，短短的十几天内，父母、大哥朱重四相继死亡，随后不久三哥朱重七也离开人世。对于风雨飘摇的家族来说，亲人的相继离世，无异于天塌地陷。

中国人讲究的是入土为安，在一番痛彻心扉的悲痛过后，朱元璋和二哥重六经过一番合计，前去哀求地主刘德，希望他能看在数年主客一场的份儿上，施舍一块坟地给父母葬身。生活的穷困，人心的冷漠，前途的渺茫，这是朱元璋少年时代的全部记忆。在这一年，朱元璋迎来了自己人生最为黑暗的一个阶段。亲人病逝都无钱用来埋葬，最起码的生存条件丧失殆尽。

由于朱家是生活在自己的宗族之外，而中国的传统社会最讲究的是宗族观念，乡村社会基本上是依靠宗族力量在维系繁衍。对于像朱元璋这样从父辈就迁徙过来的外乡人来说，根本享受不到宗族力量的庇护。当生活陷入绝境之时，也很少会有人愿意向他们伸出援助之手。这种完全依靠个人力量在世间求生存、求发展的现实，也让朱元璋的性格深处有了更多坚硬的成分。

如果这个世界是一颗有生命的正待孵化的蛋，那么朱元璋就要将自己打磨成一块没有生命的石头，然后去碰碎这个世界，以此换来自己的重生。

在土地上辛苦劳作了一辈子的农民，死了却没有一寸埋骨的土地。朱元璋和二哥本来希望刘德能有一颗怜悯之心，给他们一块埋葬父母的方寸之地。可结果还是让他们大失所望，刘德不但没有给他们一块地，而且还把他们兄弟俩狠狠地羞辱了一通。

现实难免让人绝望，你永远不要指望别人来体验你的苦难，然后再来与你分担痛苦。可是现实有时候也不是一点儿活路也不给这种人，父母生前的良善还是为他们死后积攒了福祉。同村人刘继祖得知情况后，很是同情朱元璋家的遭遇，就给了一块田地，作为父母的葬身之处。

刘继祖怎么也不会料到，自己出于好心赠给朱家的这块地，会成为日后的"龙脉"之地，会成就一个王朝的万世根本。朱元璋和二哥千恩万谢，感激不尽。但是死者衣衾棺木还是没有着落，只好包裹了几件破烂衣服，抬到坟地草草掩埋，以安顿亲人的亡灵。

那一天，朱元璋永世不会忘记；那一幕，也成为折磨他一生的黑色魔咒。朱元璋和二哥重六来到坟地，正要准备动手挖坑，天空突然电闪雷鸣，风雨交加。等到云散雾开，他们再到坟地去看，父母的尸首不见了。刚才的暴雨将山坡上松软的泥土冲塌，恰好埋住了棺椁。

三十五年后，朱元璋在写皇陵碑时，回忆起这段往事，依然能够体会到当时的心如刀割。"殡无棺椁，被体恶裳，浮掩三尺，奠何肴浆。"如此巨大的打击在朱元璋年少的心头投下了浓重的阴影，每念及此，肝肠寸断。

穷人在那样一个艰难的世道里，好像生来就是为了尝尽各种生活苦楚的。对朱元璋来说，苦难并没有因为一个人的不堪忍受，就会自动退去或者消解于无形。十七岁的朱元璋就这样眼睁睁看着自己的亲人一个个消失在自己的面前，却毫无办法。只有短短的十三天，死神就先后夺走了他的四位亲人。

朱元璋在心里感激父母在天之灵的庇护，他的成功固然是个人奋斗的结果，但又何尝不是运气使然。运气说到底就是在一个恰当的时候，一个恰当的人干了恰当的事。不过这一次，他干的这件事，大到没边没沿。

　　最后一道程序，朱元璋需要到奉天殿接受文武百官的朝贺。李善长率群臣跪拜，宣读贺表，群臣装模作样再拜顿首。宣读赐封时，李善长排首位，为中书左丞相，宣国公；徐达排第二，为中书右丞相，信国公；常遇春为中书平章，鄂国公……其余百官都晋升了官级。对刘伯温，朱元璋考虑再三，决定任他为御史台御史中丞。这个职务，是立于中书省之外的监察机构，位置重要，凡有丞相缺位时，便以御史中丞充任。

　　李善长主持大典，册封马氏为皇后，朱标为太子，有关人员加封官爵，大家跪拜谢恩如仪，登基大典到此全部结束。或许是冥冥中自有天意，当年在乡下放牛的时候，朱元璋最爱玩的游戏就是与一帮穷伙伴们排兵布阵。朱元璋将他们分成几伙，指派头目，各自占领一个山坡当阵地，以树枝当戈矛，一阵激战过后，胜者就成了王。

　　朱元璋一直是那个胜利者，一直是站在队伍最前面的领头者。他依然能够清晰地记得，小伙伴们用青草结在他头上作为平天冠。他们扮作文武大臣，将破幅板的碎片各执一条拿在手中，作为朝笏。朱元璋这个"皇帝"端坐土坡上，"大臣们"在下面行叩拜之礼。真是人生如梦，梦如人生。

　　不要以为那仅仅是一场闹着玩的儿童游戏，今天朱元璋真的做了皇帝，而那些朝拜的孩子们之中，如汤和、徐达、周德兴，也做了开国功臣，封公封侯。幼时的朱元璋做梦也不会想到自己有一天会实现这个皇帝梦，一个放牛娃就这样完成了自己的逆袭之旅。

　　这种小孩子过家家似的游戏，没有人会当真。如果放在今天，朱元璋作为一个成功人士接受那些媒体采访时，也可以牛气哄哄地说，正是从当年的那一刻起，在自己幼小的心灵深处就立下了做皇帝的人生理想，然后自己才会一步一步到达权力的巅峰。当然朱元璋不会这么说，他并不仅仅满足于福大命大造化大的龙种身份，他更了解守业的艰难。

不管怎么说，命运在虐他千遍万遍之后，终于送了一个超大号的礼包给他。

一个人要修炼成为改天换地的帝王，要做出一番经天纬地的大事，就不能按照常人的标准来要求自己。要随时把自己变成刀枪不入的超人，甚至要成为超越世俗情感的冷血之人，这样才能够承担起挽救天下的重任。有人问，为什么历史在这时候偏偏选择了他——一个草根阶层中的草根。

朱元璋的成功有自己的性格因素，那就是遇事冷静。越是打了胜仗，越是办事顺利，他的头脑就越发清醒，越是能够从中捕捉可能存在的忧患，他并不追逐短暂的表面风光。就像现在衮冕登基，他虽然处于高度的兴奋状态，不过很快也就从激动的情绪中慢慢平复下来。

6. 坐天下如坐针毡

又是一夜无眠，从筹备登基典礼前一个月，朱元璋就没有睡过一个踏实的安稳觉。白天忙不完的事，晚上想不完的事。一切似乎尘埃落定，一切又似乎蠢蠢欲动。来自内心的不安时时敲打着他，似乎在悄然酝酿着未知的风险。九死一生为老朱家得来九州山河这样大一笔家产，不知道有多少人躲在黑暗的角落里羡慕嫉妒恨。

有人曾经做过统计，在中国古代社会，皇帝的平均寿命最短，健康状态最差，非正常死亡比率也是最高的。这个群体的整体生命质量较差，生存压力巨大，因此出现人格异常、心理变态甚至精神分裂的概率也较普通人高出许多。

正月初三退朝后，朱元璋在与相国徐达等武将们交流时说："你们为百姓着想既然拥戴了我，可你们知道立国之初首先应该考虑的是什么吗？是正纲纪。元朝的昏乱，就在于纪纲不立，以致主荒臣专，威福下移，法度不行，人心涣散，天下大乱。你们既然辅佐于我，就应该以元朝的失误为镜子，同心协力，以成功业。"

见大臣们默然无语装哑巴，朱元璋只好接着道："礼法，就是国家的纪纲。礼法立，人心定，上下安。立国之初，最先着意的就是这件事。"也就是说，虽然大家是共过生死的朋友兄弟，没个上下尊卑，从今以后要君臣分明，讲究个等级名分。

随后，朱元璋又说起礼法、仁义、恭敬在治国安民当中的重要作用。白乐天诗云："周公恐惧流言日，王莽谦恭未篡时。向使当初身便死，一生真伪复谁知。"可见人心固然难测，而最难辨的是野心家们的真面目。仁义是个好东西，也是一个好的招牌。可那些表面上的礼义廉耻，又有多少是靠得住的？

在朱元璋看来，徐达、李善长、刘基、胡惟庸，在朝的这些公侯员外，哪一个不是人尖尖，用礼义纲常那一套，能唬住庸人可唬不住他们，可他还是要说。当他听说有功臣家的僮仆干下逾礼越法的勾当，便将大臣们召至面前训话，以敲打他们麻木的神经。他说："尔等所畜家僮有恃势骄恣逾越礼法的，此不可不留意。小人无忌惮，必须及早惩治，就像治病去根。若是隐忍姑息，必将受害。"

天下人岂尽是庸碌的，英雄豪杰也不止他面前晃悠的这些功臣们。朱元璋要求大臣们以礼法治人，更要以礼法律己，不能有半分动摇的心思。这江山得来不易，我们要将大明王朝打造得如同铁桶般牢固。朱元璋又引用《三国志》中记载的一个故事：诸葛恪的父亲诸葛子瑜面部较长，孙权同诸葛恪开玩笑，牵来一头驴，在驴脸上题写了"诸葛子瑜"四个字。诸葛恪反应快捷，题笔添了两个字，成为"诸葛子瑜之驴"，于是大家哈哈一笑了事。

笑话归笑话，越可笑的笑话在这时候说出来越让人笑不出来。就连朱元璋自己也没有半分笑色，而是借题发挥道："君臣之间以敬为主。敬是礼之本。故礼立而上下分定，分定而名正，名正而天下治。孙权以一国之君而轻易与臣下戏要，且有损于臣子的父亲，就失了君臣之道。诸葛恪虽然有才辩，但不能以正自处，招辱于父，失孝敬之心。君臣父子之道都有亏。所以君臣之间一言一动都不可不谨慎。"

心细之人，做事讲究的是滴水不漏。朱元璋在这里用君臣之间的庄重、严肃与敬畏，代替轻忽、戏谑与怠慢。他这么做的目的很明显，就是要给那些一起渡江尤其是一起种过田、放过牛的功臣们一个严肃的正告。谁不遵守自己定下的规矩，都会遭到严酷的惩罚。

南征北战二十年，知道越是安稳的时候越容易出事。朱元璋虽然在此之前并没有当皇帝的经验，但他有一个魂牵梦绕的帝王心结。高高在上，却又如履薄冰，如坐刀尖。其中有阴鸷的目光和翻云覆雨的手段，而皇权背后更是散发着让人难以捉摸的血腥味。

世界上有好些道理看起来一说就懂，一点就通，但要真正地将其把玩于股掌之间往往需要时间的历练。朱元璋已经没有多少耐心，他恨不得自己是天神下凡，三头六臂，能够将所有问题迎刃而解。

正月初五，也就是朱元璋即位的第二天，他在与身边的官员交流治国之道时说："创业之初其功实难，守成之后其事尤难。朕安敢怀宴安而忘艰难哉！"这句话是告诉身边的人创业不容易，守业会更加艰难，自己不敢有一丝一毫的懈怠。他这个皇帝是小农出身，熟悉民间社会所奉行的那一套丛林法则。譬如乡里一个大户，田地广一些，房宅大一些，衣着光鲜些，便有多少人嫉恨他，想要算计他，设局来诈他，将他的田产房屋女人全抢了来。

正月初六，朱元璋在奉天殿大宴群臣，又说起自己当了皇帝以后内心的感受。他说："尊居天位，念天下之广，生民之众，万几方殷，中夜寝不安枕，忧悬于心。"这本无可厚非，当权者总是会宣传自己的所作所为是为了解救陷于痛苦和灾难而不能自救的人们，从而让自己的人生奋斗变得崇高起来。尽管这个世界从来没有什么救世主，可造神运动在这块古老的土地上从未停息。安定天下，首先是要让百姓温饱。想当初他朱元璋如果能吃上一口饱饭，也绝不会起来造反。

或许是看到朱元璋这个新皇如此忧虑难安，御史中丞刘基就劝他放轻松，争取做到无为而治。刘基说："过去天下未定，皇上焦虑难安可以理解，如今四海一家，你应该少些忧虑。"少些忧虑，这天下不是你刘家的，你才会说出这般轻飘飘的话语。当皇帝这样大的美差，多一些焦虑又算得了什么？朱元璋不以为然，他忧心忡忡地告诉一路追随他的开国功臣和官员们，他说，自己和整个天下相比，太过渺小了。一个人走路还有可能会摔跤，饮食生活不当还会引发疾病，何况一身担天下之重。

按说当了皇帝后，朱元璋应该完全放松下来，享受帝王生活。可奇怪的是，他感到自己身上的担子越来越重，重到必须时时警醒自己。朱明王朝是他家的天下，居其位就要谋其政，就必须要做到以天下为忧，以国为忧，作为家天下的一家之长，更要以家为忧。唯有如此，这天下才能长治久安。当然他的这番话除了说给自己听，也是说给那些大臣们听的。

当年陈友谅垮台后，有人将他用过的一个镶满金珠宝玉的镂金床送到他的面前。朱元璋问左右："此与孟昶七宝尿器何异？"大臣们知道，朱元璋说的是五代十国时，后蜀皇帝孟昶用玉石、翡翠装饰打造了一个价值连城的金尿壶。没过多长时间，这个用金尿壶的皇帝就亡国了。朱元璋当即令人将这价值不菲的玩意儿砸得稀巴烂。有一个侍臣趁机在旁边拍马屁，说："陈友谅未富而骄，未贵而侈，这是他败亡的主要原因。"

朱元璋赶紧摇头否决。他说："既富岂可骄？既贵岂可侈？有骄侈之心，虽富贵岂能保？处富贵者，正当抑奢侈、宏俭约，戒奢欲犹恐不足以慰民望，况穷天下之技巧，以为一己之奉乎？其致亡也宜矣。覆车之辙，不可蹈也。"他质问对方，难道富贵就可以骄奢侈吗？一个人若有这种心思，富贵也保不住。戒慎戒惧地抑制骄奢淫逸，还怕做不好事情，更何况放纵自己。

正月十三，朱元璋再度宴请群臣，又说了一些创业艰难的话。他说自己不是一个只在乎眼前得失的人，遇到什么问题都要三思而后行。虽然自己已经登上了皇位，但他始终不敢忘记自己是苦孩子出身，更不允许自己产生乐极一时的暴发户心态。时时警醒自己，危险从未离开，唯有如此，才能让自己不再陷入危险境地。

中国农民本就是最严厉的克己主义者，作为最底层农民出身的朱元璋也不例外。他在青少年时期所经受的饥寒交迫，让空荡荡的胃里根本无法适应豪奢的饮食。他的节俭不是一个新君刻意表演出来的秀，更不是笼络人心的手段，而是依赖于肉体与精神的本能。如果在历代皇帝中评选最节俭的皇帝，朱元璋定会摘得桂冠。

当了皇帝后，他每天早饭，只用蔬菜，外加一道豆腐。他所用的床，并无金龙在上，与中等以上收入家庭的卧榻无异。他命工人给他造车子、造轿子时，按规定应该用金子的地方，都用铜代替。朱元璋还在宫中命人开了一片荒来种菜吃。洪武三年（1370年）正月的一天，朱元璋拿出一块被单给大臣们传示。大家一看，都是用小片丝绸拼接缝成的百衲单。他说："此制衣服所遗，用缯为被，犹胜遗弃也。"

如同一辆车子在险峻的路上往往会走得稳当，平坦的路稍一颠簸就有倾覆的危险，这是人们的心理在作祟，总是在艰难的时候更谨慎，顺利时就容易疏忽大意。守天下就如同车夫驾车，虽然天下太平，也不能忘乎所以，不然就会江山不稳，帝业不牢。

一个人的出身环境、成长经历决定了一个人的思维以及他的世界观。出生于世代雇农之家的朱元璋，在人生的旅途中备尝人间艰辛，这一切无疑对朱元璋设计国家制度和制定国家政策具有决定性的影响。

闭上眼，朱元璋琢磨的全是皇帝的困境，而不是享乐。这天下经常有些灾害，加上官吏盘剥，百姓们吃不上饭，动不动就要起来造反。又有些奸民，弄些弥勒佛、白莲社、明尊教、白云宗等非法组织，聚众烧香，夜聚晓散，时间一久便会生出祸端。

刚刚登上帝位的朱元璋将自己的忧患意识归结为"三畏"。他对文臣宋濂说：做人不能无知无畏，人只有有所"畏"，才不会乱来。我"上畏天，下畏地，中畏人"，他无时无刻都不敢疏忽，生怕自己的所作所为违背了"天地之道"，违背了老百姓的意愿，触犯了老百姓的利益。

朱元璋从早到晚都抱着警惕自持的心态，在他看来，作为一国之君，如果无法让普天下的老百姓过上安稳的生活，那么就会失去天下民心，这是一件非常可怕的事。他是一个心思细腻之人，做事讲究尽善尽美，不留后患。自从做了皇帝之后，朱元璋常常因为琢磨身边的人和事，寝食难安。马皇后劝他，不要一天到晚瞎琢磨，搞得朝堂上下都紧张兮兮的，让我也跟着你睡不好觉。

可是不琢磨能行吗？这么大的一份家业，朱元璋总是担心哪一天大明王朝也被人颠覆了，这禁城宫殿不是归别人所有便是被一把火烧个干净，子孙妻妾不是被杀个精光就是被掠去为奴做婢。每每念及于此，朱元璋就像是从一场噩梦中惊醒。

看着眼前这些王侯公卿，没有一个是吃素的，都是跟着自己刀头舔血过来的。为了不让自己在流逝的时间面前迷失了方向，麻木了神经，忘却了忧患，朱元璋特地让人搜集和编纂有关历史上那些无道昏君的恶劣事迹，供他借鉴，以此来警醒自己。历史上的那些帝王，无论是向善，还是为恶，朱元璋都可以拿他们作为自己的一面镜子。以史为鉴，至少可以让自己少走一些弯路。

从游民领袖到一代帝王，社会地位的变迁好像并没有给朱元璋带来更多实质性的改变。两种身份似乎有高下之分，但是它们之间的距离却并没有我们想象中的那么大，庙堂之高与江湖之远基本上都是在一个规则体系里生存绵延，异曲同工。

无论是朱元璋，还是历史上的其他皇帝，他们的思想根源都深植于同一种文化的土壤，他们深信自己的个人意志应有绝对自由的空间，并具有自由伸张的绝对权力。他们确认自己的一切想法、一切行为及其所产生的一切后果都具有绝对的真理性，都代表着上天的意志。

7. 大明何以为明

风尘垢面，间关万里，来自北方的快马每天都向南京城里的洪武皇帝报告前方的战况。大明王朝开张营业，统一全国的战争还在向前继续推进。捷报，又是捷报。千里之外的军情，等传到朱元璋耳朵里，就算是十万火急也成了一场毛毛雨，更何况打的还是胜仗，那就更不用上心了。

三军用命，这时候的北伐军按照既定的战略方针而行，所到之处势如破竹，元军不逃即降。就在这时，元军内部也陷入严重的权力内讧，斗争不断升级，政局反复和军权轮换，可谓内外交困。

北伐之战于朱元璋来说，一切来得过于轻松，远没有鄱阳湖大战的激烈程度。他只用了十个月的时间，就以极小的代价换来最大的收获，轻轻松松地就将整个中国北方纳入自己的势力版图。

元朝虽然是被明朝取代，却并非亡于朱元璋之手，而是先乱于刘福通等农民起义军，后亡于自己内部的腐败和纷争，最后干脆放弃了对汉人的统治，退回大草原。朱元璋不过是因缘际会，在南方的同根相煎中获得胜利，又在北方的同室操戈中捡了个大便宜而已。

胜利的消息来得过于突然，也过于简单，朱元璋甚至有点感激元顺帝的不战而逃。

洪武二年三月，冻土渐苏，明军横渡黄河，一举攻克西安，平定陕西。

洪武三年四月，春风不度玉门，徐达率领的军队却大破扩廓帖木儿（王保保）于甘肃定西县北，擒获其王、公、平章等官员一千八百余人，士卒八万，缴获战马五千余匹。扩廓帖木儿带着自己的老婆孩子数人北遁和林（今属蒙古国）。不久，元顺帝妥欢贴睦尔死于开平以北的应昌，享年五十一岁，在位三十六年。皇太子爱猷识理答腊即位。

五月十六日，正值江南的梅雨季节，左副将军李文忠自开平开赴应昌，俘获诸王、后妃及官属数百人，兵民数万人，继位不久的爱猷识理答腊继续向北逃去。明军顺势平定沙漠，并诏告天下。

十一月初七，霜降过后，征虏大将军徐达、左副将军李文忠班师回朝，朱元璋亲赴龙江出迎慰劳。龙江这个地方对朱元璋而言，有着特殊的意义。当年就在这里，朱元璋率领徐达等人与陈友谅的军队展开惊天一战。往事并不如烟，可如今天下格局早已天翻地覆，一切犹如一场梦境。朱元璋在郊庙举行仪式，内心也是感慨不已。他把北伐得胜、扫平沙漠的消息祭告天地，同时下令大都督府、兵部逐一登录各位将领的功绩，准备论功行赏。

洪武三年十一月的流水账中，论功行赏所占的篇幅虽然不是很大的一部分，但有几项任免还是非常重要的，若加以揣摩，可以从中看出朱元璋在洪武年间这场权力游戏中的基本套路。

十一月十一日，朱元璋登上奉天殿，大封功臣，并发表了那篇蛊惑人心的即位宣言："今日成此大业，是皆天地神明之眷佑，有非人力之所致。然自起兵以来，诸将从朕，披坚执锐以征讨四方，战胜攻取，其功何可忘哉？"也就是说他之所以能够成就帝王霸业，全赖天地神明的眷顾和护佑，非人力所为。诸位文臣武将跟着他征讨四方，他当然不会忘了他们的功劳。

十一月十三日，朱元璋又一次大宴功臣。等到酒酣宴罢，心情颇不宁静的他再度发表了一番意味深长的讲话："创业之际，朕与卿等劳心苦力，艰难多矣。今天下已定，朕日理万机，不敢有丝毫安逸。卿等现在都安享爵位，优游富贵，也不可忘掉艰难之时。"在这句话里，朱元璋又一次强调了"创业难，守业更难"

的古老真理。这天下是我们一起浴血奋战打下来的，一路艰难。如今天下大局已定，可我这个皇帝不敢有丝毫的懈怠，也希望你们能够和我一样时时警醒，居安思危。

朱元璋的这番讲话并不是他自己的原创，而是从历史上的另一位极具争议的帝王唐太宗李世民那里得到的灵感。当年身为秦王的李世民发动玄武门之变，从父兄手中血腥夺权。非常规手段夺权却成就了一代明君圣主，历史的拐弯处总有让人意料不到的事情发生，这是一种多么奇特的时间轮回。李世民经常与他的那些官员们讨论创业与守业之间的关系，有一次，他问手下那些大臣："帝王之业，是打天下难，还是守天下难？"谋臣房玄龄回答说，打天下难，而魏征则认为守天下更难。

李世民对二人的说法各自做了分析，他说，出生入死打天下的人，会认为创业难；而攻坚克难守天下的人，就要考虑国家的长治久安，不能有骄奢淫逸的享乐思想，不然就有可能走到生死存亡的危险境地。

朱元璋的经历与唐太宗李世民并没有多少可比性，后者生于王侯世家，而前者则由一介贫民经过生死考验跃登九五至尊。大字不识几个的朱元璋通过向身边的儒士请教，加上自己还算勤勉的学习态度，对于儒家治国之道，他虽然不能说有多么精通，但是其中的规律还是懂得一些的。

第二天，徐达率诸将领前往谢恩，朱元璋于华盖殿赐坐慰劳。最高领袖的关怀，有时候又何尝不是一种危险的信号。在这次君臣会面中，朱元璋对这帮南征北讨的将领们说："我朱元璋能够成就今日之统一大业，都是你们各位将领的功劳。"

这样的话让徐达听来既感到无限的满足，又从心底生出千丝万缕的惊悸。徐达赶忙起身跪地叩头，说道："臣等起自田野，风云际会，追随上位左右。每次征战，都是奉了上位的成算，用兵次第，如以掌运指，待战事胜利结束，竟至不差毫分。这是天赐上位的圣智，非臣等所及。"

古代中国人对于"国"的定义，并非现代意义的政府机构，而是一个心理上的共同体。功臣与皇帝共同创业之时地位并没有多少悬殊，尤其在整个创业过程中，像朱元璋这样的成功者为了能够得到追随者的忠诚和勇力，往往会摆出一副礼贤下士的姿态，使那些追随者能够感觉到自己存在的价值与尊严。

那时候的朱元璋和功臣之间的关系并不仅仅存在于君臣之间的等级，更像是一种信任与平等的朋友关系。《礼记》对"圣人"的定义很简单，那就是"以天下为一家，以中国为一人者"。按照民间的演义，朱元璋与他们中的很多人是结义兄弟，是义父义子的关系，有意无意中确定了小家、大家、国家之间环环相扣的权力秩序，举伦理的"纲"，张国家的"目"。

新朝初立，权力的分配大多是一种分享性而较少恩赐性色彩。大家都起于贫贱，有的功臣还与朱元璋自小相识，一起成长，相互熟悉了解，与朱元璋之间很难产生臣下对君主所应具有的神圣感。这种情形，自然会让他不自主地觉得那些功臣的权位离皇权太近了。

每个最高统治者都需要一个政治空白区，很多时候，人的权力欲越强，猜忌心越重，所需要的政治空白区域也就随之扩张。一个无品级的下人，只要被放置在合适的位置上，就可以使历史的杠杆彻底倾斜，更不用说那些朝中大员。君疑臣则诛，臣疑君则反，这句话说得不是没有道理。当年农民起义的领袖陈涉在帮人打工时与他身边的工友约誓："苟富贵，勿相忘。"可是在他称王之后，昔日的工友们去看望他，说起当年大家在一起穷混时的往事，陈涉心里就接受不了了，转脸就将那些昔日老友全部杀掉。

朱元璋由始至终都保持着一种清醒的状态，由于过分清醒而显得阴冷有余，光明不足。三年的流浪生活摧毁了他做人的道德底线，"人不为己，天诛地灭"成为他所奉行的生命哲学。在个人奋斗和治理国家的过程中，朱元璋始终不会忘记自己一路走来的艰难。

朱元璋的防范心极重，他要求别人也要和自己保持同一步调，哪怕是一言一行。但那些追随他艰难创业、最终得到富贵的功臣们，能始终与他保持同一节拍吗？这也正是他的顾虑所在。他在北伐的那道檄文中明确提出"驱逐胡虏，恢复中华，陈纲立纪，救济斯民"的口号。也就是要赶走中原地区的蒙古贵族，恢复中华，恢复以汉人为主体的没有民族压迫的统治。

在坐上金銮殿之前，朱元璋已经将自己的国号定为"明"。何以为明，自然有他的考虑。国号是诠释一个开国者思想最直接、最便捷的途径，他朱元璋的天下在史册中又该有着怎样一个区别于其他王朝的符号。他仔细想过，历史上出现的那些国号，有的标注姓氏、家族，有的标明地望、徽号，当然，有的国号也寄托了开国者的某种政治理想。

大明的"明"来源于明教的"明"，既是天下民众都在盼望的一个光明世界，更寄托着朱元璋内心高远的治国理想。明教源自波斯，本名摩尼教，在唐朝武则天时期传入中土。当时的波斯人拂多诞带着明教的"三宗经"来到中原，中国人才慢慢开始研习此教经典。到了唐武宗会昌三年，朝廷下令屠杀明教徒，明教势力逐渐走向衰落。自此之后，明教便成为犯禁的秘密教会，历朝均受官府镇压与摧残。

为了能够继续生存下去，明教转入地下发展。教众行事诡秘，因此摩尼教的"摩"字也被人改为"魔"字，世人称之为魔教。

朱元璋加入的第一支队伍是红巾军，当时刘福通等人以白莲教的名义，将民众组织起来，对抗蒙元政权的统治。白莲教宣称"黑暗即将过去，光明将要到来"，借以鼓舞人民反元，所以又称"光明教"。首领韩山童自称"明王"（其子韩林儿称"小明王"），都体现其教义宗旨。

红巾军起义的时候，大多数农民投军都是奔着能有一条活路可走。韩林儿被刘福通拥立，号称是宋徽宗的八世孙，他们提出"山河奄有中华地，日月重开大宋天"的口号。

在蒙元统治时期，老百姓受苦受难的根源是蒙古贵族的压制，只有推翻蒙元政权才能迎来一个光明世界。"日月重开大宋天"，大宋的天下是以汉人为主体或者说汉人和各个民族平等生活的天下。像朱元璋这样挣扎于死亡线上的农民投入军中，是为了有饱饭可吃，有活路可走。对于朱元璋等人来说，生存面临的两大问题：一是严重的阶级压迫，我们生来贫穷，既受官府的欺诈，又受富民的欺诈；二是民族的压迫，汉人是下等人，无法与蒙古人、色目人平起平坐。

小明王宣扬的是"弥勒降生，明王出世"，将会给天下人带来幸福生活。红巾军要实现夺权，小明王就是最好的一面旗帜。既然明王出世可以带来光明，那么就要在现实里找到一个明王带领大家推翻黑暗的现实，这是红巾军所信奉的宗教，也是红巾军所提出的政治理念。

如果说朱元璋的"大明"与明教、小明王有什么关系，那就是他希望自己所建立的帝国是天下黎民的光明之都。至正十五年，红巾军迎立韩林儿为"大宋皇帝"，使用"龙凤"年号。而朱元璋为了扩大自己在红巾军中的影响力，也打着小明王的旗号。所以他与小明王，与明教都结下了不解之缘。

小明王是一块闪闪发亮的金字招牌，刚开始创业，朱元璋需要加入红巾军这样的全国连锁店。每年的正月初一，他都会在军帐中专门设立一个座位——御座。虽然韩林儿从没到过场，但那个座位永远是属于他的，朱元璋会领着文武官员向着那个虚幻的位置行叩拜之礼。

并不是所有人都奉行这样一套把戏，刘基就没太拿小明王韩林儿当回事，甚至经常在私下里称呼韩林儿为"牧竖耳"。就是在人前也毫不避讳自己的观点，他说，韩林儿不过是一个放牛娃，根本不具备天命神授的气象，也不具备号令群雄的实力，凭什么让他拜这样一个人？

奇怪的是朱元璋从不干预刘基等人的想法，他拜他的，别人说别人的，各行其是。之所以会有不同的理解，是因为位置的不同决定了态度的不同。在很长时间里，朱元璋都打着韩林儿的旗号在这个纷乱的世道里折腾。这样做既可以名正言顺地号令天下红巾军，又可以在关键时刻把他推出来做挡箭牌。

朱元璋在他所草拟的那篇讨伐张士诚的檄文中说，元朝末年有很多人"酷信弥勒之真有"，误中妖术，"聚为烧香之党"，大家纷纷起兵，"焚烧城郭，杀戮士夫，无端万状"。也就是说，有很多人是打着宗教的旗号，干着祸害百姓的不法之事。这种无序状态下祸害民众的怪力乱神只会给人民带来更加深重的痛苦和灾难，不可能迎来一个真正的光明世界。如果说这样一个"明"是小明王的明，是摩尼教的明，那么老百姓肯定是不会接受的，儒家也难以接受。

朱元璋和他的军队经过儒家知识分子的全方位改造，与依托白莲社的红巾军渐行渐远，向着夺取全国政权的方向大步前进。自从小明王韩林儿沉江，朱元璋就与以"弥勒降生，明王出世"为号召的红巾军完全脱离。这时候的他已经不再需要别人的金字招牌，他自己已经成长为最大的品牌。

在这里，一切符号都不是上天赋予的，而是人造的。朱元璋必须要用这个"明"，他不能抛弃那些为了追求光明世界而追随自己的广大部众，他不能让那些人失望。

那些追随者大多是红巾军的将领和战士。为了迎接明王出世，他们才在这条生死沉浮的路上颠沛流离，如果他现在抛弃这个"明"字，也就等于让很多人放弃了他们最初的信仰。

朱元璋要彻底改变信奉明教的红巾军部众无组织、无纪律的生存状态，要以"仁义"行天下，得天下。他身边不乏饱学之士，比如李善长、冯国用、刘基、宋濂、叶琛、章溢等人，他们都是儒家学说的传承者，之所以会接受"明"字来做国号，是因为他们赋予了"明"字一个新的含义。

明是什么？明就是日月同辉，中国古代有日月崇拜，中国历朝历代的京都之地都设有日坛、月坛，要祭祀朝日、祭祀夕月。中国的皇帝说自己做皇帝是奉天承运，他的皇权是神授的，因此要敬日敬月，日月相合就是明。

在中国传统的思想观念当中，阴阳五行观念居于主导地位，按照阴阳五行之说，南方为火，北方为水，南方属火，火神为祝融，北方属水，水神为玄冥。每个皇朝都占有五行中的一种德运，哪一种德运兴盛，哪个皇朝就会兴起。元朝起自北方为水德，明朝起自南方为火德，水火相克，明朝取代了元朝，就是火克了水。

民间社会所流传的朱元璋出生以及在寺院里做和尚时的那些传说和征兆，其实都是在宣传朱元璋占有了火德。比如《皇朝本纪》里记载："上自始生，常有神光满室，每一岁间，家内必数次夜惊，疑有火，急起视之，惟堂前供神之灯也，无他火。"

《明太祖实录》记载："上生，红光满室……自后数夜有光，邻里遥见，惊以为火，皆奔散，至则无有，人或异之。"也就是说，朱元璋降临人间的时候，红光满室像着了一场大火。后来他到寺庙里当和尚，也经常出现一片火光，走近一看原来是他在里面读书。后人将这些东西大肆渲染，说他是因为得了火德，才得了天下。日月为明，南方为火，这些人将此说法和儒家所信奉的天命观和中国自古以来的阴阳五行观联系起来，"明"就有了新的概念。

天下之大，莫非王土；率土之滨，莫非王臣。天下的一切物用，皆归于王所有。为了神化朱元璋，那些造神者们还将他的姓氏和远古时代的火神联系起来。火神祝融是颛顼之子，是帝喾的火正（掌管火的官），因为立了大功，就以祝融作为姓氏。据说朱姓是祝融的后人，朱是赤色，是火的颜色。于是将都城南京说成祝融氏的故地，很自然地把朱元璋的皇权天授与古老的传说联系在一起。

"明"作为国号不仅被那些参加起义军的人所接受，也被后来加入大明政权的儒家知识分子和广大臣民所接受。"明"这时候成了一面精神旗帜，在纷乱的世道里有着广泛的群众基础。韩林儿之所以被称为小明王，也是为了宣扬他就是明王出世，来这个世界是为了给普罗大众带来光明。

朱元璋不仅要保留住这个"明"字，更重要的是占住明王这个位置，他要向天下人表明自己才是真正的明王，是这个光明世界的王，是大明王朝的王。既然自己是明王出世，那么天下就不会再有第二个明王。既然韩林儿是小明王，那么他朱元璋就是大明王。

朱元璋投军只是为了能有下一顿饱饭，所有的信仰都是建立在一顿饱饭的基础上。等到他掌兵后顺应大势才提出了"驱逐胡虏，恢复中华，立纲陈纪，救济斯民，拯救生民于水火"的口号。

起于社会最底层，知道老百姓活得有多艰难，知道社会的弊病究竟藏于哪里。朱元璋希望自己能够建立一个清明之国，以实现明王给大家带来光明世界的预言。他用一个"明"字表明了自己的治国理想：他要做一个真正的明王，为天下苍生创造一个幸福安康的光明世界。

定国号并没费多少周折，但是在定都一事上朱元璋却表现得犹豫不决。1364年是他政治生涯最为关键的一年，在那一年，他在应天登吴王位。既然一方为王，自然就要有王的荣耀与气象。于是他开始在南京改筑应天城，同时建造太庙、天地坛、社稷坛等登王者与天地沟通的现实平台，并在旧城东北钟山之阳建造一座新的王宫。

王宫原先是应天府的府衙，府衙已经算是全城最像样的建筑，但将来作为一个王朝的宫城，还是显得不够档次。从攻占集庆到考虑定都，在这期间，南京城内外陆陆续续搞了很多城池建筑，尤其是以1367年九月完工的新吴王宫即后来的明故宫为主体，已经具备都城的雏形。由于当时战局吃紧，张士诚还在死死地咬住他，而蒙元军队也虎视眈眈，在这种情况下，南京城的城市建设并没有做到大干快上。

随着登基之日的临近，朱元璋与他的智囊团才开始筹谋定都一事。经过一番论证，谋臣们拿出了四套方案：在自己的家乡临濠（今安徽凤阳）建中都；将开封设为北京；在长安建都；或者直接定都南京。

洪武二年八月，朱元璋召集身边的那些开国大臣们，谋划建都之事。他在听了大臣们关于在长安、洛阳、汴梁等地建都的意见后，认为"所言皆善，唯时不同耳"。随后他提出："临濠前江后淮，以险可恃，以水可漕，朕欲以为中都，何如？"

那些开国大臣们，他们中的大多数人来自淮右的凤阳、定远乡下，他们早就想衣锦还乡，听朱元璋这么一说，"皆称善"。就算他们不是来自淮右，也会支持朱元璋的这一决定，因为"圣心思念帝乡，欲久居凤阳"已不是什么秘密。只有性格耿直的浙东人刘基直接对定都凤阳表示反对，他说："中都曼衍，非天子居也。"

朱元璋心意已决，更何况还有那么多淮右官员的呼应，刘基的反对也就淹没无声。一个月后，朱元璋诏以临濠为中都，"命有司建置城池宫阙如京师之制"，后取"中天下而立，定四海之民"之意，改临濠府为中立府，又因中都宫阙建在凤凰山之阳，故改作凤阳。

既然选择在自己的家乡建都，有着浓烈的家乡情怀的朱元璋自然格外地用心用力。明中都的布局，严格遵循传统的对称原则，着重突出的是中轴线上宫阙的建筑布局。朱元璋要举全国之力在自己的家乡建设大明王朝的中都，各个殿堂都要奢侈华丽，所有的石构件都要精致奇巧。他不仅"令天下名材至斯"，还遣使到尚未归入图籍的附属国"求大木"。为了使建筑坚固，不仅用桐油、石灰、糯米做浆砌砖，关键部位甚至熔灌铁水。曾经有专家做过比较，在明初三都之中，最奢华的应该是凤阳的明中都。

以石雕为例，南京明故宫午门石须弥座上只有少量的纹饰，其余部分都没有雕饰；北京故宫午门只有门洞南北两端有少量的雕饰。石雕的精细和华丽程度，远远比不上中都午门石雕。从石雕题材上来看，北京宫殿的题材主要是以龙凤为主，不像中都石雕那样丰富多彩。中都宫殿石础大概达到了二点七米见方，可以清晰地看到浮雕，浮雕以精美的蟠龙为主。而北京故宫太和殿的石础仅为一点六米见方，没有任何雕饰。

洪武八年，眼看着中都建设竣工在即，一心盼着早日迁都的朱元璋亲临凤阳验收。在参观完这座美轮美奂的新都之后，他毫无征兆地做出了一个惊人的决定：废弃中都！皇帝是不是疯了，一时之间，流言汹汹。有人说，朱元璋在验收过程中得到一个意外的消息：因为工头拖欠工钱，惹得施工的匠人们心怀怨恨，实施了"厌胜法"。也就是在宫殿的一些关键部位，埋下了一些咒符、泥人、木人、弓箭、剪刀、纸人等东西，据说这样将给居住者带来厄运。朱元璋要把修造宫殿的几千名工匠全部杀掉（明史说他"尽杀之"），工部尚书薛祥冒死进言，说只有木匠才能下镇物，铁匠和石匠没有责任，"活者千数"。经这么一折腾，朱元璋不可能再在凤阳建都了。

其实在两难中徘徊的朱元璋一度想以应天府为南京，开封为北京，想要模仿周朝与汉代营建两京，实现"春秋往来巡狩"的复古愿望。最终因为开封当时民生凋敝，恐劳民伤财会生变故，况且又有元末修黄河导致农民大起义这个前车之鉴，朱元璋只好无奈地选择放弃。

对于每一个有帝王梦想的人来说，长安都是一个绕不开的地方。这里是中国历史上建都最多的城市，尤其那几个老牌帝国。之所以会有那么多王朝选择在这里建都，是因为在中国历史上北方少数民族明显地比南方少数民族要好斗，具有更强悍的侵略性，他们常常不安分地从游牧区南下侵扰到农耕区，这就给农耕区的民众带来了无尽的烦恼与痛苦。相对而言，建都北方势必将大一统帝国的政治和军事重点投在北方，这样可以迅速地就近调集军事力量来应对。洪武二十五年（1392年），朱元璋事业的接班人太子朱标在考察未来迁都之地长安以后突然病逝，使得朱明王朝迁都长安之事不了了之。

应天（南京）是朱元璋不得已才选择的地方，曾经是他创业阶段的根据地。"应天"一词，最早出现在伏羲时期的《简易〈道德经〉》里。它的意思是响应天，人心虔诚不违天。从攻占集庆到建立大明帝国，朱元璋已经在应天前前后后待了十二个年头。应天府是他打天下的中心根据地和大本营，同时这块热土也见证了他一路走来的艰辛和他足够伟大的功绩。从某种意义上说，朱元璋对应天还是有着较为深厚的感情。

他之所以没有坚定地选择在南京建都也是出于战略上考虑，南京从地理位置上看偏于江左，离中原非常之遥远，在全国统一的形势下难以对中原和全国进行有效的统治。再加上有人在他面前嘀咕了一句，南京之地"六朝国祚不永"。也就是说在南京建都的王朝都是短命的，这魔鬼般的咒语一直缠绕着他，令他迟迟不愿下决心在南京定都。就算是在这里当了将近三十年的皇帝，他还是不甘心将自己的朱家王朝永久地置于此处。

朱元璋定都南京，有着个人的诸般无奈，也有着时代的背景。宋元时中国经济中心和重心已经南移，当时"天下财赋出于东南，而金陵为其会"。也就是说，南京是当时东南与南方各省经济的枢纽，是全国经济的中心，有这么得天独厚的物质基础为背景，南京作为大一统帝国的都城就绝不会有物质经济之忧，这是定都北方所绝对无法与之比拟的。

除了经济，宋元以后，中国的文化中心也已经转移到南方来。元代时很多著名的文人画家、戏曲家、艺术家等，大多出自南京及其江南地区。更为重要的是，大明刚刚开国，百废待举，如果要放弃南京折腾到别处建都，无疑要耗费很多的物力、财力，这对刚刚建立的大明帝国不啻一项沉重的负担，尤其是要舍弃这些现成的建设到别的地方建都，对于节俭的朱元璋来说，他的内心是无法接受的。

二、洪武年的圈里圈外

洪武元年标志着一个艰难而伟大的转折和开端。从最底层的一介布衣到老天赏饭吃给了顶皇冠而又总是焦虑难安的帝王，这些年所经历的大劫难和大幸运真如过山车一般，想起来既让朱元璋感到后怕又不由地沾沾自喜。

蒙元势力的虎视眈眈和功臣势力的不断坐大一直是朱元璋耿耿于怀的两大忧虑。他已经是皇帝了，委曲求全的事他无法再接受。既然已成为大明王朝的开国之君，他又怎能辜负上天对自己的厚爱。

1. 功臣是怎样炼成的

洪武元年一个春天的夜晚，刚刚完成登基大典只有两个月时间，朱元璋双目低垂，苦苦思索着历朝历代兴盛与败亡的原因。紫禁城中轴线上那一连串雕工精美的龙椅虽然收容了他那在马背上疲惫不堪的身体，但他并不感到轻松。

他知道，天意虽然是对皇权最合理的解释，但是无论他怎样为自己攀扯上天这个靠山，在这块辽阔无比的疆土上，现在的他真就成了一个孤零零的个体，成为所谓的"孤"，所谓的"寡"，是唯一的"一"。闭上眼睛，除他之外，那黑压压的多数会让他坐卧不宁。要让大多数臣服于他这个"一"，仅靠虚无缥缈的天意显然是无法实现的。

从坐上金銮殿的那一刻开始，朱元璋就觉得自己变成了另一个人，一个很多时候只能用欲望、私心和霸权来形容的人。当初加入红巾军，朱元璋的心中只有一个信念，向这不平等的世界复仇。可是等到他真正坐在这里，才发现这世界哪里有绝对的平等。

君君臣臣，父父子子。就像这皇宫里的一切，什么人走什么路，什么人住什么屋，都有着严格的规定，僭越者只有死路一条。而这所有的规矩，不就是为了保障他这个皇帝可以为所欲为，不守任何规矩吗？

集权，还是分权，这是朱元璋考虑最多的问题。因为这个问题本身关系到一个政体的生死存亡。很多时候，我们会发现中国的王朝时代就像一个跷跷板，在集权与分权之间寻求平衡，却又摇摆不定。当然眼下对朱元璋来说，作为开国之君，他要将"一家之天下"变成"大家之天下"。大明王朝的建立不是他朱元璋一个人的事，那些经历了血与火的功臣就如同手里拿着原始股的股东，他们都有资格参与分红。称帝之初，朱元璋在朝廷的主要顾问和支持者包括他在前一年封的三个公爵：即徐达、常遇春两员武将，以及文官李善长。

徐达是安徽濠州人，至正十三年投效朱元璋。他和其他因饥馑和疾疫而无家可归的几千人一起开始反抗元政权的当局。李善长为安徽定远人，出身于地主之家，于至正十四年跟从了朱元璋。常遇春也是濠州人，原为一介武夫，于至正十五年归附朱元璋。

在开国初年，这三个人是朱元璋最宠信的助手。他们三人组成了开创朱明王朝的淮西集团的核心。在一个专制社会里，集团是一个令人生畏的词，一切的任用、奖励、教谕和惩罚都来自于集团。而所谓的集团行为又最能体现一个组织的办事效率，也是最能体验操作快感的活。那种果决、有效和得心应手，有如庖丁解牛一般，每一次出手都是集团智慧的外在形式，堪称游刃有余。

在淮西集团形成抱团势力之后，朱元璋还吸引了其他许多人物到他的麾下，其中有文武两方面的人物。在文人方面，没有人得到像朱元璋给予武人那样的赏识、身份和俸禄。虽然朱元璋一直希望能够建立以传统的礼仪和天命为基础的可靠的文官政权，但在洪武初年，军人的地位要远远高于文人集团。

人事者，拨人弄人动人之事也；人事者，事中之至大至重至权威者也。翻看一部人类政治史，你方唱罢我登场说的其实就是那点儿人事问题——谁上谁下谁坐庄，谁来谁去谁垫背。草根出身的朱元璋能够有今天的成就，说到底也就是两个字，玩人。他的老家凤阳与我的老家淮南一水之隔，我们当地人说谁不够圆滑世故，就说那个人不懂人事。此处人事与彼处人事，虽然语境不同，但其中所包含的意思也有异曲同工之妙。

朱元璋并无治国经历，甚至连当家的经验都没有。这时候摇身一变成了皇帝，所能参照的也只是前朝的政治模式，他依样画葫芦为他的朱家王朝定规矩、画方圆。此时他内心更多的是得意，是张狂，是全情投入，是酣畅淋漓，是意犹未尽，就像人间行乐图中，只有自己是唯一的主角，也只有自己能够实现从此岸出发顺利抵达彼岸。

从来皇帝封功臣，最大的奖赏莫过于让他们死后配享太庙，让那些后世皇帝也时常来此祭祀怀想，功臣名爵可与整个王朝相始终。可是朱元璋却别出心裁，于洪武二年正月下敕给中书省，在配享太庙之外，又单独建了一座功臣庙。他把那些和自己一起打天下的人按功劳分成三六九等，供在功臣庙里受人间香火。

即位之初，朱元璋也的确有"保恤功臣之意"，他甚至想要建立一种"君臣得以优游，终其天年"的和谐的君臣关系模式。这些老伙计们跟着自己在创业之路上抛头颅、洒热血，如今天下太平，富贵在身，就应该让他们好好享享清福，过一个太平祥和的晚年。

能够进入一个帝国的功臣庙，对于那些文臣武将来说，无疑是一种莫大的荣誉。天下本来就很难有一碗水端平的事。就算是持碗者想要端平，稍一紧张手发抖还是会不平。朱元璋面对那么多的同乡、亲戚和勇猛的战将，即使分封时做得再细致，也难免会百密一疏。

从洪武二年建功臣庙，到洪武八年，在大明的功臣庙里供奉了三百零九位功臣。这时候，朝中官员的人际关系是颇为复杂的，大多受到婚姻、新军功和制度等诸多因素的影响。决定勋贵地位和人际关系的，仍是战功、籍贯、出身、军中早期经历和上下级袍泽关系等渊源性因素。

洪武三年阴历十一月，徐达北伐兵团凯旋。按照司天监早已择好的良辰吉日，那一天要举行隆重的仪式，分封功臣。草草年华，沉沉风雨，朱元璋要给多年以来跟随他南征北战的功臣们一个交代。开基之始，他就想着要大封功臣，只因那时天下还没有真正进入太平时期，武将们还奔波于四处征战的路上，功过不好统计，这件事便一拖再拖。

那些文武大臣早就盼着这一天的到来，对于朱元璋来说，这是权力运行的一次重大考验。每个人都是历史的一部分，他们心心念念都牵动着这个庞大的整体。中国帝制时代，对外姓的封爵大致有五种，分别是：公、侯、伯、子、男。此次的公爵六人分别是：李善长（韩国公）、徐达（魏国公）、常遇春的儿子常茂（郑国公）、李文忠（曹国公）、邓愈（卫国公）、冯胜（宋国公）。这六人中，只有李善长是文臣，其他五人都是血战沙场、用鲜血为朱元璋开疆拓土的人。

在榜之人也由此成为大明王朝第一批勋贵，构成了明初勋贵的主体，在这里朱元璋将子、男追封给了那些战死的功臣。作为一个开国之君，最考验其政治智慧的莫过于技术性地分封这些有功之臣。

何为政治智慧？单就朱元璋封赏功臣这件事来说，它至少包括了这样一些内容。明明有难言之隐，却偏偏要做得冠冕堂皇；明明想草草了事，却偏偏要做出公正严谨的样子；明明是这一码事，却偏偏要拿另一码说事；明明关注的是事情的实际意义，却偏偏要在仪式意义上兜一个莫名其妙的大圈子。

朱元璋给了那些有功之臣足够的尊崇，按照品级划分，公、侯、伯的权威要高于一品大员。朱元璋的封赏在天下臣民看来固然有贤明君主的宏大气象，但是他自己心里清楚，在那些貌似公正奖赏的背后，完全是他的个人算计。这个世界本来就没有什么绝对的公正，而朱元璋的公正只有一个原则，那就是建立在有利于皇权的基础上。

令人感到奇怪的是，在这些人名中怎么就没有刘基？再仔细数一遍，还是没有。如此重大的封赏活动，朱元璋不可能落下刘基。这不禁让人感到疑惑，更让人大吃一惊。朱元璋也看出了大臣们心底的疑惑，他索性采用廷议的办法，让大家当面把话说清楚，不可背后乱发议论。有道是让人说话，天塌不下来。只要他这个当皇帝的能够有绝对的掌控能力，就不妨让他们说去。廷议的气氛不仅民主，而且自由。

那些自认为老子天下第一的大臣，在那里大谈革命史，甚至搬出纲常礼法来高谈阔论。朱元璋并不与他们正面交流，只是在一旁不动声色、气定神闲地观察着。就像是一个财大气粗的东道主，在那里悠然自得地攒着钱包随时准备为眼前的盛宴埋单。参与的人有话可以随便说，有杠可以随便抬。

朱元璋虽然沉默不言，但是他有自己的利益考量。一是他想听一听大臣们对自己的认识，借以了解他们内心的想法；二是看看他们能不能上体圣意，借以考验一下他们对自己这个新君的忠诚度。他相信总会有人站出来说他想说的话，到时候他再小施"集中"，所谓的廷议也就算是功德圆满了。

朱元璋在封爵的诏书中如此言道："现在的爵位都是我自己定下，让人写下来的，所以是公平、公正的。"为了显示自己的公正，他还特意提到两个例子："御史大夫汤和功勋是大大的，理应封公爵，可是他喜欢喝酒滥杀，不由法度，所以只能封侯爵。廖永忠在鄱阳湖之战中舍生忘死，简直如天神下凡，还救过我的命，理应封公爵，可他喜欢让人刺探我的心意，这很不好，所以只封他为侯。"

至于那六位公爵，朱元璋虽然不能说是绝对的公正，最起码是名副其实。反对者说不出个所以然来，支持者皆大欢喜。朱元璋的解释是：李善长虽然没有汗马功劳，但追随自己的时间最为长久，也是他最出色的后勤部长。徐达则是他的老乡，朱家军所取得的胜利不是他直接指挥的，就是和他有着紧密的联系。

至于刘基的功劳到底有多大，我只说一件事，廖永忠曾经救过朱元璋的一条命，而刘基也曾在鄱阳湖上几番力挽狂澜。只凭这一点，刘基即使不能列入公爵行列，最起码也应该是侯爵中的第一人。可问题是，这在榜之人该有的都有了，唯独缺了刘基。

封爵诏书颁布后，刘基竟然表现得无动于衷。其实这时候就算他心里有天大的不满，也只能隐而不发。因为在这时候的朝堂上，已经没有人再站出来替他说话了，甚至没人为他在心里再抱一声不平。这就是谋臣的悲哀，因为谋臣永远都隐于幕后，人们看不到他。人们只看到那些冲锋陷阵的武夫，只看到源源不断地把粮食送到前线的后勤部长，只看到围绕在身边叽叽喳喳的幕僚。这时候刘基反倒成了一个彻彻底底、神秘莫测的隐形人。

刘伯温虽然已把余生的理想重心转移到了安度晚年，不再留恋名利，但这正如你借了地主老财的钱，不能因为他不缺钱就不去还钱。封爵不久，朱元璋似乎意识到了这个问题。

朱元璋说："汪广洋是被杨宪冤枉的，我已把他调回京城，就跟你做个伴吧。封他为忠勤伯，封你为诚意伯。"

刘基的名字终于上了朱元璋的光荣榜，在第三等级的第二位。如果从光荣榜的后面数起，他就成了第一位。既然是做戏，那索性就一做到底。朱元璋又给刘基颁了《诚意伯诰》。奉天承运皇帝制曰：咨尔前资善大夫、御史中丞、兼太子赞善大夫刘基，朕观往古俊杰之士，能识主于未发之先，愿效劳于多难之际，终于成功，可谓贤智者也，如诸葛亮、王猛独能当之。朕提师江左，兵至栝苍，尔基挺身来谒于金陵，归谓人曰："天星数验，真可附也，愿委身事之。"

朱元璋还是那副满不在乎的神情，在他看来，刘基当年是主动找上门来求富贵的。之所以选择朱元璋，是因为他脑袋上顶着佛祖才有的光环，是真命天子。刘基能掐会算，未卜先知，所以在红尘中一眼就相中了他。当然朱元璋还算有良知，在这里说了几句真话。他说刘基是和诸葛亮、王猛（魏晋时期前秦重臣）一样的大神级人物。在他的辅佐下，朱明王朝的百世基业才会尘埃落定，不封爵位是说不过去的，所以就封他一个诚意伯。

虽然有了爵位，但刘基还是觉得自己的心里堵得慌。论功勋，他自认不比那些立于朝堂上的任何一个人低半级。为什么李善长每年的食禄是四千石，汪广洋的食禄每年是六百石，而他只有区区的两百四十石，差距何其远也。

如此悬殊的待遇，这个由朱元璋本人所生造出来的所谓"诚意伯"和他刘伯温的功勋相比，简直是不值一提，甚至给的有些莫名其妙。刘基的心里虽有不满，可在现实里却没有表现出不满和抱怨。当然在这个时候，他也不敢有所表现。那天，刘基站在院子里抬头望天，白云像好大一块棉花糖。他不由想起那张光荣榜，想到朱元璋那张阴鸷可怕的脸，嘴角不由地一抖，露出神秘的笑容。

有人说刘基脸上露出的这副蒙娜丽莎似的微笑，是对洪武年若干事件发出的一个预言式的表情符号。难道此时的刘基已经料到那张光荣榜的背后所隐藏的，是一个权力者内心邪恶的秘密？看着是一张光荣榜，其实是死神的生死簿，是朱元璋开列出来的一张黑名单。

其实对于分封，朱元璋在心中早就有了自己的一番考量。正因为如此，他从建立君臣尊卑秩序，防止左右上下纷争出发，按照每个人的功劳大小，将他们分为三六九等，依次封赏。

封赏功臣向来都是一件决定政局走向的大事，处理不当就有可能埋下一颗定时炸弹，引发各方斗争。在封赏之前，朱元璋就已经向那些大臣们反复做了强调：封谁？怎么封？都由他这个当皇帝的来定，绝对是公正无私，不存在厚此薄彼。有意见可以当面向他提，但是当他做了决定后，就不希望再听见其他不同的声音。

按照朱元璋所说的公正无私，六公按地位高低依次为李善长、徐达、常遇春之子、李文忠、冯胜、邓愈，伯为刘基、汪广洋两位文臣。

这些封公的人，他们的功劳毋庸置疑。比如，后来当丞相的李善长，大将军徐达，常胜将军常遇春，当然还有朱元璋的外甥李文忠，大将军冯胜和邓愈。这六个人各有优势，其中有五个人是武将，只有李善长一人是文臣。在朱元璋看来，打天下仰仗的还是武将，靠的是枪杆子。那些刀头舔血的武人，他们的功劳要比那些手摇羽扇的文臣来得更实在。

李善长是最早投奔朱元璋的人，鞍前马后这么多年，功劳非常人所及，所以朱元璋将其封为"公"。淮西集团诸将领都尊他为"李先生"。朱元璋每次率部出征，都安排李善长做留守。李善长总能使大后方安定帖服，有条理，保证粮秣辎重源源供给，无后顾之忧。朱元璋认为李善长对于自己来说，犹如萧何之于刘邦。

从至正二十四年起，朱元璋就任命李善长为第一丞相。

洪武三年朱元璋大封功臣，又授予其开国辅运推诚守正文臣，特进光禄大夫、太师、左柱国、中书左丞相，封韩国公，子孙世袭，给予铁券，免二死，子免一死。列开国功臣之首。

除了李善长等六个公作为一个特殊的等级之外，二十八个侯全部都来自那些能征惯战的武将。也就是说，能够挤进公、侯、伯队伍的，需要满足一个基本条件，凡是封侯的都是武臣，带兵打仗的；凡是封伯的，都是文臣。洪武三年的这次分封，朱元璋只封了两个伯，一个是刘基，另一个则是汪广洋，而这两个人都是文臣。

朱元璋规定"凡爵非社稷军功不得封"，"凡公侯伯封拜，俱给铁券"，根据勋臣爵位的高低，将他们的军功封爵与颁赐铁券完全结合于一体，铁券定为七个等级。同时又铸铁榜文，从法律上对铁券的免罪特权做出具体的限制。铁券是朱元璋赐予勋贵功臣免罪免死的一种凭证，因取坚久之意，乃以铁铸之。铁券可以传世，故亦称世券。

铁券制是汉高祖刘邦首创，各个王朝对铁券制一直都没有形成严密的、规范化、程序化的典章制度，时用时废。在这里，朱元璋为了巩固自己的皇权，笼络这批功臣，将封爵与赐券进行二合一处理，因此铁券也就成了朱明王朝重要的典制。

朱元璋和那些功臣们也都明白，免死金牌只是暂时的隆恩崇誉，刻上字的铁牌子真的能免死吗？当功臣们因于槛车，押赴刑场时，这块免死铁牌又何曾起过丝毫作用。铁券并不是功臣的一道万能的护身符，它既以维护皇权利益而开启免罪功能，又同样以损害皇家利益而失去免罪功能。

说到底，真正决定铁券是否有效的还是朱元璋这个制定者，毕竟它是为帝王的权力服务的。分封的二十八个侯依次为汤和、唐胜宗、陆仲亨、周德兴、华云龙、顾时、耿炳文、陈德、郭子兴、王志、郑遇春、费聚、吴良、吴祯、赵庸、廖永忠、俞通源、华高、杨璟、康茂才之子、朱亮祖、傅友德、胡美、韩政、黄彬、曹良臣、梅思祖、陆聚。

在这里朱元璋既没有按照官职高低，也没有按照俸禄多寡，而是按照他们投奔自己的时间先后排定。这一原则将濠州红巾军旧将，也就是将汤和到吴祯等十四人排名向前提。

有人注意到，朱元璋在这里有意识地将部分位高名重的战将排在了那些平庸战将的后面。理由很简单，因为他们加入红巾军的时间相对较晚。比如说水军头号战将廖永忠，骁勇善战的傅友德。也就是说，濠州旧将之间的位次是以投奔朱元璋的时间先后来排序。不要小看了这个时间排位，在我看来，投奔越靠前的人，他们的忠诚度也就越高。他们在朱元璋身处险境，居于低微之时，就将自己的身家性命交给他，感情基础是不一样的。

只要飞鸟不尽，良弓就不会束之高阁；只要狡兔不死，走狗就不会成了下酒的菜。

在分封的这些人中，汤和的存在应该算是一个特殊的案例。他是资格最老的红巾军高官，也最早与朱元璋相识，又有封公之勋。虽然犯了一点儿小错误被朱元璋贬封为"侯"，但他在朱元璋所分封的那些侯爵中仍处于第一的位置。当时朱元璋向官员们强调封爵规则时强调过，汤和、赵庸、廖永忠、郭子兴四人各有罪责，"止封为侯"。

朱元璋对此的解释是：御史大夫汤和与自己从小玩到大，一起参军，一起建功立业。可是此人有一个致命的缺点，那就是喝完酒后控制不住自己的情绪，喜欢滥杀无辜，无视国家法度；赵庸虽然是立有大功的将领，但是他私下买卖奴婢，废坏国法；廖永忠在鄱阳湖之战时，曾经立下过奇功，但是他为了能够博取爵位，背地里曾经托人试探过我的意向，这是我最不能容忍的；金都督郭子兴更是不听主将号令，不守军纪，功不掩过。

当然在很多事情上，这时候的朱元璋也不便说得过于通透，只能用一个"欲加之罪"，算是对大家心底的那份疑惑有个形式上的交代。除了看重分封之人的资历，和大多数领导者一样，朱元璋也凭借个人的感情好恶来决定他们的位次。

对于那些开国功臣，朱元璋最为看重的是他们身上所具有的两点特质：一是他们对自己的忠诚指数有多高，是不是一株随风而动的墙头草；二是他们在体制内的规范指数有多高，是不是一个循规蹈矩的老实人。

朱元璋在这里的有意裁夺，让那些官员感受到了来自皇权的压力。朱元璋就是要让他们知道，这天下是自己的，包括他们的身家性命。比如说汤和，是他把朱元璋拉进红巾军的队伍中来的。朱元璋之所以将其贬封为侯，是因为当年他在常州时发过的一句牢骚话。

汤和在镇守常州时，曾经有事想要向朱元璋当面请示，没得到批准。或许是心情郁闷，他借酒浇愁，酒后吐出一段愤懑之语："吾镇此城，如坐屋脊，左顾则左，右顾则右。"也就是说，他认为自己镇守这座城池，就像是坐在屋脊上，他帮谁谁就能赢。按照他的推理，他要是当时投了张士诚，或是陈友谅，也就没朱元璋今天什么事了。

朱元璋太了解汤和这个人了，他说这句话的时候肯定没有经过大脑思考。虽然是无心之语，但是朱元璋却不能置若罔闻。至少那一刻在汤和的情绪里，有对自己的一些不满，也有对他个人处境的不满。如果每个功臣都像他这样在内心怀有不满情绪，就将是一件非常危险的事。

在封侯的同时，还有六个人与其他诸侯同时受到重赏，最后却没有捞到诸侯的封号。朱元璋本来打算一口气封三十个侯爵，最后剔除了其中两人：一个是来自巢湖水军的汪兴祖，另一个则是薛显，此人早年率泗州军队投奔朱元璋。

汪兴祖先是被封为东胜侯，后来有人向朱元璋告发他是一个犯过错误的人，于是朱元璋就势将他从侯爵的大名单里直接抹去，只给了他一个都督的职务。第二年，朱元璋出兵征伐四川，汪兴祖受命戴罪立功，或许是立功心切，居然战死沙场。

薛显曾经跟随大将军徐达攻取中原，朱元璋曾经当着武将的面夸赞过这个人，他说："薛显勇冠三军，可当一方。"可这个人身上的杀气过重，经常拿身边的胥吏、兽医、火者、马军开刀，动辄取人性命。在分封时，朱元璋将其封为永城侯，并没有授予他免死铁券。没过多长时间，朱元璋又将其发配到海南，多年以后才召还。

为了安抚众人之心，朱元璋强调说，如果你们不满意我的封赏，可以当面告诉我，不要在背后嘀嘀咕咕议论。如果让我知道，你们当面一套，背地一套，后果将会很严重。

朱元璋虽然这么说，但是没人敢当面向他提出质疑。有些人心里虽有不平，但表面上还要装作皆大欢喜。不管怎么说，这些被封赏的开国功臣都成了新一代的大地主、大贵族，也成了朱明王朝的既得利益者。

登上帝位的朱元璋并没有一刻放松自己的身心，在他看来，这些文武功臣们所结成的关系网过于庞杂，很多时候让他透不过气来。即使用非常规手段用力戳破几个血窟窿，也不能让他感觉到呼吸顺畅。

编织这张网的人不是别人，正是朱元璋本人。一路走来，他已经习惯了凡事盯着人心的下端看，看到的多是人性最底层的欲望和阴私。他既是懦弱的，又是强悍的；既是思考者，又是行动者；既有局内的深切，又有局外的清醒。有时候他会装糊涂，和那些功臣们打哈哈，老伙计长老伙计短，但如果你真的认为他还是那个凡事讲个义字的带头大哥，那你就真的糊涂了。和这样的对手斗心术，没有人会感到轻松。

在十四位濠州旧将中，其中有十一个人来自濠州的钟离县，一人来自定远县，他们和朱元璋一样，都是长于淮河岸边，同饮一河水的淮河儿女。

元代的濠州辖钟离、定远、怀远三县，濠州红巾军是先起于定远，然后占据濠州的，所以这些将领都来自钟离与定远，都可以称为濠州人。而后十四人绝大多数来自淮西地区，都不属于濠州人。如常遇春、胡大海、傅有德、廖永忠兄弟、华云龙、汤和、俞通海父子等，这些人和朱元璋一样都是游民出身。他们在没有投奔朱元璋之前，或是沉沦游荡于社会底层，或是占山为王，或是地方秘密宗教的组织者和传播者，游离于宗法网络之外，没有任何牵挂，来去自由，同时又有着强烈的反社会倾向。

在社会大动荡中，这种人往往是最积极的勇敢分子，他们自然也就成为朱元璋军事集团的铁血骨干。

朱元璋是钟离西乡人，与费聚、王志、顾时算是近邻同乡，但这些人的位次都排在定远人华云龙之后。在地位更高的六位公爵中，除了徐达是钟离乡人，李善长、常遇春、冯胜都是来自濠州外围的定远、怀远，而李文忠、邓愈则来自泗州的盱眙、五河。

虽然这些人的籍贯范围都属于广义上的濠泗地区，与朱元璋属于大同乡。但是六位公爵除了徐达属于最早一批濠州红巾军追随者外，其他五个人都是从濠州红巾军的其他派别、民间或其他社会组织投奔过来的。他们中的绝大部分人在投奔朱元璋的时候，都要晚于那十四位濠州诸侯。尽管如此，他们在立国后所享受的待遇却丝毫不比那些濠州旧将们差。

如何掌控这些同生共死的战友，除了封赏杀伐外，如何将那些所谓的"外人"都转化为"自己人"是朱元璋称吴王时起就一直在考虑的问题。最后他选择了最为传统也最为有效的手段——联姻。在朱元璋的儿子、女儿成年后，他和功臣们之间的羁绊除了最初刀口舐血的友情以及立国后的君臣之义外，又多了一层关系——亲家情分。

创业阶段，朱元璋和那些功臣们正处于风华正茂的年轻时代，而他们的子女也大都处于幼年时期。等到了洪武中期，亲王、公主们大多已经成年，而那些元勋宿将们的孩子也都到了谈婚论嫁的年龄。为了将自己的皇权这盘棋越下越大，朱元璋主动和他们攀亲，这当然也是他们求之不得的。

皇太子朱标的岳父是常遇春，李善长的儿子娶了临安公主，傅友德的儿子娶了寿春公主，而邓愈之女为秦王妃，汤和之女为鲁王妃，蓝玉之女为蜀王妃……其中和朱明皇族最为亲善的是徐达，他的三个女儿，分别为燕王妃、代王妃和安王妃。至于年纪稍长的功臣家的女儿，朱元璋也主动将她们召入后宫。

勋贵之间的姻亲关系由此被权力编织成一张利益网，邓愈和李善长若是从朱元璋的角度来说，他们都是皇族的亲家。但两人私下算起来，李善长却比邓愈长了一辈，邓愈的儿子娶了李善长的外孙女。可以想象，若是在家宴上，这些人的称呼怎一个乱字了得。至于那些和朱元璋关系并不密切之人，他们也会主动和那些功臣们联姻以求富贵荣华。

与此同时，诸位皇子也在娶妻后被朱元璋分封到了全国各地，"外卫边陲，内资夹辅"。毕竟这时候朱元璋的军队还没有完全结束统一战争，让皇子们以亲王的身份分镇各地,既是对他们的锻炼,也是对领兵将领的监控。

徐达、傅友德、蓝玉这样的高级将领几乎年年在外征战,但真正的最高军事统帅并非他们,而是他们领兵所在地的那些藩王们,也就是被朱元璋分封出去的那些皇子们。尤其是随着时间的推移,年幼的皇子慢慢长大成人。比如说燕王朱棣就曾经当过好几回名义上的统帅。

如此一来,以朱元璋的大明皇族为核心,以和皇家结亲的远近为半径,在洪武年的权力高层中形成了一张庞大而又盘根错节的联姻网络。这张巨型网络几乎涵盖了当时大明王朝所有的功臣宿将,包括大多数高级文武官员。而作为一国之君,朱元璋理所当然雄踞于这张网络的核心位置。

当朱元璋信赖这些功臣之时,他给予他们的权力荣耀既有公侯封号和铁券封赏,也有与之联姻的亲情纽带。但是当他开始怀疑他们的时候,那些东西也就会被撕扯得支离破碎,而这时候,功臣相互之间的联姻不再是维系王朝安全的纽带,而成了私下勾结的罪证。

一连串事件的翻云覆雨,很多时候也只是掌控者的一转念而已。出生入死换来的荣华富贵都是建立在一座名为"皇权"的沙砾城堡之上,塔尖之上那个人的一句话既可兴之,也可亡之。权力有时候看上去硬如刀锋,实则薄如蝉翼,每一个局中人都走得胆战心惊。

元至正十五年夏,濠州城的红巾军南渡长江,一举奠定了大明王朝的立国基础。那些在江北加入队伍的势力与濠州旧部,朱元璋将他们视为自己的"渡江旧人",也是他的势力根基。

朱元璋一直习惯用"从朕渡江"来划分这一时期追随他的那些人,那些功勋之臣私下里也喜欢用"从上渡江"等话语来炫耀自己的不凡身份。如果以投奔时间来划分阵营,有一个不容忽视的问题,那就是同时期不同时间节点投奔朱元璋的人,他们在权力排位上也有着很大的区别。

比如说那些渡江前就开始追随朱元璋的功臣,他们来自不同的队伍,不同的地域。朱元璋之所以能够成功南渡,最后占领应天(南京),是因为在此之前他就吸纳了巢湖水军。与常遇春、冯胜这些小股势力相比，巢湖水军是一支实力强大的正规军。他们的到来，让朱元璋的水军战斗力提升了好几个档次。

如果按功劳划分，巢湖水军是在朱元璋渡江之前投奔而来的。除濠州旧将外，他们是朱元璋队伍中最重要的一支军事力量。正因为如此，巢湖诸将长期在朱元璋的军事体系里占据着一个非常重要的位置。在朱元璋创业的历程中，这支军队发挥了极其关键的作用，是朱元璋称霸水上支持北方作战的强大水军的核心力量。

尽管如此重要，但巢湖诸将却没有一个人能够跻身公爵，只有赵庸、廖永忠、俞通源、华高在朱元璋开列的那张侯爵排行榜上占据四席。巢湖水军的主要首领俞廷玉、俞通海、廖永安、赵伯仲、张德胜等人则在洪武三年先后离世，而剩下的代表人物大多是他们的兄弟子侄。

这些人的官位和战功虽然远远高于那些排名在他们前面的很多人，但是得到的封赏与他们及其父兄们所取得的功绩是不相称的。朱元璋这么安排有他自己的想法，从表面上看，巢湖水军只是比常遇春等人晚一点儿投奔过来，但是他们投奔的对象却有所不同。

至正十四年是朱元璋人生轨迹的一个重要转折点。当时濠州城解围后，朱元璋就脱离了大部队，回乡组建自己的个人武装。朱元璋当时只带了二十四名亲信回到定远，经过朱元璋的一番经营，队伍很快新增了三千多人，紧接着朱元璋又以这帮人为班底大破横涧山，赢得二万人归属红巾军。朱元璋也因此分得部分军兵，独自南下滁州。也就是在这种情况下，属于朱元璋的核心群体才算初步形成，这其中包括徐达等旧属和李善长等新人。

至正十四年，郭子兴去世，濠州红巾军接受了龙凤政权的任命，朱元璋成为其中的三号人物。在这之后不久，巢湖水军才投奔过来。这时候朱元璋还不是濠州红巾军的统帅，与巢湖水军的将领并没有建立起一种私人归属关系。

等到渡江之后，朱元璋才算真正夺得军队的领导权。也就是说，早期没有追随朱元璋的濠州旧将，以及巢湖水军和那些新投降者，虽然他们对朱元璋也表现出衷心拥护的姿态，但始终无法建立起那种人在初始阶段，患难见真情的私人关系。而带有感情色彩的私人归属关系，往往会在一个人名位不彰时确立下来。

由朱元璋一手打造起来的洪武年的权力阶层,按照时间先后分为三个等级。

处于第一等级的,是那些渡江前的追随者。这帮人较早就投奔了朱元璋,属于濠泗地区特别是濠州人。濠州从军者构成了公爵的全体和侯爵的前半部分,在洪武三年的勋贵体系中,这部分人居于绝对的主导地位。他们是朱元璋最为亲密,也是他最可信赖的战友,其中就包括以私人关系和卓越战功跻身于此的常遇春。

处于第二等级的,是渡江前的归附者。他们并不是严格意义上的濠泗人,在朱元璋的早期私人关系网中,他们并不占有一席之地。在洪武三年封赏时,朱元璋有意识地对他们采取了压制。其中以巢湖水军为主力,这一部分人仅在侯爵中占据四席,甚至还不如那些渡江后的归附者。

处于第三等级的,则是那些渡江后投降者。也就是渡江后投降朱元璋的敌方将领,他们之所以能够在朱元璋铺排的勋贵格局中占有一席之地,一是依靠战功,二是因为他们带来了非常可观的武装力量,这部分人与朱元璋的私人关系相对淡薄一些。

如果说从濠州起兵就追随在身边的将领是朱元璋权力布局的核心地带,那么处于次核心地带的那部分人就没有那么好的命了。虽然他们也是战功显赫,甚至占据了侯爵的后半部分席位,但是他们还是受到了来自濠州集团的压制。朱元璋对他们也是胡萝卜加大棒,左手安抚,右手防范。一句话概括:洪武时期与勋贵有关的政治部署,与朱元璋刻意打造的帝国权力核心层有着很大的关系。

2. 淮西人的抱团相助

每当李善长背负双手走出他那间宰相办公室时,内心总会悠然升起一种自豪感。感觉是如此强烈,从朱明王朝建立的那一刻起,这种发自心底的满足就一直伴随着他。

李善长内心的满足来自两个方面:一是朱元璋对他的信任,二是作为淮西人的骄傲。跟随朱元璋以来,李善长的表现深得朱元璋欢心。此人是一个权谋高手,能在最短的时间里洞察朱元璋的好恶。更重要的是，他为朱元璋的后勤保障做出了卓越的贡献，是个极为优秀的管理人才。朱元璋曾当着众人的面夸赞李善长，他说："刘邦有萧何，而我朱元璋有李善长。"

正因为如此，李善长被任命为朱明王朝的首席宰相时，没人站出来反对。在李善长看来，洪武年的首席宰相非他莫属，是朱元璋为他量身打造的。宰相的主要工作就是管理百官，李善长是个特别善于调护百官的人。所有官员都感觉到工作得很愉快，认为自己在宰相的领导下正实现人生最终极的价值。但所有人很快意识到，李善长有着浓重的地域情结。

在李善长看来，朱元璋能够有今日，都是淮西帮的功劳。不过分地说，大明王朝就是他们淮西人的天下。

新朝刚立，朱元璋就任命了两位丞相，他们分别是左丞相李善长和右丞相徐达。左右丞相无异于早期明教中的左右护法，一文一武。李善长是安徽定远人，他和胡惟庸是小同乡，和朱元璋是大同乡。而徐达和朱元璋是小同乡，都是安徽凤阳人。从年龄上看，李善长比朱元璋整整大了二十一岁，不应该算是同辈中人。

李善长并非是没有文化的草根阶层，他是一个读书人，并且是一个修习过法家思想，深谋远略的知识分子。李善长与传统意义上的儒生有着很大的不同，修习法家的人往往是那些权力世界里的实用主义者。他们认为儒家信奉的"为政以德"那一套过于温良恭谨让，不足以为政治国。

从某种意义上说，李善长与朱元璋有着某种相似之处，朱元璋后来推行的那一套摄魂夺魄的铁血政策与法家"以暴抗暴"的统治理念如出一辙。当朱元璋还是吴王的时候，李善长便出任了右相国。在相国这个位置上，李善长干得颇有起色，也充分展现了他裁决如流的相才，可谓大明开国的首功之臣。

在王朝更替、皇权易主的大时代背景下，很多像李善长这样的实用主义者，他们每天醒来思考的第一个问题就是如何能够在这乱世之中掘得人生的第一桶金。当第一桶金到手的时候，他们又会幻想着建立起属于自己的财富王国。

虽然是文人士子，可他们并无普世的家国情怀。毕竟苟且于乱世，生存才是第一位。儒家推崇的导君于正、匡扶社稷的人文理想，在他们的头脑中所占的比重是极少的。并且在他们看来，这些是不切实际的理想主义。

帝国建制之初与元朝相比，政出中书的权力表象依然存在。对于赤手空拳起家夺得政权的朱元璋来说，他不愿意分权与人，他将处理朝政视为自己的责任，也是他拥有大明天下以后的一种人生乐趣。这种乐趣是权力带来的，归根结底还是人性在这种权力游戏中得到的满足。

如果能够将帝国朝政一把抓，那是让人多么过瘾的一件事。可"奏事不许隔越中书"的制度却使朱元璋无法和各级官僚进行有效快捷的沟通。就算宰相们唯马首是瞻，可是制度的鸿沟摆在那里，他们想要一步跨过去也不容易。一些鸡毛蒜皮的事，宰相们不愿意，也不敢轻易去劳驾朱元璋。在他们看来，自己举手之间就能摆平的事，再转手交给皇帝，实在是多此一举。

其实这种体制运行是很有问题的，对于朱元璋这样一个还算勤政的皇帝，倒也无妨；可是如果摊上一个贪图享乐的慵懒之君，这么做就很容易惹祸上身。在朱元璋看来，宰相们这么做分明有钻制度空子的嫌疑，是在故意架空他这个皇帝，瓜分皇权。

在洪武年的权力布局中，朱元璋可谓是煞费苦心。既要貌似公正地封赏那些功臣，颁赐他们那块看上去很美的"免死铁券"，又要貌似合理地消除皇权的潜在威胁，同时还要避免天下人言而无信之讥。建立明朝之后，朱元璋一直以元朝的弊政作为提醒自己的名言，他经常会拿这样一句话警醒自己——元之大弊：人君不能躬览庶政，故大臣得以专权自恣。

在朱元璋所颁发的"免死铁券"中，都刻有这样一句看似不经意的话语："除逆谋不宥，其余若犯死罪，尔免二死，子免一死。"他在这里预先埋下了一个伏笔，那就是，如果有人谋反，一律不得免死。

有了这样一个事先埋下的伏笔，后来的大开杀戒也就有了随其自然的理由。在这次受封人员中，李善长是唯一一个以文臣身份晋封公爵的。其他受封的公、侯则全部来自武将集团，由此可见李善长在朱元璋心目中的特殊地位。

为了将皇室与功臣的利益捆绑在一起，朱元璋又通过联姻的手段夯实帝国的权力底盘。

朱元璋这么做的目的非常明确，就是希望能够通过这些方式确保那些开国功臣进入和平年代后的忠贞度不减，以巩固朱家王朝的统治，使大明江山能够传祚无穷。

然而没过几年，这段短暂而甜美的政治婚姻就宣告结束。"飞鸟尽，良弓藏"，皇帝与功臣始终难以摆脱这种权力困境，历史的活剧也如同盗梦空间的陀螺般一直旋转下去。当权力运转进入到这样一个怪圈，作为局中之人挣扎得越厉害，没顶的概率也就越大。每个朝代的开国者都无可幸免地迎头撞上，朱元璋所打造的大明王朝也同样不能例外。

洪武五年（1372年），朱元璋颁布了《洪武青花执壶铁榜文》，对文武官员要严加戒饬，并且在其中严厉指责部分有功之臣在新的时代里放松了个人世界观的改造，干下违法乱纪之事。这可以看作他对那些骄傲放纵的功臣们发出的一道严厉警告，同时也传递了君臣关系趋于紧张的一个信号。

在随后的几年时间里，朱元璋又先后炮制了《资世通训》和《臣戒录》等训诫性的制度。

在这些颁布的制度里，朱元璋逐步褪下温情的面纱。作为君王不能一直温情，狮子的手段有时候更有效果。朱元璋警告那些曾经的战友，如今的帝国官员们，让他们不要自恃功高就不把他这个皇帝放在眼里，如果胆敢对其不忠、逾越礼制，将会受到严厉的惩罚。

这些功臣们虽然嗅到了帝国的上空弥漫着不祥的气息，可他们也许并没有意识到，这时候在朱元璋的心中已经将那把无形的屠刀缓缓举起。从无形到有形，有时候缺的只是一个借口。

有人借用经济理论来形容朱元璋与那些功臣的关系，极为形象。说他们之间是一种委托代理关系。也就是说，朱元璋作为帝国的法人代表，手里控制着帝国的产权，但他又分身乏术，抽不出更多的时间和精力亲力亲为，于是就委托一个或数个代理人来帮助自己管理国家。

作为皇帝的朱元璋所能做的，就是让他们在政治上得到荣光。朱元璋希望用这些现实的利益来换得功臣对皇权的一颗赤胆忠心。当然这么做的目的只有一个，那就是在任何时候都要保证皇权独大，这些开国功臣们不要动不动就生出异心，更不要想着去造反。

造反是一项高风险，但同时也是高收益的行业。对于任何一个皇帝来说，要让自己的江山千秋万世传下去，就要将功臣造反问题放在重中之重。在搞不清楚谁将会造反的时候，每一位功臣都有可能成为皇帝怀疑的对象。其实这是一种很致命的逻辑，因为这种完全靠内心推理来完成的命题，对于功臣来说，是非常不公平的。

大明立国之初，中央权力机构设有三大席位，它们分别是：中书省、大都督府和御史台。

中书省总领帝国政务，大都督府分管军事，御史台则负责监督检察，而这三大机构的领导者都要对朱元璋这个皇帝负责。从帝国政治制度的表面看来，政治、军事和纪检部门各负其责，但是在实际的工作运行当中，大都督府和御史台都要受到中书省的掣肘和节制。

作为中书省的最高行政长官，李善长和徐达这两个左右丞相官居正一品，表面上和中书省平行的大都督府、御史台的最高长官大都督和左、右御史大夫则要稍逊一筹，只能算得上是从一品。所以从品级上来看，大都督和御史大夫比宰相要矮上半个头。左、右丞相让中书省的权力体系实现了两条腿走路，可右丞相徐达作为一员武将，长年领兵在外，追讨遁入草原沙漠的北元势力。这样一来，中书省大权独揽的就只有李善长一个人了。如此一来，中书省就成了左丞相李善长的一言堂。李善长跟随朱元璋鞍前马后多年，有着极为高超的行政才能，在帝国的官家体系中逐渐形成了一个以他为首的功臣集团。集团中的人分布于帝国权力机构大大小小各部门之中，他们把持着政府的行政运作。

即使李善长是个有品有行的政治完人，可他在面对一人之下、万人之上的局面时，估计也会在某个时刻被眼前的幻境冲昏头脑。有官员曾经私下向朱元璋打小报告，说他"外宽和，内多忌刻"，当时朱元璋并没有将这种说法放在心上。

李善长是淮西出身，对于淮西集团内部人士有着强烈的护犊之情。在李善长居高位时期，他所重用的官员也基本上都是同乡之人。如此一来，在朱明王朝的权力体系中，自然形成一个盘根错节的淮人朋党。

战争年代，权力者需要乡人的抱团相助，可是等到江山坐稳，官僚集团的抱团只会削弱皇权。在这一点上，朱元璋有着清醒的认识。因为清醒，所以才让他无法容忍。

如果没有什么石破天惊的突发事件，大明王朝的权力格局基本上也就尘埃落定了。

这时候的朱元璋已经在悄然转换着自己的角色，由一名军事统帅向帝国领袖转型。他开始着手改革沿袭于元朝的一揽子朝廷制度，在诸多的改革方案中，首当其冲的就是宰相制度的存与废。

中书省的存在对于朱元璋而言是皇权通行路上的第一大障碍，他要大权独揽，势必要触及宰相的权力。要触及宰相制度，就不得不从帝国的权力体系中生生地撕开一道缺口，否则的话就会师出无名。

制度的缺口往往存在于人，而人的缺口又往往发乎于人性。要废除一项制度，首先要废除制度内的人。朱元璋在这一点上也是有所顾虑的：一是将现任宰相拉下马，能否废除现行制度；二是废除此项制度，能否堵住天下流言汹汹。

可现实逼人，如果把一个新皇帝视为进京赶考的举人，那么朱元璋对于自己的这份答卷显然是胸有成竹。在权力运行的规则体系中，进京赶考的朱元璋在登上皇位的那一刻，就已经有了自己的想法和思路。

对于朱元璋来说，李善长并不仅仅只是一个居于高位的权臣。在长期的战争岁月里，他和李善长之间建立起来的情谊并不比徐达等将领少。对于这个大自己二十岁的长者，朱元璋的心里更多的是一份敬重与感激。时过境迁，随着各自身份的变化，这份感激也滋生出了更为复杂的情绪。

洪武初年，在即帝位、册封皇后、太子等一系列的帝国大事件中，李善长都充当着大礼使的重要角色。朱元璋甚至还让李善长担任太子朱标的太子太师，等于将帝国的未来也交于李善长之手。没有绝对的信任，朱元璋是不会这么做的。

当然，君臣之间的这份信任并非一朝一夕培养起来的。当年朱元璋羽翼未丰，寄身于郭子兴麾下。有一次，郭子兴听信身边人的挑拨，扬言要夺回朱元璋的兵权，更要将李善长调到自己身边。

李善长听到消息后，第一时间跑到朱元璋面前表忠心。表示除了朱元璋，自己哪儿也不愿意去。话语说到肺腑之处，更是涕泪满面。他所表现出来的忠诚态度让朱元璋大受感动，从此对他高看一眼。对朱元璋来说，李善长是一个亦臣亦师的人物。只要李善长没有犯下谋逆这种不可饶恕的罪行，朱元璋就找不出一个与他撕破脸皮的理由。

立国之初，朱元璋并没有想过清理李善长、徐达这些开国功臣。不然他就不会给他们那么重的封赏，最初的他还是有过与这些革命战友共同分享胜利果实的朴素想法。

另外还有非常重要的一点，朱元璋还没有腾出手来与功臣们进行政治博弈，条件还不成熟。一是朱明王朝的统一大业尚未画上圆满的休止符，还需要功臣们尽心竭力；二是朱元璋和这些人一路走来，如果说连一点儿革命情分都没有，显然是不合常理的。

洪武初年，明朝权力系统实权派人物中的大多数都是朱元璋的同乡，也就是所谓的"淮西勋贵"。他们和朱元璋同饮淮水，操着同一地区的方言，有的甚至是他儿时一起讨饭放牛的穷哥们儿，比如写信拉朱元璋入伙的汤和。

也正是由于地方势力的抱团，才帮助朱元璋从民间社会的最底层一步一步走向了权力的巅峰。在这里，人与人之间的"地缘效应"发挥了极其重要的作用，在朱元璋的整个创业阶段黏合了人心。"淮西集团"个体之间结成了以同乡、师生、亲友为纽带的庞而杂的人际网络。这个网络在朱元璋执政前期表现出了惊人的凝聚力、战斗力和影响力。

中国的熟人社会讲究的是差序格局，就好像把一块石子抛向水面，水面会形成一圈圈向外放射的波纹，而每一个人都是自己圈子的中心。在差序格局中，社会关系是逐渐从一个一个人向外辐射出去的，是私人联系的累积和增加，而社会范围也正是由一根根私人联系发展起来的网络。

"淮西集团"的产生，主要是源于制度性的权力管道渗透进古代中国的传统乡土观念，并使得这种"地缘性"的观念转化为帝国官场基因的一部分。李善长只是常例，并非特例。

至正十四年七月，朱元璋南下攻打滁阳（今安徽滁州）。在行军途中，李善长特地赶到军门求见。李善长号称"里中长者"，朱元璋听说他是地方的知名人物，就礼节性地接待了他。一番交流过后，朱元璋与他顿生相见恨晚之意。

于是，朱元璋就将其留在了自己身边，任命为记室（秘书官）。在任命之前，朱元璋问过他一个问题："如今乱世当道，先生有什么好办法可以帮我平定天下？"

李善长的回答是："你应该向那个在秦末大乱中起家的刘邦学习，刘邦和你一样是草根出生，他在通往成功的路上做到了三点：豁达大度，知人善任，不乱杀人。凭借这三点，他只用五年的时间，便成就了一番帝业。"

李善长这套经世致用的理论并不亚于三国时期诸葛亮的隆中对，朱元璋对他提供的这套取天下和治天下的理论非常满意。其实李善长灌输的这一套理论无非是儒法杂糅的权力博弈术，儒家是表皮，法家才是其内在的本质。他之所以能够博取朱元璋的信任，最关键的是他抓住了对方的心理。这时候的朱元璋想得最多的是，如何成就自己的帝王之业。

可不管怎样，朱元璋还是接受了这套儒法杂糅的治国理念。朱元璋早年长期生活在社会的最底层，历尽生活的艰辛，对百姓处于水深火热中挣扎求存的悲惨境遇感同身受。如果说朱元璋刚开始投军是为了能够混口饭吃，那么等到真正掌握了一定权力后，他的内心便萌发了济世安民的想法，也就是一个帝王梦。

也正是从厚待李善长开始，聚集在朱元璋身边的文人渐渐开始多了起来。

在朱元璋身边的这些儒生士子中，李善长算是其中最为特殊的一员。他的特殊是因为他不光是修习法家的儒生，更主要的是朱元璋和他之间的那层微妙的权力关系。

朱元璋曾经与李善长有过一段推心置腹的交流，朱元璋说："如今群雄纷争，要打好仗，最要紧的是要有好的参谋人员。现在群雄中管文书与做谋士的幕僚，总喜欢说一些左右将士的坏话，从而导致文武不和，将士难以施展才能，这样的军队非败不可。将士垮了，好比鸟儿失去羽翼，主帅势孤力单，是必然要走向灭亡的，这是一个教训。你应该为我搭建一座梁，将文武官员的心联结在一起，千万不要学那幕僚的坏样。"

在朱元璋的政治蓝图中，李善长扮演了一个能够在关键时刻左右时局的重要角色。如果我们能够理解西汉开国丞相萧何就是靠着为刘邦转运粮饷而摘得头功，并进而荣升丞相，也就能够明白此时的李善长在朱元璋心目中居于何等重要的位置。

朱元璋自称吴王后，就将李善长封为右相国。因为元朝是以右为大，所以说这时候的李善长已经是大明创业团队中的 CEO 了。

李善长果然没有辜负朱元璋的信任，不光接手军机檄文之类的文案工作，更主要的是保障了军队的后勤供给，使得前线将士能够安心作战。同时他还为新立的明朝政权制定了一系列的法律法规，如经营盐，立茶法，立钱法，开矿冶炼，定鱼税等。

在李善长的高效运作之下，朱元璋的统治区域呈现出一派兵强马壮、经济繁荣的景象。吴国元年，朱元璋论功行赏，封李善长为宣国公。后来改革官制，不再像元朝那样以右为尊，改以左为大，李善长也理所当然地调整为左相国。

李善长虽然没有在战场上获取卓著的军功，但是并不妨碍朱元璋在大封功臣之时对他的重用。以李善长为首的淮西勋贵在帝国的权力系统中炙手可热，这种权力上的垄断地位也为其他地区的政治势力所不满、所觊觎。但是在朱元璋的保驾护航之下，就算其他权力集团有什么非分之想，也只能将羡慕嫉妒恨暗藏于心。

淮西集团的权力勋贵们把持了洪武初年的帝国权力要塞，由权力集团释放出来的熏天势焰让其他派系根本无法近身，更谈不上掣肘。当权力集团内部各个派系之间的欲望无法得到遏制的时候，那么帝国的权力纷争也就愈演愈烈，一发而不可收。

此时的帝国政界上层圈子中存在着一个以李善长为首的淮人官僚集团，而且这个政治集团是以朱元璋为背景的，早在朱元璋创业之始，就已形成并逐步发展壮大。

由于朱元璋的培植与倚重，淮西集团的权势被迅速推至最高点。淮西集团与其他派系之间的矛盾也由最初的暗流涌动，开始逐渐浮出水面，直到掀起滔天巨浪。

为了能够巩固自己的既得利益，攫取更大的权力空间。淮西勋贵又岂能容得下其他势力与自己利益分肥？他们的当务之急就是要想尽一切办法，通过一切正常或者非正常手段来打击压制其他势力。

从前期的李善长到后来的胡惟庸，前后十七年的时间里，淮西权力集团都在竭力挤压那些非淮人的权力生存空间，根本不给非淮人揽大权的机会。李善长势力的发展在很大程度上是得益于朱元璋对淮人集团的倚重，作为淮右党人的带头大哥，李善长手中握有的权力愈大，就意味着集团势力在帝国权力系统中能够分到的利益蛋糕越大。

3. 只见平衡，不见党争

洪武八年初春的南京，江南多雨潮湿的季节比往年来得要早，连绵不绝的雨水日夜冲刷着这座千年古都。这是一个乍暖还寒的清晨，一辆破旧的牛车缓缓地驶出南京聚宝门。在这辆车上载着一位丰姿俊雅的老者，此人就是刘基。

刘基回望了一眼冷冰冰的城郭，眼神里充满着不舍和忧虑。大开的城门仿佛命运敞开的巨大黑洞，将那些波澜往事都吸附得无影无踪。刘基小心翼翼地打开锦盒，取出朱元璋赐予他的那道圣旨《御赐归老青田诏书》，又仔细地看了一遍。

朱元璋赐给刘基的还乡诰《御赐归老青田诏书》，可以视为对自己与刘基君臣一场的总结。在这篇只有四百字的诏书中，朱元璋先是引战国时乐毅报燕惠王书中的话，"君子绝交，恶言不出，忠臣去国，不洁其名"。也就是说，为臣者宁可不洁己名也不议论君上的不是，朱元璋认为自己从未亏待过刘基。若按国法，刘基这次罪不可恕。鉴于刘基追随自己以来屡立功勋，故而夺刘基诚意伯之禄而保留诚意伯之名，以示宽严得当。

同时朱元璋对刘基在这次事件中的表现也予以肯定，认为他不抱怨、不辩解，没有议论君王是非，所以决定放刘基南归，以尽天年。诏书的最后一句"禽鸟生于丛木，翎翅干而未去，时复顾恋旧巢，况人者乎"，以禽鸟喻大臣，未免轻忽，但通篇诏书语气虽冷，却也大体与事实相符。

刘基面对这样一份诏书，老泪纵横。回想开国之初，君臣如鱼水欢投，到最后竟然猜忌如此，刘基不免心灰意懒。朱元璋这么做，也就是要让刘基这样的开国功臣们看到一个真正的帝王朱元璋，而不是他们的战友朱元璋。这时候的朱元璋正在慢慢淡化自己与他们之间的战友关系，他要让森严的君臣等级越来越清晰。

大明的第一声惊雷

洪武元年三月，又一个春天降临于南京城时，朱元璋下达了北伐的命令。这场争天下的弈局该到最后收官的时刻了，谁赢，这天下从此就改了他的姓，成为他的私天下。权力，尤其是至高的权力，本来就绝不是一场可以共赢的游戏。

端坐于金銮殿上的朱元璋做梦也没有想到，北伐会以如此简单的方式走向完结，传说中战无不胜的蒙元骑兵突然就消失不见了。也仅仅用了两个月的时间，徐达的军队就以摧枯拉朽之势，拿下了河南开封。紧接着，由他率领的大明军队又在塔儿湾大败元军，随后攻占潼关，夺取华州。

长风掠过旷野，捷报不断从前方传来，这让刚刚登上帝位的朱元璋满心欢喜。

他命令徐达：乘势北上，直捣元朝首都。在天下一统的最后时刻，他觉得自己应该深入一线，靠前指挥。于是，他决定快马赶往开封，亲自指挥这场与蒙元军队的最后一战，同时他还准备去汴梁考察迁都事宜。

朱元璋在离开南京城的时候，特地将李善长与刘基两位大佬唤到面前敲打敲打。他说，自己此行一时半会儿难以返还京都，让他们二人共同辅佐太子朱标监国，在此期间要同声共气，以和为贵。有一段时间，朱元璋经常会接到密报，说李善长在私下与淮西帮的人策划如何对付刘基。或许是文人相轻，又或许是独占君王宠的嫉妒心使然。从刘基至正二十年来到应天，他在朱元璋身边所产生的巨大能量就让李善长如芒刺在背。

二人在朱元璋身边分工不同，所表现出来的能力特征也不同。李善长负责的是后勤，而刘伯温负责的是战前谋划，他们在工作上并没有冲突。由于性格使然，又加上淮西人得势，李善长并没将刘基视为最强大的对手。

朱元璋曾经在私底下问过李善长，谁才是当今天下第一象纬高手。李善长的回答是宋濂。其实宋濂在他心目中远没有这样大的分量，他当时的回答只是出于意气，只要不是刘基，是其他任何人都可以理解。朱元璋矫正他说："其实刘基才是真正的象纬高手。"刘基在朱元璋和陈友谅的战争中所表现出的才气与神乎其神的卜算能力，让李善长极为妒恨。

李善长之所以刚开始并没将刘基视为自己最强大的对手，是因为其自认是淮西帮的首领。朱元璋的天下就是淮西帮的天下，而刘基不过是为他们淮西帮看家护院的。

和李善长不同，刘基打心里瞧不起李善长这种人。刘基略显内敛的性格和已经定型的孤傲个性，使他看不起那些在君王面前装傻卖乖的奴才。而李善长恰好就是这样的人，称朱元璋为吴王是其率先提出的，朱元璋称帝过程中他又忙得热火朝天。

李善长尤其善于逢迎，这也是官场生存的必备素养。刘基轻慢于他，其实是对事不对人。除了这点，刘基对李善长的能力是相当认可的。有一次，朱元璋让刘基客观地评价李善长这个人。刘基毫不隐瞒地说，此人有调护百官的能力，这种能力非常人所能及。

李善长虽然满口认可了朱元璋对刘基的评价，但还是向朱元璋道出了他心中的顾虑。他说刘基这个人过于呆板，不懂得与人配合，容不得别人的意见和建议，喜欢动不动打着陛下的旗号，行自己的方便。

对于李善长的提醒，朱元璋其实早就心中有数。他虽然觉得以李善长为首的淮西集团更让他贴心，但淮西集团的存在也让他这个开国之君感觉到不安。各种迹象表明，李善长领导下的淮西官员有抱团揽权的嫌疑。作为新皇的朱元璋，最担心的就是权力集团内部有结党的现象，在皇权独大的家天下时代，官员结党营私就会瓜分皇权。这时候，朱元璋不光需要淮西集团为自己守好这份基业，同时也需要刘基等非淮西集团的存在，以此来平衡各方势力，防止权力集团内部出现一党独大。

在朱元璋看来，刘基不会营私舞弊，更不会公报私仇。如果说洪武年前的刘基是个重谋略、求变化的军事人才，朱元璋需要刘基为他布局谋阵；那么洪武年后，刘基就成了一个按规则出牌，按良知出牌的治国人才。朱元璋更需要刘基这样的人，使其发挥良知的力量，使那些没有良知的人得到应有的惩罚。

正因为如此，当朱元璋在洪武元年阴历三月从应天去汴梁时，他把帝国朝政委托给了李善长和刘伯温。朱元璋让他们精诚团结，分工负责。李善长负责管理百官，刘基负责监督百官。朱元璋临行前再三敲打两人，他不希望在自己离开的这段时间里，百官懈怠，朝政松弛。

李善长并没有将朱元璋的这番警告放在心上，放眼朝堂之上，淮西帮已经占据了体制内的重要位置，作为淮西帮的带头大哥，让他管理百官没有任何的难度可言。而刘伯温则表现得忧心忡忡。同样是放眼朝堂，他眼睛里看见的官员有半数以上都是淮西人，朱元璋让他纠察百官时，即使用击鼓传花的游戏手法，十人中也会有八人是淮西人。

朱元璋前脚刚离开南京，政府官员们的头号人物和监督政府官员的头号人物意料之中地交火了。二人交火的原因很简单，刘伯温纠察百官，使身为宰相的李善长感觉不舒服。他几乎要像响雷一样炸起来。因为在他看来，刘伯温纠察的官员都是冲着他所领导的淮西帮，冲着他李善长来的。

在朱元璋心里，刘基这样的人才是他极为赏识的。他不仅需要刘基为他刚建立的皇朝编订历法、建立军法、整顿朝廷体制、卜地筑新宫、裁定乐礼、科举等一系列事务，还要他在治理国家的问题上提出一些很好的建议。

大明开国伊始，虽然朱元璋这时候已经贵为一朝之君，但是他还保留着打天下时的优良作风，比如说，能够虚心纳谏。当一个人身居高位，尚能认清自身存在的不足，保持谦虚谨慎的态度，说明此人还有继续前进的动力。

面对偌大个需要治理的帝国，朱元璋深深地感到自己在许多方面存在着严重的不足，甚至是无知。在朱元璋看来，要对自己的不足和无知进行弥补必须要做好两方面工作：一是要加强自身学习，二是完全依靠刘伯温这种人为自己出谋划策。

按理说，乞讨出身的朱元璋，在感情上与这些士大夫出身的人距离是很大的。特别是对于像刘伯温这样，似乎有些傲骨的士大夫。不过，朱元璋生来就有一种帝王的胸襟，就是对再反感的人，只要能为自己所用，他就会以大局为重，加以包容，大胆使用。对于刘基，朱元璋便是这样一种心态。

命在天，运在手，人们常爱用"命运"二字来说某人的某种必然之事。在朝中注定不好做官，这就是能谋善断的刘伯温的命运。朱元璋临行前，曾嘱咐他们：一定要搞好团结。朱元璋的忧虑也不无道理，因为刘伯温与李善长之间的确存在着"瑜亮"情结。

从大处来说，朱元璋深知刘伯温这个半仙级的人物具有鬼神莫测的能力，在使用他的问题上，如果说朱元璋有什么顾虑之处，那就是刘基的才能。朱元璋相信李善长这个人，是因为他们是同乡。正因为如此，大明开国后，李善长理所当然成为第一功臣，被封为韩国公，也因此成为大明六大公爵中唯一的文臣。相比之下，刘基也为朱元璋的天下立下不世之功，却只被象征性地封为诚意伯。

其实这个问题虽然难以解释，但还不足以说明一切。朱元璋是一个乡土观念很重的人，而作为淮西老乡的李善长这么多年来，一直隐身于幕后，从不抢主子的风头。对于这样一个人，朱元璋是可以放一百二十颗心的。而与之相对的是刘伯温的身份，他是一个外乡人，更重要的是，他让本就疑心颇重的朱元璋感觉到了不安——他对事情的判断总是先人一步。

因为朱元璋是淮西人，所以那些早年追随于他的淮西人也就成了他最为信任的自己人。李善长、徐达、常遇春，包括刘伯温的顶头上司御史大夫汤和这些响当当的人物都是淮西人。重用乡人并不是朱元璋首开先例，汉高祖刘邦打江山的时候，也是仰仗他的乡人——丰沛集团；唐高宗李渊同样是靠着关陇集团巩固李唐王朝。

可惜的是，刘基不属于淮西人。正因为如此，朱元璋在使用他的同时，也提防着他。朱元璋常想，如果刘基没有跟了自己，而是成为自己的对手；如果刘基有了谋逆之心，一切又将会怎样？从龙湾之战到救援安丰，自己每一次的谋篇布局，他都想到了；朱元璋没有想到的，他也都想到了。朱元璋在颁给刘基的诏书中如此褒奖道："攻皖城，拔九江，抚饶郡，降洪都，取武昌，平处州，尔多力焉。"对于这些功绩，朱元璋也是认定的。

或许是因为朱元璋曾经将刘基比作汉高祖刘邦手下的谋臣张良，后人便有意无意地拿张良与刘基做比较。明朝史学家王世贞说，有人将刘基比作张良，刘基在谋略上确实无愧于张良，但是要说到做官或不做官的气节，却差得远了。

理由有两点：一是他认为刘基早年仕元，后来又转而辅佐朱元璋灭元，大节有亏。二是汉代大封功臣，张良仅要求封为"留侯"就心满意足了。他与体制一直保持若即若离的关系，专心于道术，明哲保身，传说中还变成了神仙。而算天算地的刘基却没有选择急流勇退，他始终在体制内徘徊不前，其结局也只能像野鸡投于网罗，死得不明不白。

难道刘基真是一门心思地效忠于大明，而忽略了保全自身吗？刘基不能安心做一个元朝遗臣，却心甘情愿地跳出来辅佐朱元璋，以儒家的"忠臣不事二主"的标准来看，确实容易招致批评。更何况，他还曾经是元朝的进士。

李善长与刘伯温有着截然相反的两种性格，若论谋略之道，刘伯温显然更胜一筹；若论运筹之术，李善长则又高明三分。本是伯仲之间的两个人，这时候却在朱元璋的心目中分了高低轻重。

李善长身上有着明显的性格弱点，外表宽仁温和，内心却很狭窄，他缺乏刘伯温的智慧，却有更甚于刘伯温的奸猾。一般来说，智慧的人善于做事，而奸猾之人更善于做局。李善长虽然刚愎执拗、气量狭小，好忌恨人，却又因其聪明而将这些弱点因人而异地掩盖起来。

正因为如此，那些不相干的旁人和下人能够看清他身上的这些弱点。在他的同级官僚或上司面前，他会收起大部分面具，表现出令人讨喜的一面。更重要的是，他与朱元璋又是同乡，都是从淮西那种穷地方出来的。

很多时候，人与人之间关系也受制于外力。在残酷的打拼年代里，他们要共同面对强大的敌人。往往外力越大，人与人之间的感情黏合度就越高，也许可以不分彼此，团结对敌。

可如今，胜利者已经功成名就，到了可以坐享其成的时候，事态的发展起了变化。为了在体制内多分得一些权力资源，他们往往不择手段，昔日的文臣武将，今日的开国功臣，在失去了共同敌人之后，自然而然地有了分裂，开始拉帮结派。

这样一来，李善长占了地利、人和，得天独厚，在大明体制内的势力迅速壮大起来。作为外人的刘基，就不好再与这些淮西人相处。

身为御史中丞的刘基最难做的是负责监察、处理各种犯罪。当时的监察机构是仿照元朝建立的御史台，刘基是御史中丞，朱元璋还让他当了言官的首领，负有对皇帝进言的责任。如此一来，进言要得罪朱元璋，监察、处理各种犯罪又要得罪朱元璋的嫡系——淮西派。

应天府当时流传着这样一句诗："马上短衣多楚客，城中高髻半淮人。"也就是说，当今朝中六部百司，大半的权贵要员都是李善长的淮西同乡，而一品以上的官员当中，徐达、常遇春、冯胜、汤和等也都是淮西同乡。他们占据着要津高位，在朝廷上下盘根错节，潜在势力极大。这些掌权派是不可能不犯错的，刘伯温得罪了他们，实际上就是得罪了朝廷的掌权派。

彻底引发双方矛盾的是李善长的一个叫李彬的亲信，他由于犯法被刘基抓了起来，在查清罪行之后，刘基决定要杀掉他。此时正好朱元璋外出，李善长便登门拜访，尽管刘伯温早已知晓李善长为何事而来，还是揣着明白装糊涂不买账。李善长是个极其圆滑之人，出入体制靠的就是能"忍"会"装"的本事，绕了半天圈子才书归正传将自己的来意说明。刘基却软硬不吃，还将这件事向朱元璋报告。

李彬到底是什么人？竟然能够惊动李善长为他出面说情。李彬是淮西人，他是李善长的同乡和死党，官任中书省都事，因犯贪纵罪，落在刘伯温的手里，被投进大牢。李彬的亲信张武连夜赶到李善长家通报情况，请求李善长能够出面救他主子出来。

李善长的亲信、中书省五品都事李彬竟然被御史中丞刘基抓起来关在"诏狱"里就等着议罪判刑了！这条消息在应天府大街小巷里不胫而走，在明朝政坛一石激起千层浪。

由于此案在一些官修正史上并没有明确的记载，于是有人认为，李彬卷入的是一场情节恶劣、后果严重的官场舞弊案。如果不是刘基与李善长之间的权力斗争，李彬不过是明初群星闪烁的官员群体中的普通一员，他的出现在大明开国的这潭碧水里根本泛不起一丝涟漪。

从事后刘基对他的判决书中可以知晓，李彬是一个控制力极差、个人修养不高的人。正因为他是这样一个人，所以当他晋升高官显位，尤其是得到李善长的赏识，成为当朝权相的马仔后，气焰就更加嚣张。他欺压过应天城里的百姓，抢过郊区百姓的钱，最后，他没有通过任何司法程序杀了人。

刘基迅速行使他监管百官的权力，将其捉拿，然后以太子宫官员的身份迅疾面见太子朱标，请求处斩李彬。太子朱标同意，刘基马上就下了斩杀令。

也就在此事发生的三个月前，在朱元璋亲自主持召开的《大明律》颁布施行仪式上，李善长与刘基分立于朱元璋身边。他们向天下百姓公开表态全力拥护那部集历代律法之大成的《大明律》在全国顺利施行。

在这次仪式上，两人还当着朱元璋和朝廷大臣的面分别表态，他们将约束好各自所辖的中书省、御史台的官吏们，敦促他们谨遵《大明律》，当好朝廷百司和天下臣工遵纪守法的表率。这才百日未到，中书省的李彬就冲出来碰触了《大明律》里关于贪秽之罪的那道"红线"。

如此一来，每个人都竖起耳朵，睁大双眼，抱着看一场"好戏"的心态观望二人的表现。同时，他们也在做一个站队选择的游戏。是帮助勋名赫赫、大权在握、炙手可热的李善长，还是支持智谋非凡、德高才广、深孚众望的刘基呢？大明朝中所有的大臣都被这一事态推上了前台，此刻的他们不得不绞尽脑汁地应付这样一个令他们左右为难的选择。

关于此事件的具体情况，由于史料说法不一，在这里选择其中之一。

李彬是李善长的心腹，很多时候，李善长会将一些私密之事交由李彬打理。大明立国后，很多功臣认为到了该享受革命胜利果实的时候。尤其是像李善长这样的权力大咖，位居一人之下，万人之上。在搬进新宰相府以后，李善长准备将自己的老官邸改造为一处逍遥之所，在案牍劳形之余，可以来到这里放逐身心。他还打算将从张士诚及其文臣武将那里俘来的娇姬美眷，填塞其中。还有张士信那套纯银雕制的桌椅、床榻、屏风、橱柜、隔扇等，也要摆放于此。

李善长将这些事都交给了自己的马仔李彬一手操办，不用点拨，李彬也明白主子到底是怎么想的。不管别人看待，他只有一个原则，那就是他所要办的这件事要配得上李善长的显赫身份与地位。接手任务后，李彬偷偷从全国各地招揽最专业的厨师，打造顶级的美食；他还偷偷搜刮奇珍异宝，放在此处，这等于变相向李善长行贿。

李彬打造的极乐之所不同于一般的娱乐场所，因为普通的土豪权贵是没有资格进来享受的。有资格进入的人，不光要有钱，更重要的是此人必须是大明王朝权力核心地带的人，最起码得是三品以上的权要。同时还要有推荐人，方能入内。

开国以来，朱元璋对官员的私生活有着极为严苛的要求，甚至达到了"零容忍"的地步。比如说一个官员在处理完政务后，转到烟花柳巷深处去放松放松。如果有人举报他，那么等待着他的就将是丢官，甚至是掉脑袋的命运。如果这个官员被李善长视为自己人，他就不必去冒这个险，他就可以拿着属于自己的贵宾卡直接进入李善长的私人领地。在这里，口腹身心之欲，都可以得到最大程度的满足。

更重要的是在此享乐之余，他们还能通过一些非正常手段打通自己的升职通道。通常情况下是洽谈价格，预交定金。而中书省都事李彬，能够帮助行贿人运作的官职是宰相助理和六部尚书这个级别。当时有一个传言，丞相府外有府，每晚那里都有真金白银的官场交易在进行着。

从表面上来看，应天府在朱元璋离开后陷入死一般的沉寂，实际上却在酝酿一场更大的风暴。朝野上下都在盯着李善长和刘基这一正一副两位监国辅政大臣如何协调处置李彬贪腐一事。

他们作为《大明律》的制定者与执行者，没有理由不把这个案子办得妥妥帖帖。如果没有李彬的参与，这个案子会毫无悬念地成为两人合作的最佳样板。但问题是这个案子的主犯是李彬，而他又是李善长的心腹之人。

既然要搞清楚事情的真相，只有找专业人士来侦破此事。刘基衡量来衡量去，他决定将这件事交给杨宪，也就是被朱元璋称之为皇家恶狗之一的杨宪。李善长、胡惟庸等人是淮西人，而刘伯温、杨宪则属于浙东派。正因为如此，他们之间的关系才会变得异常复杂。要打开洪武年间那场错综复杂的政治博弈背后的玄机之门，这是一把必不可少的钥匙。

杨宪调查后发现，李彬涉案金额竟然达到几百万两，要知道，当时帝国的财政收入，每年只有几百万两白银。于是，杨宪将这件事报告给了刘基。刘基没做过多的犹豫，就拍板决定搜查小宰相府。为免夜长梦多，刘基这时候给朱元璋写了一封信，并连同李彬的犯罪材料，派人火速送往开封，交到了朱元璋手上。朱元璋在知道这件事后，极为愤怒，他当即下令处死李彬。

虽然朱元璋在事后表态，李彬横行不法的劣迹，自己也是早有耳闻，不杀不足以平民愤。但是在这件事的处理上，朱元璋并没有表现出一个帝王应有的决然。他的"处死令"并没有在第一时间落到刘基的手上，而是交到了李善长的手上。

在朱元璋心目中，维护朝廷的权力平衡格局也罢，维护《大明律》的权威也罢，其最终目的也只是为了维护大明的江山始终姓朱。他想将《大明律》执行到位，一刀斩了李彬，但又害怕激怒李善长和他的"淮西党"，引起他们对北伐大军的掣肘。在这种情况下，朱元璋也只能采用半推半拖的态度应付了事。

很多事情越想变得简单，会越发复杂。朱元璋的"处死令"是发自于心，也是遵循《大明律》做出的妥善安排。这个案子事实清楚、证据确凿，可谓是滴水不漏，纵然是天皇老子来，只要他遵循国家法度，就翻不了案。

问题在于，朱元璋将这份"处死令"交到了李善长的手上。他能够想象得到，自从李彬被刘伯温抓起来之后，朝中官员的眼睛都在死死地盯着李善长，特别是那些淮西老乡。一直以来，他们都将李善长视为最得力的靠山，唯其马首是瞻，更何况李彬是他的心腹之人。朱元璋将"处死令"交给李善长，就是为他争取一个从中周旋的机会。

如果朱元璋将这份"处死令"写得果断决绝，不容丝毫置疑，李善长也就不会再抱有挽救李彬的幻想。而一路走来，刘基也并不是一个只知书生意气、不通时势的读书人，他应该看到了：在大明的官家体系中，一个以相国李善长为首，以乡土情谊为纽带的"淮西党"已然呼之欲出。

洪武元年阴历四月，江南之地刚刚进入初夏，天上的日头就烘烤得整个大地热浪翻腾。一个多月，没有下过一场雨。天地万物都需要甘霖滋润，如同这刚刚建立起来的新王朝也需要一股清新之风、一场及时之雨来涤荡这陈年旧俗所带来的迂腐之气。如此的旱情，按照惯例，不宜杀人。正因为如此，刘基虽然判了李彬的死刑，本来是决定过段时间再杀李彬。

也就在这时候，李善长找到刘基，对他说："京城已经很久没有下雨了，先生熟知天文，此时不应妄杀人吧。"李善长此举可谓奸猾无比，他明知刘基深通天文之道，以此为借口，如果刘基一意孤行要杀李彬，那么他就可以将天不下雨的责任全部推到刘基的身上，当时又没有天气预报，鬼知道什么时候会下雨。

然而刘基的回答是："杀李彬，天必雨！"

这一回答让李善长大为惊骇，随即就是震怒，他开始准备自己的第一次反击。

刘基敢说这样的话，应该说他是有一定把握的，他确实懂得天文气象，可问

130

题在于即使是今天的天气预报也有不准的时候。

当李彬被推出午门，在炎炎烈日下被砍掉了头的时候。他那颗血淋淋的脑袋上，那双百思不得其解的眼睛始终难以合上。他到死也不明白，有当朝宰相撑腰，自己也被刘基给收拾了。面对"淮西集团"这样庞大的势力，刘基竟然明知山有虎偏向虎山行。谁也没料到他会直接跳出来与"淮西势力"展开一场正面交锋，以李彬之案来震慑群臣。难道他真的是聪明过头了吗？想用打击"淮西集团"来凸显自己的权威。对此，连李善长、胡惟庸这些淮西人也是百思不得其解。在他们看来，刘基似乎不该犯如此幼稚可笑的谋略错误。他借着李彬一案出手，必然另有深意。

杀了李彬之后，上天并没有如刘基所言，来一场润泽天地的及时雨。等到朱元璋一回来，李善长积聚已久的能量终于爆发了出来，他煽动了很多人向刘基发起攻击。密集的炮火大多集中于刘基在执法过程中不分青红皂白，动不动就拿淮西人开刀。

李善长特别强调，刘基是在祭祀朱元璋祖先的场所杀死了李彬，当时李彬正在参加祈雨仪式。刘基这么做是在逆天而行，也是人伦社会的大逆不道。

朱元璋没有表态，几天后他借天旱无雨之事征求刘基的意见。刘基给出的解释是，阵亡士兵的妻子全部集中居住在营房，达数万人之多，阴气郁结。另外隶属于官府的工匠死亡后，暴尸野外，这些都足以"上干和气"。朱元璋虽然采纳了他的意见，也采取了一些措施，但过了十天仍不见雨水落下。刘基还想为自己辩解，但所有语言都是苍白的。

得罪了皇帝和丞相是没有好果子吃的，等待着刘基的将会是更加艰难的生存环境，刘基在这时候萌生了去意。洪武元年八月，刘基借着自己的夫人过世，向朱元璋请求"告归"。仅仅当了几个月御史中丞的刘基以"致仕"的形式，暂时告别了大明政坛。在追随朱元璋的八年时间里，他用超自然的智慧为对方打造了一个崭新的天地。刘基前脚刚迈出南京城，他那神乎其技的超自然能力就突然消失无影踪。一切就像是发生在昨天，他以一个神的形象进入南京，而今天，他又以一个凡夫俗子的身份离开南京。

在离开之前，刘基还没忘记向朱元璋提出建议：一是反对朱元璋将都城迁至自己的家乡凤阳，凤阳虽是朱元璋的家乡，又是大明王朝的起兴之地，可并不适合建都；二是集中力量消灭蒙元政权的残余势力，如果让蒙古军队遁回沙漠，将会成为大明北方边疆的大患。

刘基毕竟是开国元勋，朱元璋并没有一下子做绝。仅仅三个月之后，刘基又被召回了京城。洪武三年，朱元璋大封功臣，刘基也仅被封为诚意伯。

帝王师的生存路径

洪武元年阴历八月初一，朱元璋下诏改应天为南京，汴梁为北京。与此同时，他召集在南京的文武百官，商讨建都临濠的问题。所有人都同意，因为他们中的绝大部分人都是淮西人，建都临濠，正好可以满足他们衣锦还乡的心愿。

在这些人中，只有一个人投了反对票。此人不是别人，正是刘基。刘基将临濠的地理位置和风水情况做了一番分析，最后得出结论：临濠虽然是当今圣上的故里，但并不适合在此建立都城。

朱元璋盯着刘基半天没有说话，内心很是不快。李善长察言观色，当场反驳道："刘基一派胡言，如果说临濠的风水不好，那为何还会出皇上这样开疆辟土、光耀千秋的大人物？！"

李善长的话让刘基无言以对，他知道，自己这时候说什么都是错，一切取决于朱元璋的态度。这时候在帝国的权力场上，能够与淮西集团相抗衡的只有浙东集团，而浙东集团的领军人物正是刘基。五十岁，一个男人到了知天命的岁数，帝国普通官员也大致到了致仕的年龄。他们中真正有大智慧的人，会选择从庙堂之高走向江湖之远。而身处乱世的刘基却在这样的岁数迎来了自己仕途上的春天，也走上了人生的险途。

刘基的才华是毋庸置疑的，他与宋濂、章溢、叶琛等人并称"浙东四贤"。早在元末之际，"浙东四贤"在浙东地区已经是久负盛名的风流人物。至正年间，浙东贤士改换门庭，由事元而事明。"浙东四贤"虽然是一个组合式的名号，但是他们之间从无拉帮结派之举。就是在刘基与以李善长为首的淮人集团做斗争时，其余浙东人士也并没有像淮西党人那样抱团相抗。

与李善长、徐达、常遇春、胡惟庸这些淮右人相比，刘基作为后来归顺的浙江青田的儒士，在朱元璋的皇权体系里究竟能够占据多大的权力比重，是非常值得怀疑的一件事。

刘基是浙东的青田大族，他生在一个知识分子家庭。此人天生就是读书的料，在读书方面有着异于常人的天分，他曾经在元朝大都（今北京）的一家书店中翻阅一本有关天文方面的书籍，翻过一遍后竟然做到默记于心。书店的主人见他手不释卷，便要将此书送于他，他却说："书的内容已经深深地印在了我的脑海之中，要书何用？"

元朝至顺年间，当时只有二十三岁的刘基就考中了进士，成为起步较早的后备干部。待到三年之后，他才算正式进入元朝体制内。虽然只得到一个正八品的高安县丞，但是他的心中却藏着一幅锦绣蓝图。有人形容他"慷慨有大节，论天下安危，义形于色"。也就是说他是一个人品不错，心系天下的好官，但同时也是一个不懂得掩饰自己情绪的感性文人。

与科举的顺利晋级相比较，刘基的仕途走得一波三折。科举在某种程度上取决于一个人的才华，而官运则更多地取决于一个人对于官僚体制的适应能力。刘基的性格其实并不适合波谲云诡的官场，在他还只是一个八品小官的时候就注定了他日的结局。

刘基刚刚步入官场时就遇到了棘手的案件，这个案子在前任官员手下已经结案，刘基拿过来一审发现是误判，他想推倒重新审理，结果却遭到了原审判官的攻击。虽然这次攻击毫无根据，但是案子却没有继续审下去，刘基也被调往他处当了一名掾史（副官）。年轻气盛的他一气之下索性辞职不干，这也是他人生中的第一次辞职。

信心满满的刘基，在官场小试牛刀就遇到了挫折。他虽然辞职赋闲在家，但仍然没有脱离元廷官员的编制。因为他是进士出身，官员名册上始终都应该有他的一席之地，所以等到朝廷的官员编制有了空缺，还会将他重新起用。

对于刘基来说，这一次等待的时间似乎漫长了那么一点儿。等到他再度回到官场之时，时间已经过去了整整十三年。这一次，刘基被元廷任命为浙江儒学副提举，也就是分管教育的副主管。

至正十六年春，浙东黄岩人方国珍举兵反元，行省推举刘基为元帅府都事。刘基奉行朝廷发布的平乱檄文，返回处州平定方国珍叛乱。就在刘基准备在地方上大干一番建功立业之时，方国珍却掉转方向归顺了蒙元朝廷，摇身一变成为海道漕运万户，其兄方国璋为衢州路总管。第二年，方国珍又晋升江浙行省参知政事。

这真是一种莫大的讽刺，自己的平乱对象居然华丽转型为行省大员，而那些收了贿赂的官员却要反过来折腾自己人。无乱可平的刘基就这样被朝廷削夺了兵权，只好弃官返回生养他的青田故里，处于一种半隐退状态。对于如此结局，刘基百思不得其解。愤然离去的他，也不免仰天长叹："臣不敢负国，今无所宣力矣！"

在刘基这样的文人看来，空有一腔报国之志又能如何？在那样一种大环境下，也只能有心无力唱大风。无论是张士诚，还是朱元璋，都不过是乱世中浑水摸鱼的一方流寇，难以成就大业，更不值得以性命相托。

如果要归纳中国古代士人最基本的生命情调与生存方式，可以用一句话来概括，那就是"天下有道则见，无道则隐"。在那样一种现实政治生活环境的催迫之下，不得不隐就成为刘基这样的末世文人所做出的一种无奈选择。

处州东面是占据浙东的方国珍；北面是势力强大的张士诚；西面朱元璋的军队也步步紧逼。隐居的刘基已经无法再为朝廷效力，他必须对自己的人生方向做出新的调整，可是他从内心深处瞧不起这些割据一方的草寇势力。

这时候，刘基所能做的就是两件事：一是组织乡人于乱世中自保，免遭方国珍的骚扰；二是写出那部传世的寓言巨作《郁离子》，借此抒发乱世文人的心头郁结。

刘基的出山，可以说一半是朱元璋请出来的，另一半是被当时的形势逼出来的。

明朝军队占领金华等地后，为了能够迅速在浙东地区打开局面。朱元璋想尽一切办法将刘基这些有影响的浙东大族收为己用，以安抚地方人心。

朱元璋对刘基的了解，不像对淮右集团成员了解得那么多。朱元璋知道刘基这个人，应该是他的势力范围扩展至浙东以后的事。朱元璋是游民出身，知识水平也是有限的，对知识界精英人物的了解也是听别人描述的。他们说，刘基"少有英名，海内闻之"。朱元璋就算在这之前没有听说过刘基的大名，但是对于怀揣着平定天下之志的他，对于人才的渴望要超出同时期其他几路反王。

朱元璋深知要实现平生之志，不能光靠出身像自己一样的泥腿子，必须广纳天下人才俊杰。李善长算一个，刘基也算一个。朱元璋这么做，也是吸取前朝那些创业之主的做法，这是他们在创业阶段惯用的一套伎俩。但凡势力遍及之处，他们都要征召当地的名士大儒，为己所用。就算不能为己所用，也不能为他人所用。

不管是真的尊儒，还是为了捞取一个政治家的印象分，朱元璋总是会摆出一副尊重知识、尊重人才的贤明姿态。在进入浙东前，朱元璋的人才库里这时候已经储备了李善长、胡惟庸、汪广洋、陶安、朱升等一大批家门口的（江淮一带）文人谋士。

自古以来，浙东一带都是英才荟萃之地，刘基、宋濂等人自然不会逃过朱元璋的视线。朱元璋刚到滁阳的时候，李善长就向他举荐了浙东的名士宋濂，说宋濂知星象经纬。宋濂景仰北宋大儒濂溪先生周敦颐，所以才给自己取名为"濂"，字"景濂"。宋濂半生坎坷，屡考未中；但是他的学问却传扬四方，元廷有意召他去修国史，可他推辞不就。除了一些人际方面的原因外，主要也是他已经预感到元朝的统治即将崩溃，自己不宜远离相对安定的家乡，正所谓"君子不立危墙之下"。

当朱元璋弯下身子向宋濂请教时，宋濂却谦虚地对他说，自己的才学远不如青田的刘基，你应该请刘基出山辅佐。

至正十九年，朱元璋的军队攻下处州城，刘基被强行带到南京，带到朱元璋的面前。朱元璋向刘基表明了自己的观点，希望他能留下来帮助自己开拓疆域，成就一番伟业。苦口婆心地做了半天思想工作，刘基依然不为所动，朱元璋只好又将其放回乡间。

带到身边的人才就这样溜走，朱元璋并不甘心。为此，他还专门写了一封言辞恳切的信劝说刘基，可对方屡辞不就。这让朱元璋很是恼火，就找来刘基的好友宋濂，问他对方究竟是怎么想的。

宋濂说："刘君最有名，亦豪侠负气与君类，自以仕元，耻为他人用。"也就是说刘基是一个重气节的君子，既然他已经做了元朝的官，就羞于再来做朱元璋的官。天地万物，都处于一个轮回的系统中。既然已经做出了选择，就让时间来捍卫自己的信仰。对于文人而言，比骨头更硬的是时间，时间可以为一个人带来豪情壮志，也可以把一个人的情怀戳个透心凉。

没过多长时间，朱元璋又指示处州总制官孙炎去劝刘基出山。孙炎这个人虽然读书不多，但是他特别喜欢与文人结交，也爱吟诗作赋。没多少文化的他，经常会口出奇句妙文。此人善于雄辩，一张嘴就是滔滔数千言，很多人都怕他那张嘴。他还喜欢喝酒，酒后作诗辩论，有如神助，是一个非常有人格魅力的人。

孙炎在接到朱元璋的指示后，并没有亲自登门去请刘基，而是派使者去请。请了几次，刘基只是回赠了一柄宝剑给孙炎，就是不肯出山。孙炎将宝剑封还，还特地写了一首《宝剑歌》，大意说这宝剑是你们刘家的传家宝，自己不能接受如此贵重之礼。我将其奉还于您，希望先生将来能将宝剑献给明主，这就好比大旱之后遇上甘霖。

孙炎的意思说得很明白，就是让刘基出山辅佐朱元璋这个所谓的明主。孙炎还附上一封洋洋数千字的信，说的也无非是此类意思。刘基没办法，只好上门来见孙炎。孙炎高兴地摆酒与其对饮，纵论古今成败多少事。一番交流过后，刘基也为孙炎的才具气度所折服。有史料记载，早在刘基做江浙行省儒学副提举时就曾经游览西湖，见西北方的天空飘起奇异的云彩，光映湖水，同游的文人雅士都以为是祥瑞，准备当场赋诗。刘基却在旁边大声说道："这是天子气啊，应在金陵（应天），十年后有王者起其下，我当辅之。"

此时的杭州城还是元朝的繁华之地，同游的人都以为刘基喝醉了酒在说胡话。

这帮胆小怕事的文人吓得躲到远远的，私下抱怨道："刘基，你这不是要连累我们抄家灭族吗？"

如今，刘基在孙炎的劝说之下投奔朱元璋。他临行之际于家中大摆筵席，再度向亲朋好友陈说那年那月那日的天象，不由感慨道："此天命也，岂人力能之耶？"对于朱元璋的一再征召，刘基内心其实还是有一番纠结的。作为一名乱世书生，他心中有着自己的利益考量。儒家的伦理道德、国家的命运和个人的政治前途等，都成为刘基所思考或决定他抉择的因素。特别是从元朝的官吏转而投靠自己历来所不屑的乱贼草寇，经历如此巨大的角色转换对于他这样的读书人来说显然是一件困难的事。

处于各种势力纵横捭阖、互争胜负之际，早已声名远播的刘基想要安安稳稳地过一种半隐半仕的生活，显然是不可能的。形势逼迫着他必须做出抉择，才能于乱世求得生存。

面对朱元璋的盛情相邀，刘基综合各方面因素考虑，做出了理性选择。这时候朱元璋已经控制了他的家乡处州，如果他有心再度复出，朱元璋无疑是他最为合适的投奔对象，尽管一时半会儿他还无法甩掉身上背负的道德枷锁。可是在纷扰的现实面前，很多时候所谓的"道德"的用法又何尝不是狗肉店里挂出来忽悠人的一只羊头。这时候的朱元璋，也正想尽一切办法要带上刘基与自己一起上路。

至正二十年三月，朱元璋在应天府与刘基见面。二人刚一见面，朱元璋就问他："能诗乎？"衡量一个民间大儒有没有水平，"能诗"的要求是不是太低了？

刘基的回答是："诗是儒者的末事，哪有不能的。"朱元璋指着手中的斑竹箸，让刘基当场赋诗一首。

刘基淡淡一笑，随口吟道："一对湘江玉并看，二妃曾洒泪痕斑。"

这两句诗并不合朱元璋的口味，他直言道："你这诗充满了酸儒之气。"

刘基摇头反驳道："此言差矣。汉家四百年天下，尽在留侯一借间。"

如果说刘基的前两句诗让朱元璋领略了他的文采，那么后两句诗则让朱元璋领略了他的政治胸襟。经过一番交流过后，朱元璋对刘基的印象也发生了根本性的转变，由一个术士变为酸儒，再变为张良般的谋略之士。初见宋濂、刘基、章溢、叶琛等人，朱元璋虽然难以抑制内心的雀跃，但是他并没有忘记自己的身份。他谦卑地说："吾以天下累四先生矣。"

刘基就势向朱元璋呈上自己的那篇《时务十八策》，这是一篇极为高明的策论，可谓字字珠玑，让朱元璋读得汗毛孔都竖了起来。朱元璋一个人看完这篇策论后，就将它处理了。有人说是藏了起来，也有人说被他付之一炬，总之在这个世界消失了。刘基在《时务十八策》中为朱元璋描绘了一个务实而又深远的未来，他始终引导着对方朝着那个最高远的目标奋进。更为可怕的是，他让奔腾向前的车轮从未离开过那条正确的轨道。当然，这并不能说明刘基比朱元璋英明多少，而是他有一种异于常人的能力，可以将对方牢牢地控制在那辆飞驰的理想战车上。

刘基等地方实力派的加入，不仅化解了元朝的抵抗力量，也使浙东的社会秩序趋于稳定。洪武三年，朱元璋授予刘基为弘文馆学士时就曾经说过这样一句话："朕初到浙东时，你就对我颇有好感。等朕回归京师，你就来投奔。这时，浙东的老百姓对我还不够信任，你老卿一至，山越清宁。"

在此次会面中，刘基还为朱元璋带来了一幅堪比隆中对时诸葛亮献给刘备的那幅军事战略图。当地图徐徐展开，山峦、河流、湖泊、城镇、关隘一目了然，一幅全国战略格局清晰可见。从这张图上可以清晰地看到，朱家军被陈友谅、张士诚集团以及元朝压制在江南一隅，三面强敌，一面背海，形势岌岌可危。只有做到先强后弱，避免两线作战，然后各个击破，再集中兵力北定中原，才能一举定乾坤。

刘基和朱元璋的关系，在帝国建制前后曾经有过一段水乳交融的蜜月期，就像朱元璋自己所说的那样："三军所向，治国方略，卿能言之，朕能审而用之。"在军师的位置上，刘基显现出了非常的才智和能力，他对形势的分析往往一针见血，战局往往在他的掌控之间。朱元璋曾经多次称刘基为"吾之子房也"。

每次召见刘基，朱元璋都会屏退左右，二人处于密室之中谋划半天。在战争时期，每每遇到急难之处，朱元璋第一个想到的人就是刘基。刘基也为朱元璋的知遇之恩而感动，往往知无不言，言无不尽。他所言，正是朱元璋所想。等到帝国建制后，天下太平，君是君，臣是臣，一切都发生了变化。世移时易，刘基在朱元璋面前所谈的也大多是帝王之道。

朱元璋用刘基参议决策多年，对其城府之深也是有所忌惮的。龙湾大捷，奇袭江州，显示了刘基的过人智谋；拒绝救援安丰，将小明王别置滁州，都展现了他的政治远见；至于那些传说中的占星术，更是让刘基的头顶上方环绕着一圈又一圈神秘莫测的光芒。

元末群雄逐鹿的走势完全按照刘基预想的方向发展。1360—1367年，朱元璋一步步走向胜利的彼岸，先后翦灭陈友谅、张士诚、方国珍、陈友定等割据势力。1367年，刘基参与制定灭元方略，彻底完成统一大业。

朱明王朝建立后，刘基抛开开国勋臣的身份，进入治国良臣的角色，一步一步实现着自己治国安邦平天下的政治理想。其实对刘基这样的非淮人集团，朱元璋一直是怀有戒备之心的。他在南京时，朱元璋虽然优礼甚厚，却不是百分百的信任；虽然授予不同官职，但并没有赋予他实质性的任务，让他掌握实权。刘基缜密的思维，以及对形势的判断力，深远的战略眼光，都让朱元璋刮目相看。

龙湾战役、安丰战役、江州之战、鄱阳湖大战、灭元之战，朱元璋想到的或者没有想到的，刘基都替他想到了。如此厉害的角色，很多时候想到这个人，想到他在一些事情上的看法，都让朱元璋倒吸一口凉气，后怕得脊梁骨直冒虚汗。

幸亏他是自己的人，如果刘基跟随了其他人，对他朱元璋来说还会有今天的荣耀吗？这样的权谋之臣让你永远读不懂他的心事，让你胆战心惊。将刘基放在最重要的岗位上无异于一场政治豪赌，朱元璋断然不敢冒这个险。

洪武三年朱元璋大封功臣，金銮殿上齐刷刷地跪满了功臣，一个个如雷贯耳的名字在大殿上此起彼伏地响起。公封完了，侯封完了，伯封完了，然而在宣封的声音中迟迟没有响起刘基的名字。朱元璋看出了群臣意犹未尽、充满怀疑的眼神，知道他们都在等待着大明第一谋臣刘基的封号。可是这一次，他好像忘记了刘基。

过了一段时间，朱元璋才为刘基补封了一个诚意伯，年俸禄二百四十石。朱元璋这么做让所有人大跌眼镜，要知道功劳在刘基之下的后勤总管李善长功列第一，封为韩国公，俸禄四千石，是刘基的十几倍。即使在那些伯爵中，刘基的俸禄也是最低的。就算刘基能够坦然接受这一切，他身后的浙东同乡却难以做到视若无睹。

淮西与浙东两大权力集团在皇帝眼皮子底下开始了明争暗斗，其实朱元璋还是很希望看到官僚集团内部上演这样的好戏。作为帝国的一把手，他之所以会抱着看戏的心理，还有很重要的一点，那就是他对这些同乡的官僚们除了有一份乡土之情外，还掺杂着驭臣之术，以及在使用人才方面，也有不囿于乡党的观念。

随着地位的逐渐稳固，朱元璋受命于天的思想已经扎根人心，而刘基的作用和使命也到此结束。大明王朝不再需要熠熠生辉的群星闪耀，需要的是孤星闪耀。朱元璋通过打压刘基的威望，剥夺其权力，逐步淡化他在帝国政局中的影响力。另一方面，朱元璋大力培植淮西集团也有制衡刘基、宋濂等江左名士的意图。

其实在这场权力博弈中，刘基很多时候是一个人在战斗，他没有一个类似于李党（以李善长为首的淮西集团）以朱元璋为靠山的政治集团在背后为其撑腰。一个人与一个拥有强大政治势力的集团相抗争，刘基从一开始就处于明显的劣势状态。在帝国权力集团的斗争中，如果没有一个强大势力的政治集团作为依托，单凭一己之力，去争取斗争的胜利，是绝对不可能完成的任务。

洪武元年十月，霜降过后，四处落叶飘零，天地间一片飒飒的肃杀之声，季节步履蹒跚地走向冬天。自登基以来，南京城的各种庆典便不曾消停过。"国之大事，在戎在祀"，虽然朱元璋要求一切从简，不得铺张浪费，但皇家该有的礼仪是不能省的。

这天散朝过后，朱元璋将刘基单独留了下来。君臣之间的这次对话充满了玄机，他们的话题围绕着丞相的人选问题而展开。出于对淮西集团势力过于膨胀的忌惮，朱元璋一度想撤换李善长予以遏制，但又决定不了换哪个人为好，于是就找御史中丞刘基商量此事。

一个人政治上出了问题，就有如染上了瘟疫，人人避之唯恐不及，更何况是皇帝本人指出的问题。可是刘基并没有附和朱元璋的想法，反而劝他不要撤换李善长这位勋旧。

朱元璋说，他数次想害你，你为什么还要帮着他说话呢？我决定让你来当丞相。刘基说，打个比方，一间大屋子要换根柱子，那也必须是换更大的木头，如果把小木头捆扎捆扎换上去，这屋子立马就坍塌了。（"是如易柱，须得大木。若束小木为之，且立覆。"）

朱元璋问：那杨宪这个人怎样？

刘基认为此人不合适，因为他"有相才，无相器"，做不到"持心如水，以义理为权衡"。

朱元璋又问：汪广洋这个人呢？

刘基又摇头道，此人比杨宪更加"褊浅"。

朱元璋再问：胡惟庸如何？

刘基说，这个人就好比一匹不听话的马，驾着他去拉车，说不定连车都会翻了哩！（"此小犊，将偾辕而破犁矣。"）

既然这些人都入不了刘基的法眼，于是朱元璋就故意试探他："我的丞相人选，难道就没有一个能够超过先生的？"刘基的脸上马上现出惶恐谦卑之色，说道："臣疾恶太甚，口无遮拦，一向闲散惯了，无法应对繁杂的行政事务，在这个位子上，恐怕辜负皇上的重托。天下之大，怎么会没有人才可用呢？请明主悉心搜求。不过刚才提到的几个人，确实并不合适。"

人嘴两张皮，说啥不稀奇，但人言可畏。人言，是这个世界最难捉摸的东西，似有若无，无从把握。这场君臣之间的对话，颇值得玩味。对于朱元璋来说，他已经感受到以李善长为首的淮西集团对皇权的潜在威胁，他在试探刘基的同时，也希望刘基能够在中间起到平衡和制约的作用。

这时候的刘基是御史中丞兼太史令，是帝国监察机构的官员，他的职务是御史中丞（是当时御史台的三把手，一、二把手分别是汤和和邓愈）。刘基虽然位列三等伯爵，但是他的影响力还是远远超过了朱元璋身边的那些近臣，每遇重大国事朱元璋还是会第一时间与他商量。朱元璋喜欢听真话，同样也反感听别人说真话，这是朱元璋的尴尬，也是刘基的悲哀。

刘基很快就明白了一件事，朱元璋问这些话有着更为深层的原因。朱元璋压根儿就没有想过让他刘基来当这个宰相，不然，不会提出那么多人，到最后才提名自己。提名自己，也只是碍于当着他的面，又加上他总是不断地否定朱元璋提出的宰相人选。既然所有人都不合适，言下之意，也只有你刘基合适。

朱元璋在算计上的能力要远超于刘基，尤其是在厚黑层面。自古以来，开国之臣都难做得顺风顺水。共同打天下不容易，共同坐天下更是难上加难。

刘伯温现在处于一个并不危险但极为尴尬的境地，如果他说自己有宰相的素质，那他否定朱元璋心目中宰相人选就是出于私心。如果他说自己没有宰相的素质，可又心有不甘，因为宰相这个位置的确让人垂涎欲滴。刘伯温不是神，他只是一个希望通过自己努力而实现人生价值的凡人。如果他真的坐到宰相那个位置上，儒家"为生民请命"的高调理想就有了实现的基础。

可问题是，命运女神在彼时彼刻告诉刘基的却是，他这一辈子再也不会有这样的机会了。朱元璋也不可能让一个曾经做过自己精神导师的人再来做"一人之下，万人之上"的宰相。在万般无奈之下，刘基只有选择离开。既然朱元璋自比刘邦，将他视为张良，那么自己何不学一学张良，功成名就，急流勇退。他不想卷进权力争夺，更不想招来杀身之祸。

朱元璋和刘基在洪武元年之后的主要关系中，就有一个这样的关系：朱元璋不断地试探，刘基被动地接受。洪武三年阴历四月，朱元璋想让刘基兼弘文馆学士，并且还特意给刘基写了封《弘文馆学士诰》。朱元璋在这道诰命中直接说，刘基有天大的功劳，而且是个出色的儒家知识分子，所以，刘基是最有资格进入弘文馆当学士的。

这时候，文武百官们眼中的刘基，已经是一个对任何事都无动于衷、行将就木的老人。

时隔不久，朱元璋将胡惟庸放在了左丞相的位置上，朱元璋听说刘基私下里很是失落，在一些故交好友面前感叹："希望自己评价胡惟庸的那些话不要得到应验，那样的话，天下百姓有福，大明王朝有福。"

也就在这一年，刘基与淮西集团的带头人李善长之间有了第一次交锋。引发矛盾的导火线也就是前面提到的李彬案，刘基的态度是如此决绝，没有一点儿商量的余地。李彬就这样被依法处死，李善长被彻底激怒，他开始准备自己的第一次反击。李善长嫌自己的能量不够，指使众多对刘基怀有敌意的官员集体围攻。在围攻刘基的官员中，以淮人居多。对于淮西集团的官员而言，刘基成了他们捞取权力资本道路上最大的障碍。

刘基一人独挑李党（淮西集团）的结果，就是自己的黯然退场。刘基是个有节操的人，虽然他的声望已经很高，但是从来不会主动挑事。李善长等淮西人扳倒刘基的目的，是因为他们将刘基视为浙东集团的带头大哥。事实上所谓的浙东集团并没有形成气候，也无法与淮西集团抗衡，毕竟淮西集团真正的大当家是朱元璋。

刘基的悲剧，在于他看到了政治的根本，他想去回避却做不到，他可以掌握王佐之术却无法掌控自身的命运。立德、立言、立功，三立于一身，三立皆达到顶峰，极目茫茫，这样的人历史上能有几人？过于优秀的人往往让人感到无懈可击。朱元璋将其列为打压对象，其实也是为了能够找到完全驾驭他的突破口。

由于文化上的先天不足，创业阶段的朱元璋对文人始终怀有一种仰视的心态，也非常倚重以刘基为首的文人。这虽然是朱元璋的纳士策略，但是并不代表朱元璋对他们是发自内心的尊重与信任。时过境迁，等朱元璋做了皇帝，一切发生了变化。那些耿直的文臣成了维护和伤害皇权的一把双刃剑，他们敢于顶撞，敢于叫板。很多时候，朱元璋不得不采取一些打压手段，这样才能让他们找到属于自己的位置。

朱元璋坐天下以后，有的士人不想居朝为官，一心想要隐居山林。当然这种现象在任何时代都会存在，很多时候，作为当世君王还会表彰他们不慕名利的精神。可是对于刚刚打下江山的朱元璋来说，是绝对不允许出现这种现象的。当时有一些很有才华的读书人（如贵溪儒士夏伯启叔侄）拒绝朝廷征用而断指自残。朱元璋认为此风不可长，不然又会像元朝那样，读书人宁愿隐居也不愿出来为朝廷效力。朱元璋处死了一些拒绝合作的士人，以警戒后来者。行刑前，朱元璋曾对这些人说："人的生命是父母给的，所以父母有夺去你生的权力；天下大乱，要不是我奉天承运，夺得天下，你早就没命了。我就是你的再生父母，现在你不为我用，我就有权夺去你的生命。"

在朱元璋的眼里，没有个体，只有思想上的高度统一，不然每个人都强调自我，那他这个皇帝也就真成了没人买账的孤家寡人。当然这套理论不是朱元璋发明的，历代帝王和独裁专制的统治者有几个不是借国家或用集体说事的。没有国哪来家，没有家又哪来的个体。

明明知道朱元璋喜欢少说话多干事的部属，可是刘基始终无法转换自己的人生角色，经常会不自主地在朱元璋面前摆出帝王师的架子，这让朱元璋感到很不舒服，这也是朱元璋为什么倚重他，而不重用他的主要原因。

洪武四年（1371年），历经冰火两重天的刘基终于大彻大悟，第二次向朱元璋提出致仕。看着眼前的刘基，白发稀疏，步履维艰。朱元璋不免动了恻隐之心，答应放他回家了却余生。朱元璋在事后也不得不承认一个事实：刘基在时，满朝都是党，只是他一个不从。

刘基离去时，朱元璋还专门写信向他索取临别赠言。对于刘基，朱元璋始终存有一份特殊的感情，此人能力太强，放在身边令他不安，放之江湖也同样令他不安。刘基在回信中特别强调："霜雪之后，必有阳春，今国威已立，宜少济以宽大。"刘基在这里和朱元璋唱了一个反调，朱元璋治国走的是严刑峻法之路，而刘基在这里劝他少杀戮，多宽大。

朱元璋看了刘基的信也只是淡然一笑，书生治国，太过理想主义。归隐是为了避祸，最终却不免于祸，这是历史的悲剧，也是局中人的无奈与悲情。不过，朱元璋还是写了一首诗给他，题目是"赠刘伯温"：

妙策良才建朕都，亡吴灭汉显英谟。不居凤阁调金鼎，却入云山炼玉炉。事业堪同商四老，功劳卑贱管夷吾。先生此去归何处？朝入青山暮泛湖。

刘基离开朝廷后，处于权力制高点的李善长虽然有些高处不胜寒，但他并没有完全被眼前的幻象冲昏头脑。或许他认为，跟随朱元璋这么多年，对对方的了解要远远超过对自己的了解。李善长深知，朱元璋绝对不会仅仅只满足于做一个放手撒权的太平皇帝，而自己所辖的中书省威权最重，也是皇帝最为关注的焦点。

对于李善长这个人，朱元璋更不敢有丝毫的大意。他比刘基更让人难以对付，刘基只是一个耿介之臣，而李善长肚子里的花花肠子要更加曲折一些。这两个最有权势的人，一个盘踞于金銮殿里，一个偃仰在太师椅上，互相对视，目光透过洪武年间风雨飘摇的天空，既温情脉脉又心怀惴惴。在耐性和计谋的比拼中，最先败下阵来的只能是心有怯意的李善长。

淮西集团在帝国权力场上再无对手，有些时候，越找不到对手就越危险。李善长位居左丞相，其地位仅次于朱元璋这个帝国的一把手。加上他打着同乡的旗号立于朝堂之上，权势已经到了无以复加的地步。不光个人权势到达巅峰，就连他的那些亲友也遍布朝堂内外，人事关系盘根错节。

对于这样的功臣，历代开国皇帝既用之又忌之。用是因为他们确实好用，忌是因为功高震主。朱元璋也将这种纠结的心态传递给了李善长，朱元璋曾经提醒过他：作为一个臣子，你要做到时时检点自己，不能由着自己的性子乱来，凡事都要讲究一个度；如果一件事情做得不合理，那么就可能会前功尽弃。

聪明如李善长，又怎么会听不出来朱元璋这句话的弦外之音？这是朱元璋在向他这个开国功臣敲响警钟，让他做人要学会低调，不要恃功自傲。否则的话，再大的功劳，再多的免死金牌也保不了平安。

"雨雪年年有，不在三九就在四九。"洪武四年的第一场雪，比往年来得都要晚一些。临近新年，雪来了。缠缠绵绵，像是情人欲说还休的心思，落在南京城的宫墙、街巷和树梢上，浅浅的一层覆盖。每到过年，朱元璋都会借景抒怀，说一些"国事殷忧""务从简素"之类冠冕堂皇的话，要各官府衙门节约开支，宫里的年货尽量少办一些。

朱元璋这几天情绪不错，不光是因为过年，普天同庆；也不光是因为天降瑞雪，预示着来年的好光景。就在前些日子，李善长以"患病"为由，向他递交了一份辞职报告。如果换作其他人，朱元璋的愉悦程度会大打折扣。李善长的专擅已经让朱元璋走到骑虎难下的境地，在他这个皇帝眼里，悠悠万事，也没有这一桩大。而在李善长看来，自己是如此重要，他的去留应该是帝国的头等大事，身为皇帝的朱元璋不应该草率对待。可让他万万想不到的是，洪武皇帝居然连最起码的虚伪客套都省去了。

大年初二，新年伊始，朱元璋就势批准了李善长的请求。诏曰："天下已经定，有功尽封，大将收戈解甲于武备之库，息马家庭，从善乐游，功名两全，古何过哉！中书左丞相李善长，事朕十八年，寅至戌归，勤劳多矣，汉之（萧）何、（曹）参无以尚也。他年龄已大了，驱驰侍立，朕心不忍，业许致政。今以中书右丞忠勤伯汪广洋为中书右丞相，参知政事胡惟庸为中书左丞，总理军国重事焉。"这一年李善长也只有五十八岁，算不上高龄宰相。这个诏书任命汪广洋为右丞相，事实上也就等于免除了徐达的右丞相之职。

汪广洋没有被任命为第一丞相左相而被任命为右相，权力比重也就低了许多，又加上他势力小，资历浅，朱元璋这才稍微舒了一口气。李善长这时候选择主动退出帝国权力核心地带的原因只有一个，那就是政治敏锐性极强的他这时候已经嗅到了朝堂上散发出的危险气息。他在自己最为风光的时候选择退出，不是他真的想要放权，而是为了明哲保身。

让人遗憾的是，李善长精明过头，却也难以猜中故事的结局。对于帝国的权力集团而言，每个人都处于同样一张大网之中，不是谁想躲就能轻易躲得过的。就连朱元璋也不知道，今天和昨天会有多少不同，明天又将会走向怎样的命途。

李善长就这样致仕回老家安徽定远，虽然朱元璋赏赐了他土地若干顷，并赏了一百五十户人家为他守冢，佃户一千五百家，仪仗卫士二十户。可物质上的丰足远远比不了权力带给一个人的精神满足来得重要。年仅五十八岁的李善长就这样被提前退休，回家颐养天年。昨天还处于权力的巅峰，今天就远离了权力的核心地带。

李善长致仕的旨意一下，平日里仰其鼻息的朝中百官无不震惊。朱元璋与李善长之间的关系是众所周知的，也就在两个月前，皇帝刚刚将其封为国公。可谁又料到，瞬息之间，又将其打发回家抱孙子。一时之间，帝国权力集团内部人心鼓噪，朝局大动。等到朱元璋宣布李善长的继任者时，朝臣们悬着的一颗心才算稍微安顿下来。

4. 谁的战局，谁是棋

李善长病休在家，而此时的中书省大权已经转移到了杨宪的手里。杨宪并非淮人，他是检校出身。检校是帝国的特殊权力机构培养出来的特殊人才，是朱元璋为自己的权力系统量身打造的特务人员。

脱轨的派系之争

洪武三年，李善长淡出朝堂但还未辞官之时，中书省的权力结构就已经发生了变化，这时候中书省右丞是杨宪，左丞是汪广洋。汪广洋本来是中书省的参知政事，曾经被朱元璋外放到陕西锻炼了一段时间，也算是有基层工作经验的京官，李善长病后，中书省无官，汪广洋被召为左丞。中书省最高官职是左丞相，其次是右丞相，然后依次是左丞、右丞、参知政事。

杨宪在朱元璋正式称帝前后，一度成为其跟前的大红人。由于杨氏博通经史，有才辩，"裁次明敏，人服其能"，而且长得也是仪表堂堂，所以朱元璋有意提拔他做丞相，以取代李善长。朱元璋曾就此事试探刘基，结果大公无私的刘基给出的建议是："宪有相才无相器。夫宰相者，持心如水，以义理为权衡，而己无与者也，宪则不然。"刘基认为杨宪这个人心胸狭窄，朱元璋大概也觉得身为检校头目的杨宪已经蜕变为自己的"恶狗"（很难公正待人），只得改变了主意。

随着李善长的淡去，担任右丞相的徐达又常年戍边在外，左右丞相皆成虚位。如此一来，身为左丞的汪广洋就理所当然地成了中书省真正的当家人。官场真是一本永远读不透的教科书，既可治大国又能烹小鲜，但归根结底无非三个字：往上爬。在那里，人心混浊不堪的底色暴露无遗。爬，不一定能爬上去；不爬，只能像狗一样地伺候别人。那种冷眼、鄙夷和看人下菜碟的炎凉世态，那种赢者通吃，官大一级压死人的游戏规则，那种在食物链底层仰人鼻息的窒息感和耻辱感，会在无形之中颠覆一个人的价值观，遑论数十年在君子之道上的熏陶与历练。

朱元璋在权力核心地带的中书省布下汪广洋和杨宪这两颗棋子，有他的利益考虑在里面。两人都是独立于淮西集团和浙东集团之外的无党派人士，他们不属于帝国权力集团的正室，只能算是偏房。

朱元璋让杨宪进入中书省本来是想利用他来制衡李善长，但是杨宪后来的表现超出了朱元璋的掌控范围。在这种情况下，朱元璋只好又将宝压在了汪广洋的身上。朱元璋将汪广洋调任中书省左丞包含两层意思：一是让汪广洋挑起中书省的大梁，二是利用汪广洋来掣肘杨宪。

汪广洋并不愿意做别人手中的提线木偶，哪怕提线之人是朱元璋。其实这时候朱元璋所看中的那些人，身上要兼具走狗的恭顺与恶狗的疯狂，同时还要有摇尾巴策略与啃骨头精神，杨宪正是其中的代表人物。

二人长期共事，杨宪的品级本来一直居于汪广洋之上，但是最后却让汪广洋爬到了他的头上，这让杨宪心里非常不痛快。他平常遇事每每不相谦让，甚至有意与汪广洋摩擦顶撞。汪广洋这个人性情温和，常常示弱三分，不怎么与杨宪计较；这反倒激起了杨宪的进攻欲望，步步相逼。

汪广洋进入中书省之后，并没有像朱元璋所期待的那样去全面压制杨宪。不但没有压制，汪广洋甚至还有闲情逸致在这里玩了一把"无为而治"的策略。平日里只管拢起袖子晒太阳，大事小事任由杨宪去处理。权力游戏就像是小孩子玩的跷跷板，汪广洋在这一端不作为，就会导致杨宪在另一端的大作为，起落全在投入游戏的人。如此一来，帝国的权力跷跷板岂有不失衡之理？

杨宪在这里识破了朱元璋的权力博弈手法，开始堂而皇之地针对汪广洋。汪广洋平日里表现得谨小慎微，想要抓他的把柄并不是一件容易的事。尽管难度不小，可还是让杨宪发现了破绽。杨宪是吃那碗饭的，检校出身，揭发检举他人是他的专业。

不久，他就在朱元璋面前狠狠地弹劾了汪广洋一把，说他不孝顺母亲。这一招看似简单，弄不好有可能会出人命。因为在朱元璋的王朝体系里，向来标榜以孝治天下，一个文官如果不遵守孝道，就是不听圣人言，不听皇帝的话，一旦上纲上线就会成为全民公敌。

汪广洋就这样被削职为民，放逐还乡。杨宪觉得还不过瘾，便再次向朱元璋奏本。于是处分再度升级，汪广洋就这样被朱元璋打发到了海南去反思己过。海南在当时是流放官员的蛮荒之地，去往那里的人往往会凶多吉少。

杨宪之所以会与李善长结下梁子，除了权力斗争中的利害关系，还有一个私人原因，那就是杨宪的胞弟中书省参议杨希圣曾经因事得罪了李善长，遭到罢黜。杨宪对此一直是耿耿于怀，伺机报复。他曾经不止一次在朱元璋面前进言："李善长这个人无大才，不堪为相。"

在安排中书省官员的时候，朱元璋考虑最多的应该是政治派系的利益布局。政治派系除了自然状态下的地缘效应，还有就是在权力斗争中结成的利益同盟。比如说李善长找了个借口罢黜参议杨希圣，然后杨希圣的兄弟，身为中书左丞的杨宪就在朱元璋面前一再诋毁李善长。如此一来，杨宪在无形之中就会被人划入淮西派的对立面。

胡惟庸曾经忧心忡忡地对李善长说："杨宪为相，我等淮人不得为大官矣。"在李善长和胡惟庸等淮西派的潜意识里，以刘基为首的浙东派是他们最大的威胁。杨宪虽然在地缘上不属于浙东，但是在李善长等淮西人士看来，与他们为敌的杨宪早已是浙东集团的一分子。杨宪如果有机会当上丞相，那么他们这些淮西人士就会永无出头之日。

李善长、胡惟庸等淮西人士当然不能坐等事态的发展，他们要趁着朱元璋还没有倾向于浙东派时将杨宪尽快赶出帝国的权力中枢。

其实如果非要追溯杨宪的后台，既不是浙东派的刘基，也不是其他政治派系的人，而是朱元璋。杨宪进入中书省就是朱元璋一手安排的，他之所以最后沦为棋盘上的一颗弃子，是因为作为一颗过河卒子的杨宪已经走得太远，远到脱离了朱元璋为他设定好的既定轨道。

杨宪是检校出身，就算朱元璋有心将整个帝国的权力系统变成一个庞大的特务机构，但那些功臣和官员们不会接受。在如何处理杨宪的问题上，各大政治派系的意见也是出奇一致，那就是他们要联手将杨宪踢出局。

杨宪是山西阳曲人，可是他从小就跟着在江南做官的父亲，所以根脉基本在江浙一带，渐渐他也就成为朱元璋身边浙东文臣集团的代表人物之一。

龙凤二年（1356 年）朱元璋初据应天时，杨宪便同儒士夏煜、孙炎等进见朱元璋，结果他深受器重，从此被留居幕府，掌管文书。他曾多次出使张士诚、方国珍等部，历尽危难，终因办事干练、一心奉主、人长得也出众，成为朱元璋的主要亲信之一，朱元璋布在各地的耳目多由他掌管。他是以检校身份直接选拔进入中书省，最终被委以中书左丞的要职。杨宪在中书省任职期间的表现是相当不安分，大肆任用亲信、聚集朋党、刺人隐事，在帝国的权力系统上层形成了一个以杨宪为首的山西帮。他们在朱元璋面前大肆诋毁李善长，企图挤掉这一淮西集团的核心人物，以山西帮取而代之。

此事的成败，关系到整个淮西集团势力的切身利益，是一场你死我活的斗争。

杨宪的存在是各方都不愿看到的，以李善长、胡惟庸等淮西派人士向朱元璋告发杨宪唆使侍御史刘炳陷害汪广洋，刘基也向朱元璋告发杨宪的种种阴私之事。按照帝国的法律条文，杨宪罪不至死。真正置杨宪于死地的，不是刑律罪责，而是权力集团的利益需求。无论是淮西派的李善长、胡惟庸，还是浙东派的刘基，他们都不愿意看到杨宪居于显位。杨宪在这里显然是高估了自己的能力，更高估了山西帮的抱团势力。

作为一颗棋子，他的存在如果不是为了迎合弈者安排的战局，而是整天想着走出弈者所控制的领域，那么它在命运之路上除了自我毁灭，还能有其他更好的选择吗？作为操控全局的人，朱元璋不会因为一个小小的杨宪，使自己与功臣们的关系陷入僵局。更何况此时的朱元璋还没有下定彻底改组中书省体制的决心，在这样的利害计算之下，他能够做出这样的取舍也是符合逻辑的。于是在这场权力博弈中，罪不至死的杨宪就这样做了帝国的第一个冤大头。

在李善长回乡的第二年，无官可守的清冷岁月让曾经执迷于权力的他寂寞难耐。他也许偶尔会站在淮水岸边，遥望着南京的方向，发出一声长长的叹息。

对于一个男人来说，权力真是一个好东西，它带来的不仅仅是财富与显赫，更多是来自精神层面的强大。不甘就此谢幕的李善长连着向洪武皇帝发了几道奏疏，汇报说自己病早就好了，希望朱元璋能够给自己一个继续为帝国效忠的机会，发挥余热。

朱元璋看着奏疏苦笑连连，这个老伙计想要重新回归权力中枢的想法显然是过于天真。他担心如果让李善长再次进京，又会掀起一场权力纷争的狂飙巨澜。于是就在凤阳当地给他安排了一个活儿，委托他在凤阳主修宫殿，接着又将江南十四万户富裕人家迁到凤阳，在家乡再造一座皇城。朱元璋这么做的目的只有一个，就是将李善长像钉子一样揳在中央权力核心之外，让他死了重返权力巅峰的那颗心。

洪武九年（1376 年），朱元璋将女儿临安公主嫁给李善长的长子李琪，并封李琪为驸马都尉。在准备操办喜事时，朱元璋突然通知李善长可以进京为儿子操办婚事。

当年的丞相，如今又成为皇帝的亲家翁，此等荣耀绝非一般臣子能够享有的。李善长进京以后，虽然被朱元璋委任了一些职务，但是想要东山再起亦是枉然。权力带来的荣耀已成过去，李善长知道，自己已经没有能力去再次染指帝国权杖上那颗最耀眼的宝石了。

作为淮人首领的李善长虽然离开了帝国的权力中枢，但是他并不甘心就此完全放手。这个时候，说话、办事透着七分精明的老乡胡惟庸出现在了李善长的视线内。李善长找到了淮西集团新的代言人，也是自己的权力接班人。与此同时，朱元璋也开始着手为李善长的离去寻找新的继任者。

胡惟庸是凤阳府定远县（今属安徽）人。早年追随朱元璋起兵，颇受宠信。历任元帅府奏差、宁国知县、吉安通判等职务。当李善长了解到朱元璋非常看好胡惟庸，而胡惟庸刚好又是淮西人时，李善长知道，眼前这个人将是自己的最佳接班人。于是，李善长向朱元璋上书保举，一来是为迎合朱元璋的心意，二来也能将淮人心腹继续安插于中央权力集团的核心层，可谓是一举两得。

胡惟庸之所以为朱元璋所赏识，并不全是李善长的功劳。朱元璋在用人上从来是不肯假手于人的，更何况像丞相这样重要的位置。李善长作为淮西集团文官的一把手，经年经营地盘，这个羽翼丰满的权力集团对于急于抓权的朱元璋来说如芒在背。胡惟庸原来只是朱元璋帐下的一个文书，朱元璋正是因为看中了胡惟庸并无党羽而且又是李善长阵营的力量，才决定将其放在重要位置以制约李善长。

但让朱元璋万万没有想到的是，胡惟庸居然不能体会自己的良苦用心，反而加紧和李善长搞好个人关系，这让他不能不有所忌惮。

若说李善长是淮西集团的首领，那么胡惟庸就是这个集团中的二把手。李善长本人虽然离开了丞相位置，但是他在朝堂上的影响力并没有丝毫减退，各个部门的头头脑脑大多是他的老部下。他们要想在权力场上有更大的发展，就必须要和李善长搞好关系。

胡惟庸本身就是淮人，他又一门心思结交李善长，自然成为淮西集团新的代言人。相比之下，汪广洋这个非淮西集团出身的右丞相实在不好开展工作，也难怪他只能"无所建白"了。胡惟庸和杨宪一样，一门心思要登上帝国的权力巅峰，成为中书省的宰相第一人。

杨宪被除掉以后，胡惟庸权力路上的绊脚石就只剩下汪广洋一个人而已，他又岂能轻易放过这唾手可得的机遇？杨宪死后，李善长老病在家，从流放路上召回的汪广洋就成了中书省的实际负责人。洪武四年正月，李善长告老还乡，汪广洋升为右丞相，胡惟庸继续作为他的属官留任。然而汪广洋的运气实在太差，在此之前辅佐他的杨宪一门心思要将他赶出中书省，而这一次辅佐他的胡惟庸根本就没有拿他当回事。

中书省的好多事情，胡惟庸自己就可以拍板做决定，根本就不用告知他这个名义上的中书左丞和后来的右丞相。经过了上次罢职流放的折腾，汪广洋就抱定一个原则：凡事没有原则就是最大的原则，对中书省的事务概不过问。汪广洋越是缩头不争，胡惟庸就越要步步紧逼。

洪武四年，刘基和李善长一前一后告老还乡，一对冤家就这样双双离开了朝廷。在中书省昏暗的灯光下，就剩下了汪广洋和胡惟庸朝夕相对。此时的朱元璋实在忍受不了汪广洋的碌碌无为，让他压制杨宪，他反而被赶出京师；让他主持政务，他又拱手将权力让于胡惟庸。过了不到两年时间，朱元璋就以"无所建白"的理由罢免了汪广洋右丞相的职务，并将其打发去了遥远的广东行省当参政。转而让胡惟庸以中书左丞的职务把中书省的工作全都名正言顺地接了过去。

汪广洋以为真正离开权力中心，就可以落得逍遥自在。但是朱元璋并不这么想，没过多久又将他召回京城，做了左御史大夫。让汪广洋这样性情懦弱之人当监察部门的负责人，对于急于揽权的胡惟庸来说是最好不过的事。果然，汪广洋在左御史大夫任上和他以前在中书省的表现并无区别，可以说是一无建树，丝毫没有影响到胡惟庸的相权。

且说汪广洋被派往广东后没过多久，胡惟庸与李善长的关系又递进了一步。在两人的包办之下，胡惟庸的侄女与李善长的侄子结为了夫妻。如此一来，胡、李二人就变成了间接的儿女亲家。有了这层亲戚关系，胡惟庸俨然已成为李善长在朝堂上的代言人，支使起李善长的旧部也是得心应手。

大概也因为这层姻亲关系，使得胡惟庸和朱元璋的关系也更加密切。这一年的七月，胡惟庸又被提拔为中书右丞相，实至名归地主持中书省的政务。此时的中书省，自从李善长退休以后，左丞相的位置一直空缺着。徐达虽然一直兼着右丞相的头衔，但是他为人过于谨慎，又加上常年领兵在外，政务方面也是只占位置不问事。如此一来，右丞相胡惟庸就变成了真正的独相。

一人之下，万人之上的感觉让人如此迷恋。死了杨宪，走了汪广洋，胡惟庸已经没有对手。又加上他和李善长结为亲家，在淮人中一呼百应，风头无人可及。随着权势的增大，胡惟庸渐渐忘乎所以，玩得越来越过分，放眼朝堂，胆敢挑战他权威的人是一个也不放过。

谋天下者，难谋己身

成王败寇的游戏，胜利者是不受谴责的，胜利者有资格耍流氓。而人性一旦堕落，底线就会一再突破，只至底线无底。谁也没有料到胡惟庸第一个要对付的人，居然是已经退休在家的刘基。这时候已经预感到山雨欲来风满楼的刘基表现得足够低调了，或许是怕招致政治灾祸，他一直隐居山中。

有意与大明朝堂保持一种距离的他，并没有让朱元璋真正安心。之所以如此，是因为在朱元璋的心里，他从来就没有离开过朝堂半步。只要朱元璋心里还惦记着你，就算你低至尘埃也没有用。想要逃避现实，但是严酷的政治斗争风波仍是将其卷入其中。

胡惟庸上位之后，当他获悉刘基曾经在皇帝面前说过他的坏话，说他不具备丞相的资格。胡惟庸又怎能做到船过水无痕，他一直在寻找报复刘基的机会。当日，朱元璋和刘基君臣私下论相本来是极为机密的，但还是被朱元璋安排的检校散布到举朝皆知的地步。他这么做的目的，就是要搅乱帝国权力层的斗争形势。

对一个帝王来说，如果官员之间没有斗争，将会是一件非常可怕的事情。只有斗争才能保持各方势力的均衡，只有斗争才能让坐在金銮殿上的那个皇帝坐收渔翁之利。别说刘基是淮西集团的死对头，单就当年在朱元璋面前说胡惟庸不够资格当丞相这件事，就足以使胡惟庸与刘基之间心生仇隙。

刘基于洪武四年告老还乡以后，就一直安居于老家浙江青田，过着布衣粗食的农人生活。刘基的朋友宋濂，与同郡人吴德基一起致仕时，曾经问吴懂不懂什么是"保全之道"。吴德基表示愿听指教，宋濂说是"慎毋出户，绝世吏，勿与交"。宋濂教给吴德基的处世之道，也是刘基一直在实践的。回到青田老家后，他每日以饮酒下棋为乐，将自己混同于普通老百姓，绝口不提朝政，也从不炫耀自己曾经的过往。

虽然远离了帝国权力的核心地带，但是刘基表现得依然谨小慎微。他知道远在南京的朱元璋并没有因为距离而放松对他的警惕，在这个朱姓王国的每个角落都有睁着的眼睛和张开的耳朵，他的一举一动都处于监控之中。为了与帝国权力阶层彻底撇清关系，也为了表明自己已经完全放弃对权力的贪恋，回乡后的刘基从来不与当地的官员见面。

朱元璋从那些检校收集来的情报中得知，有一次，青田知县以布衣身份去拜见刘基，当时刘基正在溪边洗脚，就让儿子将客人引入茅舍。并且让夫人煮了一锅黍饭招待这个知县，称自己不过是乡间的一介草民，何劳贵客亲自造访。二人相谈甚欢。分别之时，这个知县才透露自己的真实身份，并表达了对刘基的仰慕之情。刘基听后当即跪倒在地，口称小民，吓得从此闭门不见客。

朱元璋在听说这件事后，大为震怒。这个刘基到底想要干什么？一个跪天跪地跪皇帝的人，见了区区七品小官居然也表现得如此卑微不堪。

刘基也有难言的苦衷，有太平官可以做，谁愿意屈身下僚。本来以为隐于乡间就可以逃过朱元璋的眼睛，可他越表现得低调，越让生性多疑的君王放心不下。不光是朱元璋惦记着他，就连朝中如胡惟庸之流的大臣也没有忘记他，一支支向他射去的明枪暗箭，让他避无可避。

经历了权力场上的波涛汹涌，要回归心如止水显然是不现实的，就算是刘基也不例外。

在刘基的老家瓯江、括苍山间，南抵福建界，有一处叫谈洋的地方，由于此处的盐枭不服管制，埋下了诸多不安定因素。刘基建议在此设立巡检司，地方官吏没有采纳。这里离刘基的家乡也非常近，刘基便向朱元璋奏请在此处设立巡检司进行管制。刘基拟好奏章，派他的大儿子刘琏带到南京，直接越过中书省，送达皇帝的御案之上。

之所以让这份奏章直接越过中书省，到朱元璋的手里，刘基有他自己的考虑。他知道，如果按照正常的程序往下走，胡惟庸肯定会剥夺他在皇帝面前的话语权。这样一来，也就意味着朱元璋看不到刘基的这份奏章。因为中书省有权在皇帝之前拆看官员的奏章，刘基的奏章肯定不会逃开胡惟庸的审查，也肯定会被截留于中书省。

尽管如此，胡惟庸还是知道了刘琏进京面圣这件事。对于刚刚主政中书省的他来说，没有比这更糟糕的事了。他立刻指使刑部尚书吴云上书弹劾，弹劾的内容是：刘基说过谈洋这个地方有王气，他想等自己死后葬在这里。由于地方老百姓不肯让地，这才请求朝廷设立巡检司驱逐百姓，好让自己拿到这块好地方。

　　胡惟庸的这一招不是一般的毒辣，如果这个说法成立，那么等待着刘基的将会是"谋反大罪，诛灭九族"的悲惨下场。所谓"王气"，只能是皇帝才能够具备的气场，做臣子的想要得到王气，那就必须造反。在当时的社会意识形态里，后人对于自家祖坟位置的选择非常讲究，甚至将后世子孙的祸福吉凶都压在了这件事上。

　　当然对于胡惟庸诬告刘基这件事，朱元璋还是能够保持一种清醒的态度。朱元璋虽然也敬天祭地，但并不会轻易就被人忽悠。看到奏章后，朱元璋并没有按谋反罪逮捕刘基。当然遇到这样的事情，他也不可能坐视不管，于是就顺势剥夺了刘基的朝廷俸禄。一人独大与身不由己，其实有时候就隔着一张纸。

　　朱元璋心里清楚，凭借着刘基在帝国权力场上的能量和个人气场还远远达不到称王称帝的地步。朱元璋最为忌惮之处，不过是刘基的才能。

　　江山初定，如果像刘基这样有影响力的人才心生异志，那么对于朱明王朝来说，是一件极为要命的事。另外一点就是朱元璋剥夺刘基的俸禄是做给胡惟庸那帮人看的，刘基就这样成了一个空有名号却没有物质待遇的伯爵。

　　刘基显然将此事视为一个凶讯，或许他认为朱元璋这么做，是已经做好了与他彻底决裂的打算。他终究还是不顾老病之躯一路颠簸着返回了京城，他要向朱元璋当面陈清事实真相。

　　回乡多年的刘基已经衰老得让朱元璋感觉到陌生，曾经那个眼神里透着睿智、身体里藏着锐气的刘基已经不复存在。站在面前的刘基，已经与那些谨小慎微的乡下老者没有多大的区别。此时的刘基已进入生命中的老境，用他自己的话说："须发已白过大半，齿落十三四，左手顽不掉，耳聩，足跰踔不能趋。"

　　他害怕自己闷声不响地待在家里会有灾祸降临，急忙赶赴京师表明心迹。或许是他心里早已清楚，自己此生已经无法逃脱权力世界的掌控，是非不是躲一躲就能完事的。

刘基进京之后很快就病倒了，而且是一病多年。朱元璋虽然没有继续追责他的意思，但也不会再给他继续为自己申辩的机会。就在刘基入京后的第二个月，朱元璋还是借故羞辱了他一番，停发了他一个月薪俸。理由很牵强，说刘基在一次祭孔典礼上没有陪祭而接受胙肉。受胙这件事本是小事一桩，朱元璋却在利用它做文章，这分明是故意让刘基难堪。

此后一年多的时间里，刘基陷入有家不能归、在朝无职事的尴尬境地。只是挂了一个"诚意伯"的虚衔随朝陪侍，这时候的生活状态与混吃等死并无二致。朱元璋心情好的时候，会让他写一些无关痛痒的官样文章。不过大部分时候，刘基会一个人在家养病，偶尔出门应酬一二，饮酒赋诗聊以解愁。

这种进退两难的生活让刘基内心困闷不已，不久就卧床不起了。整个洪武七年，刘基都是在这种恍恍惚惚中挨过来的，他的眼睛已经看不清东西，眼前的世界永远是混沌模糊的一片，他的病情随着身体内部的疼痛不断恶化。整夜整夜无法安睡的刘基，在半梦半醒中还在那里揣度着君王的心事。

曾几何时，刘基认为自己是最懂朱元璋的那个人。可现在他觉得自己错了，越来越看不透朱皇帝。一些时候，他甚至认为对方是在故意拨弄他，目的是想就此打破从前二人的合作模式。殊不知，朱元璋是个非常理性、近乎冷酷的人。他不可能因为个人恩怨，而拿他千辛万苦创建的帝国开玩笑。直到今天，刘基才想明白了另外一个原因。朱元璋也是无可奈何，在群臣中，真正具备丞相素质的人寥寥无几，胡惟庸是矮子里面选出来的将军。

尽管刘基这时候的姿态已经低至尘埃，可胡惟庸并没有忘记他，更不会因为他的低调如默就轻易地放过了他。胡惟庸派医生到刘基那里去看病，并开出一剂药留了下来。不知道刘基到底有没有服下这剂药，总之事过之后"有物积腹中如拳石"，病情变得愈发严重。

眼看刘基不久于人世，洪武八年春天，朱元璋决定赐他"还山以便侍养"。离京南归的日子定在二月三日，此前一天，朱元璋特召宋濂询问刘基的病情，宋濂的回答是患"霜露之疾"。当步至丹墀时,朱元璋突然让内使将他新刊刻出版的一部文集赐予宋濂。宋濂后来才得知,这部文集受赐的唯他与李善长、胡惟庸三人,并没有赐予刘基。

刘基刚返回故里,病情迅速恶化。一个月后,六十五岁的刘基就走到了油尽灯枯的地步,死在了浙江青田故里。有传言,说是御医奉了胡惟庸之命在药中下了毒。一个月后,慢性中毒的刘基撒手人寰,凄凉地死于自己的故乡浙江青田。从染病到去世,刘基有长长的三个月时间回忆他一个多甲子的一生。在早年写下的著名的《郁离子》中,他曾说"君子之生于世也,为其所可为,不为其所不可为而已"。大限将至回顾平生,在为与不为之间,刘基会后悔当初的选择,还是会沾沾自得于襄建大明的功绩?

刘基进入大明体制只有短短的七年半时间,实际在职也不过两年多的时间。他是否会懊恼在顺帝朝二十年那段元朝小官的经历,让自己到头来仍免不了背上一个不忠的恶名?"身世且未保,况敢言功勋",事实上,这个被同时代人称作"负气甚豪,恒不可一世士,常以倔强书生自命"的人,从来到朱元璋身边的那一刻,就承受了巨大的精神压力。

洪武八年春天,当死亡来临的那一刻,他对自己的一生已不想再说什么,只是遗命子孙,再也不要走仕途。

朱元璋后来与刘基的儿子在谈到这件事的时候,将刘基死亡的责任全部推到胡惟庸的身上,当然这是发生在刘基死了十几年以后的事。那时候的帝国权力层已经发生了颠覆性的变化:一是独相胡惟庸被杀,举国震动;二是朱元璋试图将胡惟庸的党羽扩大化,那样的话就可以将其党羽剔除干净,并且借着胡惟庸案清除异己。

洪武二十三年(1390年),朱元璋对刘基的次子说过这样几句话:"你父亲活着的时候,满朝都是党,只是他一个不结党,结果遭到了胡惟庸的毒害,吃了他(们)的蛊。"朱元璋还说:"你休道你父亲吃了他们的蛊,其实你父亲心里是有分晓的,他们便忌恨于他。若是那无分晓的,他们也不会忌恨他。到如今,我朝廷是有分晓的,终不会亏待了你父亲的好名声。"

朱元璋对其他大臣们说："刘伯温活着的时候，胡家结党，只是老子说不倒。后来胡家结党，加害于刘伯温。一日刘基来对我说：'上位，臣如今肚内一块硬结，怛谅看不好。'我着人送他回去，在家里死了。后来宣他儿子来问，他儿子说（肚子）胀起来紧紧的，后来泻得瘪瘪的，人却死了，这正是着了蛊的迹象。"

朱元璋在这里虽然一口咬定刘基的死是胡惟庸干的，但是真相究竟如何，或许只有朱元璋和胡惟庸心里最清楚。其实朱元璋、胡惟庸（淮西派）在这里玩了一出无间道式的权力博弈游戏。朱元璋很好地利用了官僚集团的内部斗争，将刘基之死与胡惟庸谋反案捆绑在了一起。

以胡惟庸的胆量，如果没有朱元璋的态度，他是绝对不敢自作主张毒死刘基的。其实朱元璋也不用给他什么明示，只需在说话的时候不断抛出一些问句，做出几个冷漠与怀疑的动作就可以了，以胡惟庸的精明又怎能不心领神会。更何况此时的胡、刘二人势力悬殊，一个是把持威权的独相，一个是被皇权抛弃的过气老臣。君臣之间相互利用，终究还是朱元璋更胜一筹，成为最后的胜利者。

当然朱元璋不会笨到因毒杀刘基而背负千古骂名，他所做的只是少些封赏，削职夺权，剥夺俸禄，日常监视，精神折磨，这就已经足够了。刘基垂垂老矣，风烛残年，即将不久于人世，他的死亡只是一个时间问题。朱元璋还没有愚蠢到冒天下之大不韪对这样一个人痛下杀手。

刘基至死还在充当着洪武皇帝的政治工具，致使胡惟庸多了一项残害忠良的罪证。

那个遭到灭口的御医，他端给刘基的那碗药没有任何问题。问题出在身为皇帝的朱元璋身上，是他有意无意提供的精神摧残的药方让刘基过早地崩溃。在外人看来，刘基也算寿终正寝，好歹算是保住了刘氏家族没有遭到清洗。

比起前朝后世那些不得善终的文臣武将，刘基确实是万幸的。刘基在元朝的仕途一挫再挫，或是厮混于小官小吏，或是过着辞官隐居的单调日子，那时候的他不会想到日后会成为一个新王朝的开国重臣。他的幸运在于遇上了朱元璋，一个还算赏识他的主子。是朱元璋给了他施展抱负的平台，使他得以参与到这场改天换地的大时代运动中，以此实现青史留名的人生理想。

而刘基也是不幸的，他的才情太过超群绝逸，连皇帝都为之妒忌，他的存在让朱元璋深感不安。在家天下的统治意识下，唯我独尊的皇权容不得一丝一毫的动摇，朱元璋只有不断对他实施打压，将其从神坛上拉下来。朱元璋相信，凭借自己的一双巨手不仅遮住了天下，也同样能够遮住看透天下气数的刘基，可惜的是刘基到最后也没有看透自己的气数。

刘基的下场是朱元璋政治清算的风向标，有些人得到了警示，如朱升、陶安、汤和等早就选择了功成身退。而那些看不透这场权力博弈的大臣们会继续在刀尖上行走，走得步步惊心。等到多年以后，朱元璋以雷霆手段扫荡了帝国官场之后，说出了一句意味深长的话。他说："满朝皆党，只有刘基不从。"这句话等于是在为后来胡惟庸案的扩大化定下基调，就算刘基真是一个能掐会算的半仙，恐怕也难以算出，自己在死了以后，还能够成为朱元璋手里一颗有用的棋子。

也有人认为，这是刘基在临死之际故意布下的一场权力弈局，而布下这场局就是为了瓦解李善长、胡惟庸的淮西集团。如果这一说法成立的话，那么刘基之死，就有了一种英雄末路的悲剧色彩。

无论怎样，刘基与李党之争，是以个人之力同一个权势在握的庞大党群相对抗。刘基的做法无异于以卵击石，这也注定了他在这场斗争中失败的命运走向。在刘基与淮西集团博弈的过程中，朱元璋将这一切尽收眼底。胡惟庸上蹿下跳的表演在他看来和一个官场上的跳梁小丑没什么两样，无所掣肘的相权是可怕的。此时的朱元璋，心里已经渐渐有了改组中书省、废除宰相制度的想法，如此大动作非得拎出来几个以血祭旗不可。

胡惟庸是一个贪婪之人，身上毛病太多。尤其是在做了中书右丞相以后，收受贿赂、任意处分官员、截留奏章，但是仅靠这些鸡零狗碎的罪名要将一个丞相定罪，还是远远不够的。

洪武九年，胡惟庸在右丞相的位置上已经待了三年。在这三年时间里，朱元璋任其为所欲为，就像娇宠一个放肆的小孩。这一年，朝廷撤销了中书省编制中的平章政事和参知政事这两个职位（平章政事就是副宰相）。同时，在地方上废除了元朝实行的行中书省制度，改由承宣布政使司担任地方行政长官，直接向中书省负责。

本来在中书省的编制中，左、右丞相是级别最高的，其下分别为平章政事，左、右丞和参知政事，如今废除了平章政事和参知政事的职位，中书省就只剩下了左、右丞相和左、右丞的编制，其下虽然增设了几个和地方布政使司相联系的位置，但不过是辅助丞相而已。洪武年的这场机构改革，最大的受益人莫过于胡惟庸。他在中书省，甚至在帝国的整个官僚集团，都获得了一人之下万人之上的权力。

5. 被"绞肉机"粉碎的相权

洪武十三年（1380 年）正月初一，新年的第一天。中国人形容过年的隆重，除去"万象更新"之外还有一个词：普天同庆。所谓"庆"表面上看是一种仪式，其实一招一式走到最后，都归结为很实惠的感官感受：一个是吃，一个是玩。对于普通民众来说，这两样都是平日里无缘消受的。最好的东西都集中在这几天里吃，而且是借助了"年"的名义，堂而皇之。

这一天，朱元璋的心情也是格外好，他坐在奉天殿内正接受群臣朝贺，然后是大宴群臣。而那些高级官员的太太团们则到坤宁宫拜见马皇后，然后一起进餐。胡惟庸夫妇自然排在群臣和命妇之首，但是与往年不同，今年的胡惟庸显得心事重重。

也就在不久前，京都的街面上发生了一桩令人震惊的交通事故。起因是胡惟庸之子骑马逛市场，马突然受到惊吓在街上一路狂奔。风驰电掣中，那些来不及避让的行人被撞得东倒西歪。胡公子的骑术本就不高明，在马上几番颠簸就失去了平衡，一头撞在前面的车子上，就一命呜呼。

这本是再正常不过的一起交通事故，就因为死者是胡惟庸的儿子，才引起舆论哗然。由于找不到马受惊的原因，胡府随从就将车子的主人强行带离现场，然后一通棍棒将无辜的车主人活活给打死了。这些年来，不知处理过多少棘手的政治、经济事务的胡惟庸一时之间也不知该如何应对。他之所以不敢高调处理此事，是因为他已经预感到朱元璋有可能会从这件事上寻找突破口，重新整合权力布局。

非常时期，他不得不那么做。

打破所谓的权力平衡

随着元朝势力一路向北败退，天下大局这时候已经趋于稳定。朱元璋认为削夺中书省宰相职权的时机已经到来，该到动手的时候了。当然促使着朱元璋手起刀落的，还有一个重要原因，那就是形势逼人紧。新朝建制，那些手握重权的开国功臣们也开始尝试着将自己的权力触角伸向不该去的地方，这是最让洪武皇帝无法忍受的。

朱元璋决定出手，而且准备出重拳。他将目标直接指向相权，要借此机会将那些分散在丞相手中的各项权力夺回到手中，对帝国的权力系统进行重新布局。这时候，废除中书省已经箭在弦上。

夺回相权，意味着要动一动那些功高盖主的开国功勋，这是一件让朱元璋很头痛的事，也是每一个开国君主都会遇到的最大难题。当年宋太祖赵匡胤开国以后，也将裁抑相权作为王朝的长治久安之策。宰相见皇帝时从坐着改为站着的规矩，也是从那时候开始的。宰相站起来了，但是相权却俯伏在地上，这就是帝王心机所在。那些在帝国第一轮权力分配中捞到实惠的大臣，想要让他们吐出已经吃到嘴里的食物，并不是一件容易的事。

擅自废除行使了千年的政权制度和官僚制度，不符合儒家提倡的伦理道德的要求。如果朱元璋想要坐稳自己的大明江山，就不能跳出伦理政治的游戏规则随心所欲。但对于朱元璋来说，不容易的事并不代表做不到。

朱元璋在内心已经做出了一个假设，如果这些大臣犯下了国法难容的重罪，那么他这个皇帝不就可以对当下的权力配置重新做出调整吗？

洪武十年（1377 年）六月，朱元璋出席了一次廷臣们召开的御前会议，在这次会议上，他当着胡惟庸为首的帝国领导班子成员的面说了这样一番话：历史上，那些政治清明的王朝有一个共同特征。那就是上下相通，耳目相连；凡是昏暗的朝廷，都是上下隔绝，聪明内蔽。国家能否大治，其实和这点有很大的关系。他经常担心下情不能上达，让他这个当皇帝的无法知晓治政的得失，所以从今以后要广开言路，以求直言。

在新任中书左丞相胡惟庸看来，朱元璋这样的政治腔调不过是在为自己捞取一个开国皇帝应有的政治形象而已。为了应对这种局面，朱元璋专门设立了一个官署来处理所有的行政要件，这就是通政司。

朱元璋第一次命令御史们开始巡行全国各地，以此促进下情上达。通政使司的横空出世向世人传递出这样一个信号：朱元璋准备在大明的权力躯体上来一场伤筋动骨的大手术，或许是要命的手术。

说到这场大手术，我们首先要搞清楚的是：通政使司究竟是个什么样的机构？朱元璋为什么要在这上面花心思？通政使司的主要职能就是每天将朝臣们的奏章进行收纳整理然后呈报于皇帝，然后再转交相关职能部门来分别予以处理。

在建国初期，大明的很多制度都是参考元制而来。对朱元璋来说，一切都是摸着石头过河。大臣们所呈报的奏章要先经过中书省，其中三分之二的奏章由中书省直接处理，然后按照宰相批注的意见分别发往吏、户、礼、兵、刑、工六部以及大都督府和御史台等各相关职能部门。如果奏章涉及军政大事，宰相当不了家，那么就要转呈朱元璋这个皇帝来做最后的拍板。

当时的情况是帝国官员的所有奏章都不能插上翅膀飞过中书省这一级，直接摆在朱元璋的案头。在丞相们看来，帝国官员的奏章是需要分门别类，区别对待的。哪些内容能够让朱元璋过目，哪些内容不需要让他看见，这并不取决于朱元璋本人的好恶，而是由中书省来决定，也就是由丞相来决定。

作为丞相来说，这是他最乐于享受的一项政治福利；可对于朱元璋来说，这也是他在权力运行中最不能容忍之事，这等于在无形之中架空了他的皇权。

通政使司的成立，是朱元璋破解权力困境所挥出的一记重拳。胡惟庸内心有了山雨欲来风满楼的危机感，这意味着他以后所迈出的每一步都会异常艰难，都处于朱元璋的监控之下。

通政使司的成立，从某种程度上来说其实就是一个夺权的部门，夺的不是别人的权力，而是宰相的权力。制度虽然发生了变化，但是多年来形成的权力程序还在旧有的轨道上运行。帝国的权力系统中虽然出现了一个通政使司，但是宰相制度并没有马上消失。通政使司收上来的奏章还是要送达中书省，由丞相胡惟庸做最后的决断。

朱元璋要想知道朝臣们的奏章都写了些什么内容，最终还得依靠检校们收集的情报。检校在无形之中就成了朱元璋安插于中书省的内线，除了监视中书省那些权力大鳄们，就是替朱元璋掌握朝臣们所上书的奏章内容，免得他这个皇帝当成了冤大头。

通政使司在最初成立的时间里并没有在权力系统内担当更多的职责，不过是充当了一个权力偏房的角色，只是作为中书省的秘书处存在于帝国的权力体系中。

朱元璋当然不能容忍这种状况长期存在，他在洪武十一年（1378 年）的一次廷务会议上，曾经当着六部官员的面说："皇帝深居宫中，能够知晓万里之外的事，这主要是因为兼听广览，了解民情。胡元之世，政令都出自中书省，大小事务都要先关报中书，然后才奏闻给皇帝，元朝又多昏君，才导致民情不通，以至于天下大乱。我要引以为鉴。"

在朱元璋看来，自己要随时掌握天下实情，随时掌握帝国官员的思想动态，就要撇开中书省。既然自己已经找到了治国安邦的密码，那么就不会再有丝毫的动摇。朱元璋下诏，诸司今后奏事不要再报经中书省，直接向我这个皇帝奏报就可以了。

朱元璋这种集权的做法，让一个人坐不住了，这个人就是胡惟庸。朱元璋这么做对胡惟庸手中握着的相权来说，无疑是一次致命的打击，它从根本上动摇了丞相专权的根基。在此之前，胡惟庸利用手中的相权排除异己，打击政敌，靠的就是旧制中"奏事不许隔越中书"这一条款。

这项制度赋予了丞相极大的权力自由度，他可以任意扣压奏章，欺下瞒上。而那些六部长官就是想在朱元璋面前告丞相的御状也不可能，因为他们无权与皇帝直接取得联系。如今颁布实施的新政打破了这一局面，六部官员可以绕过中书省，直接与朱元璋接上头。这样一来，独相胡惟庸的危机感顿生，他的丞相权力正在被朱元璋一步一步地架空。

开国之初，朱元璋对自己的外廷势力还没有完全腾出手来加以梳理，只是在王朝体制的建立上照搬元朝时期的那一套，在中央仍然设立中书省作为辅佐帮助皇帝处理政务的机构。

中书省的权力结构设置是左、右丞相（后改名丞相），秩正一品；左、右丞，秩正二品；参知政事从二品，其属官有左、右司郎中，员外郎等官员。

在当时，中书省的权力极大，总领百官，工作事务涉及方方面面，就连帝国的一切命令及章奏也需要中书省呈转颁发，不然就视为违法和无效。除了人事任免权、决策权、行政权、监察权、财政权等大小不等的权力，中书省还同时掌管军权、军务。也就是说，靠着中书省一个权力机构的运转，皇帝也就可以不用上朝了。

在这种权力背景下，朱元璋坐在那里，不像是一个皇帝，倒像是一个震慑人的牌位。丞相的权力极大，真正的一人之下，万人之上。就连后来盛极一时的六部长官也下辖于中书省，成为其属吏。从洪武元年起，中书右丞相徐达就一直是军中的最高指挥官，直到十七年后他死于北京城。

从秦朝创立丞相制度起，排除一些历史时期出现的波折，丞相的权力时大时小。丞相制度天生就有缺陷：那就是皇帝和丞相的权力分配问题难以平衡。不要小看这个问题，因为在王朝制度下，皇帝永远是至高无上的独裁统治，官家集团只能有一位董事长，那就是皇帝，其他人（包括丞相）都是他的打工仔。

历史上先后曾经有过两次皇权与相权的博弈：第一次是汉武帝时。汉武帝刘彻一改过去"非有功不封侯""非封侯不拜相"的权力递增法则，让仅有儒生资格的公孙弘为相。如此一来，宰相在皇帝面前不仅再无居功之傲，反而对皇帝知恩图报。第二次是隋唐之时，丞相之职被分为尚书省、中书省与门下省三大部分，它们各司其职又互相制约。

丞相的特殊性就在于，他处于一人之下，万人之上的位置。这里涉及一个尺度的把握，如果皇帝太强势，丞相就有可能会经常被换来换去，而且有可能是换一个杀一个。如果皇帝太软弱了，那么皇权就有可能会被相权架空，皇帝就成了政治舞台上的提线木偶。一旦这种局面形成的话，皇帝所能做的只是根据丞相的建议发发圣旨，其他也就不用再操心了。时人可以不知道皇帝是朱元璋，但一定会知道当今的丞相是谁，这是一件非常危险的事情。

现在让胡惟庸独相专权，无疑是朱元璋对自己政治底线的一次试探。他这么做就像是一对貌合神离者用假象掩饰他们危机四伏的婚姻，那几乎是一场华丽的冒险。当然，朱元璋的隐忍也是有底线的，那就是胡惟庸的权力触角不可四处延伸，不然的话，他这个皇帝真就成了打酱油的。

朱元璋出身草根阶层，虽然当了皇帝，但还是能够清醒地认识到自身存在的不足。在学习前朝明君圣主们治国经验的同时，也以一个草根阶层的立场来观察自己的帝国和臣子。这时的朱元璋会不自主地想起前朝那些实权派大臣，他们在掌权时说一不二，风头甚至盖过了皇位上坐着的那个人。丞相因为权力过大就有可能干预到皇帝的意愿，甚至威胁到皇权。比如东汉末年，那个挟天子以令诸侯的曹操。

这应该是朱元璋内心深处最大的忧虑，这种忧虑促使着他将会对本朝的权力结构做出重大的改革与调整。

有人会问，既然朱元璋后来废除丞相，为什么当初还要设置丞相？其实朱元璋当初这么做也是有苦衷的，至少在他心里有三方面考虑：

一是形势的需要。朱明王朝刚刚建制，百废待兴，需要尽快结束连年的战争阴霾，安抚四海的生灵，巩固新的政权。而这些目标的实现，不是嘴巴说说就可以实现的，它需要一整套行之有效的制度。而建立一套制度并不是那么容易的事，不光需要大量的时间，更需要实践的检验。既然不是一朝一夕的事，那只有先拿旧的体制应付着。

二是国家的需要。洪武初期，纷乱的天下还没有刀入鞘、马下鞍，对元朝残余势力的战争仍在大规模进行当中。同时对新收复地区的统治也正在进行当中，一切才刚刚开始。对于一个百废待兴的政权，最需要的是什么？是人才，治国的人才。这时候设立中书省，授大臣以重权，可以说是新帝国发展的需要。对于朱元璋来说，当务之急就是能使招揽的人才尽快融入自己的角色当中，并且能够灵活处理各种政务，应对复杂局面。同时这种做法也摆明了朱元璋对大臣们的一种姿态，大家都是从刀光剑影中一路拼杀过来，我们同当患难，同享富贵。作为建国皇帝，这种姿态一定是要有的，无论是出于真心也好，虚意也罢。这样容易形成上下齐心、君臣携手共成伟业的良好局面。

三是个人的需要。朱元璋当皇帝的时间不长，随着帝国疆域的急剧扩张，原有的统治经验已经无法满足现实的需求。在一段时间内，朱元璋还没有能力单独有效地处理国家事务。在这种情况下，他所需要的是一个治国的帮手。更何况，在帝国的创业阶段，那些文武大臣们都曾经立下赫赫功勋。朱元璋所要做的，就是根据他们每个人的功勋、才具和特点授以高官显职以平衡权力集团之间的利益。在新政权建立的初期，官僚集团的权势过重，中央权力分散是特殊历史时期的必经阶段。

从胡惟庸位极人臣之日起，朱元璋所张开的那张权力大网已经到了逐步收紧的时刻。在巩固政权时，朱元璋更多地表现人性冷酷的一面，制造了大量的冤假错案，也杀了一些该杀和不该杀的人。有人私下议论，说他对生命、对人的生存权利、人的自尊采取的是贱视和蔑视的态度。

朱元璋当然不能认同这种观点，他们不是自己，又怎知他内心深藏的那份忧惧不安。正是这种不安，让他在很多时候表现出一种喜怒无常的状态，变得怀疑一切。在他这个皇帝看来，体制内的"忠臣良民"太少，每个人的眼睛里都写着"欲望"二字，他们在寻找一切机会蚕食自己所开创的基业。正因为如此，他才要从肉体上将他们逐一消灭。

杀人对朱元璋来说是一件很随意的事，兴之所至，流血千尺。这种残忍的性格与他早期的游民经历不无关系，人经历了太多的苦难后，精神感知会变得麻木迟钝，对他人所遭受的苦难会缺少常人应有的感觉，甚至不觉得这是一种痛苦。

一场明暗两面的牌局

在一个君王看来，所谓谁和谁有乡缘，谁是谁的后台并不是最主要的。朱元璋好像早就看透了这盘棋局，现在的他才是独一无二的执棋者。他也明白，他们会在他看不见的地方算计着自己。这么做真的有用吗？只要他这个皇帝单独召见他们中的任何一个人，示以慰藉，许以利益，他们苦心经营了多年的抱团情谊就会在顷刻之间土崩瓦解。这时候，他的一个眼神、一个笑容、一个拉手拍肩的小动作，都会让面前之人受宠若惊，伏地不起。毕竟利益才是最有效的武器，只有你心中的欲望之火不熄，就不愁你不投怀送抱，因为他才是利益的主宰。

风乍起，吹皱的不是春水，而是人性深处的一腔欲望。朝臣们第一次向胡惟庸发起攻击的时间是洪武九年八月。这时候，胡惟庸已经把那些在官场上的利益盟友提拔到了高级职位上，并且以各种理由和借口将他认为的反对者们赶出了帝国的权力要塞部门。

胡惟庸大肆排除异己的做法令体制内的官员们感到恐慌的同时，更多的是愤怒。

御史韩宜可在朝堂之上当着朱元璋和满朝文武的面攻击胡惟庸及他的两个盟友，言辞激烈。他说，胡惟庸等人悖逆于皇上，僭越了皇权，应该将这帮人全部收监或者斩首。此言一出，朝堂上下一片哗然。这也是朱元璋最愿意看到的一幕。在这场弈局上狭路相逢的他和胡惟庸并没有意识到，拨弄别人命运如儿戏的他们，又何尝不是历史棋盘上的一枚棋子。他们也同样是被历史裹挟着，半推半就着走到了这一刻。

朱元璋在没有十足把握的时候，并不愿意打草惊蛇。这次事件虽然没有撼动胡惟庸，却引起了他与诸臣的警醒。朱元璋已经察觉到了胡惟庸在权力运行中的失控状态，尤其是当他听说胡惟庸有夺权的野心和阴谋后。他知道，不能再这么继续等待下去，他必须采取措施。

洪武十一年，朱元璋当着六部官员的面训话后，原来中书省辖下的六部就此获得了越过中书省直接向朱元璋汇报工作的权力，这为洪武年中后期的朝政带来了不小的冲击。

一个体制里，一对一的单线管理是最简单的，放到本朝就成了皇帝——中书省——六部。按制度来说，六部在中书省的管辖范围，六部的尚书们应该对胡惟庸负责。

按照朱元璋的想法，六部可以直接向他呈报。这样的话，在六部尚书的管理和使用上，就形成了一种双线模式。在君臣齐心、意见统一的时候还能够保持政务畅通，如果皇权与相权发生冲突，事情就会变得比较麻烦。

尚书任何事情都不能瞒着朱元璋，毕竟他这个皇帝才是真正的帝国一把手；但是他又不能不上报中书省，朱元璋批阅过的条子是绕不过中书省这一关的，最后还得交由中书省来发布。如此一来，帝国的权力运行就变成了多头管理，这可苦了那些奔波于皇帝和宰相之间的六部官员。如此繁复的权力程序让他们疲于奔命，往往会造成一些常识性的错误。

朱元璋也看到了权力运行过程中存在的诸多弊端，他早就有心在帝国官场掀起一场革命，但一直苦于找不到突破口。

朱元璋的这场革命终于在洪武十二年正式启动。这一年的九月，位于今天越南东南部地区的占城国来使进贡。按照帝国的外交程序，中书省应该在接到这种外交大事的第一时间上报皇帝。但实际情况却是，朱元璋并非按照正常程序从中书省或是礼部那里得到的消息。

消息是出宫办事的宦官带回来的，由于无人接待，占城国使者连宫门都没有摸到。由于语言不通，这些外邦使者只好流落街头。这件事让朱元璋勃然大怒，我堂堂大明居然如此对待番邦小国的外交使者，传将出去将有辱大国名声。他当即传唤中书省的两个大佬胡惟庸和汪广洋，责问他们占城国来使事关国体，竟敢隐瞒不报。胡惟庸和汪广洋在这件事上的表现大相径庭，一个急于推卸责任，一个茫然无措。

其实早在洪武九年，汪广洋就发动了对李善长的弹劾。这是汪广洋人生的第一次，也是唯一一次。由此可见汪广洋最初还是想在大明体制内有所作为的，不然他不会公然挑衅前丞相李善长的权威。虽然以失败告终，但勇气可嘉。

弹劾虽然没有取得预期的效果，但是汪广洋在面对李善长时所表现出来的那种大无畏精神，还是博得了朱元璋的赏识。可令人遗憾的是汪广洋并不是一个越挫越勇的人，弹劾李善长的失败对他的打击是致命的。事后他被朱元璋重新调整到中书省，可他的心性已经发生了脱胎换骨的蜕变。

在这个世界上，很多时候是逆境造就了人，困境磨炼了人。这时候的汪广洋已经无意再去困境里磨炼，也无意参与到这场权力斗争的游戏中。多年的宦海生涯，最初的政治理想已经离他渐行渐远。

或许从汪广洋进入中书省的那一刻起，他就怀有一种强烈的预感，那就是朱元璋的影响力无处不在，包括对他的使用。既然他当初能够站出来挑战李善长，那么以后也就有可能再站出来挑战胡惟庸。而朱元璋所看中的，正是他身上所具备的"勇气"二字。

汪广洋的存在于朱元璋而言也同样是一枚棋子，朱元璋的目的就是希望能够通过他来盘活中书省这个局，借以削夺相权。这个发现让汪广洋感到莫名的惶恐与失落，他开始变得躁动不安，很多时候只能靠酒精的麻醉才能够让自己安定下来。

汪广洋对于中书省二把手的这份工作已经失去了耐心和勇气，任由胡惟庸在其中为所欲为。对于占城国来使这样重大的外交事件，汪广洋根本就没有反应过来，在朱元璋问起他时，也不知道如何作答，只是跪在那里支支吾吾，磕头如捣蒜。胡惟庸辩解说这种事情一向都是由礼部负责，都是礼部惹的祸，与中书省没有任何关系。

面对胡惟庸的狡辩，朱元璋找来礼部官员和两位宰相当面对质，礼部官员面对帝国两大宰相毫无惧色。说这件事已经给中书省打过报告，没有上奏于朱元璋，完全是中书省的责任。

中书省与礼部居然敢当着朱元璋的面踢皮球，这让他非常恼火。手下这帮官员敢拿他这个皇帝不当回事，当面推诿扯皮，毫无担当精神。此事惹得朱元璋勃然大怒，他下令将礼部负责接待外使的相关人员全部下狱，同时让检校暗中调查谁才是这件事的责任人。

这是一场明暗两面的牌局，在明面上，两位宰相和礼部官员只是被暴怒之下的朱元璋骂了一通，毫发未伤；而在历史的暗面上，朱元璋已经在酝酿一场帝国的暴风雨。

在那段时间里，南京城中书省那昏暗的烛光下，胡惟庸和汪广洋怀揣着各自的心思坐立不安。这种不安是前所未有的，他们从朱元璋前日暴怒的表情里已经感觉到，或许这一次不同往日，他们从皇帝不耐烦的表情里读出的是杀气。

调查结果很快就出来了，汪广洋成了占城使者事件的第一责任人。也就在这期间，中丞涂节也向朱元璋上奏，他说，刘伯温患病后因服用胡惟庸安排的医生所开药方，肚中长硬块不治而亡，显然为胡惟庸整蛊致死，而作为胡惟庸同僚的汪广洋应该知情。

涂节这句话来得正是时候，朱元璋正准备将胡惟庸和汪广洋双双拿下。于是，宣汪广洋当面对质。汪广洋当然不会承认，他说，自己虽然与胡惟庸是同僚，但是他根本不知道对方想要害谁，更不会做欺君瞒上之事。

朱元璋心里虽然也为他暗暗叫屈，可这时候又不能有妇人之仁。胡惟庸投毒害死刘伯温本来就是一件"莫须有"的事。既然要给汪广洋定下一条欺君之罪，只有在这方面打开缺口。朱元璋不由又想起两件事：一是汪广洋任江西参政时曾经包庇作奸犯科的朱文正；二是与杨宪同任左、右丞相时，对杨宪的罪行知情而不举报。

三罪合一，朱元璋下令将汪广洋正式拘捕，罪名是"不能效忠为国，坐视兴废"，也就是说他不能为皇帝分忧，不能为大明王朝效忠，凡事不作为。本来朱元璋将其安排在中书省的位置上，也是作为掣肘胡惟庸的一颗棋子在使用。结果汪广洋却当起了装聋作哑的甩手掌柜，将好端端的一步活棋走成了死棋。既然是死棋，作为棋子的汪广洋也就只能将自己逼向死胡同。

朱元璋再度将汪广洋贬往广南地区，并囚禁了其他附有连带责任的官员，包括胡惟庸在内。对于汪广洋，朱元璋最不能容忍的地方就在于他辜负了自己的期望。当船行至安徽黄山地区太平县时，朱元璋又追加了一道圣旨，将其赐毒而死。到生命的最后一刻，汪广洋都没有搞清楚，是什么原因使得朱元璋对他痛下杀手。能够在太平县这个不太平的地方走完自己的生命旅程，对于汪广洋来说，有着更为特殊的意义，因为这个地方是他仕途的起点。

元至正十五年，汪广洋还是元朝的一名进士，并没有被授予实职，只是客居太平县，每日过着诗酒风月的恬淡生活，静静地等待着人生机遇的降临。而就在这一年，朱元璋的军队渡过长江防线，攻下采石矶，进驻太平。求贤若渴的朱元璋，闻汪广洋才名，便于帅帐之中召见了他。初次见面，二人也是相谈甚欢，从此汪广洋走上了权力的不归之路。终点又回到了起点，谨小慎微的汪广洋做梦也不会想到自己会成为朱元璋消除相权的祭旗人。

人固有一死，但死于何时、何处、何事是人所不自知的，尤其那些混迹于官场之人。老天爷早就将剧本写好了，只等着有人对号入座。就在汪广洋被赐死之后，帝国高层又横生枝节，起因是汪广洋的侍妾陈氏从死之事掀起的波澜。

按照当时的规定，一个政府官员死了，如果有未生育子女的妻妾从死，应该是贞洁行为，作为皇帝就应该为这样的贞洁女子来个死后追封。当陈氏从死的消息传至南京，朱元璋正准备追封她时，突然有人告诉他，陈氏的身份是没入官籍的一个受处分官员的女儿。

这让朱元璋大为震怒，当面质问礼部官员："没官的妇女只能赏给功臣，文官怎能享受这样的待遇？其中必有蹊跷。"一直以来，朱元璋最不能容忍的就是，那些朝廷官员在背地里瞒着他干下不法之事。之所以设立特务机构，就是要让自己的眼睛和耳朵无处不在。那些官员胆敢有一件事瞒着他这个当皇帝的，将来就有可能会出现十件、百件，直到控无可控。

朱元璋要求司法部门和检校尽快将这件事一查到底，绝不能姑息养奸。那些明眼的官员这时候已经看出来，他们的皇帝是要借题发挥把这篇文章做大。至于大到什么程度，恐怕也只有他一个人最清楚。

皇帝彻查文臣，作为文臣领袖的胡惟庸又怎能逃脱干系。在朱元璋看来，胡惟庸的权力触角已经伸展得无处不在，再任其发展下去，完全有可能将他这个皇帝的权力架空。

相权到了非除不可的地步，胡惟庸到了非除不可的地步。要实现这两点，需要一个说服天下人心的理由。也就在这时，又是涂节跳了出来。

涂节是御史中丞，负有监察百官的责任。由他出面告发胡惟庸，是再合适不过。另外还有很重要的一点，涂节还是胡惟庸的死党，而且在胡惟庸的权力集团中占据着重要位置，胡惟庸一直视他为亲信。官场之上，没有永远的朋友，只有永远的利益。由这样一个人来攻击胡惟庸，是再好不过的事。

那段日子里，胡惟庸经常将自己关在自己的后花园里，每日就着月光下酒。酒酣人半醉之时，他会让府上的歌妓献上一曲。美人如水，歌声悠扬清婉，像是对自己内心苦闷的诉说。他真希望眼前的一切是一场梦境，永远不要醒来。

他从未有过恐慌，也从未觉得自己的世界会如此不堪一击。他曾经过于迷信自己的实力，这种实力给他带来一种虚妄的安全感。独相，一人之下，万人之上。可不知从什么时候开始，他的这种安全感开始有所摇晃，而且晃得越来越厉害，甚至让他产生了恐高者的眩晕。

嘉靖时代著名史家陈建撰作的《皇明通纪》中记载，洪武十三年春节期间，整个帝国沉浸于浓浓的新年气氛中，而南京城的上空却笼罩着一层阴霾。胡惟庸忽然对外宣称，自己家的旧宅井里涌出了醴泉。这是天降祥瑞的预兆，为了显示自己不敢独享祥瑞的端正态度，胡惟庸邀请朱元璋前来观赏此等稀罕之事。

天下之大，只要稍加留意，就会发现全国各地每天都会有稀奇古怪的事情发生。而在那时，无法解释的事都会与天王老子扯上关系。既然皇帝是天子，上天捣鼓出来的新鲜事物，天子焉有不捧场之理？

当朱元璋走到西华门时，突然有个太监闯到他的车马前，紧紧拉住了缰绳。太监没有说话，却急得豆大的汗珠顺着脸颊往下淌。有人认识，这是宫里的太监云奇，小小的太监胆敢阻拦圣驾，缓过神来的卫士将太监按倒在地就是一通乱棒，差点儿没将他活活打死在朱元璋的面前。

可无论怎么打，云奇一直用手指着丞相胡惟庸府邸的方向。这反常的举动自然引起朱元璋的高度警觉，他感觉事情来得太过于突然，其中必有隐情。他当即让车队原路返回，然后登上宫城向丞相府邸方向远眺。不看不知道，一看吓一跳。他居然发现胡惟庸的丞相府邸，隐约埋伏着大量的士兵，刀枪林立。

虽然这一突发事件的疑点颇多，但无论过程怎样，胡惟庸谋反案却成了板上钉钉之事。因为这时候，御史中丞涂节突然站出来告发胡惟庸，罪名是"涉嫌毒杀刘基，意欲谋反"。虽然毒杀刘基并无真凭实据，真相还有待进一步求证。但是对于此时的朱元璋来说，需要的并不是反复求索的真相，而是一个消灭真相的理由。涂节是一个很会揣摩别人心思的聪明人，他从朱元璋一次又一次的无名邪火中读出了一些很实在的内容，那就是胡惟庸已经失宠。

朱元璋需要一个理由，而涂节需要的是一个机会，于是胡惟庸就成为这场交易的筹码。

涂节报告：胡惟庸拉拢吉安侯陆仲亨、平凉侯费聚，令其在外收集军马，意图谋反。此外，他还勾结自己（中丞涂节）、御史大夫陈宁等人，令陈宁坐中书省阅天下兵马籍。

朱元璋接到涂节的报告后，批转司法部门连夜突审。次日天还没亮，文武百官就在奉天门外等候皇帝的召唤。昨夜他们突然接到宫里传出的诏令，要求今日早朝提前一个时辰，皇帝有极为重要的事情宣布。

宫门缓缓打开，门轴吱吱呀呀的摩擦声尖锐地划过晨光熹微的天空。心有惴惴的官员神情整肃地鱼贯而入。宫城像是一片深不可测的海洋，暗潮汹涌，有各种不测的风险等待着来到这里的每个人。王朝交替的腥风血雨都蹚过来了，却被眼前的权力幻象迷失了前路。

满朝文武默然而立，等着朱元璋发话。没人敢抬眼望向满脸怒色的洪武皇帝，生怕因此惹来要人命的祸端。他们用眼神的余光偷偷瞟一眼进进出出的锦衣卫，然后迅疾地收回。当立于龙案旁边的太监将刑部呈递上来的关于胡惟庸的各种罪状用抑扬顿挫的音调诵读出来时，不少人的脸色慢慢变得惨白，豆大的汗珠滚滚而下，透湿衣背。

朱元璋依旧一动不动地扫视着群臣，直到锦衣卫呈递上最后一封供状，出自胡惟庸、陈宁之口。字字句句让人心生恐惧，有些被提到名字的官员已经站在那里瑟瑟发抖。

朱元璋看着面前战战兢兢的文武百官，他的嘴角终于露出令人难以捉摸的笑意，其中夹带着一份骄傲、一丝狠毒与无奈。审查结果很快就出来了：胡惟庸谋反案坐实，不可不杀。与此同时，御使中丞涂节和御史大夫陈宁作为胡党嫡系也难辞其咎，一并处死。这样的结局颇具戏剧效果，二人若在刑场相遇，不知会作何感慨。

6. 谁是相权的守坟人

南京城早已贴出了告示，看热闹的人群将刑场围得密密麻麻的，胡惟庸、陈宁被夷三族，家中大大小小都被捆绑了起来。昨日威风八面的相国，如今却落得这般惨淡的下场，让人唏嘘不已。

数千辆马车缓缓驶过，这应该算是大明立国以来最大的场面了，昨天还是朝廷的官员，今天却是一袭囚衣。走在最前面的马车是胡惟庸的马车，直到此时此刻，他仍旧不敢相信，朱元璋能有这样大的魄力，这样大的手笔，可身后数千人的场面，让他不得不信。今日的他断然没有半分活下来的希望，身后的陈宁早已瘫软在囚笼里，嘴里一直在反复念叨着什么，像是在诅咒谁。

新年伊始，帝国的权力中枢一下子就被剔除了三个文官大臣。一个丞相、一个御史大夫和一个御史中丞。尤其是丞相胡惟庸的突然倒台，使得帝国上下为之震动。胡惟庸死后发布的文告里，给他定下的罪名是"擅权枉法"。

"擅权枉法"是个含糊不清的罪名，就好像一个筐，任何逾越法律的行为都可以往里装。从打压同僚到私扣奏章，从收受贿赂到专权独断，就连沉湎于声色犬马之类的流氓罪名都包含在内。

胡惟庸被杀之后，帝国的皇权运行模式突然转换为一架令人恐怖的"绞肉机"。由胡惟庸案引发的连锁反应就像帝国的天空刮过了一场龙卷风，这一切不由让人想起朱元璋曾经说过的那句话："刘伯温在这里时，满朝都是党，只是他一个不从。"

"满朝都是党！"这句话为胡惟庸案的后期处理定下了一个基调，胡惟庸不是一个人在战斗，而是以他为首的一个庞大的权力集团在兴风作浪。相比在朝廷中人脉广泛的胡惟庸，这时候的朱元璋反倒成了独坐于深宫禁院中的孤家寡人。像胡惟庸这样的权相，他的交往范围从朝廷文官蔓延至开国功勋和军队将领。当他被定性为"谋反罪"后，那些与他有来往之人就应该是同案犯。

　　毕竟"谋反"不是闹着玩的小事情，牵涉面之广，参与的人员之多，付出的成本之高，都是其他行业无法比较的。朱元璋之所以通过各种方式将胡惟庸谋反案坐实，就是为了能够将更多的官员牵扯进来。

　　就在帝国官员惊魂未定时，朱元璋又接连颁下了两道圣旨：一是废除中书省；二是废除大都督府。两道圣旨等于是将帝国的权力运行作了重新布局，那些仍旧处于极度震骇状态下的官员这才如梦方醒。原来他们的皇帝早就酝酿好了这一切，颁布的这两道诏令绝非十天就能够完成的。

　　中书省作为帝国的最高行政机关从此退出历史舞台，新的权力运行机制应运而生。自汉代以来丞相一直是官僚机构中的最高职位，是秉承君主旨意综理全国政务的人，一人之下万人之上。这时候的朱元璋将整个中书省的官员编制几乎全部废除，只保留了纯粹记录官性质的中书舍人一个职位。原本属于中书省的权力也全部收归皇帝一人所有，吏、户、礼、兵、刑、工六部尚书的地位上升，他们直接对皇帝负责，王朝政务的决策者和实行者之间再无任何阻碍。

　　朱元璋借着清洗胡惟庸势力的机会，废除了中书省和丞相，将权力分摊给原来由丞相管领的六部和监察机关，大幅度提升了监察机构在权力系统内的地位。在官家复式权力结构中，丞相作为官僚系统最顶端的那尊大神，在权力演变的过程中，一直与皇权进行着此消彼长的博弈。朱元璋索性将其连根拔除，为自己的继任者们"拨刺"。

　　在对权力集团上层进行大手术的时候，朱元璋出台了一系列安民抚民的政策，力图不触动占人口绝大多数的底层民众的利益，使得这次权力机构的大整顿，权力的大转移、大重组得以和平实现。

　　这项权力整顿运动虽然让官僚系统内部陷入巨大的恐慌之中，但朱元璋觉得这一切都是值得的，毕竟手握军政大权的相权集团还是被他的皇权生生斩落马下。不光文官权力机构做出了大幅度调整，军事机构也同样做出调整。大都督府则被分割成中、左、右、前、后五军都督府，这五军都督府掌管军旅之事，隶属于兵部，曾经和中书省分庭抗礼的大都督府编制也就此消失。

废黜了丞相和大都督这文武两个最高职务，把丞相的权力一分为六，分别给了六部；把大都督的权力一分为五，分别成立五军都督府，并且从制度上让各个部门相互牵制，谁也不能单独对皇权构成威胁。

为了让这项制度在大明朝延续下去，朱元璋发出诏令："今我朝罢丞相，设五府、六部、都察院、通政司、大理寺等衙门，分理天下庶务，彼此颉颃不致相压，事皆朝廷总之，所以稳重。以后子孙做皇帝时并不许立丞相，臣下敢有奏请设立者，文武群臣即时劾奏，将犯人凌迟，全家处死。"

为了给自己的子孙扫清执政障碍，他告诫那些官员：今后朱明王朝的继任者，都不准提设立丞相之事，帝国的大小官员也不能请立丞相，不然就是死罪。朱元璋在这里提前打了一个预防针，为的就是要向世人展示自己改革的决心和魄力，以及对个别妄言者的警告。经过整顿之后的政治舞台俨然成了朱元璋一个人的独角戏，皇权的高度集中，官僚集团的分权制衡这时候已经完全实现了。

一人之下，万人之上的相权就这样被朱元璋弄得支离破碎，吏、户、礼、兵、刑、工六部和监察机关七大部门瓜分了帝国的权力蛋糕。各部门只需要对他这个皇帝负责，受他的直接领导和监督就可以了。它们之间既能独立行使职权，又能相互掣肘。

监察机关将六部纳入它的监察范围，而六部的给事中（言官）也可以反过来对监察机关的官员进行弹劾。朱元璋这么做的目的，是希望在他的王朝里，权力可以呈现相生相克的状态，没有一权独大。这样做既可以达到分流相权的目的，同时又凸显了官僚体系内的监督机制。

洪武十三年的春节，注定是大明王朝建制以来最为特殊的日子。人心惶惶的正月过后，朱元璋才算真正开始了至高无上的皇权运作。现在的大明，没有了中书省的宰相掣手掣脚，他的皇权达到了百无禁忌的巅峰状态，这让他感觉到从未有过的愉悦，整个人都处于一种无比亢奋的状态。

权力带来的衍生物就是应尽的义务，就算是做了皇帝也不例外，除非这个皇帝破罐子破摔。没过多久，这至高无上的权力所带来的副作用开始在朱元璋身上显现出来。一个有为的君主，他的底线就是保障帝国的基本运行。这百无禁忌的权力，带给他的不光是权力上的高度集中，更是繁重的工作压力。

一个成年人每天需要三到四个时辰的睡眠时间才能保证身体健康和意识清醒，但是朱元璋在洪武十三年以后，一天的睡眠时间估计还不足两个小时。

雪片般飘来的奏折成为洪武皇帝案头上永远做不完的家庭作业，长长短短的句读消耗着朱元璋的日日夜夜。有人曾经算过这样一笔账，在废除丞相制度以后，每天送到他面前的奏章将近有二百封，里面大大小小约有五百件事需要皇帝亲自拍板才能施行。那些帝国文官都是写文章的好手，一篇奏章能让他们写得洋洋洒洒，文四骈六。往往几万言的注水文下来，真正能够切入正题的只有几百字。

洪武九年，刑部主事茹太素上了一份长达一万七千字的奏章，朱元璋令人当场诵读。结果读到六千多字的时候，还没有进入正题。这让他极为愤怒，将茹太素在朝堂上杖责一顿。第二天，再令人诵之，当读到一万六千五百字时才进入主题。

朱元璋不由叹道："为君难，为臣不易，朕所以求直言，欲其切于情事。文辞太多，便至荧听，太素所陈，五百余言可尽耳。"一道五百字就能够说清问题的奏折，结果却注水成了万言，当时像茹太素那样动辄上万言的奏章是很正常的。

如果我们按照一封奏章五千字计算，二百封就是百万字。一个人每天的阅读量达到上百万字，这的确是一件让人崩溃的事。朱元璋不仅要看奏折，还得动脑子去考虑如何解决问题。

面对如此繁重的工作压力，就算他有着超强的精力也无法一肩扛。从医学上来分析，精力透支容易导致精神的高度紧张，引发情绪病，他本来就不是一团和气的人，长期置于这种工作状态下，脾气变得更加暴躁易怒。

有明一代，中国皇权专制就此达到历史的最高峰值。这种情况带来的副作用就是，君臣关系的极度恶化。皇帝一个人根本无法完成一天百万字的奏章批阅量，于是就造成了这样一种局面：今天看不完就拖到明天再看，而明天又有新的奏章呈递上来，周而复始。官员们得不到朱元璋的回复就不敢擅自开展工作，这样就会使得帝国的运行效率大打折扣，官员就会落下一个行政不作为的恶名，会遭到朱元璋的严厉惩罚……如此恶性循环，皇帝和朝臣之间的关系也变得越来越紧张。

　　胡惟庸虽然死了，可是李善长依然活在这个世界上。帝国权力中枢的大部分官员还是李善长在任时的老部下，他们面对胡惟庸已死，皇帝对他们日益不满的现实，只能回到李善长的羽翼之下，以寻求庇护。

　　这种寻求庇护的做法在朱元璋看来，也就成了官员们结党营私和图谋不轨的行为。他明白，自己要想实现皇帝权力的最大化，就要想办法分化官僚集团，各个击破，千万不能再让他们形成抱团势力。

　　李善长的存在让那些文官功臣集团心有所属，这也是朱元璋最为不安的地方。淮西集团虽然因胡惟庸之死受到了重创，但是只要他们的带头大哥李善长还活在这个世上，淮西勋贵集团就不会消失于大明的权力体系。事实上也的确如此，外廷的很多部门都由这个集团的人把持。即使在洪武十四年成立的大理寺和都察院，它们和刑部一起并称三法司，刑部受天下刑名，都察院纠察，大理寺驳正，形成了大明朝廷正常的司法程序。但三法司的人也多是文官集团的人，这种局面让朱元璋实在放心不下。

　　不相信大臣，朱元璋还能相信谁呢？这时候的他只相信一种人——检校。

　　检校从建制之初就为朱元璋一手掌控，为他夺权、弹压官员立下过汗马功劳。检校只是职务名称，并非真正意义上的官僚机构。虽然检校有侦察权，却不能扣押人犯和判罪量刑。要想让检校发挥更大的作用，就必须赋予他们更多的权力。如果将检校并入外廷文官系统的三法司，只会让他们拘束于国家法律和程序，无法做到任意妄为。

　　朱元璋要找到清洗大臣的理由也不难，"谋反"两个字足矣。而谋反从来就不是一个人的事，既然是谋反，就需要同党，他们都是胡惟庸的同党。胡惟庸已被处死，而死人是不会开口说话的。虽然朝堂上仍有不少淮西集团的官员，但面对栽赃于死人这件事，他们也是有口莫辩。

朱元璋要的就是死无对证，这让他们无法为自己洗脱罪名。也就意味着，他们都可能是胡惟庸的同党，一个也不能少。胡惟庸被处死后，胡惟庸案远没有结束，对于胡惟庸的罪状一直都在搜集取证，不断有新的发现。早已尘埃落定的胡惟庸案再生波澜，犯罪性质也从当初暧昧不清的"擅权枉法"变成十恶不赦之首的"图谋造反"。

从洪武十八年（1385年）到洪武二十三年，在短短的五年时间里，因胡惟庸案牵扯进去的功臣有一公、二十侯，其中连坐、死罪、黥面、流放的有数万人之多，朝中文臣几乎为之一空。朱元璋实在不能容忍一个有可能凌驾于皇权之上的政治制度存在，数万条人命不是胡惟庸的陪葬，而是为这项制度陪葬。

洪武二十三年春天，注定是一个不平常的季节。虐杀的阴云在天空几度徘徊和犹疑，最终还是决然地降落到李善长的身上。

十年前，胡惟庸案发。李善长虽然和他是同乡，且李善长弟弟李存义的儿子娶的是胡惟庸的侄女，因此结下姻亲关系。胡惟庸仕途得意，主要靠李善长的引荐，但在胡案初始阶段，李善长并没有陷入其中。

在这期间，御史台缺行政长官，皇帝还一度将已经退休的李善长拉回来，暂时主持御史台事务。洪武十八年，胡惟庸谋反案已经尘埃落定多年。这时候，突然有人跑出来，揭发李善长的弟弟李存义父子"实为胡党"。念及李善长的功劳，朱元璋并没有继续追究李存义父子责任。如果这时候李善长的政治触角足够敏锐，他应该能够感受得到来自四方的危机。

李善长在朱元璋的权力体系中，一直占据着淮西集团的首领地位。李氏家族势力很大，必然也积怨甚多，在他的旧日同事中，肯定有因利益分配问题，对他恨得牙根儿直痒的。但是以李善长的特殊身份和他在朝野积累的深厚背景，除非朱元璋突然将风向扭转，若不然，放眼朝堂之上谁又能拿他怎样呢？

这一年元月，李善长在定远老家的老房子的墙体突然倒塌，惊吓了这位年近八旬的老人。或许他只想在此安度余生，并没打算惊扰乡里。不知道他的哪根筋出了问题，居然在这时候想到了自己昔日的战友汤和。于是，他给汤和写一封信，希望他能够借自己三百名士兵帮助修缮房屋。

李善长与汤和的退休有一个很大的区别，汤和是一撸到底，完全退出政坛。李善长则不同，他即使从朝堂上消失了，其影响力依然存在。就在汤和考虑是否借兵给李善长的同时，他写了一封信向朱元璋告知此事。有人说汤和这么做有告密的嫌疑，这个人太过无情，可是对于权力斗争而言，无情之人往往会要了别人的命，而有情之人却有可能会要了自己的命。

汤和目睹了身边战友被朱元璋一个个收拾掉，可他从不发牢骚，也不怨天尤人，在他面前永远是一副恭顺的样子。在朱元璋众多的高级将领中，汤和是第一个自请解除军权的。立国初期，朱元璋对那些掌握军权的老臣并不完全放心，可他又不想像赵匡胤那样来个"杯酒释兵权"。就在朱元璋犹豫不决的时候，汤和第一个主动站出来向他表明态度。识时务的汤和说："臣犬马齿长，不堪复任驱策，愿得归故乡，为容棺之墟，以待骸骨。"一句话，他愿意交出兵权，回归故土，安享晚年。

或许这么多年的权力斗争，让汤和明白了一个道理，身为帝王的朱元璋不会将自己豢养的所有猎犬一网打尽，最后肯定会留下一条两条，用来看家护院、装点门面。当李善长需要他的帮助时，他变得异常敏感。

汤和太了解朱元璋这个人了，虽然他远离权力中心，但并不能说明他就身处绝对安全的地带。如果没有猜错，他的一举一动都在对方的掌控之中。不光是他，每一个在职或者致仕官员的基本生活状态，都无法走出朱元璋的视线之外。汤和的乡居生活和刘基很接近，不同的是刘基用力过猛，反倒让朱元璋怀疑了。汤和表现得更为恬淡，每日吃酒下棋，游山玩水，含饴弄孙，从不结交地方官和乡绅，给人一副只贪图享受，别的事一概不管不问的印象。

汤和果然没有猜错，他借给李善长的三百名士兵使朱元璋很容易就联想到前段时间刺杀太子的那数百名刺客。按照朱元璋以往的脾性，根本不会在这件事上多做周旋，肯定会在得到消息的第一时间里下旨捉拿李善长归案。不过这一次他欺骗了所有人的直觉，他并没有揪着这件事不放。

刺杀太子的罪名虽然很重，但是并不符合朱元璋心中的权力布局。他决定再忍一忍，再等一等，他相信李善长还会干出更加愚蠢的事情。他已经容忍了十多年，也不在乎再多等几个月的时间。李善长这时候就像是一个走在布满了陷阱道路上的盲人，他压根就不知道自己已经在鬼门关转了一圈。他在毫无知觉的情况下绕过第一个陷阱后，第二个陷阱又在前方等着他。

这一年的三月，李善长的一个转弯抹角的亲戚丁斌犯事被判流放，丁夫人在李善长面前痛哭一番，动之以情，讲述丁斌如何对李善长心存孝敬。或许是人老之后，耳朵根就会变软，丁夫人的痛哭让李善长拉不下这个面子，他第二天就给朱元璋上了一道求情的折子，恳求朱元璋能够看在他的面子上，给丁斌一个改过自新的机会。

只可惜朱元璋的耳朵根却不软，他从这封信中找到了一个绝佳的机会，既然李善长想为丁斌求情，那么就以这个丁斌为突破口。

朱元璋密令左都御史詹徽追查丁斌这个案子，在交代任务时，他并没有将此事挑明。可是詹徽却在皇帝的只言片语中捕捉到了极为准确的信息，于是连夜拷问丁斌。李善长一心替丁斌脱罪，可他万万没有料到，丁斌会反过来咬他一口。在詹徽的诱导下，丁斌供出了李善长之弟李存义与胡惟庸共同谋反的细节。

詹徽是一个很会办事的人，他之所以选择李存义为突破口是因为此人既是李善长的弟弟，又是胡惟庸的亲家，是沟通李、胡二人的天然桥梁。在继续追查李存义后，他终于供出了足以置李善长于死地的供词：胡惟庸多次请求他找李善长共举大事，李善长都没有松口。胡惟庸亲自登门来说，李善长喟然长叹："我已老，汝等自为之。"

如果李存义的说法成立，那么李善长造反未遂也触及了朱元璋的底线。詹徽随即展开大规模的罪名罗织，重赏之下，必有勇夫，李善长的家奴纷纷起来告状，绘声绘色地编织了一个又一个造反的故事。直到此时，文武百官方才如梦初醒。或许是怕李善长案牵连到自己，大小官员纷纷口诛笔伐。千夫所指，他也只能求生无门。

洪武二十三年四月，清明的雨水纷纷扬扬地落在应天府的大街小巷。大自然受到春雨的滋润，开始焕发出勃勃生机。这天上午，在大理寺狱外，刑部尚书、侍郎、大理寺卿、左右少卿、都察院左右都御史等官员跪在泥水里，恭迎朱元璋驾临大理寺。

为了迎接皇帝的到来，大理寺的监狱已经特地收拾过了。朱元璋会见李善长的地方并不在阴暗潮湿的地下牢狱中，而是一间经过特殊处理的牢房。牢房里收拾得很干净，墙壁刷得刺眼的白，粗大的木栅栏将牢房一分为二。牢房外放着一把檀木宽椅，两旁站着十几名宫廷侍卫，个个精神抖擞，就像是一尊尊雕塑。

牢房内只有一张简陋的床，一只脱了漆的马桶。床头坐着一个七八十岁须发皆白的老人，他的目光略显呆滞，此人正是刚刚落马的大明开国第一任相国李善长。

这位被朱元璋视为堪与汉初萧何比肩的大明第一功臣已经走到了生命的尽头，往事对他来说只是一场春梦，甘心或不甘心对他已经没有多大意义。如果生命可以重新来过，是重新辅佐一位开国君王，还是在青灯茅庐中读书终老？这个问题困扰了李善长整整二十年时间，时至今日，他已经不需要再去寻求答案。

朱元璋在几名贴身侍卫的严密保护下出现了，他犀利的目光越过木栅栏，落在苍老而疲惫的李善长脸上。李善长眼中的混浊消失不见了，闪烁着奇异的光泽，就仿佛人临死前的回光返照一般。两人就这样默默地对望着，忘记了君臣之礼。数十年的恩怨纠葛，仿佛这一刻同时回到了两人的回忆之中。

第二年开春，李善长因参与胡惟庸谋反案，赐死，夷其三族，赦其长子驸马李祺及临安公主所出嫡二子李芳、李茂死罪，贬为庶民。大理寺监狱多了几分阴寒之意，有人背后议论朱元璋做得太过绝情，可是他们不是朱元璋，又怎知一个君王内心的百般纠结与苦楚。

朱元璋依然能够记得与李善长第一次见面时的情景，那是元至正十四年，正值青春奋发之年的朱元璋见到了当时刚过四十的李善长。朱元璋问他，天下英雄豪杰无数，为何独独选择追随自己。

李善长的回答是，天下豪杰虽多，但得天下者非将军莫属。

朱元璋问他有什么可以指教自己。李善长说出了那番让朱元璋内心澎湃激荡的言辞，他说："昔汉高祖以亭长起家，兵不过百人，将不过三五，终披荆斩棘开创大汉四百年江山，何也？惟善用人耳，今将军比高祖强盛多矣，我观天下大势，元失其鹿，汉人归心，正是驱逐胡虏、恢复中华之良机，望将军胸怀万里而豁达大度，纳天下英才而知人善任，宽恕仁和而不嗜杀人，救天下民众于水火。"

朱元璋当时就许诺对方，等到将来霸业有成，必回报当日之言！

不知道李善长受死之际，是否会想到朱元璋的当年之言。也许他会后悔当日的选择，不管怎么说，命运之神在这里和他开了一个残酷的玩笑。如果说朱元璋走的是当年刘邦之路，那么被他称作"朕之萧何"的李善长却没有萧何的好命。朱元璋从不否认李善长是大明开国的第一功臣，他娴于辞令、明习故事，处理政务裁决如流；他调兵转饷而无乏，恢复制钱，榷淮盐、立茶法、开铁冶、定鱼税……

李善长太能干了，以至于让人感觉大明朝可以一日无君，但不可以一日无李善长。功高盖主，向来是人臣之大忌。朱元璋封他为国公之首，赐他铁券，免其二死。因为他的功劳簿记得满满当当，皇帝的作用就消失于无形了。有官员对朱元璋处死七十六岁的李善长很不能理解，对一个已经走到人生尽头的老者，为何还要穷追不舍。

殊不知，在朱元璋的权力运行世界里，臣属不能走得太近，需要和他保持一段距离。唯有如此，才能让他有安全感。当然这也是君主的通病。皇帝也是人，他在杀心盈怀的时候，难免会想起当年的峥嵘岁月，想起了李善长的种种功劳和苦劳。他还要做更多的现实考量，毕竟杀开国第一文臣、宰相，常常会牵一发而动全身。

朱元璋的发迹史，李善长是最清楚不过的。在朱元璋所搭建的权力结构中，李善长位居一人之下，万人之上。作为淮西集团首领的李善长，故旧戚党遍布朝堂各个角落，势力可谓盘根错节。他就这样成为王朝体制内的一个权力标杆，他的存在就是对朱元璋的最大威胁。

一个人可以居高位，但不可以越位。如果你的手伸得太长了，离君王太近，鼾声太响，吵得主子难以安睡无忧，你也就没有了存在的必要。

就在李善长死后的第二年，郎中王国用冒死向朱元璋呈上翰林学士解缙起草的《论韩国公冤事状》。其中大意是：李善长和陛下是一条心的，勋臣第一。生是国公，死后会封王，儿子娶了公主，亲戚做了大官，位极人臣。在成败尚未可知的情况下，李善长没有冒险造反的必要。有人说他想辅佐胡惟庸造反，更是大错。试想，一个人爱自己的儿子肯定甚于爱自己的侄子。李善长与胡惟庸是侄儿结亲，与陛下则是亲子亲女结亲。即使他能帮助胡惟庸谋反成功，所得到的和今天的地位差不多，难道胡惟庸会给他一个二皇帝当不成？以李善长七十多岁的高龄，他绝不可能这么做。

朱元璋看完王国用的这封上书，无话可说。他并没有借此去找解缙的麻烦，其实他的内心又何尝不是这么认为的。李善长遭到灭族，固然有朱元璋的个人原因，但也和他参不透帝王心思有很大的关系。王国用所说"出万死以取天下，勋臣第一"，这是李善长生前的荣耀，也是置他于死地的刀锋。

想当年李斯与儿子一起被绑缚至刑场，李斯发出了"牵犬东门岂可得乎"的人生感叹。不知道李善长会不会有着同样的临终慨叹。

7. 滚雪球式的清算方式

权力的基本表情大多处于狰狞状态，春风化雨也只是偶然的事故。在极权社会，权力者之间心照不宣地信奉着守恒定律。无论怎样折腾，一个帝国的权力总量是守恒不变的，皇帝的权力增大，也就意味着臣子的权力减小。

皇帝的权力是不受制约的，手中握有再多的权力也是无罪的。可臣子不行，功高盖主往往会要了自己的命，也无法得到世人的同情。这种生来就不平等的博弈，输赢早就注定了。

朱元璋的身体里遗传着草莽江湖的基因，而坐上金銮殿的他却被要求按照儒家的标准自我约束。这就使得他的治国历程，更像是一场性格突变、精神分裂的过程。一方面要活在那些儒生士子的期待里，建立国家的信仰；另一方面，他刚刚建立的信仰却在权力的大游戏场中一点点地瓦解。在惨烈的生存竞争面前，他选择放下儒生们递给他的圣人书，捡起了地上的屠刀。

李善长和胡惟庸的死并没有让朱元璋停下夺权的脚步，朱元璋派出检校，四处收集所谓的谋反证据，把胡惟庸的案子一审再审，将新账旧账拿出来反复清算。在这种滚雪球似的清算方式下，死了的胡惟庸依然还在受折腾，罪名也在不断的升级当中。

朱元璋以此为由头，对官吏队伍进行了大张旗鼓的清洗。除了他自己，谁也没有料到这样的一场清洗方式会通过如此暴烈的手段去推进。朱元璋在杀伐决断上永远是一名快刀手，只要感到不快或者不安时，他就会毫不犹豫地出手。

这盘棋从一开始就完全落入了朱元璋个人的掌控之中，不出手则已，出手则会要人的命。

白光一闪，行刑者手起刀落，斩落一颗又一颗头颅。为了向天下人辨明自己激烈行为的正确性，朱元璋想出了各种办法。胡惟庸党案以后，他拟了一份《昭示奸党录》布告天下；蓝玉案发生以后，他又拿出了一份《逆臣录》。在朱元璋所开列的那份《逆臣录》中，共有十六名开国功臣"有幸"被录入其中，其中有一公、十三侯、二伯。

杀人需要理由吗？不需要吗？欲加之罪，何患无辞。朱元璋这么做的目的很明确，就是要给这些案件做一个实实在在的了结，同时他也向帝国的官僚集团和民间社会传递这样一个信息：这些大案要案都是他这个开国皇帝亲自定夺的，将来谁也不许为他们翻案。

在皇权的世界里，死亡有它固有的逻辑性。一个死亡，往往会衍生出另外一个死亡。死亡不是一次性消费，而是一串数之不尽的链条。起点一旦打开，它就会引发凶猛的连锁反应，难以自控。

到了洪武年后期，活跃于大明政坛的那些勋贵家族，已经屈指可数。只剩下徐达、李文忠、汤和、耿炳文、吴良、沐英、俞通渊、吴复、郭英等几家。其中，沐英是朱元璋的养子，郭英是朱元璋宠爱的郭妃之兄。

经过上上下下的一番折腾，帝国的开国功臣已经所剩无几。虽然还有幸存于世的，一个个也都远离了权力的核心地带，喝茶、下棋、晒太阳去了。那些被清洗的功臣，如果他们不是贪恋富贵权力，及时功成身退，结局或许会有所不同。可是面对权力的蛊惑，谁又真能做到挥一挥衣袖，不带走一片云彩。

徐达、常遇春、李文忠、汤和、邓愈、沐英六人没有因罪获刑，死后都被封王。之所以如此，是因为徐、常、李、邓四人全部死于胡蓝大案之前，沐英镇守云南，天高皇帝远。严格说来，只有汤和躲过了一场接一场的血腥清洗，实在是不容易。要知道汤和同颍国公傅友德是儿女亲家，傅友德遭到清洗，而他却活得安然无恙，真是洪武年最大的奇迹。

胡惟庸的罪名每升级一次，朱元璋的打击面就可以扩张一次。由最初的"擅权枉法"发展到私通日本、蒙古，再到串通李善长等人谋反。牵连的人员也由与胡惟庸血缘相近的亲族、同乡，延伸至故旧、僚属以及其他关系的人。凡是能够牵扯上一星半点儿关系的，皆被连坐株族，前前后后因为这个案子，杀掉的人有三万之多。

大明的分权制衡体系就这样在血腥屠戮中建立起来了，那些潜在威胁朱明王朝统治的功臣们就这样被一个个剔除，但事情还远没有到结束的时候。虽然相权这时候被生生剥离出了权力系统，但由于血腥杀戮，使得官僚体系中的辅政系统损毁严重，最后到了形同虚设的地步。

这就造成了一个怎样的局面呢？就是说在那个复式立体化的官僚体系中，政治机构变成了花瓶式的摆设，看上去很美，其实中看不中用。朱元璋根本不承认臣下有"权"，他认为臣子掌印，所守者只是诸司职掌。即便如此，他仍努力将所有看起来集中、连贯的职权打散，使之碎片化，不同系统的官员互相掺和，共同参与一件政事的流水作业，以达到相互制衡的目的。好比刑部、大理寺、都察院合称"三法司"，共掌刑政。

对于一件案子，刑部审，大理寺驳，刑科考核，都察院又起什么作用呢？无非是其所属十三道监察御史有权再加督察。然而都察院却不是一个严格意义上的刑事部门，所有外差御史都由都察院派出，但在地方上，巡按御史与都御史的职权长期掰扯不清。所有臣下行使的职权，就像是一个盆里的螃蟹，紧紧地钳束在一起。

这种相互钳制的局面，使得官员们事无巨细都要跑到皇帝面前请示汇报。朱元璋没有拍板的事，谁也不敢定夺。这就好像在一个几十口人的封建大家庭里，大事让一家之长拿主意。如果一个人饿了喝碗牛肉汤，渴了泡壶龙井也要请示汇报，一次两次算是尊重长辈，天天如此，谁也受不了。一个家庭尚且有轻重缓急，运转一个偌大繁杂的帝国系统又岂是一个人能够忙得过来的活儿？

朱元璋虽然是一个拼命三郎式的皇帝，但毕竟是肉身凡胎而不是神灵精怪。面对庞大的官僚机器，面对没完没了的复杂政务。长此以往，难免会让人陷入身心俱疲的境地。

洪武年间实施的这项整顿运动可以说是一千多年王朝政治制度的重大变革，这项以强化皇权为目的的变革在此之前是从未有过的。与皇权较劲了一千五百多年的相权就这样在朱元璋的手里化为无形，也由此开启了大明王朝新的权力格局。

废除宰相制度让朱元璋的工作量翻了几倍，虽然他有些力不从心，但从没想过重新恢复宰相制度。在权力的世界里，除了自己，他还能相信谁？前朝的经验教训摆在那里，他不能不有所警醒。每次皇权与相权博弈之后，当皇权取得主动，皇帝为了分流相权，往往会让自己的权力系统生出新的枝节，也就是新的辅政机构，这样往往会形成一种恶性循环。

在每一次循环过程中，因为出现了新的权力危机，才会引发类似于宦官干政、皇亲国戚篡权这样的恶事。朱元璋曾经做过统计，前朝出现的那些宦官专权事件大多是因为开国君主为了加强皇权引发了祸端。自己美滋滋得了现实利益，报应却落在后辈中的无能者身上。不是被宦官专权，就是引发朝纲混乱，权力易主。

朱元璋对废相后所面临的困境还是认识不足，他不愿意在历史的铁律面前乖乖就范。他要走出一条新路，一条足以成就个人品牌效应的道路。既然要推倒一切重新来过，那就索性闹他一个天翻地覆。

废除丞相制度，是朱元璋对帝国政治结构进行的一项重大改组。由六部和监察机关分食相权这块大蛋糕，由他来总领全局。为了将这种制度进行下去，朱元璋道出其中真谛："自古三公论道，六卿分职，不闻设立丞相。……今我朝罢丞相，……大权一归朝廷，立法至为详善。"且诏谕后代有敢建议立宰相者，灭九族，并将这一酷烈条款载入《皇明祖训》。

这种权力系统的设置与前朝的官僚体系相比，最大的特点就是简单透明，透明是为了方便他这个皇帝对庞大繁杂的权力结构一览无遗。所有的权力都被朱元璋划拉到口袋里，即所谓"大权一归朝廷"。

朱元璋这么做就是逼着自己的子孙们不要偷懒，对待自己的家天下要亲力亲为。让他没有想到的是，百年之后，这项制度在各种因素的交互作用下，被演变得面目全非。大明官家制度所表现出来的种种乱象，都与之相关。朱元璋的权力整顿，让人顿生矫枉过正之感，也为明王朝的后世之乱埋下了一枚重磅炸弹。

对于此时的朱元璋来说，皇权给他带来最深刻的体会有两点：一是手中皇权的确够大；二是皇帝的工作负担也的确够重。比如说，在洪武十七年（1384年）九月十四日到二十一日，在这八天时间里，全国共有一千一百六十件各种文书报告送到朱元璋的案头，其中涉及各类事项三千三百九十一件。计算下来，朱元璋平均每天要批阅文件字数约二十万字，处理事务四百二十三件。这样的工作量，即便他不眠不休，一个小时也要阅读八千字以上，同时要在二十多件朝政事务上做出决断。

这种工作量放到今天，就连那些大学刚毕业的青年人也会感到畏惧，何况朱元璋这时候已经是一个快接近六十岁的老人。就算皇帝生来个个都是龙筋虎体，就算他对自己的职业有着无限的狂热，处身于那样一个岗位上也是形同苦役。在一个满负荷工作状态下，朱元璋试图找到一个两全其美的办法，既可以解决工作负担过重的问题，又能够使皇权不旁落，谈何容易。因为在这个世界上，只有自己是最让自己放心的人。

在废除丞相制度之后，朱元璋先是设立了四辅官，称为春、夏、秋、冬四辅官。

后来又设置了华盖殿、文华殿、武英殿、文渊阁和东阁等大学士，但这些人的工作能力与先前被杀的那几位丞相是不可同日而语的。另外由朱元璋一手打造出来的恐怖专政氛围，也让这些人战战兢兢无心恋位，他们怕的是一觉醒来就稀里糊涂地赴了黄泉。

在朱元璋看来，在帝国的权力系统中制造出来的这些大案、要案并不是一个常态化的模式。很多时候，造成那么大的动静也只是权宜之计。宁愿当下由自己来当这个罪人，也要为子孙拔掉权力躯干上的一根根刺。身为开国之君，他希望帝国的车轮能够纳入正常法治的轨道，不偏不倚地走到最后。

无可否认的是朱元璋推行的这场来势汹汹的权力整顿，的确为他的王国带来了吏治清明，权力监督也较以往更加到位。但是如何设置皇帝辅政机构的问题，始终没有得到有效的解决。作为开国之君，他只有无奈地把这个难题留给自己的后世子孙。而在这一期间，帝国的政治结构经历了一个非常漫长的嬗变过程。

失眠是一个人常有的事。像朱元璋这样的皇帝也会失眠，并且梦境不断，其中有噩梦也有美梦。洪武年中期以后，朱元璋的睡眠成了很大问题，他经常会从梦中惊醒。皇帝的美梦，是臣子的噩梦；皇帝的噩梦，更是臣子的万劫不复。就在胡惟庸死后的第十二个年头，朱元璋又一次将自己的目光锁定在了蓝玉身上。明初武将的带头人是徐达、常遇春，而洪武三年之后，经常统兵在外，剿灭北元势力的是徐达、李文忠、邓愈、汤和、冯胜等人。洪武十八年，等到徐达、李文忠死后，克靖沙漠的是冯胜、傅友德、蓝玉三人。

将军老去，马蹄声远，蓝玉成为朱元璋在洪武年所依仗的最重要的军事将领。蓝玉也是安徽定远人，他本是常遇春帐下的一员悍将。蓝玉最初是以年轻英俊的形象，进入朱元璋的视野。在朱元璋见到蓝玉之前，已经记不清常遇春多少次在他面前推荐这位青年才俊。

常遇春推荐蓝玉的理由，不光是因为蓝玉有着高超的军事才能，还因为他们之间有着更为紧密的联系。蓝玉的姐姐嫁给了常遇春，而常遇春的女儿又被册立为皇太子妃，所以蓝玉又成为太子妻舅。如此一来，在蓝玉的权力链中，东宫成为至关重要的一环。另外蓝玉还是蜀王朱椿的岳父，他的女儿被册封为蜀王妃。

西征四川、北征蒙元，屡立战功，蓝玉被封为永昌侯。他本人既是勋臣又是皇亲，同时又是淮西集团的军事首领，得到荣耀和恩宠无人可比。

洪武二十年（1387年），征虏大将军冯胜率左副将军傅友德、右副将军蓝玉，统领二十万大军围剿元朝残余势力，获得完胜。也就在此时，有人向朱元璋告密，冯胜向元朝丞相纳哈出的妻子勒索金银珠宝，还强娶纳哈出的女儿。

朱元璋随之剥夺冯胜的大将军职务，任蓝玉为大将军。蓝玉只是一介起起武夫，显然对附于其身的恩宠估计不足，经常会无端地暴露出一个功臣的骄纵姿态。更为要命的是，他身为太子朱标的亲戚，极为关心东宫的权力之争。

他曾经提醒朱标要提防燕王朱棣。他说："我曾经私下找人望燕地之气，发现燕地有天子气象。"朱标并没有将蓝玉的这句话放在心上，也只是淡淡地说："燕王在我面前还是很恭敬的，并没有出格行为。"

现世安稳，岁月才能静好。自古以来，最难当的莫过于太子。如果再摊上一个强势的父皇和野心膨胀的兄弟，想要全身而退是不可能的。朝堂上下谁不惦记着你，简直就是众矢之的。此时的朱元璋万万没有想到，自己身后的嫡位之争会成为中国历史最惊心动魄的一幕。

蓝玉当时还专门叮嘱太子朱标不要将自己说的话传扬出去，可朱标还是将他的话原原本本说给朱棣听。等到太子朱标死后，燕王朱棣在入朝奏事的时候就在朱元璋面前暗示蓝玉有不臣之心："在朝诸公，有人纵恣不法，如不处置，将来恐成尾大不掉之势。"

权力的惊悚效果，蓝玉显然是估计不足。就是在这种情况下，他丝毫没有收敛自己的言行，凡事率性而为。朱元璋曾经在颁发给蓝玉的铁券中，将他的不法之事也写了进去，警告他要保持清醒，安守人臣本分。可是他不以为意，依然我行我素。

等到太子朱标病死，皇长孙朱允炆懦弱，朱元璋对功臣们的存在愈发紧张不安。在他看来，这些手握重权的功臣成了朱明王朝最大的威胁，尤其像蓝玉这种性格张狂之人。他在开国皇帝还活在这个世界上时，都不知收敛，倘若有一天自己死了，还有谁能控制得了他？

不可否认，蓝玉在战场上是难得的将帅之才。可是离开战场的蓝玉就像变成了另一个人，其表现只能用情商为零来形容。对于这种人，想要抓他的把柄是件容易的事。

洪武二十一年（1388年），捕鱼儿海的东北边，面对销声匿迹的北元最高统治者脱古思帖木儿和他的军队。蓝玉带着十五万大军在风沙萧索的大漠中征战数月，战胜强敌。朱元璋后来给他定的罪名里有一条"擅自升降将校，进止自专"。也就是说，身陷漠北极寒之地的蓝玉，在没有等来朱元璋的圣明决断时，就在战场上随时补充将校军官。

如果身为主将的蓝玉没有在战场上自作决断，而是静待朱元璋的旨意，战事会不会出现颠覆性的变化？欲加之罪，何患无辞。事后有人说，蓝玉没有经过洪武皇帝的允许，在军队中大肆起用自己的亲信官员，安插自己的人。动什么别动军队，这是一个军事统帅的大忌。

蓝玉的第二条罪名是"擅闯关门，滥杀守将"。蓝玉闯的这道关叫作喜峰口，是明长城蓟镇的重要关隘，雄踞于滦河河谷，左右皆高山对拱，地势十分险要。取得大捷的蓝玉终于可以班师回朝，当他的军队抵达喜峰关口时，天色已晚。

这支精锐忠诚、饥寒交迫、伤兵满营的军队，在漫天风沙中等待通关的命令。随着时间的流逝，守城军士限于制度迟迟没有打开城门。或许是对入关程序的制度存在着理解上的偏差，又或者是长久的等待让蓝玉失去了耐心。他在这时突然做出一个疯狂的举动，下令军队攻击自家的关卡，破城而入，杀死守城士兵。

如果说蓝玉冲关是对风沙中站立良久的十万有功的扫北将士有个交代，那么事后他真的不应该将此作为光荣事迹四处张扬，并且表现得颇为自得。

蓝玉的第三条罪是"私元主妃"。既然安上了罪名，那么蓝玉也就成了丧失道德底线的坏种。他违背了朱元璋所颁布的民族政策，强行占有元妃，导致蒙元的妃子自杀以明志。当然也有人对蓝玉"私元主妃"之事做出更美好的解读，"私"

究竟是男女私情，还是强行占有？如果是私情，一个孤苦伶仃、被自己男人于危难之时无情抛弃的身为俘虏的柔弱女子，一个历经艰难、壮志终酬、前途如花似锦的踏上胜利归途的风华战将。他们在漫天飞雪的艰苦行军途中，在情欲、爱欲、生存欲、征服欲等多种欲望的驱使下，生发出一出超越法统之外而在情理之中的悲情戏码，也会是一场凄美的爱情故事。

蓝玉的第四条罪是"蓄庄奴、假子数千人，横行霸道，胡作非为"。在穿越无数惊心动魄之后，蓝玉抵达了权力的高点。权力犹如一个华丽的陷阱，这个狂放不羁的将领也陷在了里面。他豢养了数以千计的庄奴，成为这个王朝新的恶霸地主。他纵容家奴侵占民田，当御史对其家奴的不法行为进行质问时，他竟然骂骂咧咧地驱逐御史。

蓝玉不出意外地走进了朱元璋为那些文臣武将划出的禁地，各种传言应运而生。说朱元璋本来打算将其封为梁国公，但是为了警告他，特意将"梁"字换作"凉"。言下之意，你蓝玉这么做，让我这个皇帝的心都凉透了。

当他随征西将军傅友德从四川归来时，本以为会得到更高的封赏，没想到朱元璋这时候却将他晾在一边。你不是自认有大功吗？我偏偏不让你得到相应的奖赏。以朱元璋对蓝玉的了解，这种不好的感觉，一定会让他坐卧不宁，暗怀对自己的不满，久之必将做出不理性的行为。

在权力者内部有一条长长的生物链，它们环环相扣，相克相生，依靠的是一种自然的力量在维持。朱元璋这时候已在前方布设了一张巨大的捕兽罗网，只待对方自投其间。

所有繁花似锦的表象背后，又何尝不是通向死亡的深渊。朱元璋册立皇太孙朱允炆时，蓝玉以为自己最起码可以捞到一个太子师的要职，没想到朱元璋最后只给了他一个太子太傅的职位。与此同时，洪武皇帝却让冯胜、傅有德二人做了太子太师。如果换作其他人，或许蓝玉不会有过激言行，毕竟太子太傅也是一品官职。可是朱元璋偏偏让这两个人做了太子太师，论资质和战功，自己并不在他们之下。为什么朱元璋要厚此薄彼？蓝玉心里多少会有被现实捉弄的感觉。他经常在一些场合发出怨愤之声——难道我蓝玉做不得太子太师吗？

蓝玉的激愤之语在朱元璋听来，是极为刺耳的。再综合平日里的表现，朱元璋的厌恶之情愈发强烈。自此以后，蓝玉上朝所奏之事，没有一件在朱元璋这里能够通过的。有一次，他见朱元璋乘龙辇远远地经过宫门，他居然用手指着龙辇所在的方向告诉身边人——那个乘舆的人已经开始怀疑我了！

如此狂妄的话传到朱元璋的耳朵里，又怎能不引火烧身？性格决定命运，蓝玉所说所做的一切就像是在故意考验朱元璋的耐心和容忍度。既然如此急不可待，朱元璋也就只好再次亮出自己的刀锋。

处处提防，凶险都会不期而至。何况像蓝玉这样，主动伸手向命运要惩罚的。

洪武二十五年五月，随着太子朱标突然暴亡，蓝玉也走到了命运的关键之处。

洪武二十六年（1393年）二月八日，早朝时，锦衣卫指挥蒋某突然控告蓝玉"谋反"，说他勾结景川侯曹震等公侯，企图趁皇帝到郊外举行"籍田"仪式时，发动兵变。很多事情看起来复杂，做起来就简单多了。朱元璋顺势将蓝玉拿下，亲自审问，然后再交由刑部锻炼成狱。

蓝玉在受审时对他的叛逆罪供认不讳，同时在他的招供过程中，又把许多侯爵以及吏部尚书詹徽牵扯了进来。詹徽曾经主持审理过李善长的案子，现在又奉旨受理蓝玉一案。几天的审讯并没有让蓝玉完全屈服，他的目光里依然残留着征战沙场时的傲慢和凶狠，嘴角流出的血让他看上去狰狞可怖。

审讯也只是走走过场而已，所有的罪名已经敲定，需要的只是犯人的一个手印。詹徽对着一套轻车熟路，主子需要什么，要将多少人牵扯进这个案子，他心知肚明。

不过詹徽还是有些压力的，这一次朱元璋让皇太孙朱允炆和他一起审讯。蓝玉还是一副宁折不弯的姿态，詹徽情急之下怒吼："速吐实话，不得株连他人！"令人意想不到的一幕发生了，受尽酷刑的铁血将军还以同样的怒吼："詹徽就是臣的同党！"

一句话伴着鲜红的血喷出了口，让在场所有的人都感到震惊。詹徽就这样莫名其妙成为"蓝党"。这难免会让人想起涂节当年告发胡惟庸谋反，而涂节本人也牵连受死。由此可见，在权力斗争中，施暴者与被害人的身份很多时候是可以转换的，没有真正的赢家。

经过突击审讯，朱元璋从蓝玉案得到了自己想要的结果。据蓝党供述，蓝玉对朱元璋是非常不满的，这种不满又使他陷入惴惴不安的状态。这些年来，"胡党"之事不但没有随着时间的流逝而得到缓和，而且大有绵延不休之势。

眼看着公侯一家家被废，蓝玉的内心生出了强烈的危机感。尤其是他的亲家靖宁侯叶升的落马，让他看到了自己将要到来的下场。正因为如此，蓝玉常在自己的亲信面前哀叹："只怕（陛下）早晚也容我不过，不如趁早下手做一场。"本就对朱元璋心怀不满，又感觉自己将要大难临头的蓝玉，准备豁出去大干一场，于是约同诸将，打算趁朱元璋出都城耕籍田之日行谋反之事。

洪武二十六年三月，蓝玉被公开肢解。京城的老百姓早就已经习惯了杀人的场面，如果长时间不见，他们也会觉得索然无味。施虐与受虐，在这里达成完美的统一。起伏自有定数，任你强权倾世，临了也逃不过刀斧送行。这个世界从来就没有不败的荣华，即使有，也不属于那些与君主掰腕子的臣子。

权力带来的风险，也只有权力能够庇护。身为军事统帅的蓝玉部属众多，自然受株连的人也不在少数。前前后后有一万五千多人被定为"蓝党"，成为他的陪葬之人。在处理完蓝玉谋逆之事后，朱元璋亲自拟诏布告天下。

他在诏书中说："蓝贼为乱，谋泄，族诛者万五千人。自今胡党、蓝党概赦不问。"也就是说，胡惟庸谋反案将随着蓝玉案的了结而了结，今后他将不再做这方面的文章。一路走来，他见识过太多生命个体的消失，对于生命的存在价值的认知，让他越来越感觉迟钝和麻木。一个个鲜活的生命就这样风卷残云，没有惊喜，也没有感动。

朱元璋所掀起的这场权力"连环三击"前前后后持续了十多年，被裹挟进去，遭到诛杀的文武功臣各色人等有五万人之多。在这场血腥的角逐中，身为帝王的他必须成为最后的赢家，容不得半点儿闪失。朱元璋比谁都清楚，他这么不管不顾地走下去，虽然能够起到为子孙"拔刺"的效果，但是天意民心却难以交代过去。

朱元璋巧妙地借助了朝臣之间的矛盾，将诬陷栽赃运用到极致。其中有些人的确属于罪大恶极，自取灭亡，但更多的人受死的理由实在是过于牵强。他先后以谋反、通倭等种种理由将胡惟庸、蓝玉、李善长等几大权力集团的大小首领收拾殆尽，只杀得刀锋卷口，血流成河。每天入睡之前，他都要在心里默念佛经，一是安抚自己狂躁的内心，二是超度那些逝去的灵魂。

在历史的进程中，命运之神从芸芸众生中将朱元璋挑选出来，是何等的荒谬而荣耀。人生于他而言，更像是一场残酷的比赛。当机会来临的时候，他所要做的，就是比其他人更全面、更强大，因为最终的胜利者只能有一个。而上天这一次眷顾之人是他朱元璋。

洪武二十六年深秋时节，在山西、河南地区练兵的傅友德、王弼和冯胜三人被朱元璋同时召回，这几个人的功劳和声望不在蓝玉之下。也就在六年前，冯胜以征虏大将军的头衔，率左副将军傅友德、右副将军蓝玉，统领二十万大军围剿元朝残余势力，获得完胜。

朱元璋在这时候突然将三人召回京城，他们心中应该有不祥的预感。对于权力者而言，死亡是至关重要的事。他们会在屈辱和死亡降临到头上的时候，想到自己毕生积攒的政治家底。临行前，定远侯王弼对傅友德说："圣上年事已高，喜怒无常，我们几个恐怕很难再活下去了，该为自己考虑考虑了（上春秋高，行且夕尽我辈，宜自图）。"

没有一种博弈，能够超越君主和大臣们之间的赌博。权力场是一座盛大的赌场，在这些华丽的宫殿内部，轮盘赌每天都在上演。洪武二十七年（1394 年），朱元璋大宴文武百官。在这次宴会上，他当着百官的面声色俱厉地指责傅友德教子无方。两个儿子身为殿前亲军，平日不安守本分，经常滋事生非。朱元璋在这里借题发挥，也是向傅友德发出一种警示。

傅友德默然无语，几杯闷酒下肚之后，他突然腾地一下从席位上站了起来。还没等朱元璋继续问话，他转身离席而去。没过多长时间，他手里提着两个儿子的人头回来了。这种血淋淋的场面让朱元璋大为震骇，他质问傅友德，你还有没有人性？如此残忍之事都能干得出来！

傅友德一副完全豁出去的架势，他将两颗人头直接扔到朱元璋的面前，然后仰天大笑，声震殿宇。他瞪着两只血红的眼睛，咬牙切齿道："你不就是想要我们父子的项上人头吗？"说完话，他突然从腰间拔出佩剑自刎，鲜血染红了大殿。在大西南纵横驰骋所向无敌的一代名将，在朱元璋面前以这样一种惨烈的方式结束了自己的生命，让他这个皇帝的颜面尽失。

权力博弈的世界里，一个人的死亡从来就不是一个人的事。朱元璋下令将傅家男女老少全部发配到辽东、云南，只将傅友德长子傅忠与已故寿春公主之子（朱元璋的外孙）留在京城。在钟鸣鼎食、行礼如仪的背后，隐藏的是更加凶险的杀戮。无论是谁，只要踏足这片禁地，就等于默认了它的游戏规则。其实傅友德不算是朱元璋的嫡系，他是七年前朱元璋与陈友谅的那场龙湾大战后投奔过来的。他的一生极为坎坷，有人将他与楚汉争霸时期的韩信相比，说他的遭遇还不如当年的韩信。

傅友德的先祖是安徽宿州人，后迁徙到了安徽最北端的砀山；红巾军起事后，他先是跟从刘福通的部将李喜喜进入四川。李失败后，傅友德又归降了割据四川的明玉珍，可是并没有得到明玉珍的重用，一气之下又改投陈友谅。

今天是盟友，明天就可能成为敌人。陈友谅也信不过傅友德，对他不予重用，最后傅友德与另一猛将丁普郎等人又一起改投到朱元璋帐下。"良禽择木而栖，良臣择主而事"，傅友德也是早早地预见到了陈氏难成大事。

傅友德归顺朱元璋之后，二人有过一次促膝长谈。朱元璋非常赏识傅友德的军事才华，于是将其留在身边，不过仍属于考察阶段。就在朱家军围困武昌的时候，城东南有一座高冠山，居于那里可以俯瞰城中。有一部分汉兵驻守在那里，他们居高临下，对朱家军构成很大的威胁。

前来督师的朱元璋于是问诸将谁能帮自己夺下高冠山，傅友德挺身而出。傅友德领着几百号人，一鼓作气拿下了那个山头。不过就在登山作战的过程中，他的面部中了一箭，箭镞直出其脑后；还有一箭射中了他的肋骨，但是他毫不为意，三军将士无不叹服其勇。

此战也给在一旁细细观战的朱元璋留下了极为深刻的印象，事后他查验傅友德的伤口，惊叹不已。傅友德多谋恤众，虽然平日沉默寡言，但其骁勇不在常遇春之下，每战必身先士卒。可以说，傅友德身上兼具徐达之谋、常遇春之勇。

傅友德还算是一个守规矩的将领，有一回朱元璋赐宴，命其手下参军叶国珍陪饮，还专门选了十几个貌美如花的歌妓一旁助兴。同大多数开国皇帝一样，朱元璋对官员的生活作风问题也是非常关注，尤其严禁官员狎妓。他这么做，不过是为了试探傅友德。结果是叶国珍酒醉兴起，令歌妓穿上华丽的衣服混坐；而傅友德既不敢贪杯又不敢越礼，这让朱元璋很是满意。事后，朱元璋将叶国珍与歌妓们一起锁在了马房里，狠狠地惩戒了他一番，并残忍地将歌妓们的鼻尖割去。

朱元璋坐在朝堂上，望着满殿满堂的官员，他心里一定会想，这帮唯唯诺诺的官员，实际上对自己恨之入骨。朱元璋始终忘不了刘基给他讲解《易经》时，反反复复强调的那句话"君子安而不忘危，存而不忘亡，治而不忘乱……"他觉得这句话是为君主量身定制的，听一遍就再也忘不掉。一直以来，朱元璋重用武将有两大标准：一要有才能、够忠诚；二要有淮西籍贯，与他有同乡之情。傅友德还算幸运的，他是朱元璋比较信任的股肱之臣。他的家乡在淮河以北，与朱元璋的家乡（淮河之南）同属于淮河流域。

傅友德率领左副将军蓝玉、右副将军沐英平定云南，进封颍国公，岁禄三千石，赐予免死铁券。他的儿子娶了朱元璋的女儿，女儿又做了朱元璋的孙媳妇，可以说是贵极人臣。朱元璋曾经在他的《平西蜀文》中盛赞"友德功为诸将第一"。

但是傅友德这样一位上了战场不惜力、不惜命的勇将最后也免不了成为朱元璋巩固皇权的牺牲品。所有的政治资本不仅在一瞬间输得精光，赔上了自己的一条命，也同时赔上了整个家族的性命。

"蓝玉案"预示着在朱元璋的权力世界里，君权与将权的矛盾已经到了不可调和的地步。蓝玉死后，那些侥幸存活下来的功臣宿将并没有能够逃出生天。汤和敏锐地察觉到了这一点，他主动向朱元璋表态："臣犬马齿长，不堪再接受驱策，愿得归故乡，求得一块安放棺材之地，以待骸骨。"

不得不承认，在洪武年的那些开国功臣中，最会做人的当数汤和。虽然说这些人的命运大多时候掌握在朱元璋的手中，但又何尝不是掌握在他们自己的手上。汤和的做法让朱元璋很是满意，于是赏赐了他一大笔钱，并在凤阳为他营造了一座气派非凡的府第。主动放弃兵权的汤和，得以寿终正寝。

而冯胜、傅友德却没有汤和的智慧，对于朱元璋"不欲诸将久典兵"的心思揣摩不透。冯胜和他的兄长冯国用一起跟随朱元璋起兵，也是有名的宿将，位列八大勋臣，地位仅次于徐达、常遇春这些人。

洪武二十八年（1395年），"蓝玉案"发生一年后。有人向皇帝控告冯胜私藏兵器，朱元璋将他召入京城，赐以酒食。或许是他早有预感，临行前大摆宴席将家中女眷全部毒杀。这时候的文臣武将已经成了惊弓之鸟，不待朱元璋张弓搭箭就一头从高空栽落下来。

在朱元璋所颁发的那张"免死铁券"中曾经明确宣告："除谋逆不宥，尔免二死，子免一死。"按照"免死铁券"所言，只要冯胜不是谋反，就可以豁免两次死罪。也就是说，朱元璋只能用不露痕迹的方式将冯胜杀死。冯胜来之前已经知道结局早已注定，所以才会将府上的女眷毒杀。对他来说，这是一场不得不赴的鸿门宴。朱元璋和他在酒宴上回忆过往，畅叙友情，二人在谈笑风生之间结束一切。待到他返回家中，如同沉睡般死去。冯胜死后，他的儿子们都不得继承他生前所拥有的特权。

定远侯王弼也是因为那句"上春秋高，行且旦夕尽我辈，宜自图"被朱元璋赐死。王弼人称"双刀王"，有着万夫莫当之勇，就连常遇春那种眼里没几个人的猛将都要敬畏他三分。他的女儿虽然嫁给了朱元璋的儿子楚王朱桢，可也难逃一死。

朱元璋在开国初年分封了六位公爵，徐达、常茂（常遇春的儿子）、邓愈、冯胜、李文忠、李善长。这其中，如果徐达坐实是被暗杀了的话，那么这六个人除了邓愈早死之外，其他人就都没有逃过洪武年的权力清洗。其中尤以冯胜的死最为蹊跷，冯胜既不是因为陷于胡、蓝党狱，也不是因为骄横不法，可以说是为杀而杀的特例。

对朱元璋来说，死亡难度系数最大的要数中山王徐达。徐达是武将之首，对于他的最后安置使朱元璋一直处于忧心焦虑的状态。朱元璋非常尊重徐达，在他称帝之后，私下与其交流仍称呼其为兄长，可见在朱元璋心目中位置之特殊。

徐达虽然拥有显赫的战功，但是此人生性低调，处世谨小慎微。胡惟庸一度想要和他拉近关系，强强联手，徐达却避之唯恐不及。朱元璋对此人始终抱有极高的信任度，给他的赏赐在诸位功臣中也是最为优厚的。徐达的三个女儿全部嫁给了朱元璋的几个儿子，长女嫁给燕王朱棣，另外两女分别嫁给代王朱桂、安王朱楹为妃。长子徐辉祖封魏国公、袭爵，幼子徐增寿因为给朱棣通风报信死于建文帝之手，被追封定国公。一门二公，有明一代也就徐达一门。

《九朝谈纂》中有这样一个记载。徐达有两位正夫人，一位是张夫人，一位是谢夫人，就是朱元璋做主嫁给徐达的谢再兴之女。张夫人会武功，经常随丈夫出入战场，不爱红装爱武装的女人，性格就比较直爽，说话不走脑子。有一次，马皇后宴请那些文武功臣们的妻子。席间，马皇后动情地说："大家都是吃过苦的人，哪里能想到会有如今的好日子。"众女眷纷纷附和，说了不少逢迎拍马屁的喜庆话。可就在这时，首席武将功臣徐达的这位张氏夫人冷不丁接了一句："大家吃同样的苦过来的，如今我家可不如你家。"

这句话很快就传到了朱元璋的耳朵里。不久，他在宫中设宴招待重要臣僚，特地来到徐达面前敬酒。朱元璋拍着徐达的肩膀，语重心长地说道："牝鸡司晨，家之不祥。我这杯酒是特意来祝贺你可以免去灭族之祸的。"徐达搞不清状况，不知朱元璋说这话是什么意思。等他回到家，才发现自己的张氏夫人已经被皇帝派人杀了。

徐达死于洪武十八年，外界有人猜测说，徐达之死也与朱元璋有直接关系。传言有鼻子有眼，说朱元璋在徐达患病不能吃蒸物的情况下，故意赐蒸鹅于他，导致疽发身死。但这种可能性不大，朱元璋晚年确实杀了不少有功之臣，但哪一次不是公开治罪，昭告天下？胡惟庸案如此，李善长案如此，蓝玉案也是如此。

即使徐达谨言慎行没有什么把柄可抓，朱元璋也可以采取更加秘密、更加稳妥的办法。为什么所有办法都不用，却偏偏要采用这种极有可能完全没有效力的蒸鹅？食鹅致死说只是民间说法，从来就没有医学文献的证明。

再看看胡惟庸、李善长、蓝玉这些人，哪个不是被朱元璋抄了满门，株连九族。徐达则不然，除次子徐添福早卒之外，其余三个儿子都被朱元璋封了官职，特别是他的第三个儿子徐膺绪还是手握军权的指挥使。

吴晗先生曾经就朱元璋诛杀功臣做出评述："这一批并肩作战、骁悍不驯的将军们，这一群出身豪室的文臣，有地方势力，有社会声望，主意多，要是自己一咽气，忠厚柔仁的皇太子怎么对付得了？到太子死后，太孙不但年轻，还比他父亲更不中用，成天和腐儒们读古书，讲三王的道理，断不是制驭枭雄的角色。他要替儿孙斩除荆棘，要保证自己死后安心，便有目的地大动杀手，犯法的杀，不犯法的也杀，无理的杀，有理的也杀。"

朱元璋在他所写的《逆臣录序》中分析功臣建功立业时说道，将军立功是因为上有"君命"，下有"战将与士卒之力"。这何尝不是在敲打那些功臣，你们之所以成就功业，与个人奋斗并没有直接的联系。是因为上有像他这样识人用人的领导者，下有将士们的出生入死，更重要的是天命护佑。而你们中的有些人只知道一味地贪功，经常做"违君命，逆天心"的事，长此以往是要遭到报应的。

对于洪武年间的京城百姓来说，那些连年不断的死亡事件就像是一道道难解的谜。他们所看到的只是鲜血的喷涌，人在死亡前发出的凄厉惨叫。他们看不见这一次次事件的酝酿过程，看不见死亡是如何一步步走到他们面前。

三、乱世当用重典

随着时间的流逝，身为帝王的朱元璋已经没有登基之初的新鲜感。随着文臣武将的黯然退场，很多时候，他觉得自己就像是一个演员被孤零零地抛在舞台的中心，除他之外，其他人都是挑剔的观众。

该清除的功臣已经清除，似乎该消停了。但是旧的敌人消灭了，新的敌人又会出现。对于洪武年间的朱元璋来说，敌人存在的价值要远远大于盟友。是敌人，赋予他这个皇帝永不疲倦的进取心。如果说大明皇权是他这个胜利者的纪念碑，那么又何尝不是那些失败者的墓地？他踩着敌人的尸体埋葬了一个旧时代，他也要踩着敌人的尸体开创一个新时代。

在朱元璋看来，但凡与这财富与贪腐沾边的人，都有一万个死亡的理由。他也从未将他们的意志看得高于一切，他知道这个社会的根基不是这一部分人。

1. 为财富原罪埋单的人

洪武六年（1373 年）前后的某一天，刚刚登上帝位不久的朱元璋接见了江南首富沈万三，在这次会面中，国家之主与财富之王有过一次非常精彩的对话。

能够得到帝国新主人的召见，沈万三的内心自然有着极大的满足和得意。这时候的沈万三，还无法预见十年后自己的人生结局。在他的观念里，一个拥有财富的男人和一个拥有权力的男人，就算不是平等的，最起码也是难分彼此的利益伙伴。

帝国首富做梦也不会想到，他所拥有的财富有一天会被帝国的血盆大口吞噬，而自己也就此沦陷于万劫不复的泥沼。中国有句老话"富贵险中求"，也就是说商人是一群风险偏好者，他们的富贵往往伴随着风险。在古代的商业环境中，商人们险中求来的并不是大富贵，只是赚些活命之资罢了，大的富贵只能在权力系统中寻求。

沈万三是元末明初影响力最大的商人，民间流传一句谚语："南京沈万三，北京枯柳树，人的名儿，树的影儿。"沈万三原名沈富，出生于吴兴（今浙江湖州）南浔镇的沈家漾，后迁居苏州昆山的周庄。他最初投身商海的时候，与很多商人一样，对于政治，他采取的是一种既不远离也不亲近的态度，只是一门心思地研究"市场调节"。

相邻吴江县的巨富陆老先生一句话点醒了沉睡中的沈万三："经商之兴衰与国家之兴衰紧密相连……那些元人，只怕是兔子尾巴长不了。烽烟四起之际，战争既为经商设置关卡重重，又平添了许多机遇，是英雄还是枭雄，这就看你如何把握了。"

综合各种史料来看，沈万三之所以能够成为帝国巨富，是因为他很好地利用了"官商互动"规则或者说是官商博弈之术。沈万三的成功之道很简单，归结起来无非是机遇、时势和个人的投资眼光，三者缺一不可。

沈万三的第一招，利用粮食生产与土地兼并攫取自己人生当中的第一桶金。史料记载"躬稼起家"继而"广辟田宅，富累金玉"，以致"资巨方万，田产遍于天下"，有资料显示，沈家拥有苏州府三分之二的田亩。在财富的累积与权力的递增之路上除了个人努力之外，机遇也同样重要，尤其在动荡的乱世里博取生存之资。

沈万三在发展的路上还继承了一位巨富的财产，据杨循吉《苏谈》记载，吴江富商陆道源富甲江左，晚年意兴阑珊，决心出家为僧，就将自己名下的所有资产交由沈万三打理。

沈万三的第二招，依托时势积累财富。战争是商人快速崛起的一条捷径，沈万三的财富王国也是建立在战争的废墟上。元朝末年，各地农民军风起云涌。沈万三抓住机会，将苏南的粮食和丝绸非法贩运到苏北地区，提供给农民起义军张士诚，然后再依靠张士诚的武装保护将其提供的私盐倒卖出去。

沈万三发的是战争财，两头赚的都是销路有保证的暴利商品。几单生意做下来，沈万三摇身一变成为百万富翁。他以低价买下大半个苏州的商业，投入的数百万两银子很快就翻了几番。起因是，张士诚要攻打苏州，苏州城内人心惶惶，所有生意人都想尽快变现以躲避战祸。沈万三和张士诚很熟，凭着他对张的了解，他相信张士诚来苏州不是路过来劫掠的，而是要以苏州为根据地，与他人一争天下。他认为，张士诚希望看到的，是一个社会稳定、经济繁荣的苏州，他进城后一定不会烧杀抢掠，而是尽快恢复秩序，发展经济。根据这一判断，沈万山在同行们争先恐后将商铺和存货出手之际，用自己手头的五百万两银子，加上变卖和抵押所有财产得来的资金，吃进了这些商铺和存货。结果，他赌对了。凭此一战，沈万三一跃成为千万级富商，成为天下首富。

沈万三的第三招，借助皇家权力管道实现自己的财富累积。在元朝政府明令禁海的不利条件下，沈万三居然可以打着皇家的龙旗，开着十几条船扬帆出海，到东南亚大肆走私。他是怎样做到的呢？原来，张士诚曾经降元，元政府令他从南方向北京运送粮食，于是张士诚则将这件事交予沈万三具体操办。沈万三知道，政府长期禁海，出海贸易必定是一场暴利之旅。于是，沈万三在朝廷的船里，一半装上粮食，另一半装上自己的私货，皇船打着龙旗，大摇大摆，一路畅通无阻。出了长江，沈万三便兵分两路，装皇粮的北上复命，而承载私货的船则扬帆南下直接开往东南亚去发财。中国的丝绸、茶叶、瓷器和其他货物，卖到东南亚，都是数十数百倍的暴利。沈万三船队随行人员中，有人带了一些成本只有五两银子一筐的橘子，漂洋过海到了南洋居然可以卖到几两银子一个，一筐橘子卖到了一千两银子。从南洋辗转回来，沈万三的财富滚雪球似的达到十几亿两银子，成为名副其实的天下首富。

沈万三的财富之路，每一次都体现了他的政治智慧和对政治机遇的准确把握。有勇气和造反者张士诚合伙做走私生意，对形势的准确判断是其关键所在。这样的生意，做早了风险性太高，随时都会有掉脑袋的可能性，而做晚了就有可能丧失机会。

沈万三敢在张士诚打苏州前倾其所有，买下大半个苏州商业，靠的是他的政治敏锐性。他在社会的恶风大浪中，准确判断了形势的走向。至于走私南洋大发洋财，则更是直接利用了政府资源，特别是皇船和出海通行证这样的政策资源。财富和政治资源给沈万三的人生带来了巨大的成功，可是最后也让他输得很惨。

江南士民反抗元朝时，获得当地众多汉族富商地主的支持。对于这些豪族巨富们来说，这无疑是一场财富的轮盘赌。沈万三先是资助张士诚，帮助他购粮扩军。后来，沈万三又投靠了更有势力的朱元璋。朱元璋广泛吸纳这些富商进入权力系统，甚至与他们称兄道弟，沈万三就是最重要的金主之一。民间有传说，他与朱元璋曾经结拜为异姓兄弟。

南京城原有十三道城门，南门又被称作聚宝门，据说这段城墙是由沈万三所筑。朱元璋定鼎南京之初，国库空虚，就让沈万三出资筑东南诸城。为了讨得新主子的欢心，沈万三不惜花重金买宠。结果皇家出资建造的西北城还没有建造成形，沈万三的东南城就已经提前竣工了。筑城还不够表达自己的忠心，沈万三又献出白金两千锭、黄金两百斤，建了南京的廊庑、酒楼等。帝国上下对沈万三此举无不称颂有加，但是他的这一做法大大触痛了一个人的敏感神经，这个人就是洪武皇帝朱元璋。这个出身于草根的皇帝，似乎与权贵有着天生的敌意。

明末《云焦馆纪谈》说得更加具体，朱元璋和沈万三约好同时开工，结果被沈万三抢先三天完工。在庆功会上，朱元璋举着酒杯对沈万三说："古有白衣天子一说，号称素封，你就是个白衣天子。"这句话表面上听着像是夸奖沈万三，可话里已经隐隐透出了杀机，大明江山又岂能容许两个天子并存于世？

有一天，君臣闲聊，春风满面的沈万三突发奇想，愿意拿出一笔钱来犒劳帝国军队。朱元璋听后，脸色变得异常难看，冷冷地说道："朕有兵马百万，你犒劳得过来吗？"沈万三拍着胸脯说道："我每人犒劳一两黄金如何？"

沈万三在说这句话的时候，脸上浮现出一种志得意满的表情。自己有着富可敌国的财富，犒劳帝国军队，既可取悦皇帝，又可以炫耀财富。可是他并没注意到朱元璋变幻莫测的脸色下藏着深重的忧虑。

《明史·后妃传》中记录了此次对话之后，朱元璋与皇后马秀英的一段对话：朱元璋忍着怒气说："一个匹夫要犒劳三军，他这是想要犯上作乱呀，朕一定要杀了他。"马皇后劝说道："这种不祥之民，老天自会杀他，何须陛下动手。"

在"家天下"的皇权年代，家国一体，这天下的一切都是我皇家的，一个不自量力的商人居然要犒劳皇家军队，真是活得不耐烦了。而马皇后告诉朱元璋，江山还需要稳固，现在还远没有到杀了沈万三的时候。

中国历史上的每一个时期，开国之初基本上都会呈现出貌似宏大宽松的气象，任由工商自由，恢复民间元气，朱元璋的时代也同样不例外。洪武初年，朱元璋提出了一个大规模的减税计划，减轻民众负担，同时明令不得扰商，官府不能以节庆为名，低价强买民物。可是等到政权稍有稳定，朱元璋对工商的态度立即发生微妙的变化。

每次王朝更迭，旧词翻新阙的建政者都会吸取前朝败亡的经验教训。朱元璋对元朝不足百年就迅速败亡的历史现实也同样做出总结："元氏闇弱，威福下移，驯至于乱。"也就是说，蒙元帝国之所以走到中央集权涣散的境地，是因为民间的势力过于强大，才导致了天下祸乱。这也是为什么朱元璋在听到沈万三要犒劳三军后会勃然大怒的主要原因，一个商人居然想要犒劳三军，这让自己这个皇帝的脸该往哪里搁？

与中国历史上其他皇帝的出身不同，朱元璋从底层打拼上来，吃了太多的苦，更见识过太多的社会黑暗面，这或许成为他日后改造社会的强大决心所在。来自民间草根阶层的朱元璋对商人有着天生的敌意。他应该是中国历史上最仇富、最歧视商人的皇帝，没有之一。

朱元璋不仅没有赋予商人某种特权，甚至通过一些不合常理的制度来限制和束缚他们的自由。比如在生活方面，他规定，农民可以穿绸、纱、绢、布四种衣料，而商人却只能穿绢、布两种料子的衣服。可是朱元璋并有考虑到，无利可图的农民即使有权利穿高档服装，也根本穿不起；而商人能够穿得起，却没有穿的权利，他们也只好将绫罗绸缎烂在自家的箱底。不仅如此，商人在科举和仕途上，也受到了种种限制。

在朱元璋的潜意识里，只有那些实实在在生产粮食和棉花的劳动才算是真正的劳动，而那些商人们整天只知道耍些坑蒙拐骗的卑劣手段去牟取暴利，却从不愿意花时间和精力去生产任何产品。他们依靠财富过着挥霍无度的生活，他们是社会的寄生虫，是造成社会分配不公的根本所在，是社会稳压器上最危险的隐患。

朱元璋的逻辑来自小农的利益计算方式，简单而现实，他认为：沈万三既然有养活军队的庞大财力，那么他就有发动叛乱的可能性，即使没有叛乱的现实行为，也应该将其列为打击的对象或者平灭的乱民。

如果我们把朱元璋的帝国战略分为左、右手，那么他在运用左手打击贪官污吏的同时，右手则用来打击富商和地主。虽然他并不想建立一个完全均贫富的新世界，但是也不希望自己所建立的帝国出现贫富两极分化。那样的话，就意味着大量的农民将会被财富者赶出土地，农民则会转变为对社会波动具有狂热追求的流民。曾经颠沛于江湖之上的朱元璋就是一个流民，对那样一个吸血噬骨的社会，他再熟悉不过了。

洪武初年，朱元璋下令将江南十四万户民众迁到他的老家安徽凤阳，其中大部分人都是地方的富商地主。史料记载，三吴地区的豪族大姓在离开故土后就成了离水之鱼，辛辛苦苦攒起来的资产也流失殆尽。在数年之内，这些离乡背井之人或死或迁，能活下来就算祖上积德。他们留恋曾经的富足生活，常常扮成乞丐回乡扫墓探亲，沿途唱着他们自编的凤阳花鼓："家住庐州并凤阳，凤阳本是好地方，自从出了朱皇帝，十年倒有九年荒。"

定都南京之后，朱元璋又先后两次，将天下近七万户富商迁居到南京，这几乎是对商人阶层又一次伤筋动骨的打击。明初名臣方孝孺对此做出评论："大家富民多以逾制失道亡其宗。"对于商人阶层采取"先用之，后弃之"的使用策略，朱元璋并不是历史第一人，也不会是最后一个人。这种对待商人的态度，可以说是所有造反成功者的共通之处。朱元璋有一段话讲得非常明白，他说："以前汉高祖刘邦把天下富商都迁到关中，我一开始还觉得不可取，可是现在想来，京师是天下的根本，才知道必须要这样，这也是没有办法的办法。"

当剪灭豪族成为帝国的财富战略之后，沈万三也就此走到了命运的终点。在此之前，他已经从朱元璋的一系列铁血政策嗅到了扑面而来的风险气息。为免树大招风，沈万三主动将自己偌大的家族资产分割为四户。沈家有人被举荐到京师为官，沈万三总会找各种理由推辞："臣等田地家财都是上位保全底，又蒙赐俸，难以消受，敢辞。"

沈万三希望用财富为当权者分忧解难，也借此利用皇权为自己的财富之路保驾护航。可是他哪里晓得，这种做法不但没有博得君王的欢心，反而适得其反。

"匹夫犒天下之军，乱民也，宜诛之！"财富散发出来的光芒是朱元璋这个帝国的当权者无法容忍的，任何时候，垄断都是要付出代价的，无论是权力的垄断，还是财富的垄断，高利润往往会伴随着高风险。最终，沈万三被安了个莫须有的罪名，充军云南，成为朱元璋抑商政策的第一个牺牲品。

2. 空印案的试探底线

那些流浪的岁月，经历过的苦难，是朱元璋对原有社会体制充满敌意的主要原因。父母兄弟在短短一个月之内全部死亡殆尽，那种人世间难以描述的惨痛，非常人所能理解。所以，即使事情已经过去了许多年，每每想起父母的惨死，朱元璋仍忍不住想要去寻找出一个凶手。

这个凶手，朱元璋在许多次与臣僚们的谈话里都提到过。他曾经不止一次地总结元朝灭亡的原因，并且不止一次地重复过那两个字：贪腐。

贪官是一群寄生于皇权肌体上的软体动物，一群脑满肠肥的既得利益者，他们当然不想破坏现有的秩序和游戏规则，也不会忧国忧民持不同政见。他们虽然品行不端，蝇营狗苟，却总觉得自己在不断地得到，利润可观，一切都很滋润。即使原先有一点志向和抱负，也会因手头已经攫取的利益而患得患失。

一个把利益看得太重的人是不敢承担风险的，他们没有那么大的能量和气魄，他们的大脑已经萎缩到只够算计好处和倾轧同僚。作为寄生物种，他们一般不具有独立性，只具备依附功能。他们寄生于主子无所不能的权位中，有时甚至寄生于主子的痛苦中谋取利益。他们想的最多的是如何获得利益。

自洪武年以来，官员贪污案件不断发生，这让一心打造清明世界的朱元璋大失所望，也因此激活了他性格深处的暴虐基因。到洪武十九年（1386 年），全国十三个省从府到县的官员很少能够做到满任，大部分都被杀掉了。据统计，因贪污受贿被杀死的官员有几万人。可见在洪武年当官并不是值得幸运的事，一个官员能平平安安地活到退休就已经是祖坟冒青烟了。

如果朱元璋想要自己的大明王朝传之久远，必须要建立起一支高效廉洁，最主要的是听他的话，不给他添乱的官僚队伍。立国初期，朱元璋并没有想到要用滴血的屠刀为一个继往开来的清明世界开道。他首先想到的是完善帝国的官僚制度，比如他制定了大量的官员考核办法。

朱元璋制定的考核制度分为两种：一个叫作考查，一个叫作考满。考查就是对于天下所有的官员进行考查，不限于哪一个官员的具体的任期。考满就是就一个官员而言，在他任职三年、六年、九年的阶段，进行考查。考满三年叫作初考，六年叫作再考，九年叫作通考，通考就是把这九年任职期间的表现都考查下来。

考查的等级根据工作表现，根据官员所承担任务的繁重程度，定称职、平常、不称职。九年通考的结果将决定一个官员的升迁，四品以上的官员到朱元璋面前，由皇帝裁决，这个官员是怎么用；四品以下由吏部来处理，这叫考满。

考查又称为大计，分为京察和外察，京察又称为"通天下之官员而计之"。就是把天下所有的官员统统地进行一次考查，一般是六年进行一次。以亥、巳之年进行。在亥、巳年之外也进行的考查叫作"润考"，就是临时增加的考查。朱元璋定下的这项考查制度非常严厉，它贯穿了整个大明王朝的始终。

制度是死的，可人是活的。作为一国之主，朱元璋对官员极端不信任，他曾说过："朕自即位以来，法古命官，布列华夷。岂期擢用之时，并效忠贞，任用既久，俱系奸贪。"为此，他用严刑峻法治贪，铁血肃贪。直到晚年，他还在哀叹："我欲除贪赃官吏，奈何朝杀而暮犯！"朱元璋真是搞不明白，这些饱读圣贤书的读书人，抱着"朝闻道，夕可死"人生信条，耗尽半生，才挤进体制内，本以为就此可以光宗耀祖。结果这边刚刚走马上任，那边就成了刀下之鬼，做了大明体制的祭品。朱元璋对官员腐败零容忍，不再以六十两银子作为底线，而是触腐者必死。

杀完一批，又上来一批，刀锋所向，非但没有止住大明官场的腐败，体制内的官员反倒越来越少。其实科举这玩意儿与才华不可画上等号，很多时候那些有幸敲开仕进之门的读书人，凭借的不过是一种组合技能：死记硬背的知识、迎合主流的立意、规范端丽的文本，再加上恰到好处的临场发挥，同时运气的成分也很重要。进入体制之后，他们想得最深的、琢磨得最多的还是升官的终南捷径与发财的门路。很多时候他们将这两大主题合二为一，互为因果。

朱元璋常叹："我处乱世，不得不用重典。""国初至今，将二十载，无几时不变之法，无一日无过之人。""天下初定，民顽吏弊，虽朝有十人弃市，暮有百人而仍为之。"

洪武十八年后，朱元璋先后颁布《大诰》《大诰续编》《大诰三编》和《大诰武臣》，分别记录了二百三十六条案例，惩治贪官污吏的案例多达一百五十条，其中凌迟、枭首、夷族的有上千例，弃市以下的上万。如此震慑贪腐，效果又如何呢？该年同批发榜派官三百六十四人，一年后，杀六人。戴死罪、徒流罪办事者三百五十八人。也就是说，这三百六十四人，无一例外皆是贪。何谓戴死罪、徒流罪，很多犯罪的人被带到衙门，他们在升堂时发现了一幕滑稽剧，那些提审他们的官员除了穿着官服和他们没有什么区别，也戴着镣铐，有人在旁边监控。

之所以会出现这种状况，是因为被清洗的官员太多，已经到了十位九空的地步。如果将这些人全部清洗，官府就没有干活的人了。于是朱元璋创造性地发明了戴死罪、徒流罪制度，该项制度完全没有顾及官员的面子。那些被判了死刑或者要遭到流放的官员，被送到各个衙门去处理公务。等处理完公务，该杀的杀，该徒刑、流放的还是会照样执行。很多时候，他们的命运有可能还不如堂下那些受审的犯人。

朱元璋虽然用尽了各种酷辣手段肃贪，但是并没有收到实际效果。一个王朝开国阶段，通常是政治清明、官吏廉洁，但是洪武年间会出现官员塌方式的腐败，实在让人难以理解。深究其因，除了人性的贪婪，还有制度层面的原因。

有人说，是因为洪武年的官员薪水过低，才让体制内的人去飞蛾扑火。其实真正的原因无非是两点：一是任何完密的官僚机构及其运行监督机制，都不可能完美无缺，社会生活运行过程中，总会暴露出一些新情况和新问题，贪欲与侥幸心理是人的本性，这是任何手段都无法根治的；二是与朱元璋执政手法和他当国期间的急躁性格有着很大关系，他的肃贪手法过于酷烈，急于想在最短的时间实现自己最高的治国理想。

发生于洪武九年的空印案就很能说明问题，也有史料说，此案发生于洪武十五年（1382年）。客观地说，这件案子在惩贪方面并没有取得应有的成效，不过是朱元璋猜疑个性的又一次滥用。

案件的缘由是这样的：明朝规定，各地每年都要派人到户部报告地方上缴的钱粮账目，必须府合省，省合部，一层层传递上去，一直到部里审核完毕，才算手续完备。数字有出入还须重核，这一年的地方财政计划才能完成。如果对不上，即使只是一个小数字，账目必须重核，账册也需要重新填造，更让人为难的是所有重修账册必须要盖上原衙门的印章才算有效。

各省离京师距离各有不同，远的七八千里，近的也要三四千里。这项制度如果放在今天并不是一件难事，飞机和高速铁路让千里之外也变得近在咫尺，但在当时却是一项令人忧心的难题。云贵地区的官员要想进一趟京城，就是骑上最快的马也要在路上颠簸一两个月。当相关官员风尘仆仆赶到京城敲开户部大门，进去一核对，发现钱粮账目有错。然后折返回去，修订完账册，盖上官印，这样来回折腾两次。也就是说，为了账册上的一颗印，往返一趟往往需要花上一年的时间。

这种来回折腾在当时来说是不可避免的，这是因为钱粮在运输过程中会有损耗，这就导致发时的数字与户部接收时的数字是不相符的。但在路上到底损耗多少，官吏们事先并不知晓，只有到了户部才能知道其中的差额，所以官吏们习惯用空印文书在京城就地填写实际的钱粮数字。

深受其累的官员很快就发现，这件事是有空子可钻的。来回奔波千里也不过是为了盖一个印，因为纸和笔都是现成的，账册错了改就是了，但是官印不能随身带着玩。官印带走几个月，官府发文就没办法盖章了。上有政策，下有对策。那些赴京核对账目的官员很快就找到突破口，他们带上事先预备好的盖过印信的空白文册。如果再遇上需要重新核对钱粮，修订账册的情况，就不需要再奔回地方官署所在地，躲在驿馆里，几个时辰就可以完成。

在这种情况下，带空印文书进京成了体制内一条不成文的规定，沿袭多年，户部官员也是默认这一做法的。朝廷上下人尽皆知，只有朱元璋还蒙在鼓里。偏巧的是，在洪武九年一次检查户部钱谷账册的例行公事中，朱元璋发现了这一做法。这帮胆大妄为的官员竟然在天子脚下用这种投机取巧的手段糊弄自己。

震怒之下的朱元璋成立专案组专门负责对此事的调查，务必水落石出。

按说朝堂内外都知道的事，想要一个调查结果并是多难的事。就是那些负责参与调查的官员，他们也应该很清楚这件事的真实度。可是经过一番调查，非但没有获得想要的结果，就连知道情况的官员也没有向外吐露一个字。问话的官员也知道，回答的官员也知道，只有朱元璋不知道其中详情。

就在此时，一个人勇敢地站了出来，此人并不是在职官员，而只是一个普普通通的生员。从某种程度上来说，他只能算是一个老百姓。这个人叫郑士利，他

212

没有任何背景、没有任何靠山，只是凭借自己的勇气，只是为了向朱元璋说出事情的真相。

按照史料记载，当朱元璋发现了盖印空白文册的事时，第一反应是"盛怒"。之所以会"盛怒"，是因为朱元璋"以为欺罔"，也就是他认为那些官员欺君罔上，拿他这个皇帝当傻子。朱元璋偶然知道了这个情形后，认定自己发现了一个官员相互勾结、舞弊欺诈的泼天大案。

于是，缺少财务知识的朱元璋大发雷霆之怒，他不仅严厉禁止使用空印，甚至将所有在空印表册上留名的官员一律处死。有史料证明，空印案中有数以百计的官员被处死。

空印案发生的时候，以胡惟庸为首的朝廷官员谁也不敢站出来进言。他们太了解朱元璋的性情了，顶风强谏的话，搞不好就会把自己也搭进去。

同年十月，帝国的天空出现异象，为了平息沸腾的流言，洪武皇帝下诏，要天下士人上书朝廷，对朝政提出批评建议。时任山西平遥儒学训导的叶伯巨起草了《奉诏陈言疏》，全文近三千字，以大量例证直言不讳地指出朱元璋"分封太侈、用刑太繁、求治太速"的三大过失，其中也提到了空印案。

叶伯巨说，历代开国之君，没有一个不是以仁德笼络民心，绝不因为滥施刑罚而丧失民心，国运之长短，就全在君王施的是仁政还是苛政。他以古今作对比，说古代的读书人都以中进士做官为荣，以罢官为耻，当今的士子呢，都以选不上官暗自庆幸，受了廷杖鞭打也只当寻常之辱，这难道是正常的吗？凤阳是皇陵所在，龙兴之地，让大批罪人迁徙居住，怨嗟愁苦之声充斥园邑，这难道也是对祖宗的恭敬吗？

朱元璋看了十分恼怒，特别是对分封藩王的意见尤其不满，气得大叫："小子间吾骨肉，速速逮来，我要亲手将他射死！"遂派官兵星夜奔驰到平遥，将其押解到南京，关进刑部监狱，最终被活活饿死在大牢里。

对于朱元璋的做法，除了叶伯巨敢于直谏。当时宁海（浙江）的平民郑士利的谏言更加直接有效，郑士利是因为他的兄长郑士元而被牵涉进这个案子的。郑士元当时是湖广按察使佥事，也因此案而被投进大狱。

郑士元不是主印者,待其杖后出狱,郑士利才敢上书言空印之冤。因为朱元璋曾经说过,会严厉惩治那些假公言私者。在这种情况下,郑士利只有等到兄长的案子结了才站出来上书。一介平民向皇帝直接叫板,他说皇上不知空印是惯例,不能因空印而杀无罪者。

郑士利对于空印案的申辩与批评有以下几点:一是官方文书要有效,必须盖有完整的印章,而钱粮文书盖的是骑缝印,是不能用来为非作歹的;二是钱粮之数,必须县、府、省到户部,一级一级向上核准,只有最后到户部才能知道一个准确的数字,如果"待策书既成而后用印",那么就必须返回省府重新填写,势必要耽误时间,所以"先印而后书"只是权宜之计,不足以怪罪;三是朝廷此前一直没有明确禁止空印的立法,现在杀空印者是没有法律依据的;四是官吏们都是经过数十年才得以造就的人才,就这么轻易杀掉太过草率。

郑士利在这里所做的分析,只是还原了事情的本来面目,可以说是有理有据,并没有过度渲染。他指出了空印案存在的诸多不合理、不合法之处,而朱元璋对此的反应是"大怒"。他根本听不进去别人的意见,甚至怀疑郑士利不是一个人在战斗,背后另有主谋。

郑士利是一个敢于直言的聪明人,他已经估计到朱元璋可能羞于认错。然后笔锋一转,为朱元璋开脱道:其实皇上也是为了百姓好,您是怕贪官污吏借机挪用这些空印纸,用来危害老百姓(恐奸吏得挟空印纸,为文移以虐民)。

郑士利把事情看得过于简单,朱元璋并不是一个糊涂的人,他也不是不肯认错的人。其实他从安插于体制内的无数耳目那里,是很容易获取事实真相的。如果他连这个问题都搞不清楚的话,明朝的天下也就不会是他老朱家的。

既然他已经清楚地了解了事情的真相,为什么还要处罚这些官员呢?真正的原因在他的心里从来就没有信任过那些官员,甚至很多时候还将他们视为朱明王朝的假想敌。这种患得患失的心理与他从小的经历是分不开的,他太了解这帮官员营私舞弊的本事。在他看来,官员的良心早就被狗吃了,自己虽然使用他们,但并不代表这些人是忠诚可靠的。

空印案之所以会给朱元璋造成如此大的内心触动,是因为他的过度敏感。虽然他手握皇权，但是这些官员还是拿他不够重视，他们居然敢不向他请示就私下擅自盖印。这种做法，等于藐视他的权威。今天他们居然敢不经过自己的允许，就将印盖在文书上，真是胆大妄为。如果今天自己容忍了他们，他们明天就会把印直接戳在他这个皇帝的脑门儿上。

盛怒之下的朱元璋将郑士利罚做苦工，作为一个平凡人，他没有机会见识皇家的威严，没有福气享受官员的荣耀。在一个人成功与否的世俗衡量标准中，郑士利是一个人生的失败者，可是他却凭借自己的勇气完成了个人的壮举。由于他的英勇行为，这位既非皇亲国戚，也非名臣将相的普通人就这样被载入了史册。

在属于他的《明史·郑士利传》上，我们看到了一个普通人面对命运所表现出来的决绝的勇气。中国历史虽然长期被所谓的大人物、大英雄霸占着头条，但是小人物在某个时间节点所散发出的人性光辉是我们无法遗忘的。相对于那些空印案中获罪的官员，郑士利还是幸运的，至少他活下来了。

案件已经定性，那么接下来的就是处罚，问题在于全国所有的府县几乎都存在着空印现象，法不责众，总不能将所有的府县官员都一杀了之吧。这又是一个难题，在朱元璋那里，似乎没有他解决不了的难题。他总能做出别人意想不到的事，他也不相信自己能将那些涉案的官员都清洗掉，但是他真的就一步一步去做了。

明代的省级地方机构有三个，即布政司（掌民政与财政）、按察司（掌司法与监察）和都司（掌军政），三司分权，互不统属。往下的地方机构府、州、县，都是由布政司这个系统顺下来的，跟其他二司没有关系。空印案中被处罚的官员大部分是布政使司以下的官吏，还有一部分是地方监察官（言臣），也就是各省按察司系统的官吏。

只要你被裹挟进来，无论你身在何方，将会去向何方，无论身处繁华或者荒芜，结果都已经注定。就连那些言官中也有主印者，自然也被纳入被杀者的序列。

在这里先说一下当时的行政结构，全国共有十三个省，一百四十多个府，一千多个县，这些省、府、县的官员中大部分都与空印案有关。处罚结果出来，举朝震惊。主印官员全部杀掉,副手打一百杖充军。除此之外,连各省按察使司的言官也多有获罪者,理由是监管不力。这是名副其实的一扫光,平时都削尖脑袋往上钻营,这下倒好,干个副职还有机会被拉壮丁留下一条活路,正职就得掉脑袋。这就是所谓的级别越高,责任越大。

在这次空印案中很多素有清廉之名的好官也被杀掉了,最有名的就是千古忠臣方孝孺的父亲方克勤。方克勤当时在山东济宁任知府,为官清廉,平时连肉也舍不得吃,衣服上满是补丁。就是这样一个清廉之士,却稀里糊涂死在朱元璋的反腐风暴中,就因为他是主印官。

需要说明的是,空印案中所杀官员的数目一直以来都存有很大的争议,有史料记载死者达上万人之多,也有史料确认是数百人。朱元璋处理的只是掌印的官员,对副职并未杀掉。杀光所有地方官员,剩下自己一个光杆儿司令显然是不现实的。

其实空印案和朱元璋掀起的肃贪风暴并没有太大关系,官员们由于工作上的便利采取的一种变通手法,结果演变成了一桩大案。而在大家都心知肚明且有人上书说明真相的情况下,朱元璋执意要拿这件事大做特做文章,实在令人费解。

3. 郭桓案的暴烈指数

洪武年间,那些透着血腥气的刑罚手段完全够得上人间地狱级,光听名字就让那些为恶之人失魂散魄。朱元璋心里也清楚,当时动用酷刑的案子,如果按照《大明律》的尺度来量刑,很多人是罪不至此的,有的甚至只应该受到轻微的惩罚。

比如说官吏隐漏文书不报的,按律应该只杖八十;收粮违限的杖一百。可是当朱元璋颁行《大诰》后,这些人居然全都用凌迟之刑;有司滥设官吏,按律应该只杖一百,囚三年,而在《大诰》里的要求却是族诛。

朱元璋应该也很清楚,自己在后世人的眼中已经逃不脱一副暴君模样。但与稳固大明江山根基相比,其他的都不重要。朱元璋在《大诰》续篇的第七十四条

《罪除滥设》中讲："呜呼！艰哉！刑此等之徒，人以为君暴，宽此等之徒，法坏而网弛，人以为君昏。"这是他在向世人表明自己的立场。

来自权力外围的清洗

洪武十八年，帝国发生了一桩震动天下的大案——户部侍郎郭桓盗卖官粮案。

郭桓案属于财税系统出现的腐败窝案，而税粮征收的第一个环节是粮长。粮长在具体经手粮税的征纳过程中，能够做到上下其手，中饱私囊。在洪武年的整个肃贪生涯中，规模庞大的郭桓案无疑是具有里程碑的事件。

郭桓案是由纳粮而起，而粮食是维系一个王朝生存发展的命脉。在任何一个时代里，粮食问题都是执政者心头之重。洪武年间，大明王朝推行"粮长"制度。当时规定每一万石税粮划分为一个纳税区，每个纳税区都是由当地富户中最有实力者担任粮长，负责税粮的催征输解。

建立"粮长制"的目的只有一个，就是拿这项制度作为解决官吏下乡扰民问题的撒手铜。朝廷赋予平民拿官的权力，鼓励他们捉拿下乡官吏，给予丰厚的物质奖励。即使错了，也不追究其责任。朱元璋发动民间力量参与制度建设，尤其是在惩治违规官吏方面。他曾经目睹和体验了底层民众求生存的诸多不易，也切身体会到一个贫民在社会底层挣扎时所受到的种种屈辱、困苦和艰辛。

正是因为这种颠沛流离的痛苦经历，才让朱元璋在成为一国之君后对"三农"问题有着更为特殊的情感。他与官员们在谈到农民生活话题时常常会表现得情难自抑，流泪不止。在中国历史上，因为同情农民生活处境而流泪的皇帝，大概也只有朱元璋了。

他在《大诰三编》中明文规定"民拿害民该吏"，将悬在贪官污吏头上的那把尚方宝剑赐给了那些手无寸权的百姓，发动底层民众捉拿害民胥吏，以此来澄清国家吏治。朱元璋宁愿背负暴君的恶名，也不愿意做一个受人蒙蔽的昏君。官员们前赴后继，趋利而行，作为皇帝的他也是深感无奈。如此惩治贪吏的目的是为了让体制内的人有所戒惧，在他们伸手拿赃款时，先要想一想将会付出怎样的成本和代价。

从洪武十八年开始，一场捉拿害民胥吏的群众性运动就这样在全国各地陆续展开。大量的胥吏被老百姓捉拿并绑赴京师，情节严重者被当即处以极刑，情节轻微者，发配充军。由朱元璋一手打造的民间防控网络体系就这样发挥效用，一时之间，官吏的言行大为收敛，他们不敢再像以前那样肆无忌惮地伤害地方良民。

为了不让官吏祸害老百姓，朱元璋想过很多措施，"粮长制"是其中之一。客观地说，"粮长制"存在着严重的缺陷。对于刚刚登上帝位的朱元璋来说，这项制度只是权宜之计，用它来割断官员假借税粮鱼肉百姓的一个替代性方案。在帝国的权力运行机构中，朱元璋对国家财税系统的官僚机构及其队伍尤为关注。

身为帝国的一把手如此关心财税系统实际操作的状况，是因为这是王朝赖以生存的生命线。帝国庞大的支出就是靠财税系统来维持运转的，容不得这条性命攸关的补给线出现任何闪失，即使发现有丝毫可疑的地方，也要小题大做。当然在这条利益管道里出现的任何一起案件，都不可能是小事一桩。

刚刚接手政权，朱元璋的王朝还没来得及建立一套完全属于自己的权力框架。在没有更好选择的情况下，他只有延续元朝"以吏治国"的大方针。从民间社会重新选用一些政府认为可靠的人员来督征税粮，如此一来，国家的收入就可以增多一些。同时对于那些饱受官府压迫的农民来说，他们也不愿意与官府直接打交道。

由于地方官员基本上都是由外地人充任，对当地的情况不是很了解，往往容易受到地方胥吏的蒙蔽。经过一番利害权衡，朱元璋所倡导的民间自理方式应运而生。对于贪官污吏，他一贯的态度就是从严从重，绝不留半点儿情面。

朱元璋"粮长制"的一大特点是"以良民治良民"，前一个"良民"是那些大地主们，而后一个则是普通农民；前者是治人的粮长大户，后者则是被治的那些贫民小户。"以良民治良民"关键之处在于如何区分"良民"，到底是谁该治谁？

在这里，所谓的"良民"，不过就是那些"有恒产有恒心"的地主阶级，帝国的权力机器只有得到他们的支持才能够平稳运行。朱元璋是无产者出身，现在当了皇帝，就成了最大的地主，那些官僚胥吏是小地主。大地主重用小地主，让他们赚得盆满钵满。在这条食物链中，无论是皇帝这个地主中的至尊宝，还是民间地主中的VIP，他们的利益管道是彼此互通的。

在朱元璋的人生字典里，最为痛恨的两个字莫过于"贪腐"。对待那些贪赃枉法的官吏，他的刚猛手段没有最猛，只有更猛。

他大肆杀戮那些为自己打江山的开国功臣，株连极广。这在无形之中抬高了帝国官场的权力风险值，本来一个士子十年寒窗苦读就是为了当官，以此来实现光宗耀祖、庇荫子孙的人生终极梦想。可是生不逢时，别人当官是要钱，在洪武皇帝的王朝里当官却要了人的命。

无论是体制内的官员，还是体制外的读书人，他们都视宦途为畏途。正因为如此，很多人对朝廷的官员录用并不热心，谁也不愿意拿自己的一条命去博一场未知的富贵。既然读书人不愿意主动依附，朱元璋只有从民间社会将那些忠诚之人提拔到权力系统工作，不然就没人替他这个皇帝干活了。

很多粮长属于地方上的半公职人员，并不属于体制内的正式官员，更接近于吏，他们与体制内的官员相去甚远。洪武年间，"粮长"这种有权无职的地方具体办事人员，之所以有着很强的诱惑力，主要是因为他们能够从征收税粮的过程中捞取更多的利益。但凡有利益出没的地方，就会有趋之若鹜的人群。

其实朱元璋对于自己建立的这一套"粮长制"还是颇为得意的，也正好契合了自己"以良民治良民"的想法。为了让粮长能够忠诚地服务于朱明王朝，他给了他们十分优厚的生存条件。甚至不惜打破吏不为官的传统，让粮长有机会直接晋级官员，甚至是更高级别的官员。

尽管如此，一些中饱私囊的粮长们还是感到不满足。有权力出没的地方，就会有权力的寻租，就会有腐败的滋生。粮长认为依托纳粮来捞取灰色收入，效率太慢。他们想的是如何快速高效，一夜暴富，而且是巨富。有了想法就会去找办法，他们将自己及其亲友们应当缴纳的税粮，分摊到纳税区的众人头上；或者在应该缴纳的正粮之外，再加上各种附加费，这些附加费的名目可以达到十八种之多，通常是正粮的数倍以上；或者将收缴上来的税粮当作高利贷放出去，再向上级部门申请延期交纳。

粮长基本上都由那些地方大户们充当，他们主要负责田赋的催征、经收和解运。其实朱元璋应该想到，无论是"官治民"，还是"良民治良民"，最后都会落入人治大于法治的历史俗套当中。

在这里治人的良民俨然就是朱元璋本人在地方上的权力代言人，他们在纳粮过程中动用的暴力手段在不经意间就转化为体制所赋予的合法伤害权。实行"粮长制"的本意是为了防范胥吏害民，结果却不小心养出了另外的祸患。

"粮长制"原是本着民收民解的精神而建立起来的一种委托、代办的制度，它是用来代替胥吏直接向民间社会征收的平衡法则。开国后的五六十年时间里，粮长的职权也跟着中央集权效应随之扩大，在权力结构中的位置也大幅度提升，由朱元璋直接负责粮长征解税粮。

每当粮长解运税粮抵达京城时，朱元璋都会安排时间和他们见上一面。在那样一个地位悬殊的见面会上，他除了要向他们敲敲警钟（训谕），还要详细垂询民间情况。

对于那些大老远赶到京城的粮农来说，他们也非常珍惜与洪武皇帝的见面机会。或许这样的机会，会在不经意间改变他们的前途与命运。这更像是一次官员遴选，而遴选的对象则是有着丰富基层工作经验的粮长。粮长们如果能够通过这样一个有着面试性质的见面机会博取皇帝的好感，那么就有可能会被提拔为位置颇高的朝廷官员。

平日这些粮长在乡村里，也算是场面上行走的人，他们在工作中所表现出来的八面威风，与地方官吏的做派并无二致。地方上的那些大地主们往往以晋升"粮长"为荣，而且"粮长"这个位置还具有世袭效应。老子是"粮长"，儿子也是"粮长"，这就是所谓的"永充制"。

当然，朝廷在赋予粮长们治理"良民"权力的同时，也对他们利用职权害民肥己的事实痛恨不已。有的粮长巧立各种名目，科敛害民，甚至采取残酷的刑讯手段，逼得老百姓拆屋揭瓦，或变卖牲口、农具等来缴纳粮税，连最基本的生活资料都丧失殆尽。

朱元璋对那些害民之官极为愤恨，在他看来，这帮人虐民之心，甚如蝮蛇。既然他们虐民，那么他这个当皇帝的就虐他们，不然难消心头之恨。朱元璋一次又一次地使出极端手段，逮着一个杀一个，抄没其家产。他曾经创下一次杀头抄家一百六十个粮长的纪录。

当时的浙江金华有个杨姓粮长，他是地方首富。或许是财富助长了此人的狂妄之气，他居然在人前放话：说当今圣上征粮万石，还不及他一个田庄的收入。这句话很快就传到朱元璋的耳朵里，等到杨粮长解粮进京时，朱元璋专门召见了他，故意问道："粮食何在？"杨粮长傲慢地回答："霎时便到。"朱元璋冷冷一笑道："是杀时便到吗？"

这些粮长们完全搞不清状况，手中的那点儿权力是朝廷赋予的，而他们不过是朝廷安插在民间的权力触角。当这个权力触角为所欲为，反过来挑衅皇权时，他们的下场也就可想而知了。

地方官员的灰色生存

郭桓案的事发地是应天、镇江等五个州、府，这几个地方也算是朱元璋当年平定天下的根据地。他也不曾忘记这里，在他即位后就免除了这一地区所有民田的夏税秋粮，官田则减半征收。

当时一石秋粮从浙西运送到南京，由于沿途层层盘剥，所耗运费高达四石粮食的价格。为了减轻农民负担，朝廷采取以钞折粮的办法。也就是每石米折钞两贯，农民可以缴钱折粮，免除运费。对于那些习惯了"上有政策，下有对策"的地方官员，他们同样会变着法子在秋粮征收中苛敛，以获取灰色收入。

为了捞足油水，他们在秋粮征收中可谓挖空心思。比如说他们对每石秋粮征收水脚钱、车脚钱、口食钱各一百文；按照规定，以钱折粮是不用再包装的，可那些粮库官员仍然加征辨验钱、蒲篓钱、竹篓钱各一百文，甚至还要征收水路运输沿江神佛的香火钱一百文。各项征费累计九百文，差不多等于一石秋粮折款的一半以上。

实行以钞折粮的本意是为了降低运费，减轻粮农负担，可是一项好政策就这样被歪嘴和尚念歪了。每每有官员向朱元璋汇报这些问题，都会让他愤怒拍案："如此坑害老百姓，还指望我饶恕他们的罪过吗（害民如此，罪可宥乎）？"

洪武十七年，帝国的应天、镇江等五个州府没有一粒粮食提交国库。尽管全部免除了民田的夏税秋粮，可当地官田名下还有几十万亩田地。让朱元璋感到困惑的是，征收的粮食都跑到哪里去了？是用于填补历年亏空，还是被上下级官僚层层瓜分了？

右审刑吴庸等办案人员认定的结果是，当地官吏张钦等人勾结户部侍郎郭桓等，将其作弊私分。这是京城附近地区，发生在皇帝眼皮子底下的事情。那些稍微远一点的地区——浙西地区，帝国版图中最为丰饶富裕的地区，暴露出来的问题更为严重。

郭桓案版本不一，所盗卖的官粮究竟达到多少石呢？按照朱元璋在《大诰》中的说法：他怕人们不相信盗卖官粮的数字，只粗略地定为七百万石，再加上其他各项，共损失精粮总数达到两千四百余万石。

其实郭桓盗卖的官粮与最后定性的七百万石相去甚远，之所以最后锁定小数字，而忽略那个大的数字，朱元璋有自己的意图在其中。真实的数字虽然大得惊人，但其中不乏水分。当然这种虚报数字的恶习，并不是专为他这个皇帝量身打造的。自元朝以来，虚报数字就成为官场上的一种数字游戏。数字里面出政绩，数字能够掩盖真相。

盗卖的官粮究竟有多少？里面包含多少水分？既然虚的不好认定，也不容易定罪，那就给个定量数字。这样惊人的浪费与损失让朱元璋既愤怒又心疼，他认为，自古以来，贪赃枉法之人，没有比郭桓这帮人更过分的。

之所以将最终的数字定格为七百万石，其实是朱元璋强行在给这个案件定性。既然他这个皇帝定了性，下面的人就不敢再乱嚼舌头。郭桓案确实存在贪污，但若说金额巨大到可以抵得上国家一年的收入，规模巨大到牵涉全国侍郎以下所有官员，牵涉全国所有富人，那绝对是不可能的。

朱元璋又是如何解决那些盗卖、损失的官粮呢？很简单，一条线查到底，拔出萝卜带出泥。户部所收赃款肯定是从布政司来的，那就把布政司的官员也抓来，问他们赃自何处而来；布政司必然会供出赃款来自府，那再把府官也抓来；如果府说来自州县，那就接着把州县官抓来。追根究底，从哪儿来的贿赂，就查到哪儿，一查到底，逼着官员如实退赔。

郭桓、王志等京官贪污受贿是祸源所在，地方官科敛罪责难逃，苏州粮长们滥收费用更是板上钉钉。至于地方官府浮夸出来的虚假产值，朱元璋也就不再去刨根究底了。

朱元璋也清楚，如果非要一查到底，那么最后自取其辱的只会是他这个帝国的一把手。至于郭桓案造成的损失，他派人去各地追赃。此时此刻，各地官员为了自己的身家性命，必然会想尽一切办法去填补仓库的亏空。

上有政策，下有对策，《大诰》里记录下了当时各地官员的种种瞒天过海的伎俩。例如大名府开州州判刘汝霖，明明知道本州官吏罗从礼手中寄存有一万七千贯赃款，却发了一个通知，要求老百姓各家各户摊派，包赔赃款。

由此可以知晓，地方官吏并没有吐出赃款，而是将亏空又再次转嫁到了老百姓的头上。府、州、县的官吏们像虎狼一样科敛老百姓。

这让朱元璋忍无可忍，他跟着发了一道文说：许多地方官员借此机会在全县范围内科敛百姓，等于加征了一道税。收税的总额之中，大约上缴百分之一就足以补偿赃款，其余部分便落入自己的腰包。原来收藏的赃款自然还是自己的。要求各地耆民赴京面奏，揭发地方官的犯罪事实，他要严厉惩处那些涉案官员和牵连案件的富民。为此，朝廷成立了以右审刑吴庸为组长的郭桓案专案组，不光要查，而且要一查到底。

现在这个案子已经不是郭桓和几个主犯们的问题，而是朱元璋要将这个案子的牵连度扩展到什么程度。在刚刚处理完胡惟庸，又刚刚增设了锦衣卫的大背景下，身为户部副部长的郭桓竟敢以身试法，贪污如此巨额的国家财产，实在是没把朱元璋这个皇帝放在眼里。

这时候，朱元璋所布局的特务网络已经遍及全国，许多官员白天贪污，晚上就被揭发。在如此严酷的形势下，郭桓却能私吞几个省的公粮，这是很不正常的现象。从朱元璋废除丞相之后，大事小事都事必躬亲，成百上千万石的粮食没有按期入库，难道他就丝毫察觉不到，还需要等着御史站出来揭发吗？

住在皇宫里的朱元璋，虽然不能亲临每个地方，吃透每个官员，可是这么大的案子，他又怎能做到一无所知。他不过是在等待一个合适的机会再将这张巨型大网撒下，以便捞取分量更足的鱼虾。

撒下这张巨型大网，对郭桓同党的追查在全国范围内也陆续展开。为了保证除恶务尽，朱元璋坚持走"宁可错杀一千，不可使一人漏网"的严酷路线。对他来说，不见血的权力运行，根本无法保证一个王朝的长治久安。

在严格的追查之下，朱元璋很快就发现，六部的所有官员几乎都成了郭桓的同案犯，当然这个结果也是他事先早已料到的。其中涉案官员包括兵部侍郎王志、礼部尚书赵瑁、刑部尚书王惠迪、工部侍郎麦至德等，据《刑法志》记载，当时除了上面所列的六部高级官员外，所有侍郎以下官员都卷入其中，成为刀下之鬼。

兵部侍郎王志职务犯罪获得赃款总额是二十二万贯（相当于今天的五百万元人民币）。事情败露后，朱元璋亲自提审了王志，他问："谁借你那么大的胆子，贪污受贿那么多？"

王志回答："财利迷其心，虽君亲亦忘之。"

朱元璋又问："现在将成为阶下囚或者刀下鬼，你还有什么想法？"

王志的回答与所有临行的贪官如出一辙："臣临刑方觉悔不及矣！"

当时的六部，每个部除了尚书一人，侍郎两人，所有的办事官员都遭到了清洗。尚书成了光杆司令，官员陷入恐惧之中，他们见面问候的第一句话通常是"你们那儿今天死了几个人？"其实发展到后来这个问题根本就用不着回答，因为这时候一个部里最多只剩下三个人了。

除了扫荡眼皮子底下涉案的中央官员，就连那些地方的经办官员也未能幸免。

粮食是由省里送来的，往下查，就是各个府县；府县再往下，就是那些所谓的富户、粮长，这些人也大多被杀。古语云"法不责众"，可朱元璋就偏偏不信这一套，他下令：凡是牵涉其中的人，杀无赦！

最终的结果令所有人都感到震惊，大明权力系统仅有的十二名省部级官员全部涉案。面对这样一个结果，朱元璋的悲愤是可想而知的，他再一次举起了那把令所有帝国官员都为之胆寒的血腥屠刀。在郭桓案中，从六部各个侍郎往下，到地方各级官吏，牵涉此案而死者，达数万人之多。整个帝国但凡有些田地和余粮的家庭，都被这个案子逼至绝境，直至破产。

等到郭桓案尘埃落定，大明朝堂为之一空，中央各部机关连跑腿的普通文吏也没剩下几个。朱元璋撒下的这张巨型大网，由上至下，那些前一秒钟还在庆幸自己是漏网之鱼的官员，下一秒钟就有可能成了网中的鱼儿。

朱元璋并没有停下来的意思，他要求以赃款贿银为线索一路严查下去，从第一个行贿者到最后一个受贿人。这条线索其实就是大明官场的灰色生存路径，每条路径又有若干分支，从京官到地方官，直至粮长。

这件大案处理后，朱元璋却陷入困惑之中：为什么这些官员在刚刚提拔的时候都会表现得清廉忠贞，可是随着担任职务时间越久，就会变得又奸又贪。他更不明白的是为什么他这个皇帝越反贪，却越反越贪。割韭菜般杀贪官，结果贪官却越杀越多，杀不胜杀。百思不得其解的朱元璋陷入巨大的迷惘之中，或许他只看到了人性中的贪婪一面，却没有察觉到皇权制度下隐藏着的巨大黑洞。

在朱元璋的屠刀之下，有多少人是罪有应得，有多少是背了黑锅的。按常理推测，像郭桓案这种高级别的贪污大案参与的人是越少越好，如此既能保证安全，也能确保利益分成较为集中。可是最后的处理结果却表明，这是一起牵涉面广、参与人员众多的腐败窝案。礼部、刑部、兵部、吏部、工部各个部门一起分工合作，这显然不符合常理。

对此，朱元璋不以为然。他告诉那些心有疑虑的官员，当官府衙门祸害百姓的时候，如果有人能够对百姓的疾苦产生恻隐之心，不与奸官同流合污；当贪官们向百姓科敛的时候，如果有人拒绝在公文上签字画押，或者阻止贪官的行为，使他们不能得逞，或者用密封的奏书向他报告，对百姓予以关怀体恤。如果他们这么做了，他这个皇帝还不分轻重一视同仁地惩处他们，那么他就是在枉杀无辜。可现实却并非如此，每次那些寄生于体制内的蛀虫们在横征暴敛时，都没人站出来阻止。这种权力上的不作为也是一种腐败，自己将他们和贪污犯一起治罪，哪里来的冤枉可喊？

借着郭桓一案，朱元璋将整个帝国又来了一次上上下下的大清洗。此案不仅遍及浙西四府，而且牵连全国的十二个布政司。在这里需要说明的是，当时全国的布政司总数也就十二个，等于说这件案子将大明王朝的地方官场整个扫荡了一遍。

如果说胡惟庸案和蓝玉案将中央权力机构清洗了一遍，那么郭桓案又将地方权力机构扫荡一遍。也正是在这种双线清洗之下，成就了朱元璋铁血帝王的威名。

在朱元璋看来，制度这种东西要保持它的新鲜度，只有越洗越健康。尽管每一次清洗，他都要打着维护老百姓利益的金字招牌，可这些案子也确确实实损害到了帝国的统治基础，也伤害了全国士子阶层们的忠孝之心。十年或者更长时间的寒窗苦读，辛辛苦苦挣了一官半职，最后还是受到牵连，落得身首异处。

对于像朱元璋这样草根出生的帝王来说，与那些高门大户有着一种天然的、与生俱来的隔阂与仇恨。在他看来，高门大户往往为富不仁，与官府有着某种交易性质的勾连，将手无寸权的良民逼至生存的绝境。

朱元璋通过这样残酷的方式，以达到消灭天下富户的目的，最后只留下老实巴交、安分守己的小农。而打造一个恒定的小农社会，则是他一直以来追求的政治理想。

由郭桓案引发的大清洗使得大明体制内人人自危。他们虽然不敢指责他这个皇帝有什么过错，但是对于那些告发此案的御史和审理此案的审判官们，却表现得群情激愤，议论鼎沸。朱元璋很快发觉，这个案子所带来的负面效应正在逐渐摧毁天下士子们的制度信仰。

他不断扩充自己手中的黑名单人数，而那些有幸进入黑名单的官员，大部分是负责审理此案的官员。比如说，负责此案的主审法官吴庸，就成了最后一个因郭桓案被杀的官员，而且死得极惨，是磔刑，也就是将身上的肉一片片地割下来。朱元璋用他的死来平息众怒。办完了这件事，他随即下旨，大赦天下。

朱元璋觉得事情到此应该结束了，可现实总是让他一再失望。在郭桓案中，龙江卫几个仓官因为伙同户部官郭桓等盗卖仓粮，被处以墨面、文身之刑，挑断脚筋、割去膝盖后，仍旧留在本仓看管粮食。然而，还没过半年，一个进士到仓库放粮，早晨发出两百根放粮的筹码，晚上竟然多出来三根。进士当面责问，发觉是已经受刑的仓官康名远不思改悔，私自偷出放粮的筹码，转卖给几个同样受过刑的小仓官，用来盗支仓里的粮食。

朱元璋在听说这件事后除了愤怒，就是发自内心地感到无奈。那些听上去让人魂魄俱散的刑法已经够残酷了，按说领略过其中滋味的人应该会有所收敛。可他万万没有想到的是，康名远等人肢体残了、面容毁了，仅存一条活命，但还是没有停下作恶的脚步，仍然盗卖官粮。

朱元璋愤怒地向天下人发问：“此等凶顽之徒，果将何法以治之乎？”对于这些凶顽之人，还有其他办法吗？已经没有了，严刑峻法是唯一的选择。官员们早上刚上任，晚上就有可能将手伸向不该伸的地方。虽然杀了一批又一批贪腐之人，可还是无法阻止官吏们心头的贪念。

4. 旁入公门的那道门

朱元璋一直保持着这样一个习惯，那就是在地方官上任之前，都会找他们谈一次话。谈话的内容无非两点：一是要求他们能够正确对待自己的事业，做到恪尽职守；二是要求他们能够抵挡贪污受贿的诱惑，做一个清官。

有人说，当官有自己的一套利益规则。身在体制内，就不能坏了规则。但朱元璋也会给官员们算一笔很实在的利害关系账，以此来敲打他们。

朱元璋总结出来一个"守井定律"——老老实实地守着自己的薪俸过日子，就好像守着井底之泉。井虽然不满，却可以每天汲水，泉不会干。受贿来的外财真有益处吗？你搜刮民财，闹得民怨沸腾，再高明的密谋也隐瞒不住。一旦事发，首先关在监狱里受刑，判决之后再送到劳改工场服苦役，这时候你那些赃款在什么地方？在数千里之外呢，你的妻子儿女可能收存了，也可能根本就没有。那些赃物多数藏在外人手里。这时候你想用钱，能到手吗？你家破人亡了，赃物也成了别人的东西。所以说，不干净的钱对自己是毫无益处的。

表面上看，朱元璋是站在官员的立场上来算这笔账的，但实际上他是用臣子们的算计来倒推自己的算计。一句话，就是通过这种算计把臣子们装进口袋里的污款掏出来，进行重新分肥。但是臣子们一个个精明得像猴似的，又岂能轻易地被他说动，更何况真金白银的诱惑要远远大于单调乏味的说教。

治国初期，朱元璋通过《大诰三编》传递出这样一个信息：他反腐只有起点，没有终点。为了表明自己的反腐决心，他列举了各种治贪的办法。在这些办法中，他专门赋予那些被贪官污吏盘剥得急了眼的老百姓一项特权，那就是"旁入公门"。

所谓"旁入公门"，也就是说老百姓可以从小门冲进去，把与自己的冤屈相对应的胥吏抓起来直接押送京城。至于那些官员，百姓们则是无权抓捕的。当然，朱元璋也会给那些参与抓捕的老百姓吃颗定心丸，如果有官员试图阻止他们抓污吏，他将对阻挠者施以酷刑，然后族诛。

一个王朝的权力结构通常是由帝王、文官、胥吏三级构成，如果抛开那些奉行孔孟之道的文官集团，还有大量混迹于基层的胥吏。胥吏上受官僚分派，下受百姓敌视，他们的存活之道就是伸手向老百姓不断地索取，通过从民间刮地皮来满足自己的生存欲望。

当年朱元璋还是草根朱重八的时候，那些闯进家中收各种税的就是此类人。正因为如此，他对胥吏的痛恨比别人来得更为强烈。造成大明王朝胥吏猛如虎的真正祸根，其实还是来自蒙元时期。元朝统治者由于不熟悉儒家文化，将汉人知识分子晾在一边，大量雇用胥吏治国。

等到朱元璋建立起自己的王朝，那些胥吏并没有因江山易主而有所收敛，经常发生胥吏殴打上司的例子。虽然说朱元璋对那些与自己理念不符的文官采取了极端的方式，但对数量众多的胥吏却一直无可奈何。

在皇帝的支持下，整个帝国很快掀起了一浪高过一浪的群众斗争胥吏的热潮。朱元璋的《大诰三编》中记载：常熟县乡民陈寿六本来只是一个最普通不过的人，低眉顺眼地过着自己的穷日子。如果不是因为后面发生的事情，他也许一辈子就这么悄无声息地淹没于历史的深处。这件事情的起因是陈寿六得罪了当地一个叫顾英的县吏，于是遭到了顾英的迫害打击。陈寿六家仅有的口粮和来年的种粮都被顾英的爪牙搜刮殆尽。当然县吏顾英不只是针对陈寿六一个人，他平时就横行乡里，受他迫害的人不在少数。

顾英本来以为老实巴交的农民都是修炼过忍术的，很多事情忍一忍也就过去了，并不会翻起多大的风浪。但是这一次顾英错误估计了形势，因为他遇上了自己的克星陈寿六。顾英点起的这把火憋在陈寿六胸中，烧得难受。

终于有一天，陈寿六爆发了。爆发的陈寿六率领自己的弟弟和外甥一怒之下冲进了"旁入公门"的那道门，趁顾英喝得酩酊大醉，将其五花大绑捆了起来，连夜押送离开常熟县，直奔京城而去。这事来得太过突然，常熟县的官吏们根本来不及做出任何反应。

需要指出的是，陈寿六并不是一个没有头脑的莽夫，他是一个知法懂法的乡民，他的所作所为也没有僭越当时的法律。也就是说，陈寿六绑架县吏顾英是按照朱元璋所制定的法律条文在执行。

在临行之前，陈寿六做了一件事。他让乡亲们找来了朱元璋专门发布的反贪法律手册——《大诰》，随身携带以作护身符之用。因为按照朱元璋的圣谕，对持有《大诰》押送巧立名目、害民取财的地方贪官赴京的普通民众，各个关卡路口都要一路绿灯。

陈寿六等人押送顾英到京后，立即将其投进监狱。朱元璋不仅没有追究陈寿六等人以下犯上的罪过，还当面赏银三十锭，其他三人衣服各两件，并免除了他们的杂役。在陈寿六等人离京后，朱元璋又发布谕令警告那些地方官吏：你们胆敢对陈寿六这样的人打击报复，一律处死并株连九族。朱皇帝在谕旨里，对陈寿六这种大无畏精神大加褒扬，号召全国的农民兄弟都要学习这种敢与官场恶势力做斗争的精神。

在表彰文件里，朱元璋说："如果有人敢罗织罪名，搬弄是非，扰害陈寿六，我就将他族诛！当然，如果陈寿六自己仗恃着我的名头而横行不法，为非乡里，也同样罪不容赦。但是，陈寿六若有过失，地方官员无权做出决断，必须将他召到京城，由我亲自审理。"

既然皇帝开了金口，陈寿六这样的农民，很快就成了帝国天空一颗耀眼的政治明星，成了归朱元璋直接领导的御用农民。

此风一开，洪武十八年、洪武十九年，在前往南京城的各条驿道上，时时处处都能看见这样一幅景象：乡民们三五成群，或者百十为伍，带着干粮，押着几个手脚绑得结结实实的富豪或者胥吏，或步行或驾着破驴车匆匆赶路。遇到关口有官员盘查，他们就会从怀里掏出几本金黄色封皮的小册子。平日里不可一世的官员们见到这些小册子，立刻会收起平日里的威风，毕恭毕敬，恭请这些"大爷"们赶快过关。

当然这些官员不是畏惧于手无寸权的乡民，而是对他们手中握着的《大诰》畏惧，准确地说是对于皇权的畏惧，对朱元璋这个皇帝的畏惧。

中国几千年历史，何曾有过老百姓捉拿贪官污吏的事情发生。所以朱元璋在和官员们说到这件事时，也不由得发出感叹："其陈寿六岂不伟欤。"——这陈寿六难道不是很了不起吗？

一个农民能够绑架县吏，大老远跑到京城之地，来到皇帝面前"告御状"，过程艰难，勇气可嘉。当然此时的朱元璋并不是站在一个农民的角度来考虑其中的利害计算，那样的话，他充其量只能是一个有政治觉悟的农民，而不是一个政治上成熟的皇帝。此时的朱元璋就是用自己手中的圣谕赋予乡民集团一项特权，用来制约官僚集团，以达到整顿吏治的目的。

陈寿六作为一个手无寸权的乡民，能够绑着一个县吏进京，这种行为本身的难度系数就已经高得离谱。陈寿六在离开常熟县时，让乡亲们找来由洪武皇帝发布的反贪法律《大诰》，这个《大诰》也就是一个政府颁发的普法小册子。这个普法小册子成了陈寿六手中的"通行证"。这个小册子到底有什么样的魔力可以为陈寿六遇水搭桥，逢山开道？其实这个小册子告诉他们的是，只要陈寿六们顾虑到的，他这个远在京城的皇帝也都考虑到了。

当然朱元璋的"旁入公门"的门并不是只拍苍蝇，不打老虎。贪吏要治，他要在每个官员的头上都悬着一柄利剑，随时警醒那些困于笼中的猛虎。在颁布这些新制度以前，朱元璋已经采取了许多霹雳手段来惩治这个帝国泛滥成灾的贪污腐败。大批官员倒在了一波又一波的肃贪风暴之中，他甚至不惜动用剥皮实草这样的人间酷刑来震慑他们。

酷刑虽然酷烈难当，但效果看起来似乎并不那么明显，贪风依旧炽烈如火。用朱元璋的话说，是"前尸未移，后尸继之"。由此可见，人骨子里的逐利性已经越过了生命与尊严的界限。《大诰》里制定的那些破天荒的新制度，正是在这样一种社会背景之下产生的。

有时候，朱元璋对从体制内根治贪腐丧失了信心，在诏书里，他将警示的对象从个别贪腐官员转为全体官员，他说："朕自开国以来，凡官多用老成。既用之后，不期皆系老奸巨猾，造罪无厌。"本以为用的都是老成持重之人，谁曾想，一个个老奸巨猾，贪得无厌。

朱元璋对这一现象恨得牙痒痒，他继续道："我设各级官员，本来为治理人民。然而过去所任命的官员，大多是一些品行不端的无耻之徒。一到任后，他们就和当地吏员、衙役、地方上的黑恶势力勾结起来，害我良民。"

洪武十八年，山西人李皋前往溧阳县做知县。上任时间不长，李县长就和衙门里的差役潘富勾结起来盘剥老百姓，巧立名目，大肆科敛。潘富是个善于搞关系的人，李皋到任不到一个月，潘富就用搜刮来的钱财买了一名苏州女子送到了他的府上。

于是，潘富也就攀上了富，在他的教唆下，李皋下令科敛荆杖（拐棍）。也就是要求溧阳县的所有百姓，都要向官府缴纳一根拐棍。百姓们把拐棍送来，潘富们又借口质量不合格，拒绝收纳，甚至对其拳打脚踢。潘富们要求老百姓把拐棍"折换"成银钱直接交上来，拐棍是幌子，榨老百姓的钱才是真正的目的。

像潘富这样的胥吏基本上都是当地人，他们熟悉当地的风土人情。这样的人就像吸附于权力结构底部的一只只巨型蜘蛛，能够在地方上织成一张张由亲属、邻居、朋友构成的关系网。相比而言，那些官府选派的州县官员却是外乡客，胥吏与地方势力往往盘根错节，他们的权力是世代递延，而官员们则任满后就拎包走人，正所谓"铁打的衙门流水的官"。

潘富打着知县李皋的旗号，疯狂敲诈地方老百姓。就算知县是个有几分清明之人，也没办法阻止潘富等人的疯狂。更何况李皋知县，也是个贪图钱财美色的腐官。

既然你们将百姓逼得没有活路，有个叫黄鲁的百姓就跑到京城告御状。这个案子涉及的主犯是知县（县长）李皋，老百姓没有"旁入公门"自发捉拿的权利，也就只能通过越级上访。朱元璋获悉情况后下旨严查属实，并派人去捉拿潘富。谁知道走漏了风声，潘富提前开溜了，就这样成了一名在逃犯。

这个潘富是个天生的犯罪式人才，居然在没有任何先进交通工具的情况下，一口气跑到千里之外。他的社会关系网这时候开始发挥作用，他先是被溧阳本地的儒士蒋士鲁秘密递送到了邻境的广德县，不久又流窜到建平县。等到缉捕的差役们跟头流星地赶到建平，当地百姓王海三又悄悄将他递送回了溧阳，很快溧阳百姓朱子荣又将他暗地里递送到宜兴县。

一次又一次，潘富就这样经过反复周转到了崇德县。崇德县的豪民赵真家财万贯，豢养了许多无业游民做贩卖私盐的勾当，常常与其有来往的朋党多达数百人，潘富就藏匿于赵真家中。等到缉捕的衙役随后赶来，赵真又暗地里将潘富递送到千乘乡的一座寺庙里。庙里的和尚们纠集两百余人，反将缉捕潘富的差役们团团包围，直至杀伤人命才一哄而散。

这件事越闹越大，最后不得不再次上报到朱元璋这里。朱元璋传令，将赵真及其同伙的两百余户人家的家产全部抄没，凡是参与围攻办案人员的，一律诛戮。沿途窝藏潘富，帮助其逃跑的一百零七户人家全部枭首示众，家产也一并抄没。

一个县衙里的小小污吏，在朱元璋亲自签发了缉捕诏书之后，居然能够上演一场如此大规模的连环大逃亡，先后历经八县，涉及三百多户人家，这真是让人感到匪夷所思。

如此巨大的能量，不能不让朱元璋感到胆战心惊。由此也不难看出，大明开国初期依然受到元代重胥吏而轻官员这一传统的流弊毒害。有人说朱元璋三番五次强调元代亡于胥吏是在小题大做，但是他从不这么认为。

在治理污吏这个问题上，朱元璋之所以要发动朱寿六这样的群众代表。是因为他明白，胥吏们的社会关系在民间已经错综复杂到了让人难以想象的地步，单凭他这个皇帝和各级官僚的力量，已经没办法摆平帝国庞大的胥吏集团。一个县里的小小污吏潘富，就能搅动四方为之奔忙，官府奈何不得，可见民间的力量有多么强大。

从登上皇位的那一天起，朱元璋琢磨最多最深的一件事，就是要将自己的权力触角伸向帝国的每一寸角落。他不光是这么想的，也的确做到了这一点。可以说，在中国历史上，对老百姓的个人日常生活干涉得最深入的一个皇帝，非朱元璋莫属。

在《大诰续编》里，朱元璋第一次提出了让老百姓"互相知丁"。从章程颁布之日起，市井村镇中的老百姓要对自己的左邻右舍做到知根知底。也就是知道他们平日里从事何种职业；还要做到知道邻居家里几口人，几个人从事农业，几个人读书，几个人从事手工业或者商业；对于读书的邻居，一定要知道他的老师是谁，在哪里的学堂上学；给别人做老师的，也必须知道他所教的学生都是谁，是谁家的孩子。

这么发展下去，大明王朝终将得到一个互相监视、遍地特务的破坏性社会环境。社会生态极其缺乏活力，每个人都被牢牢地捆绑在了各自的身份和职业当中，想动一动都不可能。

但是朱元璋并不在乎。他之所以这么做，是因为他始终没有找到更好的办法来延伸自己的"权力触角"。他为自己的王朝设立了巡检司和锦衣卫，让巡检司专门负责盘查全国各地的过往行人，人们被限制在方圆一百里的活动范围之内。每一条街道，每一条道路，都有锦衣卫的人在潜伏，这样，吏民的一言一行都逃不过他的耳目。

朱元璋也不无遗憾地指出："朕如宽厚行仁，人将谓朕不明于事；朕如加严，人又指之为暴矣。"有时候，他对自己实施的严刑峻法也是有所怀疑的。重刑并不能完全把官吏吓得不敢去做错事，皇帝的权力再大也有其局限性。

按照古圣贤的分类，老百姓可以从事士、农、工、商四种生计。而在圣人们的教导下，老百姓应该在这四个领域，各守其道，各尽其职。唯有如此，天下才能实现真正的太平。而那些不在"四业"范围内的谋生者，大多数走的都是犯罪道路。

朱元璋实施"知丁法"的目的，就是为了抓出那些民间社会中的害群之马，这些人大多是游手好闲之辈。那时候谁要想当个自由职业者，就要做好被官府抓捕的准备。在朱元璋眼中，这些自由职业者都是平日里只知道罗织词讼、勾结胥吏、弄权官府，实在是官家社会的毒瘤。"知丁法"推广开来之后，老百姓们把自己了解的邻里情况上报里甲（乡村社会的基层组织），里甲再把情况向县衙报告，一级级地向上申报。这种天罗地网似的人口摸排，使得潘富那样的在逃犯无所遁形。

为了杜绝类似潘富千里大逃亡，先后历经八县，涉及三百多户人家，一千多人受到株连的案件再度发生，朱元璋又做出一项最为严酷的补充：如果《大诰》颁布下去，一里之间，百户之内还有无所事事的游民，里甲坐视，邻里亲戚不抓，任凭这些游民流窜于公门、市井之中，为非作歹。一旦他们被官府抓住的话就有可能处死，里甲和四邻全家发配边疆。

洪武十九年，福建沙田县有十三个不愿务农的百姓，想要合作干点儿营生。中间为首的是一个叫罗辅的人，这些人聚在一起商量说："如今朝廷的法律好生厉害，我等不务农恐怕会因此获罪，不如大家一起切掉几根手指，如此变成残废，不务农也就没罪了。"

民众集体作弊这件事被人告发到京城，朱元璋下令将这些"奸民"押回原籍枭首示众，将各家的成年男丁诛杀，妇女、小孩一律流放。等到案子了结后，他痛心疾首地说："不遵教化，自残父母赐给的身体，是为不孝；诽谤朝廷法度严苛，是为不忠。将此等不忠不孝之人诛杀，也是迫不得已的事！"

四、无处不在的夺命幽灵

很多时候，朱元璋实在搞不清楚是因为检校和锦衣卫真的拿到了所谓谋逆者的谋反证据，他才会大开杀戒；还是因为他的确想要杀了这个人，检校和锦衣卫才会通过各种手段和途径找来那些谋反证据。

检校和锦衣卫是朱元璋一手打造的恐怖政治的特务组织。他不仅利用特务组织来监视和侦察官僚和武将，而且对普通老百姓也实行网格化监控，整个帝国布满了无处不在的耳朵和眼睛。朱元璋的疑心病源于一个"怕"字，既怕官僚手中握有过分膨胀的权力，有一天会威胁到自己的皇权；也怕那些强悍跋扈的武将，私底下积蓄叛变的力量；更怕底层民众不满，像他当年一样起兵造反。

1. 告密者的死亡游戏

朱元璋骨子里天生就有敏感、偏执的成分，对人始终抱有一份警惕之心，凡事持怀疑态度。他的这种恐惧感和不安心理，只要受到外界的一点儿小小刺激，就可能会引发巨大的震荡。如果有人留心锦衣卫成立之前的那段历史，会发现有这样一批人潜伏于大明的内廷与外朝。他们没有留下自己的姓和名，他们只有一个称呼——"检校"。

检校的品位极低，除伺察、告发他人的阴私勾当外，几乎没有其他任何权力。但是就因为他们如魅似鬼的存在，让洪武皇帝那双混沌的双眼成了一双千里眼，让他有些幻听的耳朵成了一对顺风耳，无论品级多高的官员见了他们也都会惧怕三分。

情报工作自古以来就被视为没有硝烟的战场，你中有我，我中有你，阴谋血腥是斗争的常态化。早在大明建国以前，朱元璋已经有意识地在身边豢养了这样一批由他亲自调控，专门负责情报工作的检校。当时天下群雄四起，对他来说，想要从中脱颖而出，战时的情报工作是必不可少的。

等到时局逐渐稳定下来，朱元璋并没有忘记这些藏于暗处的耳朵与眼睛。他不但没有解散这些检校，反而赋予了他们新的工作内容。由前期的战时情报，转为监察帝国上下的一举一动。尤其是用来察听京城大小衙门的官吏，他们所干下的不公不法的事情，还有风闻之事，就连不着边际的道听途说也要随时监听，及时向皇帝报告。

监听的范围不断地扩展和延伸，从上到下，如一张无所不在的蜘蛛网涵盖了帝国的每一寸土地。不光是那些在职官员和退休官员，甚至连他们的家属，普通老百姓，也在他们的监控范围之内。

检校从事的脑力劳动，通常是由那些文官担任。朱元璋早期的亲信幕僚大多是检校出身，如高见贤、夏煜、杨宪、凌说等人。这些人一天到晚干的就是告发人阴私的勾当，朱元璋将他们比作自己豢养的恶犬，人见人怕的恶犬。检校，无品无级，甚至连办公机构和人员编制都没有，他们不过是洪武皇帝安插于不同部门不同职业中的隐形人。

检校的来源非常复杂，其主要成员是社会闲散人员，其中也有文武官员，甚至还有和尚与道士。他们之间并不清楚对方的身份，也就是说检校是他们的隐身份，他们在阳光下行走的时候用的却是各自的显身份，他们只接受一个人的调遣，那就是朱元璋这个皇帝。

这些人无孔不入，捕风捉影，朱元璋也知道很多冤假错案都是他们一手造成的。也正是在他们的推波助澜之下，他在胡惟庸、蓝玉等案件的办理上才会得心应手，收放自如。

那些朝廷官员，尤其是一直以来与朱元璋走得较近的功臣，包括徐达和李善长，他们都知道皇帝身边豢养了这么一批专门从事监察工作的人。对于这些人，他们的认可度较为复杂。一是出于斗争形势需要，后方的文官、前方的武将都需要战时情报，检校的存在必不可少。另一方面，检校组织通常是由朱元璋亲自掌控，从不假手于人。他布下的窃听系统，几乎是无孔不入。这样一来，谁也不知道身边到底谁是检校，每个人都面临着随时被监控、被揭发的风险，人人自危。

洪武年间，朝廷征集了一大批元末的儒士来南京编纂经典。其中有个老儒士钱宰也在征召之列，参与编纂《孟子节文》。或许是老先生年龄大了，工作任务太重，他在下班回家的路上，想着自己起早贪黑，究竟是为谁辛苦为谁忙。他本是个诗人，郁闷愁苦助长了他的诗兴，于是他张嘴就来："四鼓咚咚起着衣，午门朝见尚嫌迟。何时得遂田园乐，睡到人间饭熟时。"

不料这番牢骚之语被那些暗中跟踪的检校听到，这首诗很快就躺在了朱元璋的御案上。第二天上朝时，朱元璋就将钱宰找来谈话："听说爱卿昨日作了一首好诗，不过诗的意境值得商榷。寡人可从来没有'嫌'你上朝迟呀，你看那个地方用'忧'字是不是更贴切一些呢？"读书人胆子小，这句话让钱宰冷汗直冒，忙不迭地磕头谢罪。

这个向朱元璋打报告的检校成员，可能是和钱宰擦身而过的某个年轻书生，也可能是他身后丈余外正在和小贩讨价还价的路人甲，也可能是对着钱宰宣过一声佛号讨过几枚随缘钱的游方和尚，也就是说，这位向皇帝告密的检校可能是那段时间里出现在钱宰身边的任何一个人。

朱元璋对检校们所做的工作还是非常满意的，因为他们的办事效率实在是惊人。他们听到钱宰的诗，当天晚上就抄录一份送达朱元璋的手上。皇宫里有专人负责接收检校们的报告，而朱元璋也会每天认真审看这些报告。在看的时候，朱元璋也是冷汗直冒。换位思考，如果有人十二个时辰这么盯着自己，他会发疯。正是因为这种全方位无死角的监控，才能让他在第二天早朝的时候，对钱宰来个突然袭击。

检校队伍里不乏好大喜功之人，他们看到朱元璋喜欢怀疑人，便将丁点儿大的事放在显微镜下审视。通过锦衣卫与巡检司两个机构，朱元璋在他的帝国布下了一个庞大的监控网络，从中央到地方，从城市到乡村，无论官僚还是百姓，均处于严密的监视与控制之下。

检校不分白天黑夜，像幽灵一样四下活动，无孔不入，一有风吹草动，他们便会向皇帝报告，于是臣僚们退朝后的一举一动，尽在朱元璋的掌控之中。

大学士宋濂有一次在自己家里请客，朱元璋第二天就找他谈话："你昨天喝酒了吗？座上的客人是谁？吃了些什么菜？"宋濂满脸写着惊诧之色，他从皇帝的口气里听出有盘问的意思，于是便一五一十地回答了他的问话。

朱元璋对此感到很是满意，说道："你很诚实，没有欺骗我。"随后他拿出一张图来，这张图上竟准确地画着赴宴者的座次顺序。宋濂看得脸色大变，冷汗如雨，而朱元璋却暗自得意。

国子监祭酒宋讷因事在家中独自生闷气，暗中监视他的检校便把他生气的表情画了下来，报告给了朱元璋。宋讷上朝时，朱元璋便问他为何无端地在家中生闷气，到底是在生谁的气？是不是在生他这个皇帝的气。

宋讷赶紧叩头如捣蒜，承认自己的确是在家中生闷气，不过与陛下无关，是因为夫妻关系不和睦，与夫人闹得不开心。他问朱元璋是如何得知自己在家中生闷气，朱元璋便将锦衣卫的画像递给他。宋讷看到自己面带怒容的画像时，脸色变得异常深沉。他一定不会想到，和夫人生一场闲气也会被皇帝知道，这也太可怕了。

某大臣闲来无事在家中与妻妾们打麻将，结果不小心丢了一张二万，怎么找也找不到。次日上朝，朱元璋问这个大臣昨天晚上在家中忙活些什么，大臣以为皇帝要过问他的生活作风问题，便如实禀告，并请朱元璋恕罪。哪知朱元璋听了不但没有发怒，而且表扬他说："卿不欺我，朕不怪也。"说完，便从自己的袖子里摸出那张二万扔给他。

吏部尚书吴琳已告老回湖北黄冈，但朱元璋对他还是不太放心，怕他利用自己的威望在下面做不利于朝廷的事。于是便派特务前往侦察，这个检校到了吴琳的家乡，并不直奔吴宅，而是东转西溜，看能否打听到一些关于吴琳图谋不轨的传闻。

这名检校经过一片稻田，见一个农夫模样的老人正坐在田边休息，便上前问他："可知此地有个吴尚书？"不料老人却回答："敝人便是。"检校看他那苍老的样子和农夫没有多大区别，便回京向皇帝如实报告，朱元璋这才放下心来。

类似的事例举不胜举，朱元璋编织的这张网络体系让整个帝国处于监控之下，从官员到百姓，每个人都活得战战兢兢、如履薄冰。

朱元璋虽然亲自领导检校组织，但也不可能做到事必躬亲，也需要有人来替他管理。杨宪就是检校成员，而且是其中的核心人物。

元至正二十七年，朱元璋消灭张士诚后，在他的地盘上设立浙东行省。专门派他的外甥朱文忠担任行省右丞总管军务，同时让杨宪作为属官随行辅佐。临行前朱元璋特地叮嘱他："朱文忠是我外甥，年轻未历练，地方事由你做主张，如有差失，罪只归你。"朱元璋这么做的目的，就是让杨宪帮他时刻盯着朱文忠。

杨宪心领神会，很好地完成了自己的使命。他到任不久就向朱元璋打了小报告，说朱文忠图谋不轨，任用儒士干预公事。这是朱元璋最为忌惮之处，为了防止朱文忠这样的实权派武将自立门户，他规定不许他们任用文人。在接收到杨宪的上书后，朱元璋严厉责备了朱文忠，并将他重用的五个人押解进京，杀了其中的两个，然后将其他三人罚作抄写手。

随后不久，杨宪又将同僚张昶陷害致死。张昶是元朝旧臣，当年察罕横扫中原之时，朱元璋担心自己的军队被蒙元朝廷吃掉，有意通好。他曾经两次派使者携带重礼和亲笔信前往察罕的营帐求和。而元廷也派户部尚书张昶带着"江西行省平章政事宣命诏书"来南京招安朱元璋，后来察罕被刺身亡，风云突变，朱元璋也改变态度，不仅拒绝接受元廷的招安，反而将张昶扣留下来。朱元璋挖了蒙元的墙脚，还对刘基说：元朝送了个贤人给我，你们没事可以和他多交流。

张昶在蒙元朝廷任职多年，精通朝章法典。朱元璋手下的文臣谋士大多是元朝的中下级官员，他们从来没有接触过元朝高官，因此对张昶极为敬重。为了让张昶死心塌地效忠自己，朱元璋用一个死囚替代张昶，将其押往刑场处死。

张昶投靠大明后，虽然受到朱元璋的信任，但是他并不安于做大明的顺臣，经常将自己视为元朝的臣子，对故主十分眷念。杨宪与张昶在中书省相识相交，出于职业习惯，杨宪将自己恶犬似的眼睛和耳朵长在张昶的身上，时时窥测着他。

当时元朝气数还未尽，在中国的北方地区仍拥有较强的势力。张昶出使被困，元廷高官要员却成为朱元璋的普通官员，或许这种身份上的落差让他无法接受。有一天，或许是憋得实在难受，他向所谓的好友杨宪倾诉："我如果能够回到元朝，仍会不失富贵。我是元朝旧臣，将我勉强困在这里，实在是思念故居。我的妻子儿女都在北方，不知他们现在过得怎样？"

当时元臣守节不辱被朱元璋放回的事例有很多，况且杨宪又是他的同僚兼好友，所以张昶对此人并没设防。

至正二十七年，朱文忠收复杭州，朱元璋又将那些俘虏来的元朝高官放还大都，张昶得知此事，非常羡慕，暗中让那些遣返人员带表章给顺帝，带家书给自己的儿子。结果底稿落到了杨宪的手里，杨宪又呈递给了朱元璋。既然不能为我所用，更不能为敌方所用。朱元璋立即逮捕了张昶，在审问过程中，张昶在简牍背面写道："身在江南，心思塞北。"这让朱元璋大为震怒，只好将其处死。

杨宪的举动为文人集团所齿冷，在他们看来，杨宪就是一个阴险狡诈、出卖朋友的小人。虽然为同僚所不容，可是他却得到了皇帝的信任。有着丰富情报工作经验的杨宪，正好可以作为朱元璋安插进中书省的一枚有用的钉子。然而杨宪很快就让朱元璋失望了，他一进入中书省，就像是换了个人似的。

李善长、胡惟庸向朱元璋告发杨宪唆使侍御史刘炳陷害汪广洋，同时刘基也向朱元璋告发杨宪的种种阴私之事。在这种情况下，朱元璋不得不处死杨宪。唆使侍御史陷害朝廷大臣，虽然是大罪，其实罪不至死，然而不管是李善长、胡惟庸还是刘基，他们都不希望杨宪这个人活在这个世界。

这些功臣们都知道杨宪是检校出身，他们不允许朱元璋把整个大明朝变成一个用特务手段控制的国家，因此在处死杨宪的问题上，他们才能够抛弃以往的成见，联手出击，置杨宪于死地。

杨宪是洪武年间复杂的派系斗争中第一个流血的高官，他死于朱元璋为其设定的恶犬职业。他自以为有朱元璋这个皇帝宠着，就可以不管不顾地向所有人开战，逮谁咬谁。可现实情况却并非如此。随着得罪的人越来越多，反而将自己逼入一个孤立无援的状态。其他检校人员也都没有落得好下场，高见贤、夏煜、丁光眼等人告讦他人，结果被人反告讦，导致被杀。检校人员不断被杀，证明了一个道理：咬人的狗都不会有好下场。

杨宪之死只是一个开端，朱元璋并没有因为一个检校的死而放弃整个检校组织，反而使他变得更加警惕。他急需掌握朝臣的思想动态和真实的生活状态。治理的天下那么大，而每天送到御案上的那些奏章却是那么有限。就算他这个皇帝是个机器人不眠不休，也知之甚少。

想一想，天下有多少真相是不为人所知的。检校必须存在，那是朱元璋伸展出去的权力触角，无所不在的触角才能使他这个皇帝真正掌控这个国家。既然朝臣们都讨厌检校这样的特工人员，那么就让自己与他们玩一场更阴狠的游戏。

2. 正在滴血的绣春刀

检校从诞生的那一刻就为朱元璋所掌控，为他收敛皇权立下了汗马功劳。检校是个职务名称，并不是正式机构，它有侦察权，却不能扣押人犯和判罪量刑，要想让检校发挥更大的作用，就必须赋予他们更多的权力。如果将检校放到外廷文官系统的三法司的话，只会让他们更加拘泥于国家法律和程序正义，而无法让他们率性而为。

在朱元璋撒开的这张权力大网中，仅有检校是远远不够的。虽然恶犬无处不到，但是大规模的屠戮，还需要一批虎狼出来执行。这时候的他将目光收回到了内廷，放在身边的侍卫亲军身上。侍卫亲军是朱元璋的私人卫队，他将检校放入其中，并赋予他们侦察之外的权力也是能够说得过去的，锦衣卫也由此产生。

洪武二年四月，锦衣卫正式成立。检校与锦衣卫分工很明确，检校只负责把收集的事向皇帝报告，而锦衣卫是一个集特务、法庭、监狱三位一体的特务组织，其功能更加完善。锦衣卫掌侍卫、缉捕、刑狱之事。

朱元璋成立锦衣卫的想法出于两点考虑：一是他的体制内需要这样一个特务组织；二是给那些功臣子弟一个吃皇粮拿俸禄的机会，因为锦衣卫最初的人员组成大多为恩荫寄禄，没有固定的人员构成。

每逢朝会之时，大臣们必须午夜起床，穿越大半个京城赶往午门。就在那天光微亮、雾霭氤氲中，那些身着飞鱼服，腰配绣春刀的殿廷卫士也会天神鬼魅似的紧随而入，他们手执銮舆、擎盖、扇手、旌节、幡幢、班剑、斧钺、戈戟……在冗长的朝会开始之前，这些有力有势的年轻人，不仅彰显了皇家气势，更让朱元璋体内的热血瞬间燃烧起来。

这些殿廷卫士，又称为"大汉将军"，隶属于锦衣卫。从表面看，飞鱼服与绣春刀是他们身份的象征。飞鱼服端庄儒雅，图案荣重锦绣，上面有飞翔的鱼，看上去有些龙的风姿，蟒的气势；绣春刀则狭长略弯，阴柔轻巧，虽可取人项上人头，但外观并无横暴刚霸之气。

当然在内廷行走的这上千人都是由朱元璋精挑细选出来的，属于锦衣卫中最为风光的那部分人。在锦衣卫的设置中，有御椅、扇手、擎盖、幡幢、斧钺、銮舆、驯马七个部门，他们负责锦衣卫职责里"侍卫"的那一部分内容。

锦衣卫具有巡察缉捕权，下设镇抚司，从事侦察、逮捕与审问活动，不需要经过司法部门，作为一个独立部门行使职权。在洪武初年推行的卫所制度里，最高军事指挥机构是大都督府，大都督府负责大明的所有军事事务，包括负责内廷安全的禁军。内廷拱卫司就是负责内廷安全的禁军之一，属于羽林卫的一支，也受大都督府管辖。

内廷拱卫司是皇帝身边最为亲近的一支队伍，属于他的专职贴身卫队，拱卫司的每一个成员都必须经过皇帝的筛选和审核，包括他的出身，祖上三代是做什么的，所有的亲属关系。这些人必须对皇帝死忠，同时，他的个人能力和心理素质必须达到顶级水平。

大明开国初期，朱元璋就是动用这样的机构来对付自己的政治假想敌。内廷拱卫司虽然属于皇帝的亲军，但是他们的官职并不高，拱卫司的首领也只是七品的官职。朱元璋把拱卫司独立出来，变成亲军都卫司以后，又将指挥使品秩从正七品提升到正三品，提高规格，增加人数——下辖左、右、中、前、后五军，统称为"侍卫亲军"，专门负责皇城的守卫工作。其后就开始大肆地扩充亲军都卫司。

在亲军都卫司里，仪鸾司和皇帝的关系最为亲密，锦衣卫的发端就是从仪鸾司开始。在胡惟庸案启动以后，亲军都卫司中的仪鸾司开始慢慢转换自身的职能，向着锦衣卫蜕变。这时候，朱元璋的统治基础已经趋于稳定，政权建设已摆上议事日程。当年跟随他打天下的那些老伙计们都已经放下战刀，脱去戎装，换上锦袍玉带，等待着论功行赏，准备投入荣华富贵的下半生。

可是对朱元璋来说，执政考验才刚刚拉开大幕。他早已习惯了那种无时无刻不存在的危机感，不敢有丝毫大意。此后朱元璋所要做的，就是把仪鸾司中让他无法放心的人员逐个清理，然后再将心腹人员秘密训练成为超强的特殊人才。

那些身穿飞鱼服、腰挎绣春刀的锦衣卫并不只是履行守卫的职责，朱元璋在最开始设立锦衣卫的时候，将朝臣们都给欺骗了。那些看起来像是散兵游勇的锦衣卫，个个都是千锤百炼的军队里的精英分子。虽然是军人出身，但是他们在军队系统只是兼理而已。朱元璋建立锦衣卫的真正目的，要对付的正是外廷势力。

早在朱元璋当吴王之时，就想要改组国防配置，他将军队分为武德、龙骧、豹韬、飞熊、威武、广武、兴武、英武、鹰扬、骁骑、神武、雄武、凤翔、天策、振武、宣武、羽林十七个卫亲军指挥使司，废除了袭用元朝旧制的枢密、平章、元帅等称号，同时废除的还有亲军都尉府和仪鸾司。

等到锦衣卫正式公开挂牌后，它的性质也从幕后走到了台前。不再像当初挖掘胡惟庸谋逆案时那般生硬如刀，已经成为一支成熟的秘密警察组织。就在穿着大红蟒衣的锦衣卫们手握着"诏令"耀武扬威的同时，更多的锦衣卫也已在不为人知的暗夜里蠢蠢欲动。

如果说大明政权是朱元璋亲手栽种的一棵参天大树，那么他就必须要把影响这棵大树生长的多余枝叶全部修剪掉，哪怕用最冷酷、最残忍的手段也在所不惜。正因为如此，配以锦衣卫们维持皇权威仪的刑法也比其他刑狱要严酷得多。锦衣卫的"诏狱"总共有十八套常用刑具，几乎每一种都是让人魂飞魄散的酷刑。

锦衣卫建立起来以后，到底应该交给谁掌管？这也是朱元璋经过深思熟虑才做出的决定。他选定的锦衣卫的第一任指挥使是毛骧，毛骧原先负责的就是仪鸾司。仪鸾司本来是一个不太重要的部门，其职责不过是负责宫廷礼仪的传播和发展，负责皇家祭祀、巡幸、布宴的筹划和安排。就是这样一个偏软偏文的部门，在毛骧的一手打造之下，呈现出狰狞的面目。

毛骧借着仪鸾司的层层掩护，从事一些机密活动，监视文武百官的动向。在毛骧的用心经营下，仪鸾司被全方位打造成为一个直接有效的特务机构，成了朱元璋在内廷安插的一柄利剑。毛骧在这些人中有一定的影响力，由他训练出来的队员，都以誓死的决心捍卫皇家的安全。在废除亲军都尉府和仪鸾司后，朱元璋又重建了一支既贴身又贴心的护卫队伍——上十二卫，仪鸾司的员工可重新调配。上十二卫中的一支重要队伍就是锦衣卫，锦衣卫的带头大哥就是毛骧。

毛骧也是凤阳府定远县人，早在朱元璋进攻定远时，他的父亲毛骐就带着当地的县令归降。当时朱元璋的身旁只有李善长和毛骐两位机要秘书，毛骐死后，朱元璋将其子毛骧留在身边做了亲兵卫队的指挥使。在朱明王朝还没有正式建立之前，毛骧就已经是检校中的一员，有着丰富的稽查捕拿经验，更重要的是他赢得了朱元璋的信任。当然这份信任并不是白白送给他的，用此类人物，除了要通过行动来发现其人性的阴暗面与狠辣程度，更重要的是观察他在处理棘手问题时的方式和方法。

朱元璋在将锦衣卫的指挥权交给毛骧之前，交给他一项重要的任务，那就是利用锦衣卫为自己清除异己，替他找到清洗那些固执难制大臣的突破口。这种事对毛骧来说易如反掌，两个字就可以解决所有问题——谋反。和谁谋反呢？当然是和胡惟庸。也就是将所谓的异己分子与胡惟庸案做捆绑处理。

这时候的胡惟庸案经过一审再审已经成为一个筐，什么人都可以往里装，当然这里装的大部分都是让皇帝不放心的人。在朱元璋看来，他们都是对大明王朝有潜在威胁的人，他们的存在令自己日夜难安。胡惟庸虽然已经死了有些年头，但是朝中与他有牵连的官员依然活着。栽赃栽到死人头上，便会成为一道无解的题，纵使有千万张嘴也难辩真伪。从洪武十八年到洪武二十三年，短短五年的时间，被牵扯进胡惟庸案的功臣有一公、二十侯，连坐、死罪、黥面、流放的有数万人之多，朝中文臣几乎为之一空。

在这项繁杂的工作中，锦衣卫取得了朱元璋的充分信任。随着手中权力的不断扩张，他们的分工更趋于明确和完整，锦衣卫的管理机构开始逐步成型。

那些建国功臣们已经无法得到朱元璋的信任，他身边新的一批亡命之徒正在应运而生。最初出现在历史舞台上的锦衣卫是蒙着面纱的，人们无法看清他们的真实面目。让朝臣们感到惊骇的，是朱元璋对胡惟庸、蓝玉等人的清洗会如此完整和周密。令朝臣们想不到的是，正是在锦衣卫的协助下，朱元璋才得以在权力场上有条不紊展开肃清工作，行动稳健、准确，如同一架高效精密的仪器。

历时十多年的屠杀和不断地发掘，朱元璋的计划和手段从来都是缜密无误的，朝臣们早已经习以为常。也许正是这时候，人们才想起不知从何时起，刑部天牢外，出现了一座由锦衣卫管理的"诏狱"。不管是骨头比刀锋还硬的武将，还是意志力超强的文官，只要是个人，他们进入这里后，也会完全崩溃。锦衣卫的十八酷刑光听名字就让人魂飞魄散，什么刷洗、油煎、灌毒药、剥皮、铲头会、钩肠等超出人类想象极限的刑讯手段在这里得到了创新升级。这座"诏狱"关押的犯人，他们的身价丝毫不逊色于刑部天牢里的人物，锦衣卫手里绣春刀的杀气弥漫过应天城高耸入云的城墙。

外廷官员的一举一动，几乎是在一夜之间成为贴在皇帝起居内殿屏风上的一张张小纸条。如此的办事效率看上去是不可能完成的任务，却在这时候成为现实。即使知道这样可怕的事情已经确实存在，很多外廷的官员还是不愿意相信自己身边早已密布着鬼魅暗影。

朱元璋并不希望锦衣卫只在应天府这一亩三分地里扑腾，站在皇宫的大殿里，眼睛所能看见的并不仅仅只有那一面面贴满小纸条的屏风。千里之堤，溃于蚁穴，成吉思汗和他的子孙曾经横扫欧亚大陆，转眼还不是被他这个放牛娃给掀得天翻地覆。在渗透外廷的同时，朱元璋向仪鸾司的大小头目发出指令，未来锦衣卫的版图必须要扩张到大明江山的每一个角落，要做到无孔不入。历朝历代，没有一个皇帝打造特务机关所花的精力能够超过朱元璋。

其实真正查起案来，让朝中的锦衣卫全部出动到地方上去追查也不大可能，毕竟蟒衣鸾带过于招摇。因此大批量的基层锦衣卫才是朱元璋掌握外廷边缘地带动向的秘密武器。但是让下级锦衣卫直接向皇帝报告也是不现实的。出于节约成本和提高工作效率，锦衣卫的情报输送工作应该是一级一级地传递到京城，而不是由专人护送。

一系列的血腥清洗导致了外廷臣子们的大换血，无数的位置在瞬息之间就变换了官员，而在这些新陈代谢的过程中，锦衣卫轻易就将自己的耳目安插进去，这种刻意的清洗不但没让基层的锦衣卫们失业，反而使得锦衣卫的网络建设更加趋于严密和完善。

朱元璋就像是一个超级玩家，步步紧逼地完善着自己对于外廷的掌控，尤其是通过"胡惟庸案"完成了仪鸾司到锦衣卫的蜕变和进化，将仪鸾司与基层的特务们成功地连接在了一起，建立起了一支史无前例的、最为强悍的秘密部队。

锦衣卫的存在让朱元璋省心了不少，凡是他有心清除的官员，都会将自己的意图传达于锦衣卫，根本不需要走正常的司法程序，这时候外廷的三法司对朱元璋来说已形同虚设。

在朝的功臣们虽然每天活得战战兢兢，生怕锦衣卫指认自己是某党某派，但他们毕竟跟随朱元璋出生入死搏得天下，血性和胆气还没有被完全消磨殆尽。有的人就算自己赴死，也要拉上锦衣卫垫背。

等到洪武年后期，朱元璋已经决定收手的时候，锦衣卫如同一匹失去控制的野马，仍然没有停止对功臣的屠戮。洪武十八年，毛骧将胡惟庸的亲家、李善长的弟弟李存义扯进案子，想顺势将李善长诛杀。但朱元璋阻止了他的这一疯狂举动，因为李善长在朝中势力盘根错节，牵一发而动全身，这时候还不到动他的时候。

李善长也意识到朱元璋想利用锦衣卫将胡案扩大化，一旦掀起株连风暴，他们这些元老大臣将会首当其冲。在这种情况下，李善长联合朝中一些功臣不断地向朱元璋施加压力。

这些年来，胡惟庸案已牵连进来几万人。毛骧真是一个人才，天生就是吃锦衣卫这碗饭的。他先是找到了胡惟庸"通倭"，与海外番邦勾结的证据；后又找到胡惟庸和北元余孽相联系，阴谋颠覆大明的证据。什么事都不能做得太绝，物极必反的道理朱元璋还是懂的。为了安抚天下臣民，尤其是那些整日活在噩梦中的官员。洪武二十年的正月，朱元璋召集朝中大臣，将自己的决定告诉他们——锦衣卫设立以来，经常非法凌虐犯人，现在他要将这些凌虐犯人的刑具都毁了，将诏狱里的犯人交由刑部审讯。

朱元璋这么做只是想缓和一下外廷的紧张形势，他也知道毛骧和锦衣卫已经让帝国官员们恨得牙根痒痒。更何况焚毁了的刑具可以再造，已经收押的犯人转交刑部可以继续审讯。

洪武二十三年，攀附于李善长这棵权力大树上的枝枝叶叶被一一清除，朱元璋知道到最后收网的时刻了。毛骧此时也敏锐地捕捉到了皇帝内心释放的信号，他再度将五年前的旧事重提，李善长的弟弟李存义与胡惟庸有勾结，当年准备共同举事。这一次，朱元璋没有再多做犹豫，李存义被杀，李善长遭到株连。就在李善长倒下的那一刻，他居然在口供中将审讯他的毛骧也拉进了"胡党"。以其人之道还治其人之身，这真是一个意外的惊喜，毛骧就这样做了恶制度的陪葬。

锦衣卫本就是非常时期的皇帝私兵，没有皇帝授予他们的威权，他们根本没有资格和条件与那些朝臣相对抗，尤其是那些开国功臣。毛骧的死让所有锦衣卫成员都明白了一个道理，在大明王朝的体制内没有谁是不破金身。既然成为锦衣卫的一员，身上背负的使命就是皇帝的千耳百目，一旦被皇帝抛弃，他们也就没有存在的必要了。

朱元璋对皇太孙朱允炆说："我在乱世，用刑不得不重。等你当了皇帝就是太平之世，到时用刑一定要轻。"随后不久，他又召集群臣，发布诏书宣布："今后内外刑事不用再经过锦衣卫，不论大小直接送交三法司。"也就此撤销锦衣卫缉捕、刑讯、论罪的权力。过了没多久，忠心耿耿的锦衣卫都指挥使蒋瓛也幸运地得到了朱元璋所赏赐的一杯毒酒，与这个世界说了再见。

朱元璋杀胡惟庸也好，诛蓝玉也罢，想的都是大明江山的稳固，但由此造成朝廷上下万马齐喑的现状是他始料未及的。朱元璋深知恐怖政治不可能长久，而这时候的大明王朝上上下下弥漫着对皇权的恐惧情绪。如果不能尽快消除这种情绪，给民众以安全感，那么他的大明王朝势必会在动荡中倾垮下去。

五、要青衣还是要官袍

洪武四年初春，这一日与往日并无不同，不同的只是人的心情。天刚微微泛出一丝亮色，朱元璋就穿戴整齐坐在了奉先殿那张御案前批阅起奏章。这些朝臣的奏章越来越敷衍了事，像是有意无意地和他这个皇帝玩文字游戏。

两个月前，左丞相、韩国公李善长致仕，回家颐养天年。而现在宏文馆学士、诚意伯刘基也要致仕。这些文人离开体制真就能够放下半生功名？朱元璋不相信。从他们离开体制所写的那些"悲穷叹老"的诗文中间，他读不到平淡如水的心境。他们离开了权力的核心地带，不过是怕引来杀身之祸。他们是在无奈之下选择归隐山林，与外界隔绝，过着饮酒下棋为乐的生活。归隐虽然是为了避祸，但是却难以免祸，这是君王的悲剧，也是体制内文人的悲剧。

朱元璋在写给刘基的那封《御赐归老青田诏书》中，近乎绝情地写道："君子绝交，恶言不出。忠臣去国，不洁其名……"他能够想象得到，刘基在拿到诏书后，那微微发颤的身体和内心的怅惘。

打天下时亲密无间的战友关系越来越模糊，坐天下时泾渭分明的君臣等级越来越清晰。短短的十几年时间，朱元璋和这些读书人的关系发生了质的变化。从备受恩宠到君子绝交，当年荣邀至南京的盛大情景仿佛就在昨天，往事已成过眼烟云。

1. 养天下可养之士

当年朱元璋所经历的那段浮萍般的漂泊生涯中，让他懂得了读书对一个人的重要性。尤其是在进入皇觉寺后，朱元璋开始发奋读书。在此后的戎马生涯里，读书成为他生活中不可或缺的一部分。

从来没有进过学堂的人往往比那些读书人更懂得读书的好处，朱元璋便是如此。创业之始，他非常尊敬那些地方大儒。这些读书人往往有辩才，替人出谋划策，很是高明。谁能够给他们足够的尊重，让他们体验到存在的价值，给予他们良好物质条件，他们就为谁奔走出力。那些开国君王在打天下的时候，身边都会笼络一批谋臣，他们备受主子的恩宠。所谓"养士"是也。

"养士"对于个人来说，是一件好事，你不养，别人也会养，别人养了就可能会成为你的对手，成为你的祸患。造反之初，养士是朱元璋苦心经营之事，他要尽可能养天下可养之士。正因为如此，朱元璋禁止那些武将和文臣结交，更不允许他们私下养士。每占领一地，他就做出一项规定，将领在占领区域，不能同当地的文化名流接触。他会在第一时间派人将各地文人接到自己的面前，如果条件允许，他会亲自登门接待。

朱元璋这么做有两个目的：一是隔断手握兵权的将领与文人结合，一个武将如果没有文人在身边出谋划策，就会成为一部只知道征战杀伐的军事机器。当然对于儒生，朱元璋也不会将他们白白地养在身边。二是为自己捞取政治资本，那些儒士基本上都是地方上的名人，在老百姓中有一定的号召力，他们往往会左右地方百姓的政治取向。将他们养在身边，老百姓也会跟着过来，这样等于间接巩固了地方的政权。

随着地盘的不断扩大，朱元璋更是加紧对天下儒生名士的网罗。他毫不掩饰自己求贤若渴的心态，每日反复念叨："予思英贤，有如饥渴。"生怕属下不了解他的心思。

元至正十四年，朱元璋打下定远后，冯国用、冯国胜（后改名为冯胜）两兄弟前来投奔。他们的出现，让朱元璋第一次领略到读书人的不同凡响。他们家境富裕，读过很多兵书战策，对天下大势有着自己独到的看法。

见面后，冯国用从他怀中掏出一幅手制地图，那是朱元璋第一次看见真正的地图。冯国用手指着集庆那个地方，在他面前侃侃而谈。冯国用说："集庆，古称建康，自古以来兵家必争之地。你要想得天下，就要先拿下此地。"在朱元璋看来，冯氏兄弟向他献上的最重要的一句话是："有德昌，有势强。"也就是说，有势力固然可以强大，但是如果一个创业者能够拥有道德操守，那么他的事业就可以蒸蒸日上。

当时群雄逐鹿，究竟鹿死谁手还不明朗。就是在这种情况下，冯氏兄弟竟然能够如此明晰地在朱元璋面前勾画天下大势，如此远见卓识让他眼前为之一亮。这一幕不禁让朱元璋想起刘备当年与诸葛亮的隆中对，这让求贤若渴的朱元璋喜不自胜，当即任命他们为军中参谋。

同年七月，朱元璋南下平定滁州时，定远人李善长来到军营求见。朱元璋将其留在幕府掌书记，言听计从。

第二年（1355年），朱元璋攻下太平，当涂县的儒士、明道书院山长陶安率地方百姓出城相迎。陶安为人相对谦和，不好名利，礼让贤者，为朱元璋招纳了不少贤才俊杰。后来刘基、宋濂、章溢、叶琛应聘至金陵时，朱元璋问他们四人能力如何，陶安谦虚地说："臣谋略不如基，学问不如濂，治民之才不如溢、琛。"他的谦逊能让博得了朱元璋的赏识，朱元璋亲自撰写"国朝谋略无双士，翰苑文章第一家"的楹联悬于陶安的府邸门楣之上，以示尊荣。这些乱世儒生们虽然身受元末乱世之苦，目睹群豪蜂起之乱，但是一直没有放弃自身的努力。他们与朱元璋相逢于乱世，不仅同患难共命运，更奉献出了自己的聪明才智。他们有一个共同特点：都无一例外地规劝朱元璋多行仁义，勿动杀念，勿掠财物，以成就他们理想中的仁义之君的形象。朱元璋本是小民出身，他们所倡导的仁义天下的理念与他不谋而合。这也成为朱元璋与那些只为财物而烧杀抢掠的造反者的不同之处。

至正二十年三月，朱元璋又将闻名一方的"浙东四学士"征召到自己麾下。

他们分别是青田（今浙江文成）的刘基、龙泉的章溢、丽水的叶琛和浦江的宋濂。朱元璋热情接待了他们，然后充满诚意地对他们说："我为天下屈四先生耳！"为了表示尊崇之意，他专门在自己住宅的西边盖了一座礼贤馆，将他们安置在那里。如此一来，在朱元璋身边逐渐形成了一个以刘基、宋濂等出自浙东的儒家学者为核心的幕僚集团。

龙凤七年（1361年）三月，朱元璋命中书省招揽文武人才："自今有能上书陈言、敷宣治道、武略出众者，参军及都督府具以名闻。"后又强调："得贤者赏，滥举及蔽贤者罚。"尤其是那些曾经身在元朝体制内的儒家士子，他们中的很多人参与过镇压红巾军，对朱元璋的招降既疑且惧。为了打消他们的顾虑，朱元璋特地宣布：只要诚心归附，一概既往不咎。在他的感召之下，不少曾经仕元的儒士和多年隐居不仕的耆儒名贤，纷纷前来投奔。

这些贤人儒士的加入使朱元璋的精神视野发生了质的变化，尤其是对儒家奉行的那套纲常之理和治国安邦之术有了更多的了解。朱元璋在这种政治权术的指引下，逐步走向身份的转型，从一个暴力求生存的草莽英雄成为争夺天下的霸主，成为一个进退有据的权术高手。

在那样一个时代大背景下，无论属于哪一个阶层，只要参与到争夺官家权力的斗争中，并希望能够从中获利，就要懂得运用儒家思想这个屡试不爽的政治法宝。否则的话，就很难取得预期的效果。

朱元璋之所以会在群雄之争中笑到最后，与自己从那帮书生那里所接受的儒家思想密不可分。他是一个没有文化底子的草根，在造反起义之前，他的社会身份只有两个：一个是乳名叫朱重八的长工，一个是法号叫如净的游方和尚。

凭借着草根的底子却成就了一段儒家特色的创业之路，这不能不说是一段传奇。朱元璋在自己的创业和守业阶段，大打儒家特色牌。不仅尊重知识分子，自己也经常用实际行动向他们靠拢。大字不识几个，却经常在战争间隙作诗为文，抒发情怀。不夸张地说，如果要找帝王自学成才典范，朱元璋当列其中。

在婺州，朱元璋曾经招揽了十三名儒士专门为他讲解那些晦涩难懂的经史。与这些读书人相处日久，朱元璋的文字功力得到很大提升，已经能够亲笔写些命令告示之类的语体文。甚至可以写诗作赋，注解经书。在他亲自起草的《御制皇陵碑》中，已经能够通篇用韵。在《御制文集》中，他更是将自己创作的一百多首诗歌结集，其中不乏得意之作。比如那首他本人最为满意的《咏菊花》，就寄托了他的某种精神信仰。

百花发时我不发，我若发时都吓杀。
要与西风战一场，遍身穿就黄金甲。

再比如另一首云游诗：

天为帐幕地为毯，日月星辰伴我眠。
夜间不敢长伸腿，恐把山河一脚穿。

朱元璋受儒家理学影响非常深刻，如果说宋朝是理学的理论形成与成熟期，那么到了朱元璋这里则完全进入实践阶段，开始渗入社会生活的方方面面。他已经深刻认识到，知识是可以改变实力的。之所以这么说，是因为在这条路上尝到了甜头。

在打拼创业阶段，与对手刺刀见红，他也不曾忘记拉拢知识分子。他曾经抽调人员专门负责人才工作，让这些人携带大量金银珠宝，四处寻访地方大儒。其实请读书人出山并不需要多高的成本，只要你能客客气气地给足他们面子，然后再按上一个虚头巴脑的闲职，他们便会许下"士为知己者死"的誓言。投入不高，收益却极大，这是一桩只赚不赔的买卖。

听说朱升很有学问，朱元璋就学着刘备三顾茅庐，亲自登门拜访。攻下应天后，他又礼聘夏煜、孙炎、杨宪等十余人。在和这些文人儒士打交道的过程中，朱元璋一直居于主导地位。从他领军以来，很多知识分子都是主动来投。

他听说洛阳有个儒士秦从龙，非常有学问，曾经做过元朝和林行省左丞、江南行台侍御史，后来隐居镇江。当徐达出征镇江之时，朱元璋特地交代他："镇江有秦元之者，才器老成，当询访，致吾欲见之意。"

徐达攻克镇江后找到秦从龙，朱元璋赶紧派侄儿朱文正和外甥朱文忠带着钱财、宝物前去礼聘。秦从龙来到南京，朱元璋更是亲自到龙江（今南京中山门外）迎接，与他朝夕相对，甚至同榻而眠，随时向对方请教时政策略。后来建立江南等处行中书省，朱元璋搬进元朝御史台府第居住和办公，也将秦从龙安置于西华门外，事无大小，都要和他商量。为了表示尊重，朱元璋言必称先生，从来没有直呼过对方的名字。

每年逢秦从龙生日，朱元璋和太子都会送上一份大礼，或者亲自到他的家中，与其对饮。秦从龙被朱元璋的诚意所打动，又将另一位高学之士陈遇推荐给他。有人说，武人最讲义气，你对他好，他可以将一腔热血献给你。可在朱元璋看来，文人最重气节，你对他好，他也同样会将自己的身家性命托付于你。

朱元璋自立吴王后，在建置百官的同时，又派遣编写起居注的吴林、魏观待专门负责搜罗那些散落民间的贤才大儒。这样的人才越多越好，朱元璋恨不能够将天下儒者文士都聚集在自己的周围。就算将这些人养在身边派不上用场，也好过他们被敌方阵营收买，成为自己的对手。

对于刚刚起兵的朱元璋来说，文人能够主动来投，当然是求之不得的一件事。自己是个没文化的泥腿子，有饱学之士愿意跟着自己干事创业，让他觉得底气更足。他们在关键时刻点拨几句，就让朱元璋茅塞顿开，大有拨云见日之感。冯国用初次见朱元璋，就建议他取建康以为根本。而李善长刚见面，就将朱元璋比作汉高祖刘邦，劝他："法其所为，不嗜杀人，天下不足定也。"

这些建议让在黑暗中摸索的朱元璋如遇明灯，扑朔迷离的前途一下子变得明晰起来。其实朱元璋也知道，这些知识分子打心里瞧不起像他这样出身寒微的草寇，但他并没把潜藏于内心的不悦表现出来。他们越是清高得难以接近，他就越要表现得虔诚恭顺。

或许是朱元璋的低姿态，以及他所采取的知识分子优待政策让这些读书人找到了存在感，他们才会放下心中疑虑追随于他。又或许是朱元璋所表现出来的谦虚、热情、耐心、豪爽、推心置腹让他们看到了自己的锦绣前程。总而言之，朱元璋的诚意深深打动了他们中的大多数人，他们一定暗自庆幸："吾辈今有主矣。"他们坚定地认为，自己在百转千回的人生境遇中遇上了明君圣主，只要自己死心塌地为他卖命，就会成就一个读书人的至高理想。

　　朱元璋的投入获得了百倍回报，最终也为自己赢得了天下，知识分子政策是他最终从群雄中脱颖而出的根本。大明王朝建立之初，不仅治理地方需要大量人才，南京中央政权更需要一批文人学士为朝廷服务。朱元璋对于罗致天下贤才包括那些蒙元王朝的遗民，表现出了相当的耐心与真诚。

　　对于那些早期投奔自己的读书人，朱元璋给予他们充分的信任。立国前后，更是给以特殊优待。在这些读书人中，朱元璋对朱升始终抱有一种特殊的情怀。朱元璋在应天登基称帝时，朱升被召至御前任议礼官，负责订立一整套新朝礼仪规制，并为朱元璋撰写了功臣封赏诰书。忙完这些事，眼看就可以坐享荣华富贵了，他老先生却在第二年上疏"请老归山"——要求告老还乡。

　　朱元璋对朱升的请归感到非常意外，当下表示"欲赐以爵土"，但朱升坚决不肯接受。就在朱升请辞不久前，朱元璋曾经下过一道《免朝谒手诏》，在这其中褒奖了朱升这十多年来的辅佐之功。朱元璋对每个追随者都有一个综合的评价，有时候他会装一装糊涂，有时候又会表现得异常清醒。

　　朱升虽然有功，但并没从朱元璋这里谋得一个与之相匹配的官职，一直保持着亦宦亦士亦"山人"的非官方身份。朱升想要归隐的念头也不是一年两年了，他对功名仕途一向看得清淡。明朝刚建立时，他在自己所写的《梅谷隐居序》中，对自己乡间朋友在梅谷隐居流露出羡慕之意。他说，自己又老又笨，在官场每天目送来往的车尘，无法和好友一起享受同游的乐趣。等荣归之时，一定和好友盘桓于梅谷，共同把玩疏影暗香的奇趣。

　　当然朱升在洪武二年就急急忙忙地选择退出体制，也是出于自己的政治敏锐性，为自己选择一条明哲保身之路。归隐是很多文人雅士追求的生活境界，不过大多数人还是不愿意舍弃权力、地位和与此关联的利益。于是乎，归隐山林也就成了空口说说的白话，当不得真。

在与朱元璋的朝夕相处中，他太了解这个人了。就像恋人之间，相爱容易相处太难。如果继续留下来与其共事，落得一个好下场的概率会很低。

洪武三年三月，当朱升提出退隐乡间时，朱元璋虽然感到意外却也可以接受。新朝建立，不光是那些奉诏不出的遗老耆宿，就连那些在朝的士大夫也萌生退意。他们这种做法也让朱元璋很不满意，如今之天下是他朱家之天下。这些饱食终日的读书人不为君王分忧，宁愿将时间和精力放在风花雪月上，实在是大逆不道。儒士许元就是个例子，他在朱元璋身边工作了十来年，从考核古代礼仪到起草文书，直至推荐或罢免官员，他都会参与其中。在朱元璋跻登大位之际，他突然站出来向皇帝提出辞呈，请求"告归"。朱元璋大为恼火，以"忤旨"之罪将其"逮死狱中"。

在朱元璋看来，乡居的自由不是人人可以得而享之的，朱升是一个特例。他同意一个功臣从体制内全身而退，无异于法外施恩，给了对方天大的面子。当然这一切是建立在他的功绩基础上的。在朱升告归之际，朱元璋要赐他领地，他也推辞道："之所以不敢接受陛下授予的高官厚禄，是因为我的儿孙福分福薄，不敢叨天恩也！"这话在朱元璋听来有几分刺耳，他问："爱卿有几个儿子？你即使不受封爵，难道也不想让你的儿子辅佐朕吗？"

没想到朱元璋的一句话，让朱升老泪纵横，哽咽以对。他说："臣有一子名同，事君的忠心有余，保身的智慧不足，臣所以不让他出仕，怕他日后不得老死于家中啊！"

这句话也只有朱升敢当着朱元璋的面说，放在其他人身上，朱元璋是绝对不会轻饶的。尽管如此，朱元璋还是强压心头怒火，他叱问对方："你这是什么话？朕与爱卿名分上是君臣，实则情同父子，是什么让你心存如此忧虑？"

朱升的回答充满了悲观的色彩，像是在交代自己的临终遗言。他说，不是我朱升想得太多，而这一切是在劫难逃的天数。但愿陛下将来能够哀念老臣，若他日我的儿子不能免罪，也希望您能赐他一个全尸，我也就心满意足了。

这样的话像是一道命运的符咒，在朱元璋听来也不觉为之恻然，这样的人让他从心底里感到敬畏。如果对方没有看透他这个人，是不会说出那样一番话的。尽管朱元璋给了朱升一张免死券，可他的儿子朱同最后还是难逃悲剧的命运。朱升，一个为大明立国指明方向的儒士，虽然看透了权力的底牌，也看透了自己的命运，但是他却始终无法摆脱命运缠身。

与朱升的超然物外相比，李善长、刘基、宋濂、冯国用等人走得更远，远得迷失在了朱元璋的视野尽头。他们这些人虽然都是以个体的方式存在于历史深处，可他们的结局命运却成了洪武年间的群体像。

随着政治形势的发展，朱元璋的知识分子政策也发生了变化。即使是最初的礼遇背后也暗藏着紧张，到最后连表面上的温情面纱也一并撕去，文士们愈发如履薄冰。那些追随朱元璋打天下的武将们对他重用文士早就心存不满，他们经常在他耳边发出警示之语——小心文人。

朱元璋问他们，这些人于大明有功，为什么要对他们怀有戒心？更何况他们也不像你们这些武人手中有兵权，身怀武功。有武将在朱元璋面前大谈特谈读书人的诸般不是，说到激愤处更是破口大骂。还说这帮书呆子用心歹毒，特擅讥讪，如不警觉，即受愚弄。当初张九四厚礼文士，可后来那帮文士却在背后捣他的鬼。他让那些才学之士给自己取一个文雅的名字，结果文士们给他取名"士诚"。《孟子》里有"士诚小人也"之句。他厚待人家，人家却将他骂作小人，还美滋滋地以为得到了一个好名字。

在听说这件事后，朱元璋也替张士诚感到不值。他不由联系自身，如果身边这些知识分子联起手来算计他，凭他的那点文化底子又怎能不被蒙在鼓里？就算他们今日不会算计他，将来也有可能会做出不利于朱家子孙的事。一个人如果有了文化，那将是多么可怕的事，文化上的自卑使朱元璋对这些文士产生了疑忌。就连平日批阅奏章，他也会处处留心，生怕他们在字里行间埋下伏笔，算计到自己。

如今虽然贵有天下，但是朱元璋明白，终其一生，他也无法撕去曾经贴在身上的身份标签，盗贼或者和尚。两种经历是他最不愿示人的伤疤，常常使他陷入无端的焦虑之中。

2. 哀叹生之悲凉

洪武五年四月的一天午后，阳光均匀地涂满宫殿的琉璃屋顶，青苍的屋脊上，几株不起眼的青草在轻轻地晃动。九重宫墙把殿宇一层层地包裹其中，也将嚣喧的世界关在了外面。朱元璋的心情这时候突然变得低落，起因是刚才他在翻阅《孟子》时，不经意读到"民贵君轻"一章。

没想到堂堂的圣人也会说不负责任的话，他说："君之视臣如手足，则臣视君如腹心；君之视臣如犬马，则臣视君如国人；君之视臣如土芥，则臣视君如寇仇。"这句话像是一颗子弹瞬间击碎了朱元璋的那颗玻璃心，让他一时之间如坐针毡，心烦气躁。

他一边读，一边破口大骂。如此荒谬之言，哪里像是一个臣子说的话？如果孟子活在当下，岂可免自己一刀。朱元璋当天就命令将孟子逐出文庙，说出如此大逆之言的人不得配享。他警告那些意欲劝阻的文官，如果谁敢谏言，他就让卫士用箭射死他。

这样一道圣旨，让满朝文武惊恐不知所措。当然在这其中也有不怕死的，刑部尚书钱唐就是其中一个。他挺身而出，抗疏直言，为孟子鸣冤。他这么做分明是在向皇帝发出挑衅，让朱元璋愤怒无比。内侍将朱元璋动怒的情景描述给钱唐，他却不以为然道："臣为孟轲而死，死有余荣。"

当这句话传到朱元璋的耳朵里，自然不能将其放过。他正要派人捉拿钱唐，对方居然袒着胸抬着一口棺材来找他当面理论。真是活得不耐烦了，朱元璋命卫士张弓搭箭等着他上前。

钱唐的倔强表情让朱元璋更加愤怒，他让卫士连着射了好几箭。钱唐的左臂、右肩、胸部都中箭，最后倒在朝堂之上。倒下去的钱唐挣扎着向朱元璋爬过来，看着他痛苦执拗的表情，朱元璋破天荒地做出了让步。此事之后，朱元璋不但没有治钱唐的罪，而且让太医为他治疗箭伤。他打心里赏识钱唐这样的刚直之臣，或许这就是一直以来，他在文官中苦苦寻觅而不得的文人风骨。

第二年，冷静下来的朱元璋又下了一道谕旨"孟子辨异端，辟邪说，发明孔子之道，配享如故"，就这样将孟子的牌位又重新请了回去。其实早在洪武元年，朱元璋就曾经有动一动孔子的念头。徐达攻克山东济宁，至圣先师孔老夫子的故乡曲阜正属济宁路，朱元璋传令孔子第五十五代孙元国子监祭酒孔克坚到南京去朝见。孔克坚犹豫不决，称病不出，只派他的儿子孔希学前往。

朱元璋疑心这位袭封衍圣公看不起他这个出身微贱的皇帝，感觉受到了莫大侮辱，虽再三压抑，终是恼怒难消，便拟一诏书，快马送给孔克坚。他在诏书中毫不客气地说："吾虽起庶民，然古人由民而称帝者，汉之高祖也。尔言有疾，未知实否。若称疾以慢吾，不可也。"也就是说，从古至今，能以草民身份登基称帝的，只有我朱元璋和汉高祖刘邦。你称病不来，不知是否属实。若是为了不愿意见我这个新皇帝而称病，是万万不可的。言下之意，你就算是孔子后人，以身试法也是要问罪的。

朱元璋语气强硬，让孔克坚感觉不妙。于是，便日夜兼程地赶往南京。朱元璋在谨身殿召见了孔克坚，虽然他表面上态度温和，但是内心对于"至圣文宣王"孔子这么一个千百年来被文人奉若神明的精神偶像还是心存芥蒂的。事后不久，朱元璋突然下了一道莫名其妙的诏书，其中有言："孔庙春秋释奠，止行于曲阜，天下不必通祀。"诏令一下，引得朝野上下舆论哗然。

有大臣伏阙上疏："孔子垂教万世，天下共尊其教，故天下得通祀孔子，报本之礼不可废。"也有文官上疏劝谏说："古今祀典，独社稷、三皇与孔子通祀。天下民非社稷、三皇则无以生，非孔子之道则无以立。"

自古以来，就有"明王圣主，莫不尊师贵道"的说法，士大夫们完全将"尊孔"作为明王圣主内化的一种角色期望。经过大臣们这么一闹，朱元璋觉得实在说不过去，只得极不情愿地收回了命令。但他一直又心有不甘，几年之后，孟子有此一劫也是早有先兆。

洪武十六年（1383 年）八月初六的干支为丁卯，是八月的第一个丁日，称为秋丁，这天是祭祀孔子的日子。往年的这个日子，皇帝或许要兴师动众地巡视学校，以示对教育的重视。他这一重视不打紧，学校那边会在三天前就要搜检封门，并用几种不同的号牌限制出入。当然也不光是麻烦，学生们也会得到好处，巡视过后，也会给几个保送的名额，直接参加朝廷的礼部试。

　　今年朱元璋的心情被胡惟庸谋反案搅得乱糟糟的，他没想到，自己撒下的这张大网会有那么多的文人落入其中。虽然具体情况他比谁都清楚，但仍不免心有凄然。早朝过后，就在宫中和皇后马秀英交流对读书人的看法。朱元璋说，读书最重要的是懂得进退，若是不能做到这一点，还不如那些田间劳作的农民。农民虽然不读书，但至少懂得人心冷暖、世态凉薄，这样就会少犯错误；读书而不能学以致用，又自以为胸有韬略，危害更大，更该死。

　　马秀英知道朱元璋心中郁闷难当，常常一宿一宿不合眼。她没有贸然接话，而是沉吟片刻，才婉转地将话题引开。她说，陛下，秀英虽然识字不多，但也知上马靠武将打天下，下马靠文人治天下的道理。文人还是要用，不能一棍子打死，不然谁还肯为陛下分忧解难。

　　朱元璋叹了口气，望着自己的皇后。他心里明白，皇后又在替那些陷于牢笼中的文官说情。这个女人总是心怀慈悲，虽然连豁出去说一句狠话的勇气都没有，但她说的每句话都让朱元璋感觉到足够的分量。

　　朱元璋本是一个大字不识一箩筐的泥腿子，在创业的过程中，那些儒家士子头上戴着光环来到他的身边。也正是在他们的影响之下，朱元璋开始试着向文化靠拢，博览经史，学着写诗填词。很多时候，人们站在门外看门里，以为里面是自己难以触及的神秘世界。可是等到自己真的跨进了那道门，才会发现，其实里面的世界也不过如此。对于文化和读书人，朱元璋经常会生出这种门外与门里的感受。

　　随着知识量的增长，文化人头上那道神秘光环也正在慢慢淡去。朱元璋对这帮读书人已不再言听计从。很多时候，他们表现出的唯唯诺诺、条条框框让他很是不满。

与创业阶段不同的是，大明立国后，朱元璋不再满世界去寻找读书人。这时候，那些天生喜好功名的读书人会主动向他投怀送抱。而他广泛建立起来的教育系统，也开始为帝国的人才贮备发挥作用，为体制量身打造的专业化人才不断涌现。

物以稀为贵，当读书人越来越多，他们在朱元璋心中的地位和存在的价值也越来越低。朱元璋依然相信他们的才华，却不相信他们能为朝廷尽其才华。才华，曾经是朱元璋最为看重的，现在却成了他最不放心的。在夺取天下过程中，他广纳儒家学者，严禁各级将官私自任用儒士，绝不允许儒生士子在那些武将面前议古论今，以免他们走文武结合的路子。

朱元璋担心的是，这些文臣武将会在条件成熟后站出来与自己分庭抗礼。那不断被架高的皇权，就像是汛期来临时，不断被抬高的水位，时刻处于溃坝的危险中。他对那些不受征聘，拒绝与自己合作的儒生们不惜采用激烈手段，动用严刑峻法予以制裁。

天下纷乱未定，那些隐于市藏于野的读书人不愿意出山也是可以理解的。作为君王的朱元璋并没有干出放火烧山将其逼出来的愚蠢之举，毕竟人各有志。如果逼急了，他们有可能会跑到对手那里去。对于他们的态度，朱元璋通常会摆出一副宽怀大度的姿态。此一时彼一时，如今天下归一，朱元璋成了新王朝的主人，读书人不能再有其他的选择。对于那些不给自己面子的读书人，朱元璋也不必再强作笑脸。如果这时候谁再敢拂逆自己，他一定会掀开獠牙，动用威权来狠狠地惩治他们。

在渡江之前，有一个名叫田兴的谋士，曾经深得朱元璋的信任。不过此人是一个淡泊名利的大雅之士，眼见朱元璋一步一步夺得天下，却不愿意留下来与其共享荣华，而是义无反顾地选择了离开体制，从此泛舟江湖做了一个浪荡客。

在朱元璋当上皇帝的第三年，他又想到了这位朋友，就写了一封情真意切的信给他：

> 元璋见弃于兄长，不下十年。地角天涯，未知云游何处，何尝暂时忘也。近闻打虎留江北，为之喜不可抑。两次招请，更不得以勉强相屈……

虽然，人之相知莫如兄弟，我二人者，不同父母，甚于手足，昔之忧患与今之安乐，所处各当其事，而平生交谊，不为时势变也。皇帝自是皇帝，元璋自是元璋，元璋不过偶然做皇帝，并非做皇帝便改头换面，不是朱元璋也。本来我有兄长，并非做皇帝便视兄长如臣民也。愿念兄弟之情，莫问君臣之礼。至于明朝事业，兄长能助则助之，否则，听其自便。只叙兄弟之情，断不谈国家之事。美不美，江中水，清者自清，浊者自浊，再不过江，不是脚色。

朱元璋的这封信没找御用文人代笔，而是自己亲笔所写带有浓郁的个人色彩。他说，文臣好弄笔墨，所拟词意，通常不能表达出他内心的真实情感。在这里他既没有虚伪客套，更没有用"礼贤下士"那些陈词滥调。

朱元璋并不是靠道德激励回报那些文人士子，在他的功臣序列里，文官地位还是很高的。尽管如此，他与他们的蜜月期并没有维持多久。户部尚书茹太素是个性情刚烈之人，爱说老实话，几次因为冲撞洪武皇帝被廷杖、降官，甚至让他脚上戴着镣铐办公。有一天，朱元璋在偏殿赐宴，当场送给茹太素一首警告诗："金杯同汝饮，白刃不相饶。"茹太素接道："丹诚图报国，不避圣心焦！"朱元璋以死相胁，茹太素却向他表明了自己的忠心。尽管如此，最后还是难逃一死。

江西贵溪的夏伯启叔侄不愿在大明体制内为官，为了逃避朝廷征用，他们不惜将自己左手的大拇指砍掉，以示决心。朱元璋闻讯大怒，将夏伯启叔侄抓到南京，枭首示众，全家籍没。

苏州人姚润、王谟，也是因为同样原因，被诛杀。朱元璋尤其痛恨那些动不动就托身寺庙的前朝官员，对于隐而不出的读书人，他不惜采取激烈手段。甚至将他们埋入地中，只露出一颗脑袋，然后用刀斧削去，称为"铲头会"。

在朱元璋看来，不能让这些读书人享有绝对的自由和独立的人格。平日里看上去温文尔雅，一旦放任其性，一个个都像脱笼的鸟兽，变得百无禁忌。在他的一压再压之下，这时候的读书人已经无法再像传统文士那样动不动就归隐山林。朱元璋心里清楚，那些拒绝与朝廷合作的文人在骨子里是轻贱他这个皇帝的。他们看不起他这个曾经做过乞丐，也做过和尚的无业游民，将他视为权力的暴发户。

而在朱元璋看来，这天下如今是他自家的天下，所有的读书人都应该怀着一颗感恩之心。在他所颁布的《大诰》里有一项"寰中士夫不为君用"罪，犯此罪的人可以抄斩。有学问才识却不能为君王所用就是目无君上，这样的人留着也没用，就该杀头抄家。碰上像朱元璋这样的君主，文士们是进亦忧退亦忧。在这种情况下，他与读书人的关系微妙且紧张。

文化上的自卑使朱元璋对读书人采取更为严苛的手段，甚至不惜通过文字狱来迫使他们承认自己至高无上的地位。洪武年间，读书人的尊严被朱元璋一再剥夺，而他这个帝王也需要在生杀予夺中享受极权所带来的威严与快意。

在他的那张杀戮名单中，除了那些多年追随自己的名士大儒，更多的是不知名的小文人。

在朱元璋无处不在的清洗中，天下读书人纵然有隐身术也不敢轻易使用，躲得了一时，却躲不了一世，最后还是要乖乖地站出来为大明王朝服务。正是因为有了他们，新政权的官僚体系才会迅速建立，国家机器才会有条不紊地运转。

朱元璋对读书人的态度这时候发生了一百八十度转变，尽管他们无所不知，可很多时候，他们做起事来畏首畏尾，条条框框太多，缺乏胆气魄力。表面上一心做君子，私底下也有小人勾当。他们难以独立成大事，只能追随像自己这样敢于豁出命来赌一把的野蛮人。这些手无缚鸡之力的文人，满脑子塞的是孔孟之道，只配做体制内的寄生虫，不值得自己去崇拜。

朱元璋在给宋濂的一封诰命中不经意间表明了自己的态度："宋濂虽然博古通今，可是办事能力实在不行，遇到事情常常难以决断。如果让你检阅则有余，可是执行能力实在不足。"

这样的话，朱元璋在立国前是绝对不会说出口的。他的这番评价，也让其他文臣从中读到了不安与惶惑。刘基就曾经对他说过："今天下文章，宋濂第一，其次即臣基，又次即孟兼。"可是这天下文章的三甲之士在朱元璋的手里都没有落得好下场：宋濂被安置茂州，卒于夔；刘基被羁管于京城，留下了死亡之谜；张孟遭到弃市。

当这些读书人认识到皇权的残酷性之后，开始变得战战兢兢，哀叹生之悲凉。为了远离权力带来的伤害，不少文臣不惜诈死佯狂。在朱元璋的意识里，和平年代的文士与倡优并没有本质上的区别，只能用来点缀升平，难以拯救苍生。

在一个王朝的新生时期，那些耐不住寂寞，或者迫于时势的读书人，选择出来做官，这本来就是一种高风险的生存方式，搞不好就会血染仕途。那些京官每日清早去上朝的时候，都得与家人洒泪诀别。等到傍晚平安回来，举家欢庆又多活了一天。

随着体制内文人的不断增多，他们的价值也越来越低，皇帝对他们的态度也越来越轻慢。

洪武七年，朱元璋的一位贵妃去世。按照古礼，庶母死，子孙不需服丧。可朱元璋十分喜欢这位妃子，要求儿孙们给她服丧。皇帝的这一决定，自然引来那些好事文臣不满，他们纷纷上书反对朱元璋更改古礼。

古礼，当皇帝受你们这些人的鸟气就是古礼？保持皇权的畅通无阻才是最大的礼，在此之上不存在什么别的礼，更别说古礼。皇帝有几个不是利益至上的实用主义者，在这一点上，他与胡惟庸、李善长这些人完全是半斤对八两。激愤之余，朱元璋写了篇《孝慈录》将这些知识分子骂了一通，说他们是死读书、读死书的"迂儒"，不知道审时度势，灵活地处理现实问题。

他说，你们这些读书人不过是思想的巨人，行动的矮子，说得不好听，是一群无用之物。不但成不了大事，还会乱政祸国。他警告自己将来的接班人，不要听信这些读书人。为了敲醒这些自以为是的文人，朱元璋不惜用最难听的话讽刺他们。在他所写的《辟阿奉文》中，他讥讽这帮读书人的所作所为还不如唐代的女人有风骨。唐代的宫女在皇帝面前都敢说真话，可是这帮知识分子一个个活得唯唯诺诺，毫无骨气。朱元璋深知，士大夫的骨头再硬，也硬不过权力这块石头的打磨，也难怪他会在自己的体制里发出感慨："唐妇人，犹过今之儒者。"

虽然越来越看不起那些知识分子，但是朱元璋对知识分子的防范戒备心理却丝毫没有放松。在任何场合，朱元璋都谦虚地称自己是"淮右布衣""江左布衣""起自田亩""出身寒微",显得十分豪爽坦率。但这些话只能由他自己来说,别人说不得。他也清楚,这些表面上恭顺有加的读书人最看不起他的地方,就是他曾经做过讨饭吃的乞丐,做过混饭吃的游方和尚,这也是他内心深处最大的一块历史疮疤。

做了皇帝,朱元璋的个人避忌进一步发展为广义上的避忌。洪武三年禁止小民取名用天、国、君、臣、圣、神等字,洪武二十六年榜文禁止百姓取名太祖、圣孙、龙孙、黄孙、王孙、太叔、太兄、太弟、太史等字样。但凡"光""秃""僧"等与和尚沾边的字眼儿,都会犯禁忌。他是农民军起兵,不能听见别人在他面前提"贼"和"寇"二字。在血的教训之下,大臣们也慢慢知道了他的忌讳。尽管如此,朱元璋还是不放心,总是怀疑有些人在背地里拐弯抹角地骂他,于是将防区无限扩大。比如"生"字,因为音近乎"僧",在他看来就不怀好意;"则"字也很危险,因为"则"在淮西方言中发音与"贼"同。

因为这些秘密的敏感词儿,无数人人头落地。

翰林编修高启作诗:"小犬隔墙空吠影,夜深宫禁有谁来?"被腰斩。

御史张尚礼作诗:"梦中正得君王宠,却被黄鹂叫一声。"下狱死。

金事陈养浩作诗:"城南有安妇,夜夜哭征夫。"被投入水中溺死。

兖州知府卢熊把"兖"错写成"衮",被视为不敬,斩。

浙江府学教授林元亮作《谢增俸表》中有"作则垂宪","则"与"贼"同,被视为骂他起兵当过贼,斩。

北平府学训导赵伯宁作《长寿表》中有"垂子孙而作则",斩。

福州府学训导林伯璟作《贺冬表》中有"仪则天下",斩。

桂林府学训导蒋质作《正旦贺表》中有"建中作则",斩。

常州府学训导蒋镇作《正旦贺表》中有"睿性生智","生"与"僧"同,被视为骂他当过和尚,斩。

…………

朱元璋掀起的这场文字狱从洪武十七年,一直延续到三十年,前后经过十三年时间。

随着年龄的慢慢老去，朱元璋的性格发生了很大改变。尤其是人到晚年，身体越来越虚弱，又加上立国以来超强度的脑力劳动，很多时候他感觉力不从心，精神恍惚。他越来越听不得别人的意见，见不得那些不听话的大臣在他面前露出的嘴脸，情绪变得越来越难以控制。

经过十多年的经营，朱明王朝的统治基础已经坚如磐石，知识分子已入彀中，无所逃遁。他已经不需要在乎他们的任何想法，看他们的眼色行事，他可以通过收放自如的掌控方式来发泄自己的情绪。

无节制的惩罚越来越多，无来由的屠戮也越来越密集。洪武年后期，那些稍有名气的文化人几乎都难逃一死。虽然死的人难以计数，可他们的死法却很整齐划一，不是陷入文字狱，就是被牵连进各种大狱。这其中最具代表性的人物应该是高启，他是"吴中四杰"之首，在当时的文坛很有影响力。洪武三年，朱元璋想任用他为户部侍郎，高启却推脱拒绝。朱元璋当时不但没有强迫他，反而赐予大量金帛放其归田里，一时传为佳话。

其实朱元璋这么做还是那个理由，大明初建，他这个新皇帝要向天下人摆出一副豁达大度的英主姿态，以便吸引更多的人才前来相投。虽然当时没有为难高启，但是在朱元璋心中早已种下芥蒂。他一面依靠这些儒家大臣，一面加强皇权专制。既要借儒道以自重，更害怕那些儒家弟子们持"道"压"势"，与皇权形成对抗之势。

洪武七年，天下大势已趋于稳定。也就在这一年，"吴中四杰"之一的高启因为一篇《上梁文》而遭到腰斩。起因是苏州知府魏观建造他的苏州治所的办公大楼，古代平常人家盖房子上大梁时，需要一篇像样的上梁文。时任苏州知府的魏观，便把高启这位隐居在此地的资深文人请出来挥墨献宝。

也正是因为这样一件看似平常的小事，让朱元璋抓住了把柄。其一，魏观修建的知府治所选在了张士诚宫殿遗址，而张士诚正是朱元璋当年的死对头；其二，高启写得那篇《上梁文》中，有"龙盘虎踞"的字眼儿，犯了皇帝的大忌。"龙盘虎踞"之地应该是像他这样的帝王才有资格待的地方，高启在这里将张士诚住过的地方也称"龙盘虎踞"，岂非大逆不道？

有人就来向朱元璋报告，说魏观这个人有反意，于是将其诛杀，高启也受株连腰斩。高启行刑时，朱元璋派人将现场的情况第一时间报于他知晓，他想看看这位不合作、不给他面子、多次用诗文来讽刺他的文人是怎样面对自己生命消逝的最后一刻。

高启被腰斩后并没有立即死去，而是伏在地上用半截身子的力量，手蘸着自己的鲜血，一连写了三个鲜红而又刺眼的"惨"字。当有人在朱元璋面前说起刑场上的这一幕，不知他的内心深处会做何感想。

除了高启，"吴中四杰"中另外三位，杨基、张羽、徐贲也都没有一个得到好下场。其中杨基进入大明体制后，曾任山西按察使，后被谗削职，罚作劳役，最后死于工所；张羽官至太常丞，后获罪贬谪岭南，没走到半路就被召了回来，"自知不免，投龙江以死"；徐贲曾任给事中，后又任河南左布政使，出征边疆的明军路过河南，因为没有及时提供给养，而遭到下狱处死。

这时候的朱元璋已经不再需要用文化名人来装点自己的门面，他对他们的态度也由最初的信任和笼络，转变为屠戮与清洗。文人王行就因为给蓝玉当过家庭教师，待到蓝玉案发，父子二人也连坐而死；画家王蒙，曾经到胡惟庸家里看过画，等到胡案发后，也因为这些事受到连累，死在监狱里；宫廷画家赵原奉朱元璋的诏令画历史上的圣贤像，由于没有按照要求，受到严重惩罚；画家盛著奉命画天界寺影壁，出了些差错，在龙背上画了一只水母，惹得朱元璋大为恼火，将其抛尸街头。

洪武十九年，方孝孺在给他的好友信中如此写道："近时海内知名之士，非贫困即死，不死即病。"也就是说，当时的才能之士幸存者百无一二。不仅这些低级别的文官没有几个落得好下场，就连那些一直追随在朱元璋左右、功成名就的大知识分子，也很少能逃过劫难。

朱元璋起兵后，第一批追随他的知识分子中最有名的当数李善长、陶凯、陶安三人。除陶安过早去世落了一个善终，李善长被满门抄斩，陶凯致仕后起了个号叫"耐久道人"，朱元璋听说后极为讨厌，也找了个借口将其杀掉。

第二批功劳最大的文士是刘基、宋濂。刘基罢官回乡，宋濂则因其孙宋慎的事，被牵连进胡惟庸案中流放外地，途中自缢于夔州。洪武一朝能够数得着的几大文臣，落得善终者寥寥无几。朱元璋与知识分子之间的关系，始于热情延请，终于摧残屠戮。但这并不是朱元璋的独创，君王与读书人之间的博弈游戏在历史上不止一次地上演过。

要天下臣民绝对服从皇帝是容易做到的，但是如果让他们心口一致地承认皇帝的金口玉言都是绝对真理，这就有很大的难度。更何况像朱元璋这样出身低微又没有文化的草根皇帝，即使这些读书人在表面上认同他，给予他足够的尊重，也让他难以平复内心的疑惑。

在朱元璋还没称帝之前，他考虑最多的还是生存与发展，在用人之际，他对文人士大夫保持了应有的礼貌，以显示自己礼贤下士的风度。等到立国以后，这些体制内的名士大儒摇身一变，成为他难以轻松面对的权力大佬。

在表面上，朱元璋还是给予他们应有的尊重，言必称"先生"。比如在《慰刘基书》《谕刘基书》中，他称呼刘基为"老先生"，甚至用"元璋顿首奉书伯温老先生阁下"这样的客套话。但是双方都明白，那种和谐的场面再也不会出现了。

朱元璋对文人士大夫的态度之所以发生改变，是因为这时候读书人的利用价值已经远远地小于他们所带来的风险值。他担心他们会暗中集结，凭借着他们高人一等的谋略和手段做出伤害大明以及朱家子孙的事。

3. "南北榜"背后的玄机

洪武三十年（1397 年）二月，笼罩于"蓝玉案"血雨腥风中的明王朝，迎来了三年一度的科举会试。在这个蓝玉案株连甚众，无数官员落马的非常时期，此次科举的结果，无疑将对朝局产生微妙的影响。

开春之后，各州府衙门就开始向南京解送两样东西：一是皇家生活所用的贡品，二是维护皇权统治的人才，即通过会试选出的五十二名贡士。贡品与贡士，这两样东西都是朝廷须臾不可或缺的，当这些来自地方的知识精英们一路风尘地走进繁花似锦的皇城，他们内心的荣耀感也陡然上升。

令人难以理解的是，在中国文化史上，第一流的人才往往会折戟科场。很多时候，我们也不会为此而感到惋惜，因为游戏规则决定了这一切。再三再四的科场失意和伴随着一生的仕途落拓，于个人而言，或许是命运的不济；于文化而言，则有可能是一种幸运。洪武大幕开启后，为解决战后人才凋敝问题，朱元璋除了任用一批元朝的旧官僚外，还要求各地荐举德才兼备的儒生出任官职，并在中央设国子学，地方设府州县学，从学校直接选拔官吏。大明王朝的第一次科举便是在这样的大背景之下产生的。

洪武三年第一次开科取士，就在朝廷颁布科举取士几天之后，朱元璋突然发出诏令，国学及郡县生员要对骑射功夫勤加练习，在面试环节要检验考生的武功。朱元璋的理由是"弧矢之事，专习于武夫，而文士多未解"，自己是靠武夫取天下，所招揽的人才不能只知道死读书、读死书。

朱元璋之所以会临时做出"文武并举"这一补充，也是经过深思熟虑后的选择。帝国尚未完成统一，蒙元贵族在中原的残余势力还未扫荡干净，社会处于一种混乱无序的状态。科举虽然以选拔文官为目标，但这时候朱元璋对考生的要求远远超出了传统文士的范畴。

第一次科举仓促落幕。虽然朱元璋对由科举得人才抱有很大的希望，甚至下令体制内的文官皆由科举而进，非科举者勿得与官。但当他发现"今有司所取，多后生少年，观其文辞，抑或可用，及试用之，不能措诸行事"时，还是感到了深深的失望。

从第二次科举开始，朱元璋完全打破了第一次科举的制度框框，拒绝简单恢复与翻版，推出所谓的新科举。最明显的变化在考试内容及考试方式上。考试中的经义、四书义题明确规定必须采用指定的传注来回答。比如《四书》主朱子集注，《易》主程传、朱子本义，《书》主蔡氏传及古注疏，《诗》主朱子集传，《春秋》主左氏、公羊、穀梁三传及胡安国、张洽传，《礼记》主古注疏。四书五经的考试成为科举考试的实质内容，限定了经书注疏的范围。考生在行文时，只是"代圣贤立言"，必须根据古人的思想及规定的有限几家注疏来发挥，不允许有自己的异于圣贤的丝毫见解，谁创新谁就死得难看。

从考试方式来看，考试题目也由原来的三场五道上升到三场十八道，题量大大增加，对考生文字功夫要求更高。同时取消了面试环节，也就等于废除了对考生在马术、箭术、书法、算术及律法知识方面的特殊要求，使文章写作成为考生日常学习的唯一重点。

每场考试结束后，各房师便立刻开始阅卷、荐卷，通常是第一场经书考试甫一考毕，全部录取名额已被占满，二、三场考试发挥如何已基本不影响最后的结果。洪武十五年以后的科举最首要的目标不再是选拔真才实学，也不再鼓励士子们的创造性思维和综合素质的培养。两相对照，如果说洪武年的第一次科举是在选拔多样化人才，那么第二次科举便是在制造单一化人才。

参加会试的举子们经过层层选拔，会试高中后，必须参加皇帝亲自主持的殿试。殿试分为三甲：一甲有三人，赐进士及第，其中第一名即所谓状元；二甲人数多一些，赐进士出身；三甲人数最多，赐同进士出身，也就是相当于进士出身，获得了进入官场的资格。殿试的象征意义重于实际意义。

殿试并不是你死我活的淘汰赛，只是一次排位赛，将礼部试录取的进士重新分拣赐名。殿试毕竟是在皇帝眼皮子底下考试，事关皇家声誉。正因其重要性，洪武三十年科举考试时，在会试主考官的选择上，朱元璋煞费苦心，经过反复斟酌，最终圈定了七十八岁高龄的翰林学士刘三吾为主考。主考官本身就是一种常人难以企及的资格和待遇，通常是由朝廷指定德高望重的文人官僚担任。

主考官往往会与考生之间形成一种天然的利益关系，录取的进士理所当然地尊主考官为座主，自己是门生。在以后的政治生活中，座主和门生之间自然就形成了一种一荣俱荣、一损俱损的抱团关系。科举本是皇帝招揽人才的手段，可人情却成了座主的私人资源。对于这一点，朱元璋也是心知肚明。他见不得官员之间形成朋党势力，无论是当年的淮西势力，还是江左势力，都被他用铁血手段拆得支离破碎。如果非要产生一位座主，他就是这个座主，直接操控文人选拔，而那些通过科举考试的知识精英只能成为天子门生。既然他这个做皇帝的要当这个主角，那么主考官的角色便有些尴尬。

刘三吾是元朝旧臣，元末时曾经担任过广西提学，明朝建立后更是多有建树。明王朝的科举制度条例就是由他制定，明初的刑法《大诰》也是由他一手作序，此外他还主编过《寰宇通志》，这是中国人了解当时中国周边国家的百科全书。他与汪睿、朱善三人并称为"三老"，《明史》上更说他"为人慷慨，胸中无城府，自号坦坦翁"，可谓是人品才学俱佳的士林领袖。选择他来当这个主考官，既是朱元璋对他本人的认可，也是对这次科举的期望。

洪武三十年三月初一清晨，五十一名考生散散落落地经过东华门，走向他们魂牵梦绕的人生圣殿。他们在经过宫门时，都要接受严格的检查。每个人都要开怀解衣，防止有人夹带用于作弊的书籍或范文之类，甚至身上有类似于文字的刺青也要辨识仔细，不能有半点儿马虎。检查越严格，越能凸显考试的重要性，就越让这些考生们感觉到自己身份的高贵。

考场设在奉天殿，奉天殿的廊庑特地挂上了帷幕，又用帘子分隔为五十二间独立空间，里面摆放案桌。监考的官员正襟危坐，宫里的侍从则在一旁为考生端茶送水。殿试是皇帝亲试，除了要亲自命题和亲自决定名次，还要亲临考场。开考前，考生们已到正殿向洪武皇帝行礼，然后再找到自己的座位。当他们在考桌前坐定，开始研墨濡笔时，太阳已经慢慢升起来了。

殿试是科举制度这座金字塔的塔顶。所有的读书人从一开始就树立了进士、状元这样一个目标，然后一级一级地实现，所以能够进入殿试是所有读书人的梦想。殿试就考一篇策论，今年的策论是一篇材料作文，材料是朱元璋的一番自诉衷肠，历数自己这些年如何宵衣旰食、殚精竭虑，以及大明开国以来遇到的种种困难。要求每个人根据材料，帮助他出谋划策。

策论写作的要点在于找准切入点，不能眉毛胡子一把抓。找准切入点就是要吃透皇帝的所思所想，投其所好。那么朱元璋的心思究竟是什么呢？这些年来，朝廷内外最大的争论多集中于朱元璋在治国过程中所使用的严刑峻法，他也想借此机会听一听来自民间的声音。

殿试点中陈安邸为状元，尹昌隆为榜眼，刘鹗为探花。金榜题名被认为是人生四大乐事中含金量最高的，一个男人只要实现了金榜题名，那么洞房花烛和他乡故知都会找上门来。

殿试名义上皇帝是座主，实际上他不可能每篇文章都亲自过目，看卷子的还是下面的考官。考官看了卷子拿出一个相对公允的名次排序方案，然后再交给皇帝做最后的定夺，以显示皇帝的权威。这样看来，考官的好恶也非常重要。如果他不高兴，将你的排名放在后面，即使你文章写得再滴水不漏也无法进入皇帝的视线。对于考生而言，一篇应试文章不仅仅是文字技巧的表现，更是一种政治智慧。

自从接受这一工作以来，刘三吾就没睡过一天安稳觉。当他将考生名单送给朱元璋审查时，在几分得意的背后更多的是诚惶诚恐。几分得意是因为他有发现人才推荐人才的能力，而且在这次招录过程中也问心无愧地做到了这一点。诚惶诚恐则是因为他实在无法把握朱元璋用人的尺度。论文章，这么多年政治主旋律的强势灌输，使得进入殿试的每个考生都能吃准洪武年间的政治导向，然后展开旁征博引。考生的行文套路更无创造性可言，指定的考试书目，指定的八股行文格式。至于遣词造句，天下书生都知道朱元璋不喜欢奇谈怪论，不喜欢虚饰浮华。即使是颂扬他这个皇帝英明神武光荣正确，也不要露出拍马屁拍得过重的痕迹。科举的指挥棒就这样软化了一代士子的脊梁，除去权欲和功名，他们的精神世界也是贫瘠和荒芜的。

白日煌煌，各人头上顶着一方天，谁又知道哪块云头上会有雨。张榜公布了几天，那些得到结果的新科进士们正躲在皇城的某个角落里得体地掩饰着内心早已喷薄而出的幸福感，他们甚至会表现出一种黄花闺女待嫁的羞怯之态。也就在这时，大批落榜考生闹哄哄地鸣冤告状，礼部的大门也差点儿被他们砸得稀巴烂。南京街头，更有数十名考生沿路喊冤，拦住官员轿子上访告状。也只短短几日，整个南京城沸反盈天，一派大呼小叫的闹腾气象。就连街头摆摊的、杂耍的都知道，是那些读书人干的好事，他们认为自己是这场考试的受害者，科场有人舞弊，他们愤怒了。

"科场舞弊"的政治丑闻产生轰动的社会效应，会很容易给那些街头的好事者带来一场倾情参与的狂欢，更何况是在政治敏锐指数最高的皇城。那些平日里看上去温文尔雅的书生，就像是饮下被撒旦施了魔法的药水，一夜之间失了心性，变得百无禁忌，原形毕露。南京城的街头巷尾发出同一个疑问：既然皇帝亲临殿试现场，为什么还会闹出此等风波？

喊冤者的理由很简单，也很直接。他们寒窗苦读是为了追逐心中那份缥缈的人生理想，谁知道勤奋如斯的他们不是败在才不如人，而是因为自己生错了地方，生在了广袤贫瘠的北方大地。这句话点醒了那些不明就里的人，他们盯着榜文看了又看，这才发现，会试中榜的五十二名贡生，清一色的来自南方各省，竟然没有一名北方人。难道这一切仅仅是因为巧合？可又说不过去。

礼部官员请来锦衣卫弹压，可即使是手握绣春刀的锦衣卫，面对群情激奋的大批士子也只能束手无策。一夜之间，南京城里各式传言和匿名传单塞满了大街小巷，有说主考官收了考生的钱，有说主考官是南方人，有地域歧视。每一种说法听上去都有些道理，说者往往会在话尾加一串后缀词来夯实消息的来源，这是宫里传出来的，主考官刘三吾是我二大爷。落第举子成群结队，从贡院来到主管科考的礼部，要求与考官当面对质。

消息传来，朝堂上下也是一片哗然，先后有十多名监察御史上书，要求朱元璋彻查此事。就连皇帝身边的侍读张信，也怀疑此次考试有问题。

所有人的议论只是议论，唯独皇帝参与的议论是要人命的。朱元璋大为恼火，贪污腐败和营私舞弊本就是他这一生最痛恨的两大关键词。当初之所以选择刘三吾，就是因为看中对方是一个政治素质和业务素质都很过硬的老同志。痛心之余，朱元璋要求刘三吾必须给自己一个合理的解释。

刘三吾说，北方一直处于蒙元政府的直接统治之下，那里老百姓生活水平较低，与经济繁荣、文化昌盛的南方相比，举子的文化素养也存在着很大的差异，这才会促成一榜尽是南方人的局面。

其实刘三吾所分析的这个事，并不是洪武三十年才有的现状。从洪武三年明王朝第一次科举考试开始，南方考生的成绩，就一直在北方考生之上。比如洪武三年的科举乡试，南方的录取名额是三百五十人，北方仅有二百五十人。"南北榜"案之前的明王朝六次殿试，状元是清一色的南方人。而从录取比例上看，也存在着南方中榜者逐渐增多，北方中榜者日益减少的趋势。也就是说"南强北弱"的格局不但早就存在，而且这种现象是体制内官员早已心知肚明的事。

如果追溯根源，这种现象应该起于唐朝安史之乱，到南宋时期进一步扩大。中国官场向来有"南相北将"之说，但在北宋，却完全不是那么回事。北宋的科举，素来"重北轻南"，北宋真宗以前，所有的宰相都是北方人，开国皇帝赵匡胤就曾在宰相堂手书"南人不得坐此堂"。

宋真宗后，南方考生得中者渐多，宋朝的文化名士，如"三苏"等人也多来自南方，到司马光为相时，曾设置"分路取士"法，压制南方考生的录取名额。到元朝时期，虽然恢复科举，但色目人和蒙古人得到优待，汉人遭到排挤，而那些被打压的考生，又多为南方人。

北宋灭亡后，大批的北方知识精英南逃，使南方文化开始了长足发展。南宋灭亡后，元王朝一度废除了科举制，虽然在后期重开科举，但汉人的录取比例极少，而科举出身的官员在体制内的地位也微不足道。

长江以北的中原地区在历经了金朝、元朝几百年的异族统治后，经济和文化已大大落后于南方。在元王朝的科举中，那些中榜的汉人大多来自安徽与江南地区。朱元璋起兵平天下的年代里，他所仰仗的人物更是来自浙江的"浙东四才子"——吴征、刘基、章溢、宋濂。早期创业的朱元璋正是因为笼络到了大量的江南文化界名人，才得以迅速壮大实力。谋士朱升、李善长等人都是来自安徽与江南等地的杰出人才。

洪武年所推行的教育体制和考试制度，非但没有弥合这个差距，反而越拉越大。明王朝的教育体制在朱元璋打天下时就已经确立，各地的府学、州学、县学，最早都设立于朱元璋早期的占领地，如安徽、江苏、江南地区。北方大规模重设学府，普及教育，多是在洪武元年之后，无论是从师资水平还是开展程度比起南方都相去甚远。当然北方并不是没有人才，山东、山西两省一直是教育大省。

结束了打天下阶段与文人的蜜月期，坐了天下的朱元璋开始大张旗鼓地推行文化专制。刀锋所向，那些贴身靠前、手无缚鸡之力的南方文人也只能选择向现实妥协，甚至向自己曾经力保的君主交出他们那颗充满人生智慧的脑袋。在血淋淋的现实面前，北方士子只能远远地对朱明政权持一种观望态度。

在朱元璋发起的那几次文字狱中，遇害者大多是北方文人。于是许多名士宁愿选择归隐山林，也不愿站出来为新政权服务。如此境况，必然导致北方教育的全面溃退，落后于南方也并不意外。朱元璋在位三十年里，南方学子可谓扬眉吐气，在历次科举中占有绝对优势。北方学子除了争夺科举中极少的名额外，只能通过监生、举荐等非科举方式入仕。即使能够有幸走进体制，在官场中也多受南方文官势力的排挤与压制。

对于朱元璋来说，重要的不是科场到底有没有作弊，而是掀起的这场风暴可以让自己达到什么目的。他也知道，刘三吾是一个刚正不阿之人，绝不会徇私枉法。他也相信刘三吾对考生成绩的判断，但是为了平息北方士子的愤怒情绪，他还是要求刘三吾从北方举子中挑选几个来一并上榜。

中国古代文官有一种脾性叫"犟"，今天叫坚持原则。他们宁愿让皇帝老子不痛快，也要坚守自己的价值观，刘三吾就是这种人。他认为自己的评判是公正无私的，毫无错处，凭什么要更改成绩。刘三吾拒绝了这一要求。他说："自己是为国家选拔人才，只能用卷面文章的好坏作为标准，不能以南方人、北方人作为依据。"

刘三吾的一番话，使得朱元璋无从应答。沉默了很长时间，他才道："既然爱卿是为国家选拔人才，不如在北方举人中选拔几个，以安定人心。"但刘三吾是一个特别耿直之人，说什么也不妥协。不换思想，那就换位置。结果是刘三吾被赶出宫城，副主考白信蹈等人被停职。让人难以理解的是，既然朝廷上下对南北考生本就有差异的现象心知肚明，却又为何纵容各路朝臣在事件中相互指摘，推波助澜？

随后，朱元璋正式下诏，就科举作弊一事，专门成立了十二人的调查小组，这其中有曾经怀疑此次科举舞弊的张信等人，也有以学问著称的严叔载、董贯，还有以忠直敢言闻名的周衡、黄章等人。成员的选择上，可谓是做到了公平、公正。

有皇帝出来替自己撑腰，北方举子在礼部衙门前山呼万岁，表达对皇帝的感激之情。张信领授了朱元璋的旨意，组织一些人重新阅卷，与阅卷诸人关在贡院二十余日，不得回家，不与任何人接触。会试复审成为京城人人关心的头等大事。

　　然而调查小组经过数日的复核，迟迟拿不出一个调查结论。四月十三日，朱元璋实在没有耐心再这么耗下去了，他亲临奉天殿，要求听取复试结果。就像一台大戏，闹场的锣鼓和龙套也已做足了铺垫，接下来轮到主角们登场。那些六部九省官员与原主考人也一个个来到奉天殿，他们的脸上写着让人难以捉摸的神情。或许是因为紧张，有的人衣衫已经湿透了。

　　张信当众评点几位北方举子的试卷，认为很有可取之处。随后突然话语一转，将南方卷与北方卷相比，承认北方卷确实不如南方卷，一榜尽是南人也在情理之中。也就是说，刘三吾等人的阅卷公平、公正，以考生水平判断，所录取五十二人皆是凭才学录取，无任何问题。

　　张信给出的结论出乎现场所有人的意料，也让皇帝当场愣住了。朱元璋阴沉着脸，内心透露出对张信所下结论的严重不满。在一个不公道的世界里，个别人的公道不仅没有任何意义，而且还有可能赔上自己的前程和身家性命。可是在朱元璋的王国里，公道与不公道，取决于圣意，这些官员这么多年还没搞明白这件事，这让他很失望。

　　结论出来，再次引起各界哗然。落榜的北方学子们不愿意接受这样一种调查结果，同时这也给了那些北方官员反攻倒算的机会。在整个事件中，连篇弹劾考官的御史们，大多来自北方。而告发张信与刘三吾串通舞弊的，正是河南籍御史杨道。如此情形，就连后来修《国榷》的谈迁也感慨："众议汹汹，非为公怒，乃为私怨也。"

　　北方籍的官员们要求再次选派得力官员，对考卷进行重新复核，并严查所有涉案官员。朱元璋勃然大怒，指责官员官官相护，互相包庇。张信受刘三吾的指使，有意将水平不高的北方试卷送交他审阅，这是犯了欺君之罪。虽然刘、张二人给出的理由并无任何破绽，朱元璋心里也认可，法律上更是无懈可击，可一旦上升到讲政治的高度，统统可以忽略不计。

这一年五月，震怒下的朱元璋做出了一个决定，他突然下诏，指斥本次科举的主考刘三吾和副主考纪善、白信等人为"蓝玉余党"，尤其是抓住了刘三吾十多年前曾上书为胡惟庸鸣冤的陈年旧账，认定刘三吾为"反贼"。刑部大牢的一番严刑逼供，并没有获得半点儿有价值的口供，这让朱元璋更加恼羞成怒。结果涉案官员全部遭到严惩，刘三吾被发配西北。七十八岁高龄的老人就这样成了恶制度的替罪羊，走进风沙漫天的西北。

　　曾质疑刘三吾的张信更惨，因他被告发说曾得到刘三吾授意，落了个凌迟处死的下场。直到被酷刑折磨至死的那一刻，他也无法走出内心冰冷如刀的困惑。悲惨之状，就连苍天也为之变色。其余诸人也先后被发配流放，只有戴彝、尹昌隆二人免罪。此二人得免的原因，是他们在复核试卷后，开列出的中榜名单上有北方士子。

　　法律既不能保全无辜的大臣，也不能完全伸张世间的道义。六月份，朱元璋亲自复核试卷，开出了一个更令人瞠目结舌的录取名单：五十二名中榜贡士，竟然清一色是北方人，无一名南方人。这真是一个令人疯狂的世界，而权力又是一件任性的法器，两相结合，一切意外都在情理之中。

　　朱元璋之所以将这件事与蓝玉案扯上关系，自然有他的想法。蓝玉常年镇守北方，案件爆发后，因他而遭株连的官员也大多是北方人，其中科举出身的北方官员甚多。血雨腥风下，那些吓破了胆的读书人甚至视做官为畏途，纷纷逃避科举考试。其实在这次科举考试之前，朱元璋就已经从礼部的奏报中获知："今北方士子，应试者减半也。"

　　作为一个深谋远虑的政治家，朱元璋自然懂得恩威并施的道理。经历了将近三十年的权力清洗，朱元璋已经将"威"字诀施展得淋漓尽致，他需要选择合适的机会"施恩"。在这种情况下，缓和与北方知识分子间的矛盾，稳固统治成了他的必然选择，而科举是最好的介入方式。

　　在朱元璋看来，做臣子的可以大义邀誉只对自己所认为的天地良心负责任，除此无他。但是身为开国之君的他也只能选择对自己的家天下负责，除此也无他。这就是所谓的屁股决定脑袋，在什么位置上干什么事。无论是最早作为主考的刘三吾，还是曾质疑刘三吾，后来又受命复核试卷的张信，他们都是心无杂念的纯粹的知识分子，坚持以才学取士。南北考生水平上的差距，外带二人的公正，就造成了这样一个匪夷所思的事件。

满朝哗然之后，朱元璋自然不能承认南北考生水平差距的事实，这样等于开罪于北方士子。南北榜的出台，也就成了最好的折中办法，诸位公正的考官，只好无奈地做了替罪羔羊。

朱元璋就这样用"搞平衡"的办法处理了这起震撼士子之心的科举大案，随着事件的不断发酵，明朝的科举制度也随之做出重大调整。从此明朝的科举录取，不再是"全国统一划线"，相反分成了"南北榜"，即南北方的学子，按照其所处的地域进行排名，分别录取出贡生后，再统一参加殿式。

六、皇帝和他的农民兄弟

过了年，天气渐渐转暖，江南的春耕就要开始了。二月初一是中和节，也是春耕的启动仪式。每年的这一天，朱元璋都要亲行躬耕，并象征性地赐给百姓五谷种子，以示奖励农桑。熟读历史的朱元璋深知，饥饿的农民是帝国最危险的敌人，而温饱的农民则是皇权最坚定的支持者。为了江山千秋万代，他必须解决老百姓的吃饭问题，减轻农民的负担，这是国家政治的重中之重。

对于一个农业人口占绝大多数的庞大帝国而言，农业事关农民的温饱，农民的温饱则事关天下太平。朱元璋并不需要多么强大的想象力，就可以对此做出准确的判断。小农出身的朱元璋，对于农民在一个社会当中的脆弱性有着更为深切的体会，他们很难经得起任何社会波动的冲击。

1. 是乐土，还是险途

封建社会的小农经济，决定了个体农民的生存状态。对于他们来说，人生无非四件事，春耕、夏播、秋收、冬藏；无非四个头：休养于炕头，劳作于地头，最远来到村头，最终走向坟头，终其一生，仅此而已。在一个农民的心目中，土地是维系他们生存的根本；而对于朱元璋这样一个当了皇帝的农民来讲，整个天下就是他的田间地头。

正所谓不当家不知柴米贵，江山易手，现如今的朱元璋成了当家人。前朝税赋之重他比谁的体会都深刻，如今轮到他坐了江山，才知道减轻百姓赋税说起来容易做起来有多难。包养知识分子需要花钱，包养武人需要花钱，安置皇室宗亲也需要花钱。这些钱都从哪里来？只能向民间征收。小民的艰难和困苦，是我们这个古老帝国的一种宿命。但发展不是让权贵和富人发大财，就算富人和权贵吃大鱼大肉，也要让穷人们有一口汤喝。如果他们连汤都喝不上，那就是竭泽而渔，弄到最后谁也没有肉吃、没有汤喝。

朱元璋一生都难以忘记淮河流域那个不起眼的小乡村，如果不是因为他，那里只是中华大地上一个不知名的角落，在地图上都找不到它的位置。至正二十六年，当元军攻占濠州的消息传至南京。朱元璋每日忧心不已，这时候天下已有大半被他收入囊中，尽管如此，濠州陷落还是让他的精神世界受到重创。那一刻，他不由感慨："濠，吾家也。济如此，我有国无家可乎！"

一个月后，在朱元璋的催逼之下，明军又重新收复濠州。虽然军务紧急，可思乡之情还是让他难以自持，回到了阔别十三年的故乡。见到昔日的乡亲，让他百感交集。就算是面对当年的仇人刘德，他也有如见亲人的感觉。要知道，在朱元璋父母去世后，他和哥哥曾经登门求他能够施舍一块地埋葬也无法得以实现。

看着昔日的仇人跪在自己面前磕头如捣蒜，朱元璋感到从未有过的满足。尽管如此，朱元璋还是将其拉起，宽容了他。朱元璋说，你不必如此，我不会计较。当年你所做的一切，也是人之常情，你又怎知道我朱元璋会有今日。如果你知道今日，也不会那么做的。

在离开家乡前，朱元璋宴请父老乡亲。他动情地说："吾与诸父老不相见久矣！今还故乡，念父老乡人遭罹兵难以来，未遂生息，吾甚悯焉。"

走在故乡的田野，路转溪桥，竹外桃花，朱元璋的心情从未有过的好。但这样的心情很快被一幅人力拉犁的画面破坏。老者在后面扶犁，青年夫妇和几个孩子在前面背着套绳，他们一律弯着腰，身子向前倾过去，和地面保持一个相对危险的距离。淮河两岸多硬质黏土，天一旱，地面就硬得像是一块石板，犁铧在上面画出浅浅的痕迹，而人只能艰难地向前使力。这样的画面让朱元璋心情黯淡，这一幕对他来说，太熟悉不过了。

江南地区的地租通常是四六分，如果佃户用地主家的耕牛和农具，则地主取七成。还有些贫穷的佃户，连农具和种粮也要地主提供，则又要减去二成。佃户辛苦一年，最后只能得到一成。在这种情况下，他们只能用人力拉犁。对于这些贫苦农民来说，这样做也是一种无可奈何的选择，因为他们一无所有，只有力气和汗水。

贫瘠的土地和更贫瘠的脊梁，在朱元璋的眼里，那绝不是让他能够欣赏的风景，而是帝国的病灶。濠州这块土地贫瘠得本就长不出多少庄稼，又加上淮河泛滥，可谓十年九荒。朱元璋在此留下的记忆，除了痛苦还是痛苦。但是回到这里，朱元璋的内心还是感觉到温暖。或许这就是中国人一生都难以割舍的乡情，一个人在外面世界感受人性的冷酷，而故乡给你带来的永远是恬静与舒适。正因为如此，大明开国之后，朱元璋才会提出一个令天下臣民感到震惊的计划，那就是在凤阳建立中都。

洪武三年初夏，天气大旱。朱元璋领着子女以及后妃，穿着麻衣草鞋从皇城步行十几里前往山川坛。他共有四十六个后妃、二十六个儿子和十六个公主。在古往今来的帝王中，他也可以算得上是一个生育能力旺盛之人。对于帝王来说，繁衍生息固然是头等大事。不过朱元璋怎么也不会想到，他的家族会在百年之后繁衍到八千多人。作为皇室家族，这些人都是由帝国的财政养活，有人曾经算过一笔账，养活朱明皇族所耗费的资本相当于全国三分之一的军费。

朱元璋此行的目的只有一个，那就是为天下苍生祈雨，以解严酷的旱灾。历朝历代发生类似的灾情，那些有道君王都会选择在旱灾发生时举行祈雨活动。作为农民出身的朱元璋对天灾人祸有着更为深切的体验，所以他的做法并不仅仅只是做给天下臣民看的一场真人秀。

朱元璋登上祭坛后，敞开上身，像一尊罗汉似的盘坐于青石板上，将自己的身体暴晒于炎炎烈日之下。儿子们也都模仿他的做法虔诚地陪侍左右。马皇后带着后宫嫔妃，在祈祷现场临时搭砌的灶台上烧制农家饭。麦饭菽豆煮熟后，皇太子先捧过一碗给朱元璋品尝，然后一家人坐于烈日下吞咽粗糙的饭食。这种状态一直要持续三天，白天祖背暴晒，夜里原地和衣而卧。老天爷或许真的被朱元璋的诚心感动，居然下起了大雨，几个月的旱情得以缓解。

朱元璋来自贫民阶层，亲历田间农事，深知物力维艰，更了解民间疾苦。在他二十五岁以前，他对这个世界的认知可以用四个字来概括：饥寒交迫。在经历了从游民到帝王的身份转换以后，他考虑问题的方式也发生了变化。正应了那句话，存在决定意识。

有人说，人性的欲望就是由空荡荡的胃传导给这个世界。像朱元璋这样一个处于社会底层的家庭里的孩子，生来是以世界上最粗粝的粮食来填充胃肠。即使是这最粗粝的粮食，也是吃了上顿没下顿。灶上支起的那口破锅，一年到头也难见一回荤腥。这当然并不是朱元璋一家一户的状况，而是多数农民乱世里谋生存的最为常见的景状。

洪武三年六月，河南蒿县一个姓刘的典史入京朝觐，朱元璋见他身上穿着打了补丁的官服，心里很是高兴。他说："官员们往往为了锦衣美食去侵害百姓，像这个蒿县典史如此贫寒，居官能不清廉吗？"朱元璋命赐予布帛，以资鼓励。

对那些衣着华丽的人，朱元璋则完全是另一种态度。一日，他在奉天门外见着一个散骑舍人穿一身华美服装，就问他置办这件衣裳花了多少钱。对方满不在乎地回答，不贵，只用了五百贯。朱元璋闻言大怒，当场训斥道："尔不闻农桑勤苦，置一衣乃至五百贯，此农民数口之家一年的过活。骄奢如此，岂不是暴殄天物！"

朱元璋经常对大臣们说："'节俭'二字，不但为治天下者所当守，治家者亦宜守之。尔等岁禄有限，若日用无穷，费用过度，何从办集？侵牟公帑，剥削百姓，皆源于此。"

少年时的生活经历深深地影响了朱元璋当国后的治国理念，他生来是一个赤贫者，是最接近社会底层的人，遭受过人间最为惨烈的困苦。他曾经不止一次地在大臣面前念叨，自己在乡下时，经常会看到官吏饮酒作乐、不务正业、欺压百姓，闹灾时下乡放赈的官员会公然把赈米贱价卖给大户。对佃户的租子，他们会千方百计搜刮盘剥，这些人这些事让人可恨。每每想到那一幕幕的过往岁月，朱元璋的心里就会升腾起愤怒之火，恨不得拔刀杀了那些人。

老百姓的生活没有更好的选择，一年辛苦到头，种庄稼、纺织布匹，忙到最后的微薄收入也只能用来抵债。田地里所种的庄稼还没收割，机杼上所织的布匹还没取下，就已经不属于自己了。他们一年到头穿的是破衣、吃的是粗粮，做的是最为艰苦的劳动。

朱元璋把自己亲身经历的这些场景，眼里看到的这些东西都深深地刻在了自己心里，融进了他的治国理念。当了皇帝的朱元璋，始终没有忘记当初作为农民的悲苦岁月。或许正因为如此，他尤其痛恨那些寄生虫似的贪官污吏，可以说是一种刻骨的偏见与仇恨。朱元璋是在乡村生活中长大的，在他的执政理想中，最幸福的农民生活应该是男耕女织，丰衣足食。而不是一遇到天灾人祸就家破人亡。

立国不久，朱元璋就对大臣们发过一句警示之语：天下刚刚稳定，老百姓财力都很困难，因为打仗，他们损失严重。这就像小鸟要飞的时候，你不能拔它的羽毛；树刚栽下，你不能乱摇晃它，你不能动它的根。靠什么来做到这一点呢？靠廉洁，靠禁止贪暴，要爱惜百姓，让他们能够休养生息。

在取得政权，一统天下之初，朱元璋经常下令免征一些地区的粮税。他也曾在享受帝王尊荣的时刻，突然想起父母当年吃糠咽菜的苦难岁月，这时候他会无法自控，放声大哭。

按照皇家传统，皇帝生日这一天应该是万寿节。遵循帝国礼仪制度，文武百官都要在正殿举行朝贺，如果赶上皇帝心情好的话，百官还可以齐聚一堂享受帝王寿宴，拿到一个大大的红包。如此群臣欢宴的场面让朱元璋极为反感，他实在无法接受这种奢靡之风，连续十几年都拒绝行此典礼。

修建皇宫时，朱元璋下令将所有雕琢奇丽奢华的景象取消，多用一些庄重简朴的图画。妃嫔住处的墙壁与屏风全画上稼穑图，太子东宫的整面墙上要画上朱元璋的个人生平事迹图。在皇帝的起居办公殿堂内，全是用朱笔写的治世格言，一字一句令人警醒。宫廷内部的空地上，不建亭台楼阁，只建园圃，栽种应时蔬菜，在政事闲暇的时候，自己时常来到这里看太监宫女汲水灌园，捉虫除草。车、舆、用具该用金银装饰的，全都改用铜。

在朱元璋看来，忘记自己的布衣身份，就意味着背祖叛宗，是一种天大的罪过，是会遭到天谴的。如果今日的朱元璋还是农民，那么他应该是一个克勤克俭之人，因为他生来就活命于一个勤劳本分的农家。年轻时候的痛苦，父母一生的凄惨，给他留下的印象过于深刻，挥之不去。

洪武元年，大明王朝刚刚成立不久，全国很多地方都遭受了旱灾。第二年春末，旱情依然没有得到缓解，这使朱元璋想起至正四年前后，大旱连年、瘟疫不断的可怕情景。

朱元璋祭告父母亡灵，请求他们能够护佑自己。想到父母在时，自己没有机会尽一天的孝道，他的内心会隐隐作痛。而今父母已不在人间，自己就是贵有天下，富有四海，也难以弥补子欲养而亲不待的遗憾。如今他也只能通过这种外在形式，使自己的内心得到一时的宽慰。

除了按照传统的礼制在宫城外建立太庙，每逢初一，摆上新鲜的食品供奉祖先。朱元璋还在宫城内建了一座奉先殿，专门用来供奉朱家的列祖列宗。每天早晚，他都会率领诸子亲王前往此处拜祭，皇后则带领各宫嫔妃按时进膳，如同侍奉生者。朱元璋亲自撰写祭文，每日早晚各两次面向苍天诵读。祭文大致内容是：虽然儿子有过错，但始终不敢忘记当年二老吃草根、粗米的艰难生活。今日，儿臣愿意率领妻妾在半月内吃草根、野菜、粗饭，与百姓共甘苦，以反省上天的谴责，并为天下百姓祈福。

青少年是一个人精神世界发展至关重要的时期，而在那个时期，朱元璋所能接触到的外界资源实在是少得可怜。如果不是元末纷乱的时局将他颠簸出原本的生活轨迹，他这一生将会被牢牢锁定在那块贫瘠的土地上。

在乡村社会里，有浓厚的人情、美丽的田园风光，也有愚昧、野蛮与懦弱，更有对权力的盲目崇拜和顺从。就在社会最底层的摸爬滚打中，底层文化精神全方位地渗透进他的身心。而随着命运神奇的改变，赤贫出身的朱元璋登上皇位，因此不可避免地将自己性格中的贫困文化因素更为广泛深刻地传播到整个国家和民族精神里面。

朱元璋的一举一动都受着农民思维方式的牢牢制约，在他的治国大政方针里，可以清晰地看到淮河南岸那个小村庄的贫困文化的精神印记。

由于出身贫苦，幼时受过许多苦难，朱元璋在登上皇位后便把自己当作贫困农民的代表，就连下诏书的时候，自己也免不了要表白一番："朕本农夫，深知民间疾苦。朕本农夫，深知稼穑艰难。"

这种特殊的生活经历和思想境界，决定了朱元璋和农民的关系。如果说他与其他帝王最大的不同之处在哪里，应该在于他一生对农业特别关注，对农村特别了解，对农民特别同情。他的一切与农民有关的感叹都发自内心，如同一个老农站在自家的田间地头，感叹这一年的收成。

"四海苍生，皆吾赤子，爱念之意，旦暮不忘。"

"食惟民之天，民乃邦之本，一视同仁，皆吾赤子。"

朱元璋总是不厌其烦地在皇子和大臣们面前唠叨："四民之中，农民是最累最苦的。春天鸡一叫就要起床，赶牛下田耕种，插下秧子，得除草，得施肥，大太阳里晒得汗直流，劳碌得不成人样。好容易巴到收割，完租纳税之外，剩不下一丁点儿。万一碰上水旱虫蝗灾荒，全家着急，毫无办法。可是国家的赋税全是农民出的，当差做工也是农民的事……"

称帝前不久，朱元璋曾经带着太子朱标来到南京郊外农民的茅草屋里，与农家同吃同住，体会农民生活的艰苦。回宫之后，朱元璋问太子此行有着怎样的感受，太子自然是心有戚然。

朱元璋告诉他，当年他们老朱家的艰难程度十倍百倍于这样的家庭。农民四季劳苦，粗衣恶食，国家钱粮全靠他们供给，你要记住君主的责任，不可忘记他们的饥寒。否则，于心何忍？他们老朱家当年连最基本的生产资料都没有，所以他更能够感受农民生活的不易。他不允许在自己的王朝里，获益者随便浪费物力、财力。他们所挥霍的民脂民膏，是老百姓一点一滴攒起来的。

当了皇帝以后，朱元璋在吃穿方面都不太讲究。南京这个地方夏天非常热，朱元璋到各个衙门去视察的时候，通常会搞得汗流浃背。这时候，旁边随从就会给他拿着衣裳，这件湿了然后换另一件。或许是旁边的官员看朱皇帝换下来的衣裳没有一件是新的，就在私下里议论。这样的话传到朱元璋的耳朵里，他并不以为耻，反而认为自己为官员做出了榜样。

朱元璋告诉他们，虽然他今天已经富有四海，但是他不能放松对自己的要求，要更加管束好自己的心。朱元璋经历过最底层的生活，所以能够体会百姓的疾苦。他要官员们记住，在朱明王朝，奢侈与腐化是当权者最大的犯罪，绝不允许官员有此恶念恶行。

朱元璋还说，自己虽然是朱明王朝的皇帝，但是在铺张浪费这件事上，也没有任何特权。皇帝的嗜好至关重要，往往会引领社会风气。楚王好细腰，会饿死天下多少好姑娘。崇尚节俭，能够滋养一个人的品性，如果崇尚奢侈糜烂的生活，整个社会肯定会走向道德败坏，君臣也会跟着腐化堕落。

立国之初，湖广官员千里迢迢跑到南京向皇家进献竹席，朱元璋怕开了进奉之风，下令全部将其退回。后来金华又进贡香米，虽然觉得香米的确很好吃，但是接受进奉会给地方百姓增加负担，朱元璋也禁止了。朱元璋在后宫的园林中辟了几十亩地用来种庄稼，每当耕耘收获季节，他都会带后妃和皇子们亲往观看。

朱元璋不太喜欢饮酒，虽然能喝一点点葡萄酒，但是没有酒瘾，更没有酒量。起初太原进贡一种葡萄酒，他下令不要再进贡了。山西潞州进贡人参，也被他取缔了。他认为采人参要冒很大的风险，这么做实在是劳民之事。国家的职责在于养民，不能因为皇家的挥霍享用而劳民。

洪武七年，西番酋长进贡葡萄酒，朱元璋赏赐给酋长一些绸缎衣物，但是把酒退了回去，让他们从今以后不要再进贡。他对中书省官员说："饮食衣服够平常用就行了，额外的追求只会带来无穷的祸害。蒙元时期，西域进贡葡萄酒，使者络绎不绝，沿途百姓饱受痛苦，朕岂能再以此殃民。"回族商人进贡一种香料叫阿剌吉，汉语叫蔷薇露，说是能够治疗心病，还可以调制香粉。朱元璋也予以拒绝，他说："中国治心病的药物很多，这种东西不过是修饰容颜的，用它只能助长奢侈之心。"

有一次在宫里，他看见几个宫女往地上扔了一缕丝线，就将她们喊到面前，问她们这是谁扔的。并警告她们，这是老百姓的血汗，下次如果再扔，重罚不饶。

还有一次，朱元璋看见两个宦官穿着新鞋，下着雨踩着泥水，毫不爱惜。他警告他们，这样不爱护老百姓提供的衣服、鞋子，是一种犯罪。老百姓的血汗不能让你们随便糟蹋，下次再犯，重责不饶。

朱元璋在生活中所表现出来节俭，固然有开国君王的政治秀成分，但更多是与他的穷苦出身有着很大关系。朱元璋身上具有倔强难制的性格，以及超乎常人的约束力。其实他的治国理念，除了对待官员的铁血一面，还有对待老百姓温情的一面，他真的不愿意浪费民力和钱财。

洪武九年，山东日照知县马亮三年考满，州官给他写的考核评语是："无课农兴学之绩，而长于督运。"这个马亮出身于商业世家，是一个颇有才华的年轻人。他并不是通过科举进入洪武体制内的，而是经过县、府、州层层推举，然后被朱元璋钦点为日照知县。

知县的首要任务是无条件执行朝廷颁布的休养生息政策，抓好农业生产。可这个马亮上任后，一门心思想调整到督运部门工作。督运是朝廷的重要经济部门，主要管理全国商业。马亮上任后，或许是为了表现自己的才能，他频频插手日照督运部门，把工作重点放在商业发展上，做了不少大事儿。

朱元璋在获知马亮的事迹后，特批道："农桑衣食之本，学校风化之源，当县令者首先务此两样。该县令不知务此，而曰长于督运，是弃本而务末，岂其职哉？"也就是说，当县令不发展农业，兴办教育，只擅长督运，是本末倒置，是万万不可取的。

朱元璋对洪武年间的官场规则还是了若指掌的，督运是朝廷的经济部门，如果一个官员能够谋得此处当差，发财是轻而易举的事，而县令则是苦差事。州官给马亮写了这道评语，目的很明确，也就是希望能够将他改为督运官，每天吃香喝辣享清福。朱元璋既痛恨那些跑官要官之人，更痛恨地方官员不懂农业与教育，一天到晚只想着得好处，捞钱财。马亮的这一做法，令洪武皇帝极为不满，以"渎职罪"将其革职，且永不叙用。

整个官场并没有因为马亮事件而有所改观，扰农事件还是屡有发生。作为农民出身的皇帝，朱元璋比谁都明白：一个王朝政权的稳定，往往取决于农业社会的祥和安静，毕竟在我们这个古老的国度里，农民的比例要占去百分之九十以上。任何与农民过不去的举动，都可以视为与整个大明王朝为敌。

朱元璋和智囊团的那些高参们对于立国后的未来社会不可能提出新的理想方案与新的设计，他们所向往的还是恢复被元朝统治者和战乱所破坏的小农经济。

小农经济是一种自给自足的自然经济，在没有激烈的兼并、没有巨大的社会动荡的破坏，尤其是统治者不对它们做过多的干扰的情况下，它基本上能够保持一种稳定性。如果上层建筑能够与其发展相匹配，它也不会自发地与政权对抗。更何况，小农的分散性及其生产规模的狭小和个人拥有财富过少也形成不了与政权对抗的力量。

在分配帝国利益这块大蛋糕时，朱元璋首先将农民的利益放在第一位。与对待官员的严刑峻法不同，对于农民，他始终给予特殊的关照。自己本身就是一个农民，农民所向往的"理想国"正是他这个农民皇帝的奋斗所在。就个人而言，朱元璋登上皇位已经达到了个体生命的巅峰。但是作为一个君王，他的心中还有一个可以触摸的目标与理想——那就是建立一个平等俭朴、富足安乐的农业社会。

早年的卑微出身，使得朱元璋深深体会到一个小民要想在这块土地上扎下根所要付出的痛苦与艰辛。在当了皇帝之后，他曾经不止一次地在官员面前说："朕为天下主，凡吾民有不得其所者，皆朕之责。"朱元璋这是在往自己身上揽责任，他说自己是天下之主，凡是老百姓吃不上饭，住不上房，都是他这个做皇帝的责任，是他没让老百姓过上好日子。

或许是长期生活于社会最底层的缘故，形成了朱元璋执政时期的两大特色：一是对农民疾苦的无比同情；二是对豪民和暴吏的刻骨仇恨。他将"安民为本"作为自己施政的中心要务。每遇灾荒之年，他就像是一个靠天收成的农民那样变得焦躁难安，少年时的灾荒记忆牢牢地刻在他的脑海里。相比较而言，朱元璋可以说是历史上对灾荒认识最为深刻的一位君主。

他将民心视为天命所在，将民心视为朱明王朝能不能够维持长久统治的根本。历史上那些短命王朝为什么会那么快就走到灭亡的境地，究其原因，还是因为失去民心。正因为如此，朱元璋才会由衷地发出感叹："天命去留，人心向背，皆决于此，甚可畏也。"

洪武五年腊月的一天，朱元璋在南京的三山门看见几个农夫，他们在护城河里的冰水中一边蹚水一边用手在浑水里摸，当时的南京已经冰冷刺骨。朱元璋问身边随行的官员，这么冷的天这些农夫在水里摸什么，是在捞东西吗？

身边人回答朱元璋，这些农夫在这里是给官府做工，可是督工的官吏把他们的锄头扔到水里去了。一定是农民得罪了那些督工的官员，督工的官员才会如此惩罚。可是工具对于这些农民工来说，好比战士的武器。正因为如此，这些农夫才会冒着严寒在冰水里捞工具。

朱元璋听了，不禁打了个冷战。然后派人去把那些整治农民的督工官吏叫来，痛打了他们一顿。然后告诉他们，自己为什么要责罚他们。这些农民离开自己的土地，来到这里服役。在如此恶劣的环境下劳作，手脚都皲裂了，你们不但不同情他们，还把他们的工具扔到冰冷的水中，你们怎会如此狠心？要是这些农民是你们的父兄，你们也会如此对待他们吗？

朱元璋命这些人赶快去为他们打捞，并且赏给农夫一些锄头和工具。他对当时的随行官员汪广洋说："像这样的数九寒天，我们穿着裘皮还觉得冷，可是农民还在做工，他们吃不饱穿不暖，非常可怜。"朱元璋下令，南京所有服役的农夫一律停役，放假回家。此情此景，难免会让朱元璋想起寒微之时，那些遭遇兵荒饥馑，靠野菜度日的苦难岁月。即使已经贵为天子，富有天下，也不曾忘怀。他做出规定："凡是地方发生水旱灾害，地方官员不及时上报的，如有老百姓来申诉，我将对官员处以极刑。"

因为瞒报灾情及赈灾不力，朱元璋杀了不少官员。他平时对下属极不放心，要求事事都要向他先请示而后执行，只有在救济灾民这件事上，他们才可以先采取行动后汇报。

朱元璋曾经认真地算过一笔账：整个洪武年间，赈灾所赐布、钞数百万，米百余万，所蠲租税无数。除了这些应急措施，朝廷还建立起制度化的福利救济设施，这些福利从一定程度上解决了前朝依靠个人力量无法解决的生老病死等困难。

严格说来，朱元璋应该算是古往今来第一个"农民皇帝"，虽然他当初以开创大汉王朝的刘邦为自己人生的奋斗目标，但是他与刘邦有着很大的区别。刘邦不能算是一个纯粹的农民，他只能算是一个民间社会的流氓式人物，更何况他还有一个泗水亭长的职位。

朱元璋一生都没有改变自己身上的农民本色和农民作风。在许多日常细节里，他会为提升农民的社会地位，改变他们贫困的生活而殚精竭虑。在内心世界，朱元璋总有一种感觉，帮助他们就能够在冥冥之中改变当年父母兄弟的生存状态。

朱元璋语重心长地告诉那些大臣们，他说："昔日，在民间看到那些饥寒交迫的鳏寡孤独、老弱病残，心里常常会产生一种厌世的情绪，恨不得能够马上替他们去死。战乱年代，见到这种情形时，也是同样心生恻然。如今，我代天治民，若天下还有流离失所的人，那就不但有悖于自己拯救百姓的愿望，也没有尽到代天的责任。你们务必要体会我的心情，要好好安置那些贫苦无告的人，不可使天下还有这样的人。"

在《大诰续编》里，朱元璋曾经反复向各级官吏们灌输一个理念——官不扰民。在他的意识里，官民之间如果发生矛盾，责任一方在官而不在民。正因为如此，一旦发生官民冲突，朱元璋的惩治手段只会用来对付体制内的官员而不是平民。各司府州县，如果遇到公务需要差遣平民，官吏只允许拿差牌到平民家中去传唤。如果传唤三次不到，才准许派皂隶去捉拿。捉来之后，必须询问他为什么没来。朱元璋担心这些农民可能只有夫妻二人，为了生计而出门劳作，或有急事不在家中，如果是这样，就不是农民的罪过。如果对他们加罪，就是在虐待农民。

每每回想起三十年前，父母生病无钱救治的悲惨情景，朱元璋都会心如刀绞。正因为如此，在社会平民阶层中，朱元璋尤其厚爱那些挣扎在贫困线下的孤寡老人。作为社会上的弱势群体，老人更需要来自朝廷的优抚和安置。他先后出台过"养济院""漏泽园"和"惠民药局"三大福利政策，用于解决民生问题。

朱元璋做过流浪者，对于那些无家可归者的疾苦深有体会。"养济院"用来收留城市中的孤寡老人和赤贫者，每月给米三斗、薪二十斤、冬夏布一匹，小孩子给以上数量的三分之二。以至于许多生活并不贫困的骗子，也假装穷人被收留进来，且赖在里面不走。"漏泽园"用来埋葬那些死后无钱无地安葬的老人。"惠民药局"用来收留那些有病而无钱医治者，免费给予医药治疗。

大才子解缙曾经给朱元璋提供了一幅完美的太平图景——《献太平十策》，他是根据《周礼》的记载描绘的。过失相规，出入相友，守望相助，疾病相扶持。这幅美好的图景虽然与朱元璋的理想国相一致，但是他比谁都清楚，过于理想化的世界是根本不存在的。他也只能结合实际生活，加以修正完善。

2. 是天下大同，还是大不同

洪武元年，刚刚登基的朱元璋曾经与刘基有过这样一段对话。朱元璋问刘基："如今，天下已平定，我应该怎样治理这个国家？怎样对待天下百姓？"

刘基回答道："两个字就可以解决陛下的心头所忧，那就是'宽仁'，对待老百姓要宽仁，国家要实行宽仁的政策。"

刘基的话固然有一定的道理，可是朱元璋却对此持保留意见，因为一味地实施"宽仁"与他的治国理念还是有些出入的。这些年来，他跟着这帮书生读庄、读孔，但老庄之学、孔孟之道，入得了脑，可实在无法入他的心。

这宫墙内外也不乏道观庙宇，可是身为君主，他又不能领着一帮皇亲贵族天天沉溺于此。他知道，他和他的继承人们无法成道、成佛，至于能不能成儒，也只能另当别论。

回到现实，他面对的还是这么一大摊子麻烦事。在他看来，一个君王不想着去施恩惠，只是在那里空谈宽仁，是没有任何用的。宽仁是什么？它是建立在有利于民生，体恤民力的基础上。如果不能做到勤俭治国，老百姓就会贫穷；如果不能够体恤民力，老百姓就会怨声载道；国家不实行教化，老百姓就会不知道礼义；如果不禁贪暴，就会失信于民。舍此而言宽仁，是徒有其名，老百姓并没有真正得到实惠。

在与刘伯温谈话之后，朱元璋与时任中书省长官的胡惟庸也有过一次类似的对话。朱元璋说："天下一家，民犹一体，有不得其居所者，朕常思如何安养之。昔吾在民间，目击小民之苦，鳏寡孤独饥寒困顿之人，常自厌生，恨不即死。吾每见此状，心常凄恻。故吾躬提军旅，誓清四海，以安百姓。今朕代天理世已数年，若天下之民有流离失所者，非惟更改朕之初衷，于代天行道，亦不工耳。其令天下郡县，查访穷民无靠者，月给以衣食；贫困无依者，给以屋舍。"

原来当皇帝也没有那么难，朴素的道理连大字不识的农民都知道。一个君王不需要苦心经营，只要愿意去做，就可以得到想要的结果。这一刻，朱元璋似乎悟出了治国的真义。

记得那年，他们老朱家断粮已有半个月，父亲朱五四去地主刘德家借粮，结果被羞辱得恨不得一头撞死。哪怕刘德当时将家里喂牲畜的粮食施舍他们一些，爹娘也不至于在那场大饥荒中饿死。那些有钱的大户没有一个是心怀慈悲的，在那饥荒年月，他们会眼睁睁地看着你饿死路旁而见死不救，尽管他们的餐桌上有吃不完的大鱼大肉。

朱元璋一心想要打造一个天下大同、人人均等的国家，以实现耕者有其田、居者有其屋的理想社会。天下百姓听到朱元璋这句话，岂能不欢欣鼓舞。自古以来，农民始终是这个社会的弱势群体，而农民中的鳏寡无助者，则是弱势群体中的弱势，朱元璋倡导要让这样一些人享受到发展的成果。

朱元璋曾经对官员们说："富民多豪强，故元时，此辈欺凌小民，武断乡曲，人受其害。"那些富民往往利用制度上的漏洞，勾结官府欺压良善。对于富民，朱元璋始终怀有一种敌意。在这一点上他无法欺骗自己。为富者多不仁，他总是不由自主地将少年时的生活经验和自己的治国理念纠缠于一处。

洪武二年二月，朱元璋把浙西的富民召到身边训诫了一番。朱元璋诘问，你们能够在乡里收受田租安享清福，知道是什么原因吗？古人说，人人都想享福，如果没有人管理，这天下就乱了。如果天下无人管理，就会造成恃强凌弱、以众欺寡的局面，你们这些富人不能安享清福，贫苦百姓连生活也无法保证。今天为你们立法定制，只要你们安守本分，遵守法律，就能够保护你们的身家和财富。你们不要欺负弱小，不要兼并穷人的田地房产，不要虐待小孩，不要欺负老年人，要孝敬父兄，要和睦亲族，要周给贫乏，对那些贫困的人给予帮助，在乡里不要胡作非为，要和气，要谦逊，这样才是一个良民。如果还像以前那样胡作非为，就不是良民了。

除了将那些有钱人强行迁徙之外，朱元璋还借着几次兴起的大案，将矛头指向民间社会的豪民巨室。江南地区富庶，那里的大地主也多，自然成为朱元璋重点打击的目标。凡被牵连者，多被抄家杀头；发展到最后，中等收入以上家庭，基本上也都破产了。

对于豪宗大族特别是江南地区的富农，朱元璋所采取的手段是严酷无比的。对这一群体的反复打击，是前朝从未有过的。打击对象主要集中于那些气焰嚣张的地方豪强，虽然手段偏激了些，但实际效果却是明显的。贫富差距逐步缩小，社会趋于稳定，遏止了土地兼并。

朱元璋的骨子里始终住着一个小农，其中存在着小农社会的平均主义理想，而对于地主豪强的打击，使得那些阻碍皇帝实现政治理想的绊脚石被一一清除。倘若朱元璋的青少年时期不曾经历过那样的苦难，就没有人会相信像他这样一个杀人如麻的铁血帝王能有如此温暖的情怀。

朱元璋是农民的儿子，他由衷地希望自己治下的农民能够过上安静富足的生活。为此，他充满理想地精心设计帝国最基层的乡村生活模式。帝国的所有农民，都应该全心全意地致力于生产劳动，通过男耕女织的诚实劳动，交纳皇粮——完成向帝国财政贡献赋税并获取生活的来源，成为大明王朝最忠实的良民。

在朱元璋的国度里，他容不下那些游手好闲和无事生非者。他认为，这些人必须要为自己的放纵无度付出惨痛的代价。为此，他在全国每个乡村都设立"旌善亭"与"申明亭"各一座。旌善亭用来表彰良民及其令人称道的善行义举，他们的名字和好人好事将被写在亭中，以此张扬人心向善。申明亭则是处理村中纠纷的场所，举凡婚姻、财产、争占、失火、盗窃、骂人、斗殴、钱债、赌博、擅食田园瓜果、六畜践食禾稼、亵渎神明等，都要在此由年高望重者予以仲裁。审理仲裁中，老人可以酌情使用竹篦荆条等抽打案犯，但不许设置牢狱监禁。白天审问，晚上必须放回去，第二天可以接着再审。而那些行为不检者的名字及其坏人坏事，也会被写于亭中，以此警醒那些后来者。

每年的正月和十月，全国各地的乡村都要举行两次全体村民大会餐，名曰"乡饮"。在那个时间里，全体村民都会在进餐之前，聆听年高望重者发表训词报告和宣读朝廷最新颁布的法令文件，而所有行为不轨者也会在这里接受批评教育。其中屡教不改及态度恶劣的人，会被定为"顽民"，扭送官府接受强制教育，甚至他们的家属也会被发配或者充军到边远地区。而那些被推举出来主持工作的年高望重者，如果没有很好地履行自己应尽的职责，也会受到惩罚，严重者同样会被发配或者充军边疆。

朱元璋同时规定，上述惩恶扬善暨乡村自治的过程，均不许政府官员干预。不论惩恶还是扬善，官员的职责就是如实向朱元璋报告。如果朱元璋得知地方官员有干预乡村之事，涉事官员将会受到严厉惩处。这种双轨报告机制，能让各级官员处于一种自控状态。朱元璋要求，全国每个村庄都要在中央位置摆放一面鼓。每到农忙时节，需指定专门人员于清晨五更时分擂鼓，令人们黎明即起，下田耕作。这个工作，一般都是由老人负责。那些懒惰不愿意下田的人，由老人督责。若老人没有尽职，就会导致懒汉生活困窘，从而铤而走险为非作歹，被官府抓到了，则老人有罪，将会受到惩罚。

朱元璋要求每个乡村选派一位老人，每个月有六天时间，在天色向晚时分，这些老人会定时出现在乡村道路上，摇着铜铃，大声朗诵宣讲朱元璋亲自制定的六谕：要孝敬父母，要尊重尊长，要友爱邻里，要教育好子女，要安居乐业，不要为非作歹。

朱元璋虽然没有过多的执政经验，但是他早年所处的阶层是人口占绝大多数的贫民阶层。他知道一个皇帝要想天下太平，首先就要让这一阶层的民众过上有饭吃、有衣穿的生活。如果当年的他能够混上一口饭吃，绝对不会去干造反之事。为了使农民能够安居乐业，朱元璋对他们的生产与生活做了相当细致入微的考虑与安排。

他要打造一个人人有饭吃、有衣穿的平均化理想国，每一个成员有着接近的财富，人与人之间不会盘剥，不会相互倾轧，更不会大鱼吃小鱼似的融合。每个人安心于自己的一亩三分地，他们没有非分的要求，更不会自发组织起来。

朱元璋在诏令中规定：如今天下已经太平，老百姓除了按照自己的本分交公粮和当差之外，并没有其他的麻烦。因此，你们务必要用心打理自己分内之事，做到丰衣足食。每户一定要按照国家号令，依法栽种桑树、枣树、柿子树和棉花。这样，每年养蚕生产的丝绵，可以丰衣；枣、柿子可以卖钱，遇到歉收年景可以当粮食。此事对你们老百姓有好处，乡村里甲的老人务必要经常监督检查。若胆敢违背，全家流放边疆。

朱元璋当时还做出一项规定，要求每家农户必须按照一定数量与比例栽种桑、枣、柿和棉花。其中，枣、柿是用来解决农民的零花钱问题并在灾年帮助他们渡过饥荒的。而另外两项——桑与棉，则对大明经济产生了极为深远的影响。松江府（上海市松江区）治下，这里曾经是朱元璋的死敌张士诚的地盘。朱元璋一直对当地老百姓拥护张士诚的做法耿耿于怀，他甚至曾经产生过"屠其民"的念头。后来虽然放弃了这个想法，但一直心存芥蒂。也正因为如此，等到立国后，他将苏州、松江地区作为高额赋税区。

如此沉重的负担，仅靠土地种粮已经无法支撑。那些心灵手巧的苏州人就开始向丝绸发展，由此成为全国丝绸制品中心。聪明能干的松江人则向棉制品进军，进而形成了松江棉制品"衣被天下"的局面。

至此，朱元璋在乡村建设所倾注的心血，已经算是尽心竭力。但是作为一个皇帝，他认为自己做得还远远不够。他还将继续沿着这条道路往前走，他要让天下人知道，什么才是帝王心思。

3. 难以挣脱的牢笼世界

晋王府的致仕官员长史桂彦亮曾经上书朱元璋，提出了一个《太平治要》。其中第一条就说"法天道"，具体内容是："天下以人心为本，人心所在即天命所在，故善治天下者必上承天命，下顺人心。民之所好好之，民之所恶恶之。"

大明立国后，朱元璋采取了极为严厉的措施整治那些贪官污吏，整治官僚队伍。他这么做，并不仅仅是为了表现自己的爱民之意，也是为了保证他的朱明王朝能够传之久远。在他看来，如果一个王朝的体制内养的都是贪官污吏，那么这天下又怎能实现长治久安？

有人说朱元璋写了《皇明祖训》，定下《大明律》，又作了《大诰》，把一个好端端的帝国打造成了一只风雨不透的铁桶。就连什么人什么职业穿什么衣服什么鞋，住多少尺的房子，都要逐条逐项分列清楚。种种规定烦琐细密，已经到了让人无法分清辨明的地步。

为了摸清大明的家底和控制老百姓的行踪，朱元璋创建了户籍制度和土地登记制度，进而实现稳定压倒一切的治国理想。他规定，老百姓要守着自己的田地，日出而作，日落而息，不要闲来无事惹祸端，更不要四处走动。一个人离开乡土超过百里，就要到地方县衙申请备案，让官府开具"路引"，即"介绍信"，说清楚自己去往何处，几时回乡。私自出门者要打八十棍，偷越国境者要处以绞刑。

有人说，人是活的，制度是死的。但凡制度，总有它的漏洞。可朱元璋不相信这一点，他用心编制了里甲这张大网对整个帝国进行网格化管理。所谓网格化，也就是将全国人民每十户编为一甲，每一百一十户编为一里（一里包括十甲，另十户轮流为里长）。如此一来，生活在大明土地上的每一个人，他们各有各的网格，各有各的位置，不可逾越。只有将他们牢牢地钉死在土地、职业与有限的活动半径内，才是整个帝国安详、宁静、和谐的前提与保障，也是大明王朝实现万世一统的前提与保障。

世人都说，人生最宝贵的莫过于自由。但是吃不饱穿不暖，任人欺凌宰割的日子就真的比自由来得重要吗？在朱元璋的理想国里，每个人都好似生活于天罗地网般的牢笼之中。可他这么做，也是为了保证生活在这个理想国里的人都能安于现状，不要生出非分之想。

当时，朱元璋在全国推行了一套极有创意的引凭制度。这套制度将身份证、通行证、许可证、各种证明身份的执照熔于一炉又分别打造，对于各种职业、各种身份的活动方式及其范围做了严格甚至是非常严厉的规定，其管理可谓细致入微。

商人有商引，无引以奸盗论处。

贩盐有盐引，卖茶有茶引，无引以走私论，处死刑。

百姓外出有路引，凡百里之外，无官府发放之路引者概可擒拿送官，告发、擒拿者有奖，纵容者问罪。

凡行医卖卜之人，只能在本乡活动，不得远游，否则治罪。

作为平民老百姓，出入家门，下地忙农活，在家闭门睡懒觉，必须让你的乡邻知道，你这个人到底在忙些什么。你日常的活动范围仅仅限于一里地范围内，早晨出门，傍晚一定要回归。包括你何时睡觉，何时起床，必须互相知道。而那些行踪诡秘、不务正业、游手好闲之人，都要统统流放到边远地区。对于这样的人，允许四邻、里甲、亲戚诸人拘拿到京重处；如果坐视不问，一旦这些人犯了大罪，与之相邻相识之人全部连坐。

百姓邻里必须互相知根知底，也就是所谓"知丁知业"。凡成年男子，从事何种职业、何处高就、何地发财、何种营生，必须彼此知晓，否则人们可以以社会破坏分子论处报官。

像朱元璋这样的社会游民，之所以能够夺得天下，是因为参加了农民军。如今他做了皇帝，他就必须要想尽一切办法杜绝历史的重演。在他看来，民众的自由流动和接触是导致社会动乱的根源之一，他就是这样一个典型。为了防止在他的帝国里，出现另一个当年的朱元璋，必须制止民众的自由流动。

或许是这些看上去有些乖戾不祥的法令，让整个帝国充满了令人不安的气息。这也正是朱元璋想要达到的目的，他要让整个国家变成一个牢笼，民众不仅没有空间流动的自由，也没有身份改变的自由，只是尽其本业，为朱明王朝提供赋税、徭役。

早在北伐蒙元时期，朱元璋就曾经在他那篇著名的讨元檄文中向天下人承诺，自己起兵为的是"陈纲立纪"。何谓"陈纲立纪"，也就是建立制度，规范秩序。这闹哄哄的天下，若是人心失了规范，礼仪失了尊卑，道德失去标准，那么这天下还是太平之乡吗？正因为如此，他在洪武初年就提出，先正纲纪，纲纪先礼。

洪武年的制度建设，不仅局限于官僚队伍，更主要指向民间乡里。对于民间而言，恢复纲常秩序，就是推行礼仪教化。在朱元璋看来，礼仪教化事关国家政权的安危。元朝为什么会走向败亡，就是因为他没有抓好礼仪建设。他说，元氏昏乱，纪纲不立，主荒臣专，威福下移，由是法度不行，人心涣散，遂致天下骚乱。

洪武初年，朱元璋将大部分精力都用在礼仪建设这项工作中。先后制定了《大明集礼》《洪武礼制》《皇朝礼制》《大明礼制》《法制节文》等各项制度。

他的这些礼仪制度，有力地推动了教育的发展。驯化人的精神要比控制一个人的身体更难，也更有效。想想也是好笑，大字不识几个的半文盲，居然在他的国度里，教育得到了飞速的发展。全国上下"无地而不设之学，无人而不纳之教"。他还将"首重农桑、学校"写进了大明治国纲领之中。他对诸皇子的教育特别看重，在宫中专门建大本堂，贮藏古今典籍，同时征聘天下名士大儒来教育太子和诸王。

对于一个统治者而言，教育意味着什么。在中央设立了国学，或称国子学、太学，府、州、县，各级地方也都有学校，一直到边远的地方，没有例外。在校的学生不仅要学习朱元璋亲自把关编订的四书五经，还要学习《大明律》。洪武十八年，朱元璋整理发布了《大诰》，在全国范围内进行一次普遍的法制教育，用血淋淋的案例警戒天下臣民。

同时朱元璋还编著了《大诰续编》《大诰三编》《大诰武臣》等姊妹篇，用以教育官员和百姓。这些书都是朱元璋亲自编写的，为了让天下臣民能够原汁原味地接受他的思想，书中文字都是朱元璋平日使用的凤阳方言。一时之间，全国上下，每家每户都要有一本，人人都要学习书中内容。同时规定，官府对违反法纪的人进行处罚，凡是家里藏有《大诰》的，可以罪减一等，没有《大诰》的就罪加一等。

教书先生要将这些书作为教材使用。有一年，朱元璋诏令天下讲读大诰的师生进京接受他这个皇帝的赏赐，将近二十万名师生在这一年蜂拥进入南京城。

朱元璋告诉他们，自己编写这些案例不是吓唬他们，更不是为了限制他们的自由，而是出于对他们的爱护，使他们了解趋吉避凶之道。他们知道什么是法律不允许的，就可以不犯法，就可以保护自己。

天下哪有绝对的自由，连做皇帝都是不自由的，何况是那些处于社会底层的农民。也有人说，朱元璋编写的这些书毫无意义，只是吓唬人的玩意儿。

现实情况却并非如此，由于《大诰》的推广和学习，民间社会的犯罪率得到大幅度减少。那些在《大诰》里记载的各项严刑峻法都未曾轻易使用。如果一个罪犯家里藏有《大诰》，那么他就可以罪减一等。发展到后来，官府衙门对当事人进行处罚的时候，也就不再询问当事人是否藏有《大诰》，而是一律按家里藏有《大诰》减刑去罪。

为了把教化推行到乡里，朱元璋还弄了一个《教民榜文》，也就是教育百姓的榜文，通过大面积地张贴、宣传，让老百姓普遍知道《教民榜文》的内容。榜文并不复杂，只有短短的六句话：孝顺父母，尊敬长上，和睦乡里，教训子孙，各安生理，毋作非为。

这张《教民榜文》不仅要张贴在村子最显眼之处，还要进行呼号。呼号之人手持木铎，嘴里呼喊着教民榜文，这种仪式每月不下于六次。天地如牢笼，何处得自由？朱元璋要使整个社会成为一个牢笼，让活泼泼的社会变成一潭死水，让整个社会成为高度刚性的板状结构。所谓的帝国底部，也就是那些占人口绝大多数的农民、工匠。每当社会动荡之际，这一部分人便自然成为动荡的载体，朱元璋本人就是最好的例子。

朱元璋的帝王心理人格，正是在这个基础上得到全面释放与展开。他留给世人的身份标签，如今只剩下一种，那就是皇帝。放牛娃、农民、游方和尚、流浪汉、造反者等，已经成为一种背景，一种在暗中或者潜意识里发挥作用的因素。

七、有心无力的最后一场局

很多时候，朱元璋盯着太子朱标那张温和的面庞，心底会掠过一阵悲凉。与其说此子是大明王朝未来的君主，倒不如说他更像是一个风度翩翩、情感丰沛、多愁善感的风流儒雅名士。或许自己本不该做下那么多严酷的事情，去迫使自己的接班人也成为像自己一样的威猛之君。

很多时候，朱元璋会拿燕王朱棣与太子相比，从任何一方面来讲，燕王更符合朱元璋对自己接班人的要求。但燕王却令朱元璋很不放心。相反，在性格方面与朱元璋相去甚远的太子朱标更能给他一种踏实感，也让朱元璋认定了朱标就是大明不可更替的储君。

所以，不论采取什么手段，终极目标只有一个——让太子朱标成为他的接班人，成为像他一样可以威慑天下的帝王。有时候朱元璋觉得自己很了不起，这些年宵衣旰食，艰难玉成，让天下又重新复归汉人之手，这样的功业几乎可以超越唐宗宋祖，在内心深处偶尔会生出"舍我其谁"的自得。有时候他又会无端地陷入顾影自怜的状态，情难自己。每天上朝前，他都会端详着镜子里的自己。满头白发提醒日渐苍老的他，身为一国之君，威震四方，偶尔打个喷嚏也会化为满城风雨，令人措手不及，但上天赋予他的时间长度正在一天天地缩短。困在皇宫里的他，空间和时间的局促感让他觉得，做个皇帝还不如一个山野村夫来得逍遥自在。

1. 传位不只是游戏

朱元璋现在不得不面对一个帝王最大的尴尬，那就是传位游戏。朱元璋的子女众多，共有二十六个儿子和十六个女儿。按照大明的宗藩制度，他的儿子，除了长子立为太子外，其余诸子全部封为亲王。

在朱元璋尚未称帝时，就要求诸子在战火的实践中接受洗礼。当时他已生有七个儿子，他希望将来诸子能够继承、发扬他辛辛苦苦创下的基业，而不要做一个生于安逸、长于富贵的纨绔子弟。朱元璋在洪武二十八年定稿的《皇明祖训》中说，他"备尝艰苦，阅人既多，历事亦熟"，所以能够随意操权，而后世"生长深宫之主，未谙世故"，故必须为他们留下一个好的制度，以免为奸臣所欺。为此他费了三十年心力，不断创制、完善这些制度，作为家法与祖制，要求后世绝对遵守，不许作"一字之改易"。

吴元年十月二十二日，朱元璋让长子朱标、次子朱樉回濠州拜谒祖宗陵墓，顺便了解一下民间疾苦和自己创业时的艰难起步，要求他们"因道途之险易，以知鞍马之勤劳；观小民之生业，以知衣食之艰难；察民情之好恶，以知风俗之美恶"。

朱元璋要求皇子们到祖宗陵墓去拜祭，并走进他的那些乡亲父老，从他们口中了解自己起兵渡江时的创业史，并让他们记在心里，知道他这个创业之君一路走来有多么不容易。

洪武元年正月，在大明开国的当天朱元璋就宣布了朱标作为未来皇位的接班人。朱元璋之所以这么做，自然有他的考虑。播下龙种，收获跳蚤，这样的情况在历史上并不鲜见。朱元璋早早地宣布立朱标为太子，为的是避免自家的骨血为争夺皇位而陷入混乱与残杀，从而实现权力的平稳交接。

很多时候，皇位斗争中的主角一般都不是皇储或准皇储本人，而是后妃、宦官、外戚、权臣和所谓的亲随，当然最关键的还是皇帝。一个尚未成年的孩子能有多大能耐？别人不管是买进还是割肉卖出，哄抬还是打压，都不过是别人眼中的一只潜力股，甚至是一场赌局中的赌注。以一个人将来能不能当皇帝作为投资对象，这应该是世界上最大的赌博。也难怪吴稼祥先生说："如果限定继承皇位的必须是皇后生的长子（嫡长子），那么，其贤明的可能性很可能比赌博掷骰子时一次掷出六点都要难。"

可朱元璋不相信这个定律，他认为造成嫡长子成才率不高的根本原因不在制度，而在教育。为了巩固帝国的根本，朱元璋在培养太子方面可以说是煞费苦心。他专门在南京明皇宫里建了一个大本堂，收集天下古今图书典籍，招揽宋濂、刘基、李希濂等名儒学士作为太子的老师，并挑选德才兼备之士给太子朱标做伴读。

洪武三年，十一岁的朱棣和兄弟们一起被封为王爵，二哥朱樉为秦王，三哥朱㭎为晋王，朱棣为燕王，五弟朱橚为吴王，六弟朱桢为楚王，七弟朱榑为齐王，八弟朱梓为潭王，九弟朱杞为赵王，十弟朱檀为鲁王。

其后诸王都是在朱元璋的授意之下学习文武之道，为将来分赴各自的藩国守卫大明江山做好前期准备工作。此外，他对几个皇子一视同仁，他们这时候所享受的待遇是一样的，并无不同。他们长大成人后都被朱元璋封为亲王，并被陆续派到各自的藩国就藩。

朱元璋这么做，并不仅仅出于舐犊情深，他利用手中巨大的权力，试图依靠这种可笑而荒唐的分封制度，去攫取、控制全国的军事和经济大权，使天下亿兆之民都来奉他朱姓一家。朱元璋在儿子们稍稍长成（一般都在十六七岁），就把他们派到各地为王，这些迅速繁衍的藩府，相当于在全国各地建立的据点和碉堡，他们的任务是共同"藩屏王室"，维护朱家天子的宝位。

洪武六年，也就在朱标二十三岁那年，朱元璋让朱标逐渐尝试着参与国政。同年八月，他又命朱标巡抚陕西，考察未来都城迁移的事宜。朱标出色地完成了父皇交给他的全部任务，回京又进献了陕西地图。朱标与朱元璋在个性方面的差异很大，治政也有着很多的意见分歧，但不可否认的是他一直是朱元璋心目中理想的皇位继承者。

上天好像在这时候故意与朱元璋开了个天大的玩笑，就在太子朱标从陕西一路风尘仆仆赶回南京的时候，本来身子骨就单薄的他偶感风寒，竟然一病不起。

洪武二十五年四月，年仅三十九岁的太子朱标带着朱元璋的无限期望，毅然决然地撇下朱允炆等五六个尚未成年的儿女，也撇下了他即将接手的皇权，撒手西去。

　　朱标的突然暴毙，使明故宫陷入了空前的死寂。这对一心欲使大明帝国稳如磐石和长治久安的朱元璋来说无疑是致命的一击，也彻底打乱了他在此之前的所有政治构想。朱元璋陷入巨大的悲痛之中，在短短的几天时间里，他的头发、胡须全都花白了。内心最大的悲痛不是老年丧子，而是朱元璋对大明王朝未来命运的深深忧虑。

　　太子朱标的暴亡，打乱了朱元璋的所有计划，他耗尽心智经营了二十五年的大明"国本"也随之破碎。对于一个年近七旬的老者来说，朱元璋越来越觉得自己力不从心，仿佛在一夜之间老去。在那些脸上写着恭顺，心里都是诅咒的朝臣们看来，他不过是一个冷血无情、脾气古怪的君王。每每念及于此，朱元璋的内心总是会涌动杀人的念头。

　　他知道自己已经成了一个可怕的老人，那些嫔妃、太监乃至文武大臣都害怕与他对视，一见到他，他们总是会不自然地将眼皮耷拉下来。只要皇帝的威望还在，只要高悬的那柄利剑没有放下，就没人敢从他这里捞取不付出任何代价的政治利益，哪怕一星半点儿。

　　经过几十年的血腥洗刷，几乎所有颇具才华的文官都做了新王朝的祭品，就连他们的子孙也都受到了株连，而那些功勋赫赫的武臣也已所剩无几。即使有漏网之鱼，也已没有了半点儿脾气。目光所及之处，这才是做皇帝的最好感觉。

　　从开国到现在，朱元璋已经以族诛的方式把无数个家族杀得鸡犬不留了。宋濂曾经向他谏言，历史上的明君圣主使用族诛这种刚猛手段时非常慎重，特别是在一些太平盛世，几乎从来没有出现过族诛现象。朱元璋并没有将这种谏言放在心上，在他执政的这些年里，这种酷烈的方式被他一再使用。连他自己也搞不清楚为什么会那么喜欢族诛，把一个家族的老老少少全都押向刑场，血流成河。或许是别人越危险，他就觉得自家的朝堂越安全。别人的家族越痛苦，朱家的子孙就会过得更幸福快乐。他究竟是要把自己逼向暴君的行列，还是将自己打造成一个开国明君？这真是一道无解的题。

太子朱标的突然离世意味着帝国将面临着重新选择皇位继承人的困难和挑战，大明朝的皇位继承问题又恢复到二十五年前的起步阶段。而年华老去的朱元璋已经没有了刚治国时那种意气风发的精气神。毕竟岁月不饶人，留给他重新布局的时间已经不多了。

朱标的突然薨世，对朱元璋的打击是致命的。而在这期间，一生勤政不辍的他居然能够容忍自己七天不理朝政，这是从未有过的。大臣们提出让他的二子朱樉或三子朱棡继位，都被他一一否定。

最后在大臣们的苦苦劝解之下，他才稍稍整理了一下情绪，开始重新考虑皇位继承人的问题。为了确保皇权的和平过渡，他宁愿求稳也不愿意再去冒什么风险，他已经没有再去反复纠错的机会了。

洪武二十五年九月，朱元璋正式册立朱标太子的儿子朱允炆为未来的皇位继承人。对于选择嫡长子储君法，他给出的解释是：现在自己开创的大明王朝及其一切章法都是要传之后世的，如果他不遵守自定的祖制，将来子孙后代就会仿效，这就与确保大明长治久安的根本精神背道而驰，子孙后代的乱与治不仅与他立的祖制有关，而且与他是否率先按照祖制执行有着很大的关系。

朱允炆是朱元璋的孙子，也是太子朱标的第二个儿子。虽然他的父亲朱标早就被立为皇位继承人，但是在朱标的儿子当中朱允炆却并不是长子，他还有个哥哥叫朱雄英。按照皇位继承的游戏规则来说，如果不发生什么跑偏事件，长子朱标应该顺利地从朱元璋手里接过权杖，而朱雄英也应该从朱标那里接过权杖。

但是历史往往并不是按照正常的规则在出牌，规则往往会被那些意外的变局生生打破。意外的变局是朱元璋的皇族生育体系在这里出现了问题，也是他最为痛心之处，这就是民间所说的"长房不旺偏房旺"。长房子孙的后人越是小辈越是比他的那些父辈们死得要早，正所谓白发人送黑发人。

朱元璋的长孙朱雄英生下来没几年，就死在了他的长子朱标前头，成了一个早折的孩子。而朱标没在太子的位置上坐几年，又赶在朱元璋的前头死去。这种人算不如天算的变局让他这个皇帝也徒唤无奈，毫无思想准备的朱允炆就这样被命运伸出的这双大手推向了前台。尽管朱允炆并不符合大明接班人的具体要求，可谁又能违背天命的安排呢？

朱允炆生于洪武十年十月，他的母亲是朱标的良娣吕氏。吕氏是太常寺卿吕本的女儿。吕本这个人在中央权力机构中的地位并不高，所以他的女儿也只能是一名良娣。子凭母贵，由于朱允炆是庶出而不是嫡出，所以在他刚出生时，并没有得到朱元璋的特殊关注，甚至连一个名字都没有赐给他。洪武十一年年底，太子妃常氏薨世后，朱允炆的母亲吕氏才依次升格为太子妃。就在这时，朱元璋突然意识到太子朱标的膝下还有这么一个没有名字的皇孙，于是将其赐名为朱允炆。

在朱允炆六岁的时候，他的同父异母的哥哥朱雄英死了；十五岁时他的父亲朱标也离开了人世。在皇帝的诸多子孙中，朱允炆的人生起点并不算太高，除了母亲地位低以外，还有一个原因，那就是他的外在形象离帝王的要求有着很大的出入。当然这里也有遗传因素，毕竟朱元璋的相貌也不值一提。当然与历朝历代的那些帝王相比，朱元璋的精神气度还是可圈可点的，并不输给他们中间的任何一个人。

朱允炆的外形缺陷看上去非常明显，想要遮掩都无法办到。他刚生下来的时候，头顶骨歪得很厉害，整个头型看上去像个弯弯的月亮。朱元璋对孙子长成这副尊容也是非常不满意的，他经常轻轻地抚摩着朱允炆的头，一边唤他"半边月亮"。谁也不会料到，这"半边月亮"最后也会从天边慢慢升起来。

历史上那些帝王没有不相信天命的，他们总认为自己是天子，凡事总爱与天意神愿较劲。年轻的时候，朱元璋不相信天命只系于一人，他起兵造反就是为了证明这一点。可是随着岁月的流逝，他越来越相信冥冥之中自有安排。自从朱允炆成为太子，他的内心充满了纠结。这个比他父亲朱标还略显文弱的太子让朱元璋始终放心不下，他总担心这个少了半拉子脑袋的太子将来有一天会不得善终。如果真有那么一天，他一手打造起来的这艘"朱明"号航船又将驶向何处？

随着年华渐老，朱元璋这个不可一世的君王，内心也渐渐产生了越来越浓重的幻灭感。他甚至感受到了"帝力之微"，一个皇帝的无力与脆弱也只有自己最能体会。别人看见的都是帝王在权力世界的任性妄为，等到夜深人静，脱得赤条条地躺在那张宽大无比的龙床上，才从白天的幻象中复归人性。

太子的早逝，又加上前几年马皇后的死，对朱元璋的打击是沉重的。于艰难困苦中蛰伏，然后又于群雄中脱颖而出，他从来没碰到过什么强有力的阻碍，即使有，也会很快被他征服。

很久以来，朱元璋就有一种"人莫予毒"的幻觉。这个世界上没有什么可以对他造成真正的威胁，也没有什么他办不成的事。可是随着身体一天天衰老，目睹最亲近之人从这个世界消失，他却毫无办法。他突然觉得，就算一个人拥有再强大的世俗权力，也无法对抗大自然的规律，无法摆脱疾病、衰老和死亡的困扰。在这个世界上，有很多东西是他无法掌控的。

太子死后，纠缠于衰病之中的朱元璋曾经做过一件让自己也无法理解的事。也就是在太子死的那一年十月，他突然下诏征求天下能掐会算的阴阳家，"试无不验者，爵封侯"。朱元璋曾经那么迷信权力，现在却变得如此迷信命运，这说明支撑他强悍的内在根基已经在不知不觉中发生了动摇。而一个处于迷茫之中、突然失去方向感的人，最容易被焦虑感所困扰，从而变得喜怒无常。

使朱元璋产生幻灭感的还有一个非常重要的原因，那就是他越来越认定，自己的治国理想在有生之年已经不可能得到实现。这庞大的帝国，到底是属于他朱家，还是属于天下？如果说属于朱家，为什么他始终患得患失；如果说属于天下，那么他和他的子孙又是为谁辛苦为谁忙？

虽然朱元璋的文化素养并不高，但依靠对传统儒家文化一知半解的认识，在朱元璋心中，有一整套理想的国家和社会图式。简而言之，那就是在强大国家机器的威慑和深厚儒家伦理的教化之下，创造一个男耕女织、民风朴厚、官员守法、富人谦抑的小农社会。从登基之日起，朱元璋就一直在为这个理想不知疲倦地努力着。

2. 是萌芽，还是祸种

从大明帝国建立的那天起，为了让朱明江山能够传之千秋万世，朱元璋的精神一直处于紧绷满弦的状态。这时候，他在朝臣们的一片反对声中，重启被历史尘封太久的分封制。

但凡皇帝决定了的事，其他人的反对只能换来风中的一声叹息。他是个不容易改变的人，道之所在，虽千万人吾往矣。朱元璋并不是一个冲动的热血青年，他对于自己决定的事，往往有着置之死地而后生的决绝。

他对历史上由分封所带来的沉痛教训还是心知肚明的，所以他推行的分封制，是一种有别于前朝制度的继承和发展。他固执地以为，自己的分封是巩固皇权的一种手段。

那么经过他创新发展的分封制又是怎样一番面目呢？那就是让藩王的势力远离帝国的心脏地带。从分封诸王的就藩地点来看，基本上都是以北方边境为重心，长江以南很少。

这一点与历朝历代是有所区别的，在此之前的分封藩地基本上都是围绕着交通要冲、军事要地或者经济中心来大做文章。等于是为朝廷的权力躯体做了一次心脏搭桥手术，一旦手术所搭建的桥梁崩塌，就有可能危及帝国的政治生命。

如此分封带来了诸多弊端：许多地区经济中心被各路藩王占有，直接削弱了帝国中央的经济实力。同时帝国的许多军事要地被藩王们占有，一旦藩王与中央政府闹翻脸，就很容易出现藩王割据的乱世。如果将帝国的核心地区封给藩王，一旦祸起萧墙，往往一发而不可收。西晋的"八王之乱"正是祸起于此，最终引爆了帝国的灭亡。

前车之鉴摆在那里，朱元璋完全可以参照着来。在大明帝国的心脏地区——南京（包括今天江浙与安徽等地）不实行分封，要封就把诸王封得远一点儿。他以北方边境军事防务为中心，沿着长城一线布防分封。

一方面可以将这些藩王支得远远的，另一方面又可以让这些诸子藩王保卫边疆，辅佐中央皇室。当时分封到长江以南地区的藩王很少，这也是分封制的创新所在。他的那些继任者们也是不折不扣地坚决贯彻，谁也不肯将帝国的心脏地带拿出一小部分来分封给诸子藩王。

洪武三年，朱元璋第一次大封诸子藩王时，五皇子朱橚曾被封为吴王，但因为年纪尚小并没有迅速就藩。洪武七年，有官员建议将他安置于杭州一带。他没有同意，理由很简单——"钱塘财赋地，不可"。

从分封诸王的血缘关系来看，朱元璋分封的诸藩王绝大多数是自己的儿子，属于直系血亲。这和前朝的分封有所区别，有的王朝在分封时，会将皇族里隔了好几代的皇亲国戚也列入分封的重点对象。当然大封亲生骨肉的目的，是让他们保卫边疆，辅助皇室，看好朱家的这份"家天下"。

想法虽好，终究是朱元璋的一厢情愿。事实证明，他还是给皇太孙朱允炆出了一道政治难题。人就是这么奇怪，口口声声要把棍子上的刺削干净了再传给太子朱标，可是他却亲手打造了一根长满荆棘的棍子。

从政治地位上来讲，朱允炆与他的那些叔叔们是君臣关系；但是从血缘关系上来说，诸王又都是他的亲叔叔。很多皇叔的年纪比朱允炆还要小，但论起辈分，他们又都是朱允炆的长辈。这种辈分上的差距，放在讲究伦理道德的传统社会中就是一种优势。

这种优势带来的是一种心理上的变化，直接导致了叔侄君臣关系陷入僵局之中。朱元璋将诸子藩王的政治地位定得很高，只有皇帝与皇太子才能制约藩王。在正常情况下，它既可体现出朱家血统的高贵，又能够维护皇帝的最高权威。可是朱元璋却忽略了一点，如果皇帝或皇太子无法驾驭藩王时，这些藩王就有可能成为帝国的脱缰野马。他们本来应该是朱明"家天下"最为忠心的拥趸，结果却成为明火执仗的家贼，甚至有可能会大张旗鼓地举兵篡夺皇位。

朱元璋曾经挣扎于社会的最底层，吃过苦中苦，便不再希望自己的子孙遭同样的罪。他对诸子藩王的后代及后代的后代都做了制度上的规定，予以实实在在的特殊待遇的保障。比如说皇子封亲王，授金册金宝，一年俸禄上万石，府置官属。身边的护卫队少者三千人，多者达万人。衣食住行，亲王们只比皇帝差一等，公侯大臣见了这些亲王也要行跪拜之礼。

亲王嫡长子，年及十岁，则授金册金宝，立为王世子，长孙立为世孙，冠服视一品。诸子年十岁，则授涂金银册银宝，封为郡王。嫡长子为郡王世子，嫡长孙则授长孙，冠服视二品。诸子授镇国将军，孙辅国将军，曾孙奉国将军，四世孙镇国中尉，五世孙辅国中尉，六世以下皆奉国中尉。

藩王们及其后代能够拥有如此优厚的福利待遇，他们只需要无忧无虑地度年华，四体不勤地混日子就可以了。有了制度的保障，皇族子孙繁衍如滚雪球似的疯狂壮大。尽管朱元璋给诸子藩王的福利待遇极高，但有一件东西始终不愿意给他们，那就是政治权力。

朱元璋不让藩王们插手地方政务，所有的地方事务治理权都归于朝廷任命的中央与地方的各级官员所有。他这么做，有自己的考虑。那就是限制诸子藩王的权力，防止他们在自己死后做大、做强，威胁到中央权力。那样的话，真就有可能出现骨肉相残的血腥一幕。

朱元璋实行分封制的目的很明确，就是要让诸子藩王成为独当一面的军事中坚力量，以此来拱卫中央皇室。尽管他已经考虑得天衣无缝，但还是出现一个要命的问题。他这么做，虽然限制了藩王参与京城事务的权力，但同时也赋予了诸子藩王们极大的军事权。

洪武五年，距离朱元璋第一次诸王大分封已经过去了整整两年。这时候，他突然下令成立"亲王护卫指挥司"。第二年，朱元璋又进一步扩大诸子藩王拥有的军事权力。规定诸子藩王拥有藩国内护卫军的军事权，在紧急情况下可以调集藩国所在地的军队。这样一来，地方藩王的军事权力得到毫无限制的扩张。

朱元璋刚刚登基的时候，东北、西北、云南、四川等地区还没有完全平定，徐达带着能征惯战的武将连年征战。等到朱明王朝的统一大业基本告一段落，曾经年幼的皇室诸王大部分都长大成人。到了洪武中期以后，每逢战事，有统兵大权的不再是那些异姓将领而是诸王。将兵权交给朱家子弟，这也是朱元璋在诛杀蓝玉、傅友德等武将时，他们只能束手就擒的原因所在。手里无兵无卒，想要与皇帝对抗简直是天方夜谭。

朱元璋对这种分封安排还是非常满意的，认为内有朝廷，外有亲王，大明江山必能稳如磐石。虽然他认为这是自己执政路上的得意之笔，但也有人会泼冷水。洪武九年，朱元璋下诏广求直言，他的本意是要通过官员们直言进谏来限制中书省的权力，却没料到被平遥训导叶伯巨的一篇奏章搅得兴致全无。

平遥是一个天高皇帝远的小县城，担任平遥训导的叶伯巨对朱元璋而言更是一个不入流的芝麻官。芝麻官却向他这个皇帝上了一道大奏折，他说："陛下，您对诸王的分封太过奢侈，秦、晋、燕等封国城郭宫室的规模不亚于南京城，他们手中又握有重兵。臣怕数代之后形成尾大不掉的局面，到时候再削地夺权，恐怕会酿成大祸。"

什么大祸？叶伯巨的言下之意无非是出现像西汉七国之乱，西晋八王之乱那样的局面。这种由此及彼的推断，让朱元璋大为震怒。一个狂妄之徒竟敢离间朱明皇族的骨肉之情。叶伯巨很快被抓到南京，没多久就死在狱中。

让朱元璋万万没有想到的是，叶伯巨虽然死了，但他的话却像魔咒一般在自己死后得到了应验。通过分封制，朱元璋将自己的亲生骨肉培养成为大明江山的拱卫者与中流砥柱，也同时完成了"家国一体化"。朱明王朝在他的精心布局之下，形成了"打架亲兄弟，上阵父子兵"的理想格局。朱元璋所希望的和谐画面，是朱家的子孙都能够拱卫大明皇室，看家护院，将自己的不朽功业传至千秋万代。

但是计划总是赶不上变化，朱元璋所做的一切努力对于即将接任大位的朱允炆来说，是如此的尴尬并痛苦着。朱元璋用左手将江山交给了他，可又用右手将兵符交到了诸叔藩王的手中。虽然他的那些皇叔们的藩邸大多分布于远离帝国心脏地带的北方边境，但是这些人一旦有了非分的念头，整个帝国也就成了一座随时都可能会引爆的火药库。

朱元璋选择朱允炆为自己的接班人，并不是看重这个皇太孙身上有多么了不起的治国之才。这只是他维系帝国安定局面的手段，是一种非正常状况下的无奈之举。

他没想到，自己的决定对于朱允炆的皇叔、四皇子朱棣来说，无异于一记当头棒喝。或许从他离开京都那一刻起，便在心中埋下了绝地重生的仇恨种子。朱允炆的上位就是一个天赐良机，不过此时的朱棣并没有想到要去伸手抢夺皇帝的位子，他能够想到的最为现实的利益，就是能够在帝国的权力海洋中自在地遨游，没有任何束缚。不要忘了种子发芽需要的是适合的天气条件和土壤，而机会也同样是留给那些有准备的人。

朱元璋的决定对于朱允炆来说，无疑是一场人生的悲剧。朱允炆在登上千万万人求之不得的权力巅峰的同时，也被推入了万劫不复的苦难深渊。在强藩林立、虎啸狼嚎的皇族里，他没有修炼成为像朱元璋这样的狼族。在皇室子孙中，四皇子朱棣与朱元璋的性格更为接近。朱允炆更像是大明王朝皇家的温驯的羊，而狼与羊的博弈正在前方等待着他。

如果有人将朱元璋比作一只权力野兽，那么四皇子朱棣完全配得上一只权力头狼的称号。虽然身处远离京都的北国，但他的内心无时无刻不在关注宫墙内的风吹草动。

朱允炆是一个聪明好学，性情至真、至纯、至孝之人。如果我们将皇子皇孙们所生活的大环境看作一所皇家学院，那么朱允炆就是这个学院里遵守校规，成绩优良的"三好学生"。每天早上四五点钟起床上早课，课上到七八点钟，到了皇帝下早朝的时候，他会陪皇帝一起吃早点。早饭时间，他也一点儿不轻松，朱元璋会将朝堂之上的事拿来问他，会让他背诵正在学习的圣贤文章。

早在洪武二十五年，太子朱标病重期间，此时年仅十五岁的朱允炆承担了长子的本分，守候在病榻前精心护理病中的朱标。朱标死后，朱允炆表现得哀恸不已，数日内滴水不进。这一切被同样沉浸于悲痛之中的朱元璋看在眼里，他是既欣喜又心疼。欣喜的是，他能有这样一个重情重孝的孙子，是家族之幸，更是国之大幸。一个人不爱父母，又何谈爱天下子民？

朱元璋实在不忍心看到皇孙朱允炆过于悲伤，便劝慰他："你对你父亲薨世的悲痛之心，是符合先儒所规定的礼仪的，你也的确是一个纯孝的孩子，但你就不能为我这个老人考虑考虑吗？"

听了朱元璋的话，朱允炆这才从哀痛之中缓过神来。他向朱元璋提出了自己要为父亲朱标服丧三年的想法。虽然这个想法遭到了朱元璋的断然否决，但是在太子朱标去世后的三年时间里，朱允炆还是坚持做到"三不"：不饮酒吃肉，不闻乐观舞，不亲近女色。

朱允炆完全是按照儒家制定的那一套礼法在行事，以彰显孝子之道。有人看不下去，劝朱允炆适可而止，做到心中有孝即可，但朱允炆的回答是："丧服可以按照礼俗的规矩到时候就脱下，但父子亲情却让我难以自拔。"

朱允炆的童年记忆几乎全部与家庭的亲情有关。那时他是家族中最年幼的后代，因而无论是祖父祖母，还是父母叔伯，都会给予他格外的关照。尤其当他六岁时，兄长朱雄英早夭，更使他成为一个小小的核心。朱标死后，朱允炆主动将三个弟弟接到东宫，亲自抚养他们，白天跟他们一块儿吃饭，晚上跟他们一块儿睡觉，无微不至地照顾着他们的起居生活。有一天，朱元璋没有事先打招呼到东宫去看朱允炆，发现四兄弟全在朱允炆的寝宫里。朱元璋随口说了一句："兄弟相怀本一身。"朱允炆对答道："祖孙继世宜同德。"

朱元璋见到此情此景，老怀宽慰，于是大大地夸奖了朱允炆一番。即使有人在这时候质疑朱允炆有作秀之嫌，但那也是发乎于情。

十六岁的孩子死了父亲，留下少不更事的弟弟。从一个人的情感上来说，朱允炆比谁都要悲痛。有道是"无情最是帝王家"，朱标突然离世，使得朱明王朝可能会出现的变数与劫难随时会降临到自己孩子的头上。如果朱标能够活着，朱允炆也有一个靠山；现在山塌了，作为长子的朱允炆需要承担的责任更重。虽然洪武皇帝还活着，可谁知道明天一觉醒来又会怎样？

洪武二十五年九月，经过近半年的犹豫和反复斟酌后，朱元璋终于拿定主意，立皇太孙朱允炆为帝国的皇位继承人。册立大典定在九月十三日，这一天与往常并无二致。大臣们午夜起床，穿越大半个京城来到午门。

凌晨四更，大臣在午门外等候。当午门城楼上的鼓敲响时，大臣们排好队伍；等到下一时刻的钟声响起，宫门徐徐开启。百官鱼贯而入，穿过金水桥在广场整队。官员中若有咳嗽、吐痰或步履不稳重的都会被负责纠察的御史逐一记录下来，听候处理。

通常情况下，皇帝会在太和门或者太和殿等着他们，百官行一跪三叩头礼。四品以上的官员才有机会和朱元璋直接对话，大臣向他报告政务，他则提出问题或者做出答复。

因为这一天是皇太孙册立大典，诸子藩王早早地就来到明皇宫，站立在奉天殿的两侧。只有燕王朱棣姗姗来迟，他故意走到皇太孙朱允炆的身旁，用手重重地拍打朱允炆的后背，满脸不屑地说："小子，没想到你也会有今天（不意儿乃有今日）！"

而这一幕刚好被坐于金銮殿之上的朱元璋尽收眼底，让他极为愤怒。朱元璋故意大声责问："你怎么敢当着我的面打皇太孙（何为挞皇太孙）？"这还是发生在朱元璋眼皮子底下的事，如果有一天他真的不在了，不知道燕王还能将谁放在眼里。

朱元璋的一声断喝，吓得朱棣呆立当场，不知如何应答。这时候，朱允炆赶紧打破沉默，站出来为四皇叔朱棣解围。朱允炆说："皇上息怒，这是叔叔喜欢我的缘故（臣叔父爱臣故耳）！"

朱元璋向来对国法家规极其重视，对儿孙的管教从来都是一个"严"字当头。他看出这是朱允炆在帮叔叔打圆场，可他必须要为皇太孙朱允炆立威。于是当殿厉声斥责朱棣，并将其关了几天禁闭。

朱元璋这么做不光是惩戒朱棣，更是向他的那些皇子皇孙们传递一个信号：朱允炆是皇太孙，将来是大明王朝的接班人，你们在他面前要执礼数。

困于斗室的朱棣还记得，自己第一次呼唤侄儿朱允炆的名字时，对方不过是褓褓中的婴儿。没有成为天子的任何预兆，出生时更没有出现诸如衔珠而生，或者天象异常之类。他不过是长兄朱标的第二个儿子，赤裸的身体与那些降临在农家土炕上的婴孩没有任何区别。时间真快，那时的朱棣还是一个十六岁的少年。时至今日，随着太子朱标的突然离世，曾经在他怀里安然入睡的婴孩已成为新的皇位继承人，世事太过无常，没有什么是不可能发生的。

随着年岁渐高，朱元璋的脾气越来越暴躁，有时候到了难以自控的程度，皇宫里那些服侍他的下人经常会获罪遭戮。见此境况，朱允炆于心不忍，就主动地承担起照料朱元璋的重任。他要吃药，朱允炆自己先尝一尝；他要如厕，朱允炆亲手搀扶；他要吐痰，朱允炆马上就提痰盂……即使是半夜说梦话，朱允炆也是闻声即起，并和颜悦色地进前待候。

他所做的这一切，朱元璋看在眼里，心里既喜且忧。喜的是朱允炆具备一个仁德之君的品质，他没有看错这个孩子；忧的是一个君主太过温和驯良，有可能会被大臣们欺瞒和主宰，让自己主持的朝政陷入被动状态。

随着时间的推移，朱允炆或许会逐步成长起来，可是时间对此时的朱元璋来说，一切皆是未知。既然四皇子朱棣敢当着他的面拿朱允炆开玩笑，那么背地里能够做出什么事就更难说了。透过朱棣的那双眼睛，朱元璋能够读出他心底蓬勃而出的羡慕嫉妒和恨。朱棣的存在，让此时的他如芒在背。

朱元璋也明白，不光是朱棣，那些藩王们又有几人愿意臣服于性情温和的朱允炆？朱允炆不能不有所警觉，这帮藩王拥有强大的军事权力，就连驻扎在地方上的朝廷军队也要听从他们的节制和调度。朱允炆警觉之事，当然也是朱元璋最为顾虑之处。朱元璋曾经做过一个梦：有一条白龙和一条黄龙邂逅，双方缠斗一处，他们天上地下，鏖战许久，最终白龙抵挡不住，蜿蜒于地，而黄龙却得胜腾空而去。

朱元璋被这梦中的情景惊醒，这个梦到底隐含什么？他琢磨了半天，也无法理出一个头绪。于是带着疑惑，来到奉天殿临朝。刚坐定就觉得眼前有什么地方不对劲，定睛往朝堂下观望，燕王朱棣居然站在皇太孙朱允炆的左前方。

按照中国人历来的规制，左为上、为大。按照家族本分，朱允炆是朱棣的侄儿。但是在朝堂上则应以官方规制为准，朱允炆为皇太孙，是皇位继承人，其地位是一人之下，万人之上。就算朱棣是他的叔叔，但是从政治角度来说，他同样也是朱允炆的臣下。一个臣下，怎么能够站到皇太孙朱允炆的上方左边呢？很显然他压根儿就没把朱允炆放在眼里。

朱元璋这才顿悟其中的玄机，再结合昨夜那场奇怪的梦，隐隐觉得有什么地方不妥，遂下令将朱棣逐出皇宫。有人说，朱元璋终究要为他最初的抉择负责，他的行动加深了儿子们的困境，也加深了他自己的困境。他或许不会想到，在他连续除掉开国功臣，为皇孙朱允炆登基扫清道路之后，最后一勺毒汁也同时出现在自己的酒杯里。

洪武二十八年，朱元璋已是年近七十的老人了。执政近三十年，他让他的官员时常处于惊骇之中，而今放眼望去，元勋宿将、列侯裨将、部院大臣、地方巨室全都像收割的麦子一样一排排倒下。

长年的紧张和猜忌，使朱元璋的心时常像一根绷紧的弦。在生命的最后三年里，他的脾气越来越坏，时常在混沌中梦见天上的宫阙，梦见那些死去的大臣和将领们。这时的他已预感到离开这个世界的日子已不远了，他相信经过将近三十年的整肃，他的帝国根基已经稳如磐石，因为他把亲手打造的制度作为最好的礼物送给了子孙们。

在这一年晚些时候颁布的《皇明祖训》中，他声言，自己所定的制度不容变更，后世有言更改祖制者将以奸臣论处。同时要求"诸王来朝冕服见天子，次见东宫，先坐受拜，次叙家礼。坐则正中，诸王侍"。他这是在敲打以朱棣为首的诸子藩王，告诉他们做臣子应该遵守的本分，不要拿皇太孙朱允炆不当回事。

或许是对平生杀戮过多生出了一丝悔意，在这一年，他又下了一道手谕停止重刑，日后臣下有敢用黥刺、劓、阉割之刑者，一经发现处以重刑。以刑制刑，他的这一愿望又如何落到实处呢？他那种用别人的痛苦来减轻自己恐惧的虐待狂式的病症，又何尝真正痊愈过？

朱元璋以为自己所做的一切已经几近完美，他也曾不无得意地对朱允炆说："朕已将边疆防御的重任交给你的那些藩王叔叔们，从此以后，你可以做个太平无忧的皇帝了。"

他的话刚讲完，皇太孙朱允炆就反问起来："边疆上不太平的事情由我的皇叔叔们去解决；要是诸位藩王叔叔不安分，有了非分之心和非分举动，又能派谁去平定呢？"朱元璋没想到皇太孙竟然会提出如此尖锐却又让他无法回答的问题，沉默了好一阵子，接着反问皇太孙朱允炆："那依照你的意思，该怎么办呢？"

朱允炆也不含糊，说出了自己的想法："以德怀之，以礼制之。如不可，则削其封地，又不可，则废置其人，又甚则举兵伐之。”

朱允炆在这里讲了四步解决问题的方案：第一步，以德义来感化藩王们的非分之心，以礼法来约束他们的行为；第二步，如果以德服人没有起到作用，那么就削了他们的封地；第三步，如果上述的方法都行不通，那就废了他们的封爵；最后一步，如果前面这些做了都不管用，那就只有兴兵讨伐了。”

在朱元璋与朱允炆祖孙二人的这段对话中，昔日朱允炆的那副文弱相至此荡然无存。设身处地地站在朱允炆的角度来看，性格再软弱的人也会对皇叔们咄咄逼人的气势做出一种本能的反应。

年轻的朱允炆虽然文弱，但是他却不弱智。朱元璋将皇位传于他，同时也将一个棘手的难题交到了他的手中。他那九个如狼似虎的皇子从帝国的东北到西北一字排开，分别是辽王、宁王、燕王、谷王、代王、晋王、秦王、庆王和肃王。

朱元璋先后在全国各地封了二十四个儿子和一个孙子为王，这些藩王有自己的王府和军队，每个王都有三个护卫，三个护卫并不是指三个人。护卫是一个总称，护卫的人数从三千人到一万九千人不等，这样算一下就可以了解藩王们的军事实力。

按照这个规定，藩王所能拥有的军力是九千人到五万七千人，而在具体实践中，藩王们都倾向于选择后一个数字。按说这个数字其实也不多，区区五万多人，要与中央政府叫板显然以卵击石。九个藩王将帝国的边界割成了九大军区，分别负担着不同的任务。

藩王们瞪着血红的眼睛盯着朱元璋身后的皇帝宝座，如此一来，原本性格文弱、与世无争的儒生朱允炆就成了众矢之的。原本就对君主宝座充满了无限欲望的诸子藩王，由于朱元璋钦定了朱允炆为皇位继承人，转眼间他们就如恶狼一般地将文弱侄儿朱允炆视为一只待宰的羔羊。嫡长子继承制，真的可以使江山社稷稳固吗？对此时的朱元璋来说，他已经来不及做出更周全的部署。

洪武三十一年（1398年），对于苦心经营帝国数十寒暑的朱元璋来说，经过这么多年的左右折冲和上下折腾，他的执政理念已经深深地烙进了帝国的政治肌体，写在旗帜上的施政纲领也将被长期高举和坚持。可见此人内心足够强大，一旦认定了什么就很难再去改变，这些都决定了这个王朝的质地和他个人在历史上的作为。此时的朱元璋已经七十一岁了，五月病倒，不能动弹，在御榻上足足躺了三天三夜。

在他混沌弥留之际，也曾出现过回光返照的迹象，紧紧抓住朱允炆的双手，再三谕令：千万不要让藩王们回京，既不准回来探视朕，更不准在他死后回来奔丧。命他们各守封地，防止内患外乱。要他们听命于朝廷。

在一场没有醒来的梦境中，朱元璋走完了跌宕起伏的一生，也结束了一生未了的恩怨。朱允炆随即便将洪武皇帝的遗诏颁示天下，这也是这个开国君王留给这个世界最后的声音："朕膺天命三十有一年，忧危积心，日勤不怠，务有益于民。奈起自寒微，无古人之博知，好善恶恶，不及远矣。"

这个在废墟上仓皇建立起来的王朝也终于完成了自己滴血的成人礼，在开国君王的身后，一个略显平庸、压抑，却也可称繁荣的时代就这样全面开启。

后记：皇帝，是一种奇怪的职业

　　我不喜欢为我不喜欢的时代说太多，我喜欢为我喜欢的时代说个没完。遗憾的是，我总是无法做到由着自己的"喜欢"和"不喜欢"的标准去做事，尽管也没人阻拦，可就是无法做到。好像是在刻意回避着什么，又好像力有不逮。

　　在我看来，历史永远不是一条道走到黑，走着走着就分作两路，一路奔了制度，一路奔了人性。张宏杰先生说，自从秦始皇发明了皇帝制度以来，当皇帝，就成了几乎所有中国男人的梦想。在中国，当皇帝的门槛很低，不论你出身是什么，都有机会。出身再低贱的人，也有机会当皇帝。他还拿朱元璋和刘邦举例，说，你看前者是个乞丐，后者是个流氓，他们都凭着个人奋斗，成了皇帝，开创了新王朝。

　　当皇帝，真是所有中国男人的梦想？我并不这么看。为此，我还专门做了一个关于梦想的调查。在我所调查的一百二十个男人中，居然没有一个人把自己的梦想锁定在"当皇帝"这件事上。只有一个十岁的孩子填了一个"将来当美国总统"，或许在他看来，当美国总统比当皇帝更具有可操作性。人失去梦想，与一条咸鱼何异？

　　还是让我们回到朱元璋这个人身上，一个人从社会的最底层一跃而为帝王，这是一个奇迹。对于不习惯于变化的国人来说，这种奇迹完全超越了他们的想象

319

范畴。一个男人得了天下，尤其是他来自于社会的最底层，站在领奖台上，获奖感言总要说得冠冕堂皇些。"上膺天命，下厌民心"是必须要说的，尽管其中是满满的套路。天命如何，神不知鬼不觉，你说什么便是什么；至于民心，似乎是件高大上的事，不但帝王借此来证明合成王朝的合法性，老百姓也会跟腔学调，拿它来增加自己的幸福感。

朱元璋出身于佃农家庭，父亲连个像样的名字也没有，叫朱五四。一生从盱眙到濠州，迁徙四次，早在他祖父时期就脱离了宗族所在地句容（今属江苏）朱家巷。虽然脱离了宗族序列，但尚未成为游民，只是在农村之间辗转，租种土地，以农为生。

至正四年，天灾流行，淮河流域一带也遭到旱灾、蝗灾和瘟疫的祸害。父母和长兄皆病饿而死，一家陷入了没吃没喝、没有钱埋葬逝去亲人的困境。

朱元璋在《御制皇陵碑》描写了自己这段苦难的经历：

> 俄尔天灾流行，眷属罹殃。皇考终于六十有四，皇妣五十有九而亡。孟兄先逝，合家守丧。田主德不我顾，呼叱昂昂，既不与地，邻里惆怅。忽伊兄之慷慨，惠此黄壤。殡无棺椁，被体恶裳。浮掩三尺，奠何肴浆。既葬之后，家道惶惶。仲兄少弱，生计不张。孟嫂携幼，东归故乡。值天无雨，遗蝗腾翔。里人缺食，草木为粮。予亦何有，心惊若狂。乃与兄计，如何是常。兄云此去，各度凶荒。兄为我哭，我为兄伤。皇天白日，泣断兄肠。兄弟异路，哀动遥苍。（《全明文》卷12）

在中国古代社会，如果一个人或一个家族脱离了自己的宗族序列，即使遇到天灾人祸，也很少会有人伸出援助之手。在这种孤立无援的状态下，只有习惯于依靠自己的力量求生与发展。当生活将朱元璋推向游民的生活路径时，他除了感到凄凉悲哀外，并没有表现出少年人的慌乱无措。对于已经触底的生活，坏又能坏到哪里？无奈之下，他进了寺庙当了和尚，与信仰无关，只是"托身缁流"（《御制皇陵碑》），混口饭吃而已。一个辗转于天灾人祸的游民，与文化扯不上半点关系，他所做出的选择，也很难有理性的自觉。包括他投身于造反行列，与所谓的政治理想也没有半毛钱关系。一饱难求之人谈什么抱负和理想，一切都是为了活命。后来看到与他争夺天下者，不过是些没有什么远谋深虑、"志骄""器小"的庸庸碌碌之徒，他才确定了夺取天下的"远略"。

至正十三年，当李善长来到他身边，为他献上一套儒法杂糅的夺取天下和治理天下之术。他才算睁开眼看世界，并将刘邦视为自己的人生偶像。随着儒生陶安、朱升、宋濂、刘基、叶琛、章溢等人的陆续到来，儒家所主张的那一套"革命"造反的"顺天应人"之理和夺取天下后的治国安邦之术才算全盘灌输给了朱元璋，使他从只知道造反求生的山大王变成立志一统天下的群雄之一。

陶宗仪《辍耕录》中的"天遣魔军杀不平，不平人杀不平人。不平人杀不平者，杀尽不平方太平"，正是乱世之中这种报复情绪的一种反映。参加反元斗争第二年，朱元璋确定向自己的偶像汉高祖刘邦看齐，不乱杀人，收揽人心。他为自己树立一个仁者之师的形象，最大限度地争取各个阶层的人物。

出身下层社会的皇帝往往有一个致命的缺陷——心怀自卑、怕被他人轻慢。刘邦对故旧功臣的哄闹感到厌烦，从而由儒臣制订礼仪，把自己与那帮没素质的哥儿们隔离起来。朱元璋常挂在嘴上的几句话，"朕本农夫""朕本布衣""朕起寒微"等等，让文武大臣们不胜其烦。这些话听来，并不显得谦逊有礼，不过是自卑心理在作怪。因为自卑，则更追求无上的权力。屠杀大臣、功臣和文人士大夫正是验证自己绝对权力的一种行动。

被史学家推举为历史上第一位农民起义领袖的陈涉在其为人佣工时曾对工友说："苟富贵，勿相忘。"可是当他称王之后，这些工友去看望他，"言陈王故情"，谈起他不得志时的往事，陈涉便受不了，把这些老朋友全杀掉了。朱元璋在这方面更是敏感，并不像他在给一位贫贱之交田兴的信中所说的"皇帝自是皇帝，元璋自是元璋。元璋不过偶然做皇帝，并非做皇帝便改头换面，不是朱元璋也"（《遣詹同渡江敦劝田兴书》）。他对功臣们的居功自傲十分反感，特别是对他这个皇帝不够恭敬的时候。

功臣与皇帝共同创业之时地位尚不太悬绝，后来成事的皇帝为了得到追随者的忠诚和勇力，往往还要拿出"礼贤下士"等做法，使追随者感到自己的重要和尊严感，这时的君臣关系带有一些平等色彩（江湖艺人往往会从游民的眼光把他们写成结义兄弟）。可是，一旦昔日的领袖称王称帝以后，对于以前的关系便不能忍受了。

做了皇帝以后，朱元璋始终不忘自己是淮西的布衣出身。他与他智囊团的高参们对于立国后的未来社会虽然没有拿出更新的方案与设计，但他们有着共同的期许——尽快恢复被元朝统治者和战乱所破坏的小农经济。小农经济是一种自给自足的自然经济，在没有激烈的兼并、没有巨大的社会动荡的破坏下，它基本上是稳定的。

生于和长于社会下层的朱元璋熟悉这一切，并渗入他的血液，他认为先秦思想家们提倡的"四民"分工是社会安定的保障。朱元璋在《大诰续编序》中说："四业题名，专务以三：士、农、工，独商不专，易于农隙。此先王之教精，则野无旷夫矣。"

他认为商业活动是投机取巧之术，会坏了人心，坏了社会风气，因而，对"四民"之中商人存在的必要性是有疑义的。他认为，只要农民在农闲时兼做商业就可以了。为此，他采取了"右富抑贫""锄强扶弱"的政策，并用法律形式把它固定下来。这样做是因为他有过小农生活的经历，并常常向文臣武将讲起这一点，而且极富感情。在这本书的前言，我发出自己的疑问，皇帝，到底干什么？在这本书的后记，我所能给出的答案也只是一句话，皇帝，是一种奇怪的职业。仅此而已。